Jean-Paul Bertaud

Alltagsleben während der Französischen Revolution

Jean-Paul Bertaud

Alltagsleben während der Französischen Revolution

Aus dem Französischen
von Christine Diefenbacher

Wissenschaftliche Buchgesellschaft
Darmstadt

Die Originalausgabe erschien unter dem Titel
Jean-Paul Bertaud, „La vie quotidienne en France au Temps de la Révolution 1789–1795“ bei Hachette, Paris
Die deutsche Ausgabe wurde mit freundlicher Genehmigung des Autors und des Originalverlags um die Anmerkungen gekürzt.

Bildnachweis: Archiv Gerstenberg (S. 26, 41, 45, 53, 64, 157, 199, 231, 243, 249)
Jürgens Ost und Europa Photo, Köln (S. 11, 99, 145, 147, 202, 212)
Nationalbibliothek Paris (S. 69, 95, 139)

Lizenzausgabe
für die Wissenschaftliche Buchgesellschaft

Bestellnummer 10823-X

Herstellung: Freiburger Graphische Betriebe 1989

Inhalt

Vorwort

Die Zeit zwischen dem Zusammentritt der Generalstände bis zum Ende des Nationalkonvents läßt sich in drei Abschnitte untergliedern: in die Phase der Neuschöpfungen, in die Phase der Kontroversen und schließlich in die Phase der kriegerischen Auseinandersetzung. Obwohl die Übergänge zwischen ihnen fließend sind, sollte man diese Phasen doch möglichst klar voneinander abzugrenzen versuchen, um einen besseren Eindruck davon gewinnen zu können, welche Folgen sie für das Alltagsleben im damaligen Frankreich hatten.

Da ist zunächst die Phase der Neuschöpfungen, während der die Franzosen ein neues Vaterland – „une Patrie nouvelle" – begründen. Natürlich war der Begriff „patrie" auch schon im vorrevolutionären Frankreich geläufig. Das Vaterland ist das Land, in welchem man geboren wurde, in dem die Vorfahren begraben liegen. Darüber hinaus umfaßt es laut Bossuet (Die Politik nach den Worten der Heiligen Schrift, Buch I, VI) „Altäre, Opfergaben, Ruhm, Güter, Beschaulichkeit und Sicherheit des Lebens, mit einem Wort die Gesellschaft der göttlichen und menschlichen Dinge".

La Bruyère fügt in „Die Charaktere" (X, 4) hinzu, daß es unter der Herrschaft des Despotismus kein Vaterland gebe. Aber auch wenn dieses Vaterland nicht von einem Despoten beherrscht werde, so regiere es doch ein König, der seine Macht ausschließlich von Gott ableite. Im Jahr 1789 erhält der Begriff Vaterland einen neuen affektiven Inhalt: Er bezeichnet fortan das Land der Freiheit und der Gleichheit, in welchem sich Menschen versammeln, um diese beiden Prinzipien aus freien Stücken zur Basis ihres Gemeinwesens zu erheben. In der endlich verwirklichten Brüderlichkeit schließlich glauben die Bürger, den Schlüssel zum Glück gefunden zu haben.

Die Straßen zu durchwandern, die Kleidung der Passanten zu betrachten und ihnen in ihre Wohnung zu folgen, das bedeutet gewissermaßen die „Erfindung der Freiheit" nachzuvollziehen. Zu Ehren dieser Freiheit werden zahlreiche Feste veranstaltet, von denen jenes vom 14. Juli 1790, das sogenannte Fest der Föderation, uns einen besseren, geradezu hautnahen Einblick in das Alltagsleben der französischen Bevölkerung gestattet als jedes andere. Der Unterschied zwischen der Französischen Revolution einerseits und der amerikanischen oder englischen Revolution andererseits wird sehr rasch offenkundig: Die Französische Revolution sucht das Gleichheitsideal in die Tat umzusetzen, da die Freiheit – laut Auffassung der Zeitgenossen – nicht ohne die Gleichheit bestehen kann. Wer verfolgt, wie damals das Brot hergestellt, wie es gekauft, rationiert und zum Symbol der Gleichheit wird, der vollzieht in Gedanken den langen Weg der neuen Bürger nach, welche unablässig darum bemüht sind, die Gleichstellung und Gleichbehandlung aller zu gewährleisten. Die Pike wiederum symbolisiert gleichzeitig das Prinzip der Brüderlichkeit und das der Volkssouveränität: Wer sich in die Schmiede begibt, um bei ihrer Herstellung zuzuschauen und abends nach getaner Arbeit den Männern, welche sie fabrizieren, in die Debattierklubs folgt, der kann die Sanskulotten aus nächster Nähe bei ihren Versuchen zur Neugestaltung der zwischenmenschlichen Beziehungen beobachten.

Um die Kirchtürme wird es still. Ein neuer Kult kommt auf: der Vaterlandskult. Auch er hat seine Heiligen, seine Märtyrer, seine besonderen Zeremonien und seine Symbole. Er führt zu einer vollkommenen Neueinteilung von Zeit und Raum. Die Untersuchung der religiösen Verhältnisse schließt den ersten Teil des Buches ab, jenen Teil, der sich mit den „Kindern des Vaterlands" befaßt, die in der Marseillaise aufgefordert werden, es zu verteidigen.

Im Schatten der Freiheitsbäume, die überall gepflanzt werden, finden eifrige Debatten statt: Patrioten und Konterrevolutionäre bekämpfen einander nicht nur mit dem Schwert, sondern auch mit der spitzen Feder. Der zweite Teil des vorliegenden Buches führt den Leser daher in die Redaktionsräume der damals erscheinenden Zeitungen, in die Zuschauerreihen der Theater und in die Cafés, in welchen die gängigen Lieder zu hören sind.

Zeitungen, Theatervorstellungen und Lieder sind die „Medien", mittels derer die Auseinandersetzungen ausgefochten werden. Im Zentrum der polemischen Stellungnahmen befindet sich unter anderem die Institution Familie. Wie – darüber wird gestritten – sieht die ideale Familie aus? Muß das Verhältnis der einzelnen Familienmitglieder untereinander geändert werden? Die neuen rechtlichen Bestimmungen, welche fortan der Familie zugrundeliegen, laden uns dazu ein, einen Blick in die Standesamtsräume der Rathäuser und die darin versammelten Brautleute des Jahres II zu werfen. Was erwartet man von den Ehefrauen und Müttern? Werden sie sich auch im Zeitalter der Revolution mit ihrem traditionellen Hausfrauen- und Spinnstubendasein zufriedengeben, oder werden sie sich etwa aktiv am politischen Leben beteiligen? Hören wir gut zu, was uns diese Frauen zu sagen haben, unter denen sich manche Ahnfrau der modernen feministischen Bewegung befindet.

Die Revolution hat es sich zur Aufgabe gemacht, allen Franzosen den kostenlosen Besuch einer Schule zu ermöglichen, ja sie durch Einführung der allgemeinen Schulpflicht dazu zu zwingen. Wir wollen daher die Kinder auf ihrem Weg in die republikanische Schule begleiten und zusammen mit ihnen die Schulbank drücken, um den Ausführungen der Lehrer zu lauschen.

„Ein Franzose muß bereit sein, für das Vaterland zu sterben." Der dritte Teil dieses Buches ist der Zeit der Schreckensherrschaft gewidmet, in der sich Royalisten und überzeugte Anhänger der Revolution in blutigen Auseinandersetzungen bekriegen. In ganz Frankreich werden Bürgersoldaten ausgehoben, um den Feind in die Enge zu treiben, vernichtend zu schlagen und ihm solche Furcht einzuflößen, daß er aus lauter Angst in den Abschluß eines Friedensvertrages einwilligt. Wir wollen uns an der Seite der jungen Rekruten in jene Räume begeben, in denen die Musterungsausschüsse tagen, und wir wollen die frisch ausgehobenen Soldaten an die Front begleiten.

Manche Franzosen halten gar nichts davon, sich für das Vaterland zu opfern. Es handelt sich um jenes Gesindel, das es ungeachtet der staatlichen Unterstützungen vorzieht, weiterhin bettelnd durch die Lande zu ziehen, um jene Bettler, die sich mit der Zeit häufig in Wegelagerer und Räuber verwandeln. Sie gelten bald als Verbündete der den „weißen" Terror organisierenden Aristokraten. Hinter ihnen schließen sich daher zur Zeit des revolutionären Terrors die Gefängnistore, die sie erst wieder freigeben, wenn man sie zur Guillotine führt. Mit diesem zur legalen Gewalt gewordenen Volksterror setzt sich das Kapitel „Im Anblick der Guillotine" auseinander. Wir folgen den Verdächtigen vor die revolutionären Überwachungsausschüsse und gehen mit ihnen den Weg, der vom Revolutionstribunal und dessen Ankläger Fouquier-Tinville schnurstracks zur Guillotine, zum „Guckfenster des Henkers Sanson", führt.

Nur wenige Kilometer von der Hauptstadt entfernt, wird man die Ratsprotokolle so mancher Gemeinde völlig vergeblich durchforsten: Sie enthalten nicht den geringsten Hinweis auf die Ereignisse des 14. Juli 1789, des 10. August 1792 oder des 2. Juni 1793, jener wichtigen Tage, an denen der Grundstein zum modernen Frankreich gelegt wurde. Diese fehlenden Einträge ändern jedoch nichts daran, daß auch hier, genau wie andernorts, das Leben eine tiefgreifende Veränderung erfahren hat. Das Schlußkapitel handelt von einem abgelegenen Dorf und den Auswirkungen, welche eine Revolution auf das Leben seiner Einwohner hat, die noch heute in aller Munde ist.

Die Kinder des Vaterlands

Der Patriotische Eid am Tag des Föderationsfestes am 14. Juli 1790 (zeitgen. Gouache der Brüder Lesueur; Paris, Musée Carnavalet).

Die Freiheit im Festgewand

Ganz Paris im Zeichen der Trikolore

Es ist der 14. Juli 1790, in den Straßen der Hauptstadt sind schon am frühen Morgen unzählige Menschen unterwegs. Man ruft sich gegenseitig zu, es wird gedrängelt und geschimpft, die meisten jedoch lächeln. Heute ruht nämlich für viele die Arbeit. Man geht an diesem Tag nicht in die Werkstatt, in der man sonst vom frühen Morgen bis in die Nacht hinein schwer arbeitet. Das Fleisch, das jetzt sechs Sous pro Pfund kostet, das knappe Brot, die tägliche Suche nach Arbeit auf der Place de Grève, dem Treffpunkt der Gesellen, – all dies zählt erst morgen wieder. Heute geht es vielmehr darum, an einem als heilig geltenden Festakt mitzuwirken: Am ersten Jahrestag des Sturms auf die Bastille werden sich auf dem Marsfeld der König, die zu Bürgern gewordenen Mitglieder des Dritten Standes, der Klerus und selbst die Aristokraten – die inzwischen den Spottnamen „aristocruches" (Aristokrüge) tragen – zum gemeinsamen Wohle feierlich miteinander verbünden.

In den Gassen riecht es nach gegrillten Zwiebeln, die von fliegenden Händlern feilgeboten werden, aus den Fugen des Pflasters steigt nach dem ersten Regenguß warmer Dampf auf und in den Rinnen häuft sich Unrat an, in dem Hunde, Katzen und Hühner herumwühlen.Doch wen kümmert das schon? Alle Einwohner sind darauf bedacht, sich vor den anderen zur Schau zu stellen. Sie tragen Kleidungsstücke, deren Farben an jene der im Wind flatternden Fahnen erinnern: Blau und Rot, die Farben der Stadt Paris kombiniert mit Weiß, der Königsfarbe.

Hier und da sieht man Vertreter der Nationalgarde – Händler und kleine Ladeninhaber, die Garanten der neuen Ordnung – kriegerische Posen einnehmen. Auch bei ihren Uniformen stechen das Weiß der Hemdbrust, das Blau des Fracks und das Krapprot der Manschetten ins Auge. An ihren unterschiedlich gefärbten Schulterstücken kann man ablesen, aus welchem Viertel sie stammen. Sie tragen die unterschiedlichsten Kopfbedeckungen: Fellmützen mit rotem oder grünem Federbusch, schwarze Zweispitze mit Goldrand, mit Tigerfell oder Roßhaar geschmückte Helme. Ihre mit einer goldenen Borte eingefaßten Stiefel sind aus Ziegenleder gearbeitet. Die Offiziere haben außerdem Pistolen im Gürtel stecken.

Die jungen Männer, denen man auf der Straße begegnet, tragen in der Regel keine gepuderten Perücken mehr. Ihr runder Haarschnitt soll an die von David dargestellten Helden des klassischen Altertums erinnern. Die Bürger haben sich von ihren Zwei- oder Dreispitzen getrennt. In ihren Kreisen ist jetzt ein zylinderförmiger Hut modern, in dessen seidener Hutschnur das Abzeichen der Patrioten steckt. Die bürgerliche Kleidung besteht aus einem sogenannten Frack „à la Révolution“: ein schwarzer Rock mit schmalem Revers und sich nach unten verbreiternden Schößen; die Kniehose aus Kaschmir wird durch weiße Strümpfe und Stiefel ergänzt; elegante Zeitgenossen stützen sich auf einen schön gearbeiteten Rohrstock mit vergoldetem Knauf.

Die Frauen tragen keine Reifröcke oder Polster mehr unter ihren Kleidern, so daß sich deutlich ihr Körper unter den Kleidungsstücken abzeichnet. Es sei durchaus ein schöner Anblick, so schreibt eine Fachzeitschrift, wenn sich bei einer gut gebauten und nicht etwa buckligen oder verwachsenen Frau die einzelnen Körperpartien unter der Kleidung abzeichnen. Dies gelte selbst für mollige und füllige Frauen, sofern sie nicht übermäßig beleibt seien, man müsse nur darauf achten, daß die Rockfalten ausschließlich auf dem Rücken angebracht sind, um Taille und Hinterpartie richtig zur Geltung zu bringen. Außerdem empfiehlt diese Zeitschrift eng anliegende, am Handgelenk fest geschnürte Ärmel, die – anders als die bisher üblichen weit abstehenden Manschetten – die Arme und ihre schönen Rundungen nicht mehr verstecken, sondern in ihrer ganzen Anmut erkennen lassen.

Patriotische Frauen, die sich „à la Constitution“ kleiden, tragen einen zierlichen, helmartigen Hut aus schwarzer Gaze, dessen breites rotes Band am Hinterkopf einen Knoten bildet und bis auf die Schultern herabhängt. Besonders elegante weibliche Zeitgenossen befestigen rechts einen kleinen roten Federbusch im Haar. Die jungen Mädchen hingegen lassen wie die Kinder ihre Locken offen auf die Schultern herabfallen und zieren sie mit einem Kranz aus rosa Quasten, der durch einen schönen violetten Knoten zusammengehalten wird.

Brusttücher aus feinstem Leinen erfreuen sich großer Beliebtheit: Sie werden – in große Falten gelegt – im Genick durch ein blaues oder weißes Band zusammengehalten, das bis zum roten Gürtel mit blau-weiß-roten Fransen herabhängt. Weiße Schultertücher werden mit einer Borte aus grünen, roten und blauen Blättern und mit trikolorefarbenen Fransen verziert.Vermögende Frauen tragen einen Ehering aus Gold. Seine kugelförmige Verdickung läßt sich öffnen; sie birgt die mit blauer, roter und goldener Emailfarbe verzierte Eingravierung „die Nation, das Gesetz, der König“.

Die Schneiderinnen kaufen für ihre Werkstatt Unmengen feinster Baumwollstoffe, denn für kokette Bürgerinnen kommt nichts anderes mehr in Frage. Ihre Kleider sind von weißen, blauen und roten Blumensträußchen übersät und himmelblau eingefaßt. Eine schwungvolle Bewegung, ein plötzlicher Windstoß genügen – der leichte Stoff wird hochgewirbelt und gibt die Beine neugierigen Blicken preis, die in weißen, goldbestickten Seidenstrümpfen stecken. Dazu trägt man, wie Modezeitschriften belegen, sogenannte „englische Strumpfbänder“. Die rosafarbenen Wäschestücke sind mit weißen Blüten und Blättern auf braunen Stengeln bestickt. Manche Strumpfbänder weisen zarte, violette Stickereien auf, die zwei umschlungene Herzen einrahmen. Die Schuhe sind rot oder mit rosafarbener, in üppige Falten gelegter Seide eingefaßt und mit grünen, rosa oder blauen Seidenfäden bestickt.

Einige wenige Aristokraten haben den Mut, der Menge die Stirn zu bieten, indem sie sich als Zeichen ihrer Trauer um die vergangenen Zeiten ganz in Schwarz kleiden. Es kommt schon häufiger vor, daß man in den Straßen jungen ehemaligen Adligen begegnet, die ihre Kleidung auf Halbtrauer abgestimmt haben und dadurch bekunden, daß sie die von der Nationalversammlung angestrebte Politik der Kompromisse befürworten. Um ihren zylinderförmigen Hut liegt ein schwarzes Band, und trotz ihres in große Locken gelegten Haares kann man unschwer erkennen, daß sie goldene Ohrringe tragen. Der Hals wird von einem mit Spitzen besetzten und vorne zu einem großen Knoten geschlungenen Tuch aus schwarzem Taft geschmückt. Die scharlachrote Jacke hat zierliche, blankpolierte Metallknöpfe; die schmalen Manschetten sind aus Batist. Die schwarze Weste aus Tuch oder Seidenrips zieren Knöpfe, und in ihren Taschen stecken zwei Uhren, wovon die eine an einem goldenen Kettchen und die andere an einer seidenen Kordel hängt. Die Kniehose aus schwarzem Kaschmir betont durch ihren engen Schnitt die Schenkelpartie. Dazu werden schwarze Seidenstrümpfe und auf Hochglanz polierte Schuhe getragen.

Doch wer schenkt diesen Herren schon Beachtung? Die Blicke richten sich eher auf jene patriotisch gesinnten Frauen, die zum ersten Mal eine im Laufe dieses Sommers immer stärker in Mode kommende Kleidung tragen. Diese besteht zunächst aus einem schwarzen mit Bändern und einer Schleife in den Nationalfarben verzierten Filzhut. Die ungepuderten Haare werden mit schwarzen Federn geschmückt. Die königsblaue Tuchjacke mit ihrem weißen, rot eingefaßten Kragen hat rote, weiß eingefaßte Verschlußschlaufen und Ärmelaufschläge in derselben Farbkombination. Die Bluse aus feinem weißem Barchent hat goldfarbene Knöpfe und der königsblaue Tuchrock einen rot abgesetzten Saum. Dazu trägt man schwarze Schuhe.

Die Mitglieder der Nationalgarde in ihren blauweißroten Uniformen, die unzähligen, überall angebrachten Kokarden und die trikolorefarbene Kleidung der Frauen – all dies trägt dazu bei, daß das Straßenbild allmählich einer einzigen, sich ständig im Wind bewegenden Fahne gleicht.

„Auf die Erstürmer der Bastille!“

Aus der Provinz sind Tausende und Abertausende von Mitgliedern der Nationalgarde nach Paris geströmt, nachdem sie einander in einem feierlichen Bündnis Treue und gegenseitige Unterstützung geschworen hatten. Als Verbündete haben sie sich dann in die Hauptstadt begeben, in der heute, am 14. Juli 1790, das Föderationsfest, ein Fest des „nationalen Bündnisses", begangen wird.

Sie sind gekommen, um an diesem Fest teilzunehmen, aber auch um Paris zu sehen, die Stadt, welche für sie geradezu heiligen Charakter besitzt, seit in ihr im vergangenen Jahr der Funken der Freiheit entsprang. Ihre Reise in die Hauptstadt gleicht einer Wallfahrt.

Einige sind zu Fuß gekommen, andere haben zu mehreren eine sogenannte „turgottine" gemietet, eine Kutsche, deren Name an den früheren Reformminister Turgot erinnert. Die Nationalgardisten aus Burgund haben mitunter vier oder fünf Tage für ihre Reise in die Hauptstadt benötigt, jene aus der Provence zwölf und ihre Kameraden aus den Städten an der Garonne sogar fast sechzehn.

Bei ihrer Ankunft sind sie mit offenen Armen empfangen worden, die königlichen Soldaten haben sie wie Brüder umarmt. Der Rat der Stadt Paris hatte die Einwohnerschaft mehrfach ersucht, den Ankömmlingen Unterkunft zu gewähren, und seine Bemühungen waren von Erfolg gekrönt. Mehrere Nationalgardisten wurden sogar von den Wahlmännern der Stadt Paris zu einem großen Fest geladen. Am Vorabend des nahenden Festtages hatte der König die Parade der Nationalgardisten abgenommen. Danach waren diese geschlossen in die Kirche Notre-Dame gezogen, um dort ein Hierodrama anzusehen, das die Wählerversammlung der Stadt Paris eigens für sie in Auftrag gegeben hatte und das ihnen sämtliche Etappen des Sturms auf die Bastille plastisch vor Augen führte. Anschließend hatten sie mit der Bevölkerung ein Tedeum gesungen. Gemeinsam mit den Bewohnern von Paris werden sie einige Stunden später zu Priestern einer neuen Religion, des Vaterlandskults, der auf dem Marsfeld mit einer Messe gefeiert wird.

Im großen Schankraum eines Weinhändlers sitzen oder stehen einige dieser Föderierten rund um die metallene Theke und sprechen kräftig dem Wein zu. Stets findet sich ein Bürger, der ihnen die Trinksprüche und Toasts auf die Revolution beibringt, deren lange Liste man im „Französischen Patrioten", der Zeitschrift Brissots, bewundern kann. Die Föderierten behalten nur die markantesten wie etwa „Auf die Herrschaft des Volkes", „Auf die Manen derer, die in den Verliesen der Bastille zugrunde gingen" oder „Auf den Bund aller Menschen gegen die Tyrannei". Dann verlassen sie den Ausschank, um draußen im erneut einsetzenden Regen wieder klare Gedanken zu fassen, denn der Wein steigt ihnen allmählich zu Kopf. Es regnet so heftig, daß einige Bürgerinnen die Dienste eines sogenannten „Passeur" in Anspruch nehmen müssen, einer Art Fährmann, der sie kurzerhand auf seinen Rücken packt und sie mit einigen großen Schritten ins Trockene bringt.

Paris, die Hauptstadt der menschenreichen „Grande Nation"

Bevor sie sich zum Schauplatz des großen Festes begeben, bummeln die Föderierten noch durch die Stadt, um ihre Neugier zu befriedigen. Sie staunen über die Menschenmassen in den Straßen. Allein im Viertel Beaubourg, das von der Rue de la Verrerie, der Rue de Saint-Martin, der Rue du Chapon und der Rue du Temple begrenzt wird, wohnen fast 16000 Menschen, das heißt etwa ebenso viele wie in einer Stadt mittlerer Größe. Abbeville, Cambrai oder Arles haben weniger Einwohner. Insgesamt leben in Paris rund 600000 Menschen – das sind zwar weniger als in London, aber mehr als in allen anderen Großstädten Europas.

600000 Menschen! Paris ist die Hauptstadt des am dichtesten bevölkerten Königreichs in Europa. Mit über 28 Millionen Einwohnern ist Frankreich im 18. Jahrhundert „das China Europas", wie die Demographen des 20. Jahrhunderts, die eine europäische Gesamtbevölkerung von 111 Millionen und eine Weltbevölkerung von vielleicht 771 Millionen Menschen annehmen, sagen werden. Schon die Revolutionäre haben erkannt, daß die „Grande Nation" sehr viele Mitglieder zählte.

Überwiegend sind dies jüngere Menschen. Die von den Geistlichen angeprangerten, düsteren Praktiken der Empfängnisverhütung sind unter der großen Masse der Bevölkerung noch nicht sehr verbreitet. In Paris werden alljährlich rund 20000 Kinder getauft, wobei man allerdings berücksichtigen muß, daß die Priester auch jene Kinder ins Taufregister eintragen, die von ihren notleidenden ledigen oder verheirateten Müttern zwar ausgesetzt werden, jedoch von Kutschern gegen Bezahlung in die Hauptstadt gebracht werden. 6000 bis 7000 solcher Findelkinder werden Jahr für Jahr in der Hauptstadt entdeckt.

600000 Einwohner! Und täglich werden es mehr. So verläßt zum Beispiel ein junger Handwerksgeselle seine Heimat in der Champagne, um mit wenig Mitteln, aber dafür voller ehrgeiziger Pläne in der Hauptstadt sein Glück zu versuchen. Aus allen großen Städten des Königreichs zieht es Studenten nach Paris, die dort ihre Ausbildung abschließen wollen. Schließlich versuchen in einem überwiegend bäuerlich geprägten Frankreich Handlanger und Hilfsarbeiter dem drohenden Elend dadurch zu entfliehen, indem sie die Dörfer in der Ile-de-France oder der östlichen Provinzen verlassen und in die Hauptstadt ziehen. Dort sind nämlich vor kurzem eigens Werkstätten für Bedürftige eingerichtet worden, in denen diese Hilfsarbeiter die für ihren und ihrer Familie Lebensunterhalt notwendige Arbeit zu finden hoffen. Rund 20000 solcher Hilfsarbeiter ziehen nach Paris und bemühen sich dort um eine Stelle. Viele von ihnen kommen nirgendwo unter, so daß ihnen schließlich nichts anderes übrig bleibt, als den Kreis der Bettler, der Fürsorgeempfänger, der Spitalinsassen oder der Diebe zu vergrößern.

Nehmen Sie sich vor Dieben in acht! Diesen wohlgemeinten Ratschlag bekommen die aus der Provinz herbeigeströmten Festteilnehmer von allen Seiten zu hören. In Paris – so heißt es immer wieder – wimmelt es nur so von Dieben, wobei es sich jedoch eher um Gelegenheitsdiebe handelt als um organisierte Banden. Der Hunger treibt sie dazu, alles zu stibitzen, was ihnen unter die Finger kommt: die Tücher, die die Wäscherin am Seineufer zum Trocknen ausgelegt hat, die Uhr eines wohlhabenden Bürgers oder das Brot aus der Auslage des Bäckers. Einige von ihnen klettern sogar auf die Dächer und entfernen dort sämtliche Abdeckungen aus Blei, um sie anschließend zu verkaufen. Die Polizeiakten berichten von einem besonders makabren Fall: Ein in die Klemme geratener Totengräber handelte mit Kadavern und verkaufte sie an Ärzte oder Chirurgen, die sie für anatomische Zwecke benötigten.

Es ist also durchaus Vorsicht angebracht. Der Provinzbewohner, der meist nach oben schaut, um die Fassaden der ihn umgebenden Häuser zu bestaunen, muß stets auf der Hut sein.

Die Wohnsituation in Paris

Die Hauptstadt lädt so sehr zum Bummeln ein, daß die Föderierten bisweilen alle Vorsichtsmaßnahmen vergessen. Im Viertel Beaubourg kann man in dem Gebiet zwischen dem Friedhof Saint-Nicolas und der Rue Neuve-Saint-Merry sämtliche für eine Stadt typischen Bauwerke bewundern. Man findet dort Fachwerkhäuser mit kleinen Geschäften im Erdgeschoß: Durch die offenen Läden kann man den Juwelieren, Goldschmieden, Fächerfabrikanten oder Kammherstellern bei ihrer Arbeit zusehen. Wollen sie nicht am Fest teilnehmen oder können sie es sich nicht leisten, weil die Arbeit zu sehr drängt? Sie arbeiten Seite an Seite mit ihren Gesellen und Lehrlingen, deren Zahl selten vier oder fünf überschreitet. Große Werkstätten oder Manufakturen, in denen 700 bis 800 Arbeiter beschäftigt sind, bilden auch in Paris die Ausnahme.

Über den Läden liegen die Wohnungen. Jede Etage stellt eine Welt für sich dar. Im ersten Stock wohnt gewöhnlich ein Rentier oder ein Händler. Seine Wohnung besteht aus fünf bis sieben Zimmern, die von einer Magd und einer Kammerzofe in Ordnung gehalten werden, während in der Küche die Köchin das Essen bereitet. Den Mittelpunkt dieser bürgerlichen Wohnungen bildet der Salon, dessen meist mit graugestrichenen Läden versehene Fenster zur Straße hin liegen. Das hereindringende Tageslicht fällt auf die damastenen Wandbehänge und wird von dem großen, mehrflügeligen Wandspiegel reflektiert, der über dem Marmorkamin mit seinem vergoldeten schmiedeeisernen Aufsatz hängt. Die Einrichtung besteht aus ein oder zwei Schränken, sechs bis acht Sesseln, einigen mit Utrechter Samt bezogenen Stühlen und einem Bücherschrank. Das Schlafzimmer liegt nicht weit vom Salon und vom Eßzimmer entfernt. Es wird zunehmend üblich, die Wände des Schlafzimmers mit jenem preiswerten papiernen Material zu verkleiden, das ein paar

Manufakturbesitzer nach dem Vorbild eines Mannes namens Réveillon herstellen lassen. Dessen Arbeiter hatten im April 1789 eine Revolte angezettelt, die praktisch der Startschuß der Französischen Revolution gewesen war. In der Mitte des Schlafzimmers lädt ein Himmelbett mit seiner Roßhaarmatratze, seinen Daunendecken und seinen Kopfkissen geradezu zum Schlafengehen ein. Seine bestickten Vorhänge sollen Schutz vor der eisigen Winterkälte bieten, gegen die auch der Kachelofen nicht ankommt. Direkt neben dem Schlafzimmer liegt ein Waschraum mit einem Abtritt, einer hölzernen Sitzbadewanne und manchmal sogar mit einem Bidet.

Manche wohlhabende Patrioten erstehen neue Möbel, die von Polsterern und Möbelhändlern wie zum Beispiel von einem gewissen Boucher in der Rue de la Verrerie feilgeboten werden. Ein Bett „à la Révolution" hat neuartige, „etruskisch" genannte, mit Jasminblüten verzierte Fransen und Behänge, von denen es heißt, daß die äußerst gelungene Kombination mehrerer Farben vor einem tief dunkelbraunen Hintergrund dem Stoff ein bisher unerreichtes Relief verleihe. Auf allen vier Seiten werden die Vorhänge kunstvoll der Länge und der Breite nach drapiert. Das Bett im Föderationsstil – à la Fédération" – hingegen besitzt vier kannelierte Bündelpfeiler als Bettpfosten, die grauweiß lackiert sind. Die Bänder, mit denen die Bettpfosten scheinbar zusammengehalten werden, sind – ebenso wie die den Himmel tragenden schmiedeeisernen Beile und Zweige – vergoldet. Die Füße des Bettgestells sind im antikisierenden Stil und aus kräftig poliertem, massivem Kupfer gearbeitet. Der Baldachin hat die Form eines bronzenen, mit goldenen Fransen geschmückten Schildes, auf dem ein weißer Federbusch thront. An diesem Baldachin angebrachte Vorhänge aus Taft und Damast rahmen das Bett ein. Die inneren Vorhänge sind aus einem violetten, mit roten Arabesken verzierten Seidenstoff. Die Tagesdecke ist aus himmelblauem Taft oder Damast und wird mittels violetter Kordeln, an deren Enden goldene Troddeln hängen, befestigt. Die Bettücher sind teils weißgrundig mit dunkelbraunen Verzierungen, teils rotgrundig mit weißen Verzierungen.

Die Sessel haben einen grauweiß lackierten, hölzernen Rahmen und ebenfalls kräftig polierte Füße aus massivem Kupfer; ihre in einer Rolle auslaufende Lehne ist mit einem himmelblauen, mit Arabesken verzierten Seidenstoff bezogen und zeigt in der Mitte eine in Braun und Rot gehaltene Rosette. Die Lehnen der Mahagonistühle bilden je zwei stilisierte Trompeten, die mittels einer Rispe verbunden sind. Das Polster ist mit einem braunen Seidenstoff bezogen, in dessen Mitte eine Rosette abgebildet ist. Die im antikisierenden Stil gearbeiteten Stuhlbeine sind aus Kupfer.

Wohnungen wie die oben beschriebene gehören wohlhabenden Bürgern. Jene von Fouquier-Tinville, des späteren öffentlichen Anklägers beim Revolutionstribunal, darf hingegen als ein Beispiel für die Zeitgenossen herangezogen werden, die weder zu den Reichen noch zu den Armen zählten. Fouquier-Tinville lebt mit seiner Frau und sieben Kindern in einer Drei-Zimmer-Wohnung. Ein gleichzeitig als Schlafzimmer und als Salon dienendes Zimmer enthält eine Liegestatt, zwei kleine Tische, eine halbhohe Anrichte, in der Geschirr, Besteck, Salatschüsseln und Platten aus Steingut oder Ton aufbewahrt werden, sowie zwei Stühle, deren Sitzfläche aus Stroh geflochten ist. In der Küche, zwischen zwei eisernen Kochstellen, haben die Kinder in einer Vertiefung aus Sandstein und einem Kübel ihren Schlafplatz. Eine Öllampe und ein Kerzenständer geben Licht. Im dritten Zimmer stehen eine Kommode, ein Tischchen sowie zwei Betten, und an der Wand hängen zwei Gemälde von geringem Wert. Die ganze Einrichtung – Möbel und persönliche Habe – dürfte etwa 6000 Livres wert sein.

Oft leben Arm und Reich unter einem Dach. Mit jedem Stockwerk, das man emporsteigt, werden die Wohnungen bescheidener, ja geradezu ärmlich. Da ist zum Beispiel die Unterkunft einer Wäscherin aus der Sektion les Arcis, die sich 1790 bei Nacht und Nebel davonmachte: Mitten im Zimmer stehen ein hölzernes Bettgestell mit einem Strohsack und daneben ein Bottich, der als Waschgelegenheit diente; ein Klapptisch, ein weiterer kleinerer Tisch, zwei Stühle, drei Strohsessel, eine Kommode aus Nußbaumholz, eine Schüssel, ein Tonkrug und sechs Teller vervollständigen die Einrichtung, deren Gegenwert sich auf 30 Livres belaufen dürfte.

Es gibt jedoch noch viel ärmlichere Behausungen. In der Rue de Beaubourg im vierten Stock des Hauses Nr. 72 wird die Wohnung eines gewissen Jeanin versiegelt und ein Inventar angefertigt, aus dem hervorgeht, daß die ganze Einrichtung aus einem hölzernen Bettgestell, einem Strohsack, einer Bettdecke und einem Spiegel bestand. Der nur wenige Schritte entfernt wohnende Dachdeckergeselle Pelletier beklagt, daß er seine Verlobte nie mit auf sein Zimmer nehmen könne, weil er dieses mit mehreren Männern teile. Und dann ist da noch die Behausung der Familie Mera, deren Ernährer – ein Holzschuhmacher – arbeitslos ist. Als Mutter Mera todkrank wird, legen die Nachbarn zusammen, um ihr für 21 Livres eine Matratze zu kaufen ...

Und dabei sind diese bedauernswerten Menschen insofern in einer glücklichen Lage, als sie – im Unterschied zu anderen Zeitgenossen – wenigstens noch ein Dach über dem Kopf haben. Der Historiker Daniel Roche weist in seiner hervorragenden Untersuchung über die Lebensbedingungen der Pariser Bevölkerung nachdrücklich darauf hin, daß die Mietpreise während des ganzen Jahrhunderts ständig in die Höhe kletterten. So beträgt zum Beispiel die Miete für ein im ersten Stock gelegenes Zimmer in der Rue Saint-Paul 80 und für ein Dachzimmer 60 Livres. Seit Ludwig XIV. hat sich der Anteil der Miete an den Lebenshaltungskosten einer Arbeiterfamilie verdoppelt, so daß die Miete jetzt dem Lohn für 75 Arbeitstage, das heißt 26 Prozent der Einkünfte, entspricht. Im Paris des Jahres 1790 leben angesichts der horrenden Mietpreise ganze Familien in einem einzigen Zimmer. Im Stadtviertel Saint-Eustache findet man in unmittelbarer Nähe einträglicher Mietshäuser und schöner, von ihren Eigentümern bewohnter Stadthäuser in so mancher schmalen Straße möblierte Einzelzimmer, in denen auf engstem Raum mehrere Personen hausen. In diesen Unterkünften dreht sich alles um die beiden menschlichen Grundbedürfnisse Schlaf und Wärme. Rund um das Bett türmen sich Bett- und Fußwärmer verschiedenster Machart. Vor dem Schlafengehen versammelt sich alles am Kamin. Der große rechteckige Rauchabzug wird im Laufe des 18. Jahrhunderts von einem niederen Kaminsims mit einer kleineren Feuerstelle, einem rechteckigen Rauchfang und einem geschwungenen Abzug abgelöst. Dadurch wird der ganze Kamin kleiner, und man kann sich nicht mehr richtiggehend hinein-, sondern nur noch um ihn herum setzen. Man wärmt sich an ihm auf, man pinkelt auch hinein, ohne daß die übrigen Anwesenden sich daran stören, man hängt vor dem Kamin seinen Träumereien nach und man bereitet darin das Essen zu. In der Regel wird eher mit Holz geheizt als mit Kohle, die als ungesund gilt. Das rasch verbrennende Holz entwickelt nur wenig Wärme und ist überdies teuer: Ein Raummeter kostet so viel, wie ein Arbeiter in 15 Tagen verdient. Die Ausstattung des Kamins bleibt dieselbe: Feuerböcke, Bratenwender und Zangen im Wert von fünf bis zehn Livres. Auf dem Kaminsims befinden sich die Gerätschaften zum Braten und Frikassieren; zu ihnen zählen jetzt immer häufiger auch Töpfe zur Zubereitung von Fleischbrühe – ein sicheres Indiz dafür, daß zunehmend Fleisch verzehrt wird. Ihre bescheidenen Lebensmittelvorräte bewahren die Arbeiterfamilien im Büfett auf, das Geschirr hingegen auf Regalen oder in einem Tellerbord.

Die Anfänge der Konsumgesellschaft

In den Haushalten finden sich plötzlich eine ganze Reihe von Gebrauchsgegenständen mit spezifischem Verwendungszweck: Stieltöpfe, Schalen, Zuckerdosen und Eierbecher, Kaffeemühlen sowie Tee- und Kaffeetassen. Zinn wird fortan nur noch für Besteck verwendet. Das Geschirr hingegen ist jetzt aus Steingut oder Keramik. In der einsetzenden Entwicklung zur Konsumgesellschaft wird immer weniger Wert auf die Dauerhaftigkeit der Gebrauchsgegenstände gelegt. Das einzeln oder im Dutzend feilgebotene braune Tongeschirr kostet nur sieben Livres pro Kilogramm, weiße Keramik dagegen achtzig. Die niedrigen Preise, für die bestimmte Haushaltsgegenstände jetzt zu haben sind, führen in der breiten Masse der Bevölkerung zu Gewohnheiten, die bisher den Wohlhabenden vorbehalten waren: Suppe und Hauptspeise werden fortan nicht mehr vom gleichen Teller gegessen, und das Eßbesteck wird um Messer oder Gabel ergänzt.

Anders als früher steht neben den wuchtigen Wäscheschränken oder

-truhen kein Getreidekasten oder Backtrog mehr, denn in der Stadt bewahrt nicht mehr jeder Haushalt Getreide auf, um sein eigenes Brot daraus zu backen. Man kauft das Brot jetzt – wie Daniel Roche bemerkt – beim Bäcker um die Ecke. Spiegel erfreuen sich zunehmender Beliebtheit, und die Männer gehen dazu über, sich ihr eigenes Rasierzeug zuzulegen und sich nicht mehr beim Barbier zu treffen, um sich rasieren zu lassen und Neuigkeiten auszutauschen. Auch die Waschgewohnheiten ändern sich: Man wäscht sich häufiger als früher, geht aber immer noch recht sparsam mit dem kostbaren und teuren Naß um, das man sich von einem Träger heraufbringen lassen muß. So kostet ein Kubikmeter etwa drei bis vier Livres, d.h. den Lohn von mindestens zwei Arbeitstagen. Man muß schon über ein gutes Einkommen verfügen, unter einer Hautkrankheit leiden wie Marat oder zu den Prostituierten gehören, um sich ein tägliches Bad leisten zu können. Wohlhabende Zeitgenossen verrichten ihre Notdurft auf einer „chaise de commodités" – einer Art Nachtstuhl –, die anderen suchen entweder einen von mehreren Personen gleichzeitig benutzten Abtritt auf oder verwenden Nachttöpfe, deren Inhalt gewöhnlich kurzerhand zum Fenster hinausgeschüttet wird.

Gleich neben dem Hauseingang liegt die Wohnung des „principal locataire", des Vorgängers der modernen Hausmeister. Seine Aufgabe ist es, auf Wunsch des Hausbesitzers dessen Wagen herbeizuholen und ihn des Nachts mit einer Fackel in der Hand zu begleiten. Ferner ist er angehalten, über das Kommen und Gehen der übrigen Mieter zu wachen. Denn es kommt nicht selten vor, daß Tagelöhner ihre Miete schuldig bleiben, indem sie sich heimlich davonstehlen. Von seinem Wachposten aus kann der „principal locataire" auch die Häuser der Notabeln beobachten. Durch eine Toreinfahrt gelangt man in den Hof und in den Garten. In solchen Häusern leben im Viertel Beaubourg die Familien eines Rivoire oder Letang, deren Handelsbeziehungen durch ganz Europa und bis nach Amerika reichen: sie kaufen in den Kolonien Zucker und Kaffee, um ihn in Skandinavien mit großem Gewinn zu verkaufen. Ihre Geschäfte gehen so gut, daß sie sich an einem Kauf der benachbarten adligen Stadtpalais aus der Zeit Ludwigs XIV. oder Ludwigs XV. interessiert zeigen.

Der Zeitenwandel im Spiegel des Straßenbilds

Überall sind die Schläge der Hämmer und das Knirschen der Meißel zu vernehmen: Handwerker entfernen Wappen, die bislang die Giebel dieser Palais schmücken. Seitdem die Nationalversammlung am 19. Juli 1790 die Abschaffung sämtlicher Adelstitel beschlossen hat, haben die Symbole der Aristokratie ihre Daseinsberechtigung verloren. Die Revolution macht nicht einmal vor den Familiennamen halt. Graf Mirabeau und der Marquis von La Fayette besinnen sich auf die Namen ihrer Vorfahren und nennen sich fortan wieder schlicht und einfach „Riqueti“ oder „Motier“. Die Adligen sind nur noch ganz gewöhnliche Bürger wie alle anderen auch. Das „Journal de la Mode“ mokiert sich über die bürgerlichen Namen der ehemaligen Adligen. So verbirgt sich beispielsweise hinter dem Titel eines Marquis de Verneuil der bürgerliche Name Chasse-pou (Läusejäger), während die Mutter des genannten Marquis in Wahrheit Crique (Riß) und seine Großmutter gar Croque-fromage (Käsefresser) hieß. Die Gattinnen einiger ehemaliger Adliger haben – nachdem sie ihren gesamten Vorrat an Melissengeist aufgebraucht haben und einsehen müssen, daß ihre ganzen Ohnmachtsanfälle, Zuckungen und aristokratisches Gehabe nichts nutzen –, beschlossen, ihren Männern künftig die Erfüllung der ehelichen Pflichten zu verweigern. Sie können den Gedanken nicht ertragen, fortan keine adligen Sprößlinge, sondern nur noch einfache Aktivbürger in die Welt zu setzen.

Das Straßenbild spiegelt überall den Zeitenwandel wider: Krämergehilfen nehmen eilends alte Aushängeschilder ab, auf denen die jeweiligen Schutzpatrone ihrer Zunft – der heilige Eligius oder der heilige Dionysius – zu sehen sind und ersetzen sie durch solche mit der Devise „Auf die Nationalversammlung“ oder „Auf die Erstürmung der Bastille“. In dem Straßengewirr rund um die „Halles“, die Markthallen von Paris, stößt man immer wieder auf Menschenansammlungen, die den Worten von Marktfrauen oder Lastenträgern lauschen. Diejenigen von ihnen, die lesen können und außerdem eine kräftige Stimme haben, klettern auf einen Pfosten, um lauthals das zu verkünden, was auf den Plakaten geschrieben steht. Die leicht vergilbten Plakate des „Comité de la Confédération“, des Festkomitees, informieren die Pariser Bevölkerung darüber, daß auf dem Marsfeld keine weiteren Helfer mehr benötigt werden. Zahllose Stadtbewohner haben bereits Erde ausgehoben, den Aushub beiseite gekarrt und aus den Grasschollen Zuschauerränge geformt. Bei den Abschlußarbeiten sei eine große Anzahl von Helfern eher hinderlich oder gar abträglich. Die restliche Ausschmückung des Festgeländes soll daher durch eine kleine Schar Arbeiter und unter sorgfältigster Anleitung erfolgen. Ein weiteres, im Auftrag der Stadtverwaltung gedrucktes Plakat soll verunsicherte Zeitgenossen beruhigen: es geht das Gerücht um, daß ganze Räuberbanden bereitstünden, um während der Zeremonie auf dem Marsfeld in die Stadt einzudringen und sämtliche Häuser zu plündern. Diese Gerüchte entbehren laut Aussage der Stadtverwaltung jeglicher Wahrheit, und überdies werde Paris gut bewacht.

Auch Zeitungen werden angeschlagen, anhand derer man die Debatten innerhalb der Nationalversammlung nachvollziehen oder sich über die Tagesnachrichten informieren kann. Sowohl die „Annales patriotiques“ („Patriotisches Jahrbuch“) als auch das Blatt „Le Patriote français“ („Der französische Patriot“) rufen die Bürgerschaft auf, möglichst zahlreich zum Fest zu erscheinen. Jemand, der eine nicht mehr ganz druckfrische Ausgabe des „Ami du Peuple“ („Volksfreund“) in Händen hält, schreit dagegen „Zum Teufel mit dem Fest“. In den Augen des Herausgebers Marat stellt das Fest nämlich nichts anderes dar als die Ausbeutung der Bevölkerung und einen riesigen Schwindel. Die vielbeschworene Einheit des französischen Volkes sei nur leeres Gerede. Ein echtes Bündnis zur Wahrung der Freiheit könne nur von jenen geschlossen werden, die auch glühende Anhänger des Freiheitsgedankens seien. Der Sinn eines Bündnisses, das auch Bürger einschließe, die dem Vaterland gleichgültig gegenüberstünden, oder gar jene Schurken und Verräter, die unablässig seinem Untergang entgegenarbeiteten, sei daher mehr als fraglich.

Während überall propagiert wird, daß das nahende Fest ganz im Zeichen der Nation stehe, munkeln einige, daß es doch wohl eher dazu dienen werde, La Fayette in seiner Stellung zu bestätigen. Erzählt man sich denn nicht, daß er sich anschicke, unter großem Pomp zum Marsfeld zu ziehen, und daß es Leute gebe, die dumm genug seien, sich vor sein Pferd zu werfen, um es zum Stehen zu bringen und dann die Stiefel des Generals zu küssen? Für viele hat La Fayette ein Janus-Gesicht, das auf der einen Seite dem Volk und auf der anderen den unverbesserlichen Anhängern des Ancien Régime zulächelt.

Die Karikatur während der Französischen Revolution

„Kauft das Porträt des Generals!“ So versuchen die Verkäufer Kunden anzulocken. Neben Kokarden, Kupferstichen und Karikaturen verkaufen sie Bildergeschichten, die man fast als Revolutionscomics bezeichnen könnte. Gewiß, der Verkauf solcher Zeichnungen ist gesetzlich geregelt und wird überwacht, aber was kann man heutzutage schon verbieten?

Die Bilder rufen zunächst das traurige Los des Dritten Standes in Erinnerung: Während er für die Zeit des Ancien Régime als schmächtiger, armer Mann dargestellt wird, der mit seiner Hände Arbeit Adel und Klerus ernährt, ist er jetzt von seiner schweren Bürde befreit. Die Bilderserie mit dem Titel „L'Oeuf à la coque“ (Das weichgekochte Ei) zeigt Vertreter der privilegierten Stände, die ihre Brotstücke in ein Ei tunken, das ihnen der Dritte Stand präsentiert. Dann sieht man jedoch, wie sich der Dritte Stand plötzlich erhebt, das Ei rasch ausschlürft und es sich im Sessel eines Barbierladens bequem macht, wo ein ehemaliger Adliger eifrig um ihn bemüht ist. Die zugehörige Legende lautet „Von nun an schert ein Barbier den anderen“. All dies verdanke man dem Volk und dem König, der weiterhin – ungeachtet der Äußerungen Marats – das allgemeine Vertrauen genießt. Eine andere Darstellung hat eine mathematische Formel zur Grundlage: „IV + XII = XVI“, womit angedeutet werden soll, daß Ludwig XVI. allein so bedeutend sei wie seine Vorgänger Heinrich IV. und Ludwig XII. zusammen. Ein weiteres Bild erinnert an die Anstrengungen, die Ludwig XVI. gemeinsam mit Reformminister Necker unternommen hat, um die Lage seiner Untertanen zu verbessern: Frankreich wird als eine halbtote, um Mitleid flehende Frauengestalt dargestellt, um deren Heilung Ludwig XVI. und ein zuversichtlich an den Erfolg glaubender Necker bemüht sind. Eventuellen Vaterlandsverrätern wird deutlich gesagt, daß sie keinerlei Schonung zu erwarten haben. Ein Kupferstich zeigt einen Mann aus dem Volk, der Köpfe von Hingerichteten sortiert und dabei folgende Rechnung macht: „Von zwanzig haben vier bezahlt, bleiben sechzehn." Die Zahl vier ist eine Anspielung auf die im Jahr zuvor hingerichteten Delaunay, Flesselles, Foulon und Berthier, während mit den zwanzig die am 14. Juli geächteten Aristokraten gemeint sind. Ein Zuckerbäcker hat an seinem Laden ein Spruchband angebracht, das alle Blicke auf sich zieht. Folgende Verse sind darauf zu lesen:

Hoch lebe der König
Mein Weib und ich,
Sofern er erweist sich
Als treu und verläßlich.

Diesen König, den man im vergangenen Jahr gezwungen hat, statt in Versailles wieder in Paris zu residieren, wird man jetzt aus nächster Nähe zu Gesicht bekommen. Man wird ihn sich – um mit den Worten eines Föderierten aus der Normandie zu sprechen – in aller Ruhe anschauen, bevor man sich mittels des Schwurs versichern wird, daß der König künftig seine Aufgabe darin sieht, das ganze Volk glücklich zu machen.

Ganz Frankreich tanzt vor Freude

Wie viele Menschen nehmen an dem Festzug von der Bastille zum Marsfeld teil? 50 000? Oder sind es 100 000? Niemand vermag es mit Bestimmtheit zu sagen. Schon um sieben Uhr morgens hat sich eine große Menschenmenge am Treffpunkt eingefunden und wartet auf das Zeichen zum Abmarsch. Angehörige der Kavallerie, Grenadiere und Mitglieder der Jägerregimente mischen sich unter die Repräsentanten der Stadtverwaltung. Sobald sich der Zug in Bewegung setzt, geben Trompeten und Trommeln das Tempo an; die mitmarschierenden Bürger tragen das Banner der Nationalgarde, der Linientruppen oder der Marine. Der Festzug als Symbol für ganz Frankreich zieht Scharen von Schaulustigen an. Dennoch ist keine Polizei zur Überwachung notwendig, denn die Freiheit, so der „Patriote français", sei der beste Garant der Ordnung und die menschliche Vernunft richte mehr aus als noch so viele Bajonette.

Dabei setzt sich der überwiegende Teil der Menge nicht etwa aus besonders kultivierten Zeitgenossen zusammen, sondern vielmehr aus einfachen Arbeitern und Frauen aus dem Volk, Menschen also, denen man im Ancien Régime voller Verachtung begegnet war. Eben diese Menschen legen eine vorbildliche Disziplin an den Tag: sie lassen stets genug Platz für die anderen und harren trotz der starken Regengüsse scherzend und lachend geduldig aus.

Um zehn Uhr trifft die Spitze des Zuges auf dem Marsfeld ein. Bis alle Teilnehmer angekommen sind, werden jedoch noch einige Stunden vergehen. Die Wartezeit verkürzt man sich damit, die Inschriften rund um den Altar zu entziffern, der hier dem Vaterland errichtet wurde:

„Nur für Vaterland und Verfassung kämpfen wir mit Waffengewalt,
Das geliebte Vaterland zu verteidigen, machen wir nicht einmal vor unserem Leben halt.
Dem, der im Schutze dieser Verfassung lebt,
Vor keinem Unterdrücker das Herz mehr erbebt:
Sein Erbteil wird geschützt, seine Rechte werden gewahrt,
Eine strahlende Zukunft sich uns offenbart.
Die Menschenrechte besagen, daß alle Sterblichen auf Erden
völlig gleichberechtigt sind und nicht mehr nach ihrer Geburt,
sondern allein aufgrund ihrer Tugend voneinander unterschieden werden."

In der Nähe der Militärschule hat man einen überdachten, mit blauem und goldfarbenem Stoff ausgeschmückten Gang errichtet, in dessen Mitte sich der von einem Baldachin überragte violette Thron befindet. Die Tribüne dahinter ist für die Mitglieder der königlichen Familie bestimmt. Direkt gegenüber erhebt sich der Altar des Vaterlandes, umgeben von Zuschauerrängen aus Rasen. Vier Treppenstufen führen zu dem auf einem 25 Fuß großen Podest errichteten Altar hinauf. Rund um den Altar sind Räucherpfannen aufgestellt, denen ein angenehmer Duft entströmt. Engelsfiguren an der Nordseite des Altars scheinen sich dem Volk zuzuwenden, um es an die heilige Devise „Nation, Gesetz, König" zu erinnern und ihm den Inhalt dieser Worte zu verdeutlichen: das Volk ist gleichzeitig Nation und Gesetz, das seinerseits vom König gehütet wird. Eine die Freiheit symbolisierende Figur überschüttet Frankreich mit Reichtum, während der Genius der Verfassung in den Himmel aufsteigt.

Die zu Tausenden erschienenen Zuschauer fassen sich in Geduld und vertreiben sich die Zeit mit Essen und Trinken. Aus den anliegenden Häusern werden Körbe voll Lebensmittel zu den am Umzug beteiligten Menschen herabgelassen. Alle versuchen etwas von dem zu erkennen, was auf den Spruchbändern der einzelnen Zünfte steht. Das der Metzger trägt die Aufschrift: „Aristokraten nehmt Euch in acht, hier kommen die Metzgergesellen." Die Drucker verkünden auf ihrer Fahne, daß sie sich als Vorkämpfer der Freiheit verstehen. Auf anderen Transparenten wiederum ist die Devise „in Freiheit leben oder sterben" zu lesen. Immer wieder hört man die Parole „Ça ira!" Das Volk singt unablässig:

„Ah! Ça ira, ça ira, wir werden gewinnen,
Trotz der Verräter wird alles gelingen."

Auf die Melodie von „Vive Henri IV" dichtet man neue Verse, in denen die Feinde der Freiheit verspottet oder mit Drohungen bedacht werden:

„Aristokraten
Ihr seid überführt, Marsch, Marsch!
Der Demokrat
s ... Euch seinen Spaten in den A ..."

Man tanzt und veranstaltet selbst auf dem vom Regen völlig aufgeweichten Gelände provenzalische Volkstänze mit dem klangvollen Namen „farandoles", bei denen alle miteinander in Kontakt kommen: Der Bretone reicht seine Hand einem Bewohner der Provinz Burgund, dieser wiederum einem Flamen, der seinerseits einen Elsässer mit in den Reigen zieht. In diesem Augenblick gleicht ganz Frankreich einer einzigen tanzenden Festgesellschaft.

Das Föderationsfest auf dem Marsfeld.

Eine Welt wird auf den Kopf gestellt

Endlich wird die Ankunft des Königs gemeldet, und die Zeremonie kann beginnen. Talleyrand in seiner Eigenschaft als Bischof von Autun zelebriert die Messe. Dem assistierenden Abbé Louis flüstert er heimlich ins Ohr, es gelte, möglichst eine ernste Miene zu bewahren. Der Hofkaplan Ludwigs XVI. und die Militärgeistlichen der Nationalgarde umringen sie; sie tragen allesamt lange, weiße Meßgewänder, die von einer trikolorefarbenen Schärpe zusammengehalten werden. Gegen Ende der Messe erhebt Bischof Talleyrand die Hände gen Himmel und erfleht den Segen Gottes für die Versammlung. Und siehe da: Der bisher wolkenverhangene Himmel heitert sich etwas auf, und die Sonne wird sichtbar. Das Höchste Wesen – das „Être suprême", welches im revolutionären Kult die Stelle Gottes einnimmt – ist mit dem Volk. Die Menge gerät außer sich vor Freude.

Da schreitet La Fayette mit gezücktem Schwert die Stufen zum Altar empor. Oben angekommen, spricht er den Treueschwur, mit dem sich alle Anwesenden verpflichten, der Nation, dem Gesetz und dem König treu zu bleiben, unter Aufbietung aller Kräfte die von der Nationalversammlung beschlossene und vom König akzeptierte Verfassung zu schützen sowie entsprechend der Gesetze für die Sicherheit des einzelnen und seines Besitzes, den ungehinderten Transport von Getreide und Lebensmitteln innerhalb des Königreiches einzutreten, dafür zu sorgen, daß jedermann seinen wie auch immer gearteten Beitrag zum Gemeinwohl leistet und mit allen Franzosen die unlösbaren Bande der „Fraternité", der Brüderlichkeit, zu pflegen.

Während die Artillerie Salutsalven abfeuert, greift die Menge La Fayettes Worte auf, und alles ruft „Je le jure!" (Ich schwöre es!) Der König leistet – den Hut in der Hand haltend – ebenfalls einen Eid; er schwört, die ihm durch die Verfassung zuteilgewordene Macht nach bestem Wissen und Gewissen auszuüben und für die Einhaltung der Verfassung und die Ausführung der Gesetze zu sorgen. Das Volk bricht in Bravorufe aus, und die Zeremonie wird mit einem Te Deum beendet. Der König erhält großen Beifall, und selbst die Königin erntet Vivatrufe, als sie auf ihrem Arm den Dauphin präsentiert.

Eine Welt steht Kopf: Noch vor kurzem – so schreibt ein Zeitgenosse – begegneten sich die Menschen mit größtem Mißtrauen, das durch die despotische Herrschaftsform geschürt wurde. Heute nun sei das Volk zusammengekommen, um sich – wie von einem einzigen Wunsch beseelt – einen König zu geben.

In ganz Frankreich spielen sich ähnliche Szenen ab; dieser große Tag wird vielen noch lange im Gedächtnis bleiben und ein wenig Licht in ihren grauen Alltag bringen. Gegen Mittag läuten im ganzen Land die Glocken und laden alle Franzosen ein, gemeinsam mit der Pariser Bevölkerung die Kommunion zu empfangen: Nachdem man den Schwur gesprochen, mit dem Priester gebetet, an der Segnung des heiligen Sakraments teilgenommen und anschließend die vorbeiziehenden Truppen bewundert hat, begibt man sich zu Tisch und ißt gemeinsam Pasteten, Schinken, Hammelkeulen, Enten oder Truthühner. Die jungen Männer haben die Fässer angestochen und zur Musik der Fiedler rund um den Freiheitsbaum getanzt; dieser trägt in seinen Zweigen die Symbole der überwundenen Feudalherrschaft und ist über und über mit blauweißroten Girlanden behängt. Selbst die tiefste Provinz scheint bis auf einen Katzensprung an Paris herangerückt zu sein. Es gibt keine Schranken und keine Standesunterschiede mehr; unter dem Motto „Es lebe die heilige Gleichheit" hat das Fest ganz Frankreich geeint.

Ein Abendspaziergang entlang der Seine

Die Menschenansammlung auf dem Marsfeld ist so riesig, daß manche Teilnehmer ihr erst gegen sieben Uhr abends wieder entfliehen können. Der Regen hat aufgehört, und man geht noch ein wenig spazieren. Vom Seineufer aus beobachten die Spaziergänger die zahlreichen höchst unterschiedlich aussehenden Wasserfahrzeuge. Ein Schiff erbietet sich, Reisende auf schnellstem Wege nach Rouen zu befördern. An Deck sieht man Fässer liegen, die zum Transport von Wein aus Burgund, aus der Umgebung von Bordeaux oder von den unmittelbar flußab- und flußaufwärts von Paris gelegenen Anbaugebieten dienen. Dieser nicht sehr hochwertige Wein ist mit Vorsicht zu genießen, denn er ist so sauer, daß er einem die Zähne zusammenzieht; außerdem steigt er rasch zu Kopf. Böse Zungen behaupten, daß er vom Wirt so mancher Vorstadtkneipe mit allen möglichen Zutaten versetzt werde – bis hin zum Zucker, den man aus den neu angebauten Rüben gewinnt.

Neben den Fischkuttern, die die Hauptstadt mit frischem Fisch versorgen, sieht man auf der Seine auch sogenannte Marnekähne, die „marnais", verkehren: Schiffe mit einer Länge von 20 Metern (die neuen, von der Nationalversammlung eingeführten Maßeinheiten beginnen sich allmählich durchzusetzen). Am Ufer liegen leichte Fährboote vom oberen Lauf der Loire; sie haben ausgedient und werden demnächst zu Brennholz zerlegt. Normannische Boote mit gerefften Segeln und ausladende Schiffe warten auf den Transport von besonders schweren Gütern. Ab und zu hört man eines der in Ufernähe untergestellten Treidelpferde wiehern, die am nächsten Tag all diese Fahrzeuge zu den einzelnen Anlegestellen ziehen müssen.

Die wenigen Brücken in der Stadt verlocken zu einer Überfahrt mit einer der unzähligen Fähren. Beide Ufer sind Treffpunkte des bunten Volkes der Treidler, Schiffer, Ladearbeiter, Holzstapler und Flößer, deren Gesang und Geplänkel oft weithin zu hören ist und bisweilen zu handfesten Schlägereien ausartet. Am nächsten Morgen kann man sie beobachten, wie sie geschickt von Querholz zu Querholz springen, um die Holzflöße zu steuern und um zu verhindern, daß diese gegen die am Ufer befestigten Waschbretter prallen.

In den Straßen von Paris

„Traubensaft, frischer, unreifer Traubensaft!
Orangen, Orangen aus Portugal, Orangen aus Italien!
Louvrebrot! Brot aus Gonesse, Kundenbrot!
Große Messer und Schöpflöffel zu verkaufen!"

Noch in den Abendstunden sind viele fliegende Händler unterwegs, die angesichts der vielen sonntäglich gekleideten und in diesem Augenblick nicht aufs Sparen bedachten Menschen gute Geschäfte zu machen hoffen. Gewiß, der Sonnenschirmverkäufer hat wesentlich weniger eingenommen als sein Regenschirme feilbietender Kollege; dies hält ihn jedoch keineswegs davon ab, ebenso wie die übrigen Händler, seine Waren mit seinem den Zeitgenossen wohlbekannten Gesang anzupreisen.

An den Straßenbiegungen trifft man immer noch auf jene Mädchen, die Restif de la Bretonne so trefflich zu schildern verstand. Ihre Kleidung besteht aus einem rotweiß gestreiften baumwollenen Mieder, einem braunen Umhang aus grobem Wollstoff und einem leicht hochgeschürzten Rock; um den Hals tragen sie ein Kettchen mit einem Kreuz daran. Diese Mädchen bieten den Passanten Milch oder Kaffee an, die sie in metallenen Behältern auf dem Rücken mit sich herumtragen; für zwei Sous kann man einen Keramikbecher voll erstehen. Manche Passanten trinken jedoch lieber von dem Kräutertee, den ein Händler an der Place de Grève verkauft. Sein stündlich durch einen Wasserträger aufgefüllter Teevorrat scheint laut Aussage des Zeitgenossen Sébastien Mercier unerschöpflich zu sein, und der auffällig gekleidete Verkäufer zieht alle Blicke auf sich; sämtliche Nähte seiner Jacke sind mit goldenen Borten abgesteppt, und sobald er mit einer raschen Handbewegung drei Hähne gleichzeitig öffnet, um acht Kunden parallel bedienen zu können, oder die Trinkbecher ausreibt, vernimmt man bis zur Pont au Change das Klingeln der an seinen Ärmeln befestigten Schellen. Kräutertee gilt in erster Linie als Getränk für Frauen oder Kranke. Die Handwerksburschen greifen eher zum Schnaps. „Branntwein, Schnaps für einen Sous pro Gläschen!" ... „Guter Schnaps, der das Herz höher schlagen läßt! Kommt herbei, kommt herbei!" Der unter einem kleinen Vordach stehende und mit Fläschchen sowie Bechern ausgerüstete Schnapsverkäufer lädt im Schein seiner Lampe die vorbeiziehenden Menschen zu einer Kostprobe ein. Man kann bei ihm Schnaps und die verschiedensten Liköre erstehen: Zedernlikör, Zitronenlikör mit eingelegter Schale sowie „rossoli" oder „populo", ein Getränk aus Weingeist, Wasser, Zucker, Moschus, Amber oder Anis. Die Feinschmecker unter den Kunden fügen noch eine kandierte Frucht hinzu.

Die Kinder umringen den Waffelverkäufer, der seine Ware ebenfalls lauthals anpreist. Seinen kleinen offenen Ofen auf dem Rücken transportierend, verkauft er duftig leichte Waffeln. Wie der Schnapsverkäufer ist er stets bereit, ein paar Karten aus seinem Ärmel hervorzuzaubern, um mit den Vätern der ihn umgebenden Kinderschar eine Runde zu spielen. Wenn er alle Waffeln verkauft hat, singt er – gewissermaßen als Zugabe – noch einmal den Refrain, mit dem er zuvor die Kunden angelockt hat.

Da teilt sich plötzlich die Menge, um einer aufsehenerregenden Gestalt den Weg freizugeben. Es ist der Rattenfänger, der – immer noch nach Auftraggebern Ausschau haltend – nach Hause geht. Er trägt ein an den Ellbogen durchgewetztes – Wams sowie einen pyramidenförmigen Hut, und rings um seinen Hals baumelt eine Kette aus erlegten Ratten. Auch die Dose mit dem todbringenden Pulver ist zu sehen. Wer sich der zu Tausenden in sämtlichen Häusern umherhuschenden Ratten und Mäuse entledigen will, kann sich vertrauensvoll an ihn wenden. Doch die Menge verdrängt rasch den Gedanken an diese schaurige Gestalt und wendet sich stattdessen lieber einem Stockverkäufer zu, der seine Ware mit den drolligsten Sprüchen an den Mann zu bringen sucht. „Schlagt Eure Frauen, klopft Eure Kleider aus! Schöne Stöcke zu einem Sou!" Wenn das keine gute Grundlage für eine glückliche Ehe ist! Der Kaminfeger, ein kräftiger Bursche aus Savoyen, der sein Bündel und seine lange Rute geschultert hat, bietet jetzt niemand mehr seine Dienste an; er spielt vielmehr mit seinesgleichen Karten inmitten der Schar von Bediensteten – Wasserträgern, Lastenträgern und Tagelöhnern –, die an den Straßenkreuzungen ihren Schabernack treiben. Mercier schildert sie als große, unangenehme Burschen, deren riesige Füße in schweren, mit Eisen beschlagenen Schuhen stecken, und die, wenn sie das Gleichgewicht verlieren, daherschwanken wie wuchtige Türme.

Kokardensuppe oder die Restaurants von Paris

Wie immer trifft sich auch heute abend die Pariser Bevölkerung vor dem Palais-Royal des Herzogs von Orléans. Man bekommt dort immer noch die Stelle gezeigt, von der aus Camille Desmoulins am Vortag des 14. Juli 1789 seine große Ansprache an das Volk hielt. Nachmittags wimmelt es auf dem Platz von Gauklern, Seiltänzern und Händlern. Abbé Fauché steht im Begriff, hier im Schutz eines großen Zeltdaches seinen „Cercle social" zu gründen. Diese Gesellschaft versucht, den Handwerkern und Kleinbürgern die Dekrete der Nationalversammlung, Passagen der Bibel sowie die Werke Jean-Jacques Rousseaus in jedermann verständlichen Worten nahezubringen. Da er seine Tätigkeit aber noch nicht aufgenommen hat, bleibt einstweilen jedem, der über die neuesten Nachrichten debattieren will, nichts anderes übrig, als ein Café aufzusuchen. Das gleich neben der Passage du Perron gelegene Café „Caveau“ hat bis zwei Uhr morgens geöffnet. Im Café de Chartres, im Café de Conti oder in der Grotte flamande wird Wein und Bier ausgeschenkt. Das Café mécanique (= Mechanisches Café) verdankt seinen eigenartigen Namen der Tatsache, daß der Mokka dort direkt aus einer durch den hohlen Fuß der Tischchen gelegten Leitung in die Tassen abgefüllt wird. Josserand, seines Zeichens Wirt des bekannten Café de Foy, kredenzt in den goldenen Salons, in einem Pavillon oder im parkähnlichen Garten Schnaps aus Andaye und von den Antillen importierte Liköre. Daneben kann man, genau wie in den übrigen Cafés der Umgebung, Wein aus Orléans, aus der Champagne, aus Marsac und aus Ungarn bestellen. Auf den Tischchen sieht man Wermut neben Maraschino, Malagawein und Tokaier stehen.

Wer Hunger verspürt und etwas essen will, kann jenes Lokal aufsuchen, das ein gewisser Beauvilliers, der frühere Chefkoch des Prinzen von Condé, vor kurzem in den drei von ihm gekauften Arkaden des Palais-Royal eröffnet hat. 157000 Livres soll ihn das gekostet haben. Ebenso wie seine Kollegen bietet er für Feinschmecker besonders erlesene Speisen an. Die Speisekarte reicht von Kalbspastete aus Pontoise über Rothuhn aus der Dauphiné, mit Spinat oder Nieren gefüllte Blätterteigpasteten oder Lauchtorte bis hin zu in Öl eingelegten Rinderzungen und Kapaunweißwürsten mit Trüffeln, Pistazien oder Flußkrebsen. Wem dies noch nicht reicht, der kann eigens aus Cancale, Saint-Malo oder von Jersey herbeibeförderte Austern zu sich nehmen. Wer keinen so großen Appetit verspürt oder sich solche Köstlichkeiten nicht leisten kann, begnügt sich – und das ist an diesem großen, bürgerlichen Festtag mehr als angebracht – mit einer sogenannten Kokardensuppe; für diese Gemüsesuppe werden auf den Tellern verschiedene Gemüsesorten in einer kunstvollen, an die Farben der Trikolore erinnernden Rosette angeordnet. Doch wie viele der vorbeiflanierenden Spaziergänger können sich dieses Gericht leisten? Viele von ihnen müssen sich nach dem Vorbild des Pfarrers Barbotin aus Prouvy bei Valenciennes, Abgeordneter der Nationalversammlung, mit einem „souper à la parisienne“ zufriedengeben; diese einfache Mahlzeit besteht lediglich aus einem Stück Brot und einem Glas Bier oder Wasser, denn – so schreibt Barbotin – es gilt, den Magen an kleinere Portionen und die Kehle an das Seinewasser zu gewöhnen.

Die Spielsalons rund um den Palais-Royal

Die Türsteher der Spielsalons sprechen Passanten an und laden sie ein, in den Räumlichkeiten der Bürgerin Julien oder Saint-Romain ihr Glück zu versuchen. Die gängigen Spiele heißen „crêps“, „passe-dix“, „biribi“ und „trente-et-un“; neben diesen Würfel-, Kugel- und Kartenspielen erfreut sich auch das Roulettespiel großer Beliebtheit. An den ovalen Tischchen sitzen stets auch Angestellte des jeweiligen Hauses, die das Spiel überwachen und das Geld einziehen oder austeilen, während die im ganzen Raum verstreuten Aufseher darauf achten, daß alles mit rechten Dingen zugeht und die Verlierer bitten, sich für eine Weile in das angrenzende Ruhezimmer zu begeben. Dort unterhalten sich die finanziell Geschädigten über die Gewinne und Verluste des Tages. Man flüstert sich die Namen jener Glückspilze zu, die innerhalb von zwei, drei Runden ein Vermögen von bis zu 200000 Livres gewonnen haben, und erzählt sich, daß Barnave an einem einzigen Tag 30000 Livres verspielt habe. Auch darüber, wie hoch wohl die Gewinne Mirabeaus, eines weiteren berühmten Spielers, ausgefallen sein mögen, wird eifrig diskutiert.

Wem diese Einrichtungen zu nobel sind, der kann sich in die Rue de Richelieu begeben; dort gibt es Spielhöllen, in denen der Einsatz lediglich ein paar Kupfermünzen beträgt. Zu essen gibt es Bohnen mit Schweinskäse, und die einfachen Holzbänke dienen den Verlierern als Nachtlager. Dort schlafen sie gelegentlich Seite an Seite mit Zuhältern, deren Prostituierte in den hölzernen Wandelhallen des „Tartarenlagers", wie das betreffende einschlägige Viertel im Volksmund genannt wird, nach Freiern Ausschau halten.

Die Feierlichkeiten des 14. Juli

Der als Abgeordneter der Nationalversammlung in Paris verweilende Marquis de Ferrières berichtet in einem Brief an seine Frau, daß die einwöchigen Feiern in der Hauptstadt erfreulich glatt und ohne mißliche Zwischenfälle verlaufen seien, auch wenn hin und wieder gewisse, das Ohr eines Aristokraten verletzende Lieder zu hören gewesen seien.

Ein großes Feuerwerk hat stattgefunden, und auf der Seine ist ein Fischerstechen veranstaltet worden. Die Statue des äußerst beliebten Königs Heinrich IV. ist mit einem Strauß in den Farben der Trikolore und mit einem Spruchband versehen worden, auf dem zu lesen steht „Er wurde vom Volk geliebt, und Ludwig XVI. ist sein Erbe". Die staunenden Pariser konnten beobachten, wie ein Ballon gen Himmel stieg, dessen blauweißrote Bänder lustig im Wind flatterten. Um der drohenden qualvollen Enge vorzubeugen, hat man in der ganzen Stadt zahlreiche Tanzhäuser eröffnet. Die Polizisten haben in den Champs-Elysées Jagd auf Prostituierte und Duellanten gemacht, die seit einiger Zeit hierher kommen, um politische Streitigkeiten auszufechten. Gerade die Champs-Elysées bieten bei Nacht einen besonders reizvollen Anblick. Sämtliche Wege sind beleuchtet, im Wind schaukelnde Girlanden aus Lampions ziehen sich von Baum zu Baum, und in der Mitte des großen freien Platzes ist ein Obelisk aus Flammen zu sehen. Fast überall hört man Orchester Kontertänze spielen, und jedermann trällert die Lieder von

Marie-Joseph Chénier oder von Fontanes, die vom Sieg über die Tyrannei oder von der düsteren Anarchie handeln.

An der Bastille hat man zwischen den Ruinen des ehemaligen Staatsgefängnisses in einem symbolischen Akt für jedes Departement einen Baum gepflanzt; aus der Mitte dieser Bäume ragt ein Mast empor, an dem eine Fahne in den Farben der Trikolore flattert und der durch eine phrygische Mütze bekrönt wird, mit der von allen Seiten zu erkennenden Inschrift „Freiheit". Im Schein von Windlichtern aus farbigem Glas wird rund um diesen Platz getanzt. Tagsüber ist hier stets Bürger Palloy, Bauunternehmer und Kommandant der Bürgermiliz im Distrikt Saint-Louis-en-l'Isle anzutreffen. Er rühmt sich, einer jener tapferen 600 Männer zu sein, die die Festung erstürmt haben und die sich daher mit einer kupfernen Medaille schmücken dürfen, auf der eine Mauer zu sehen ist. Palloy hat seinen eigenen Betrieb vernachlässigt, um die Bastille zu zerstören. Jedem, der es hören will, erzählt er in epischer Breite, wie er Seite an Seite mit Mirabeau und Mademoiselle Coutant vom Théâtre-Français die Zinnen in die Tiefe hinabgestürzt hat. Madame de Genlis hat eigens ihre Zöglinge, die Kinder des Herzogs von Orléans, zur Bastille geleitet, damit sie die Zerstörung des Gefängnisses miterleben konnten; seitdem trägt sie in Erinnerung an diesen historischen Augenblick einen polierten Stein aus dem Mauerwerk der Bastille um den Hals, der die mit Diamanten eingefaßte Inschrift „Freiheit" zeigt. Auf einer Baustelle in der Rue des Fossés-Saint-Bernard hat Palloy eine ganze Sammlung von Steinen der Bastille zur Schau gestellt und einen gutgehenden Handel aufgezogen. Einige der Steine wandern in die Werkstatt von Bildhauern, um dort zu Grenzsteinen oder zu Büsten von Rousseau, Ludwig XVI. oder La Fayette verarbeitet zu werden, mit denen sich jetzt manche Pariser Salons füllen. Die Föderierten haben bereits Gedenkmünzen zum 14. Juli erstanden, auf denen ein Löwe und eine Festung zu sehen sind. Sie kaufen einzelne Steine der Bastille, gerahmte Stiche, die den Grundriß des Gefängnisses und die Phasen seiner Eroberung zeigen oder den Wortlaut der Erklärung der Bürger- und Menschenrechte wiedergeben. All diese Bilder, Symbole und Reliquien sollen nach der Rückkehr der Föderierten in ihre jeweilige Heimat von der Teilnahme an dieser großen Wallfahrt in die Hauptstadt zeugen.

Es wird in der Folgezeit noch viele Bürgerfeste geben, die den Alltag der Bevölkerung unterbrechen, aber keines von ihnen wird so stark im Gedächtnis haften bleiben wie jenes Föderationsfest. Wie die von den Föderierten mit nach Hause gebrachten Fahnen, die als wunderkräftig verehrt werden, ist ganz Frankreich an jenem denkwürdigen 14. Juli 1790 – um einen Ausdruck von Mona Ozouf zu gebrauchen – aus einem einzigen Stück Stoff geschneidert worden.Eine alte Welt ist zu Grabe getragen worden, und eine neue Ordnung hat begonnen. Wie wirkt sich das auf die Situation der Armen aus? Müssen sie immer noch unter denselben Entbehrungen ihr Brot erbetteln wie einst?

Das Brot der Gleichheit

Das tägliche Brot

Überall – auf dem Hof in der Sologne mit seinen Wänden aus lehmbeworfenem Weidengeflecht wie auf dem Bauernhof in der Vendée – ist das Brot der alles beherrschende Mittelpunkt am gedeckten Tisch. Das runde oder jetzt auch immer häufiger länglich geformte Brot wird ganz bewußt auf die Unterseite und nicht etwa verkehrt herum hingelegt, denn das wäre eine Beleidigung für die Arbeiter, die es sich ja auch nicht gerade im Schlaf verdient haben; durch die Risse in seiner bräunlichen Kruste kann man das weiße Innere sehen. Tagtäglich wird viel Brot gegessen, es ist die Ernährungsgrundlage aller Franzosen.

In den Städten und vor allem in Paris ändern sich ganz allmählich Rhythmus und Zusammensetzung der einzelnen Mahlzeiten. Morgens trinkt man Kaffee, und dann gibt es bis zum „dîner" nichts mehr zu essen, das erst gegen Ende des Nachmittags eingenommen wird und das das bisher übliche Abendessen, das sogenannte „souper", ablöst. Robespierre und seine Freunde verlassen den Wohlfahrtsausschuß immer zwischen 17 und 18 Uhr, um eine warme Mahlzeit zu sich zu nehmen. Den gegen 11 Uhr aufkommenden Hunger bekämpft man mit etwas kaltem Braten oder Fisch, während Roastbeef, Rumpsteak oder Entrecote in der Regel typische Bestandteile der Abendmahlzeit sind. Zu all diesen Speisen werden Unmengen von Brot verzehrt: Jeder Einwohner Frankreichs ißt pro Tag durchschnittlich zwischen 400 und 500 Gramm Brot; das ist mehr als das Doppelte der heutzutage üblichen Mengen. Auf dem Land, wo sich die Ernährungsgewohnheiten nicht so rasch ändern wie in der Stadt, verschiebt sich die Zusammensetzung der Mahlzeiten weiterhin zugunsten des Brotes, von dem manchmal gar bis zu einem Kilogramm täglich verzehrt werden. So ißt man zum Beispiel im Departement Orne zu Pfannkuchen aus Buchweizenmehl Butterbrote, in Nordfrankreich tunkt man sie in warme Milch. Um die Mittagszeit wird dann etwas Schweinefleisch aus dem Pökelfaß geholt und ebenfalls mit viel Brot verzehrt. Abends bekommen die Bauern eine Suppe vorgesetzt: entweder reine Kohlsuppe – wie sie vor allem in Westfrankreich üblich ist – oder eine mit anderen Erzeugnissen aus dem Gemüsegarten – Sellerie, Karotten, Erbsen oder dikken Bohnen – vermischte Kohlsuppe. Das Brot wird in die Suppe eingetaucht, dazu trinkt man einen Becher Birnenmost oder Tresterwein. Wenn es Fleisch gibt – was jetzt häufiger der Fall ist als früher –, legt man es auf ein ordentliches Stück Brot und zerschneidet es dort mit dem Messer.

Das Brot wird vom Hausherrn geschnitten und mit dem Kreuzeszeichen versehen; dies soll der allgemeinen Überzeugung zufolge die Haltbarkeit des Brotes erhöhen. So erzählt man sich beispielsweise in der Haute-Bretagne eine Legende, wonach die Jungfrau Maria auf die Erde herabgestiegen sei und eine Bauersfrau um ein Stück Brot gebeten habe; zum Dank habe sie den Laib, von dem die Bäuerin das Brot heruntergeschnitten hatte, mit einem Kreuzeszeichen versehen, und soviel auch die Bäuerin anschließend von diesem Laib abschneiden mochte – auf wundersame Weise erneuerte er sich stets wieder. Abends vor dem Zubettgehen schließen die Kinder den Vers „Unser tägliches Brot gib uns heute" in ihr Nachtgebet ein. Den Erwachsenen ist die Redensart „Leben heißt, in ein Stück Brot beißen" geläufig. Das tägliche Brot ist das Symbol für Freud und Leid. Es ist das Brot des Lebens und wird als solches in manchen Gegenden den Toten als letzte Gabe und als Zeichen für die Wiederauferstehung mit in den Sarg gelegt.

Die Bauern belegen es während der Pausen von der Feldarbeit entweder mit Zwiebeln oder Knoblauch oder essen es – wie in Südfrankreich – getränkt mit ein paar Tropfen Olivenöl. Bei besonderen Anlässen gibt es das sogenannte „pain des tranchoirs" oder „pain tailloir", was beides soviel wie „Schneidebrot" bedeutet. Es handelt sich hierbei um ein breites, rundes Graubrot, das gleichzeitig als Unterlage zum Zerteilen der übrigen Nahrung, vor allem des Fleisches, dient. Das vom Fleischsaft angefeuchtete Brot wird anschließend mühsam zerkaut, denn es ist oft altbacken.

Das Weizen-, Roggen- und Weißbrot, das im Gepäck der französischen Soldaten ganz Europa erobern wird, kennt unzählige Varianten, die alle einen unverwechselbaren Geschmack besitzen. Das feste „pain d'alise" mit seiner blasigen Kruste wird aus Teigresten gebacken; es ist für die Armen bestimmt – ebenso wie das „ pain meschevé", das „mißratene Brot", und das sogenannte „pain ballé", welches aus so minderwertigem und schlecht gemahlenem Korn hergestellt wird, daß man Spelzen darin findet. Beim „pain mollet" hingegen handelt es sich um ein besonders zartes Brot aus feinstem, mit Bierhefe angesetztem Mehl, das nur kurz gebacken wird. Es sieht ebenso weiß und fein aus wie das „pain de Gonesse" aus dem Limousin, das die Pariser nicht zuletzt wegen seiner glatten, goldbraunen Kruste so sehr schätzen. Ein Zeitgenosse behauptet von ihm, es hebe sich aus der Masse des normalen Brotes heraus wie ein Aristokrat unter lauter Vertretern des Pöbels. Ferner gibt es noch das aus feinem, mit Butter vermengtem Weizenmehl hergestellte und mit Körnern bestreute „pain mouton", das „pain bis blanc" – das aus einer Mischung von Weißmehl und Grieß gemacht wird –, das „pain aux deux couleurs" – ein zweifarbiges Brot, dessen Abstufungen dadurch entstehen, daß Schichten aus Weizenmehl und solche aus Roggen miteinander abwechseln. Schließlich sind noch das „pain blême", das „pain à café", das „pain rousset" und das „pain tortillé" zu nennen sowie das aus Gerstenmehl gebackene Brot, das sich in Zeiten der Hungersnot und bei Büßern besonderer Beliebtheit erfreut.

Doch nicht genug damit, daß die Kunden unter dieser Vielzahl von Brotsorten auswählen können – auch zwei Brote von ein und derselben Sorte schmecken niemals völlig gleich. Ebenso wie beim Wein gibt es beim Brot nämlich regelrechte „Jahrgänge". Die Beschaffenheit des Brotes hängt sehr stark von der Qualität des verwendeten Korns und der Sorgfalt des Müllers beim Mahlen ab; noch wichtiger aber ist es, daß der Bäcker sein Handwerk gut versteht: Er wiegt mit der Hand die Kornmasse ab, untersucht die einzelnen Körner, läßt sie prüfend durch seine Finger gleiten, befindet darüber, wieviel Hefe und Wasser zuzufügen ist und welche Temperatur letzteres haben muß; schließlich entscheidet er, wie der Teig zu bearbeiten ist. Denn selbst wenn der Teig stets aus demselben Mehl gefertigt wird, erfordert er dennoch eine unterschiedliche Handhabung: Im Winter muß er stets etwas flüssiger und im Sommer dagegen etwas fester sein.

Das „Labor" des Bäckers

Die Bäckereien – die Labore der Bäcker, wie sie von den gelehrten Werken der Enzyklopädisten oder von Parmentier genannt werden – ziehen schon ab fünf oder sechs Uhr morgens zahlreiche Kunden an. Wie in einer Versammlung wird heftig diskutiert. Man sieht den Bäcker, wie er sein Produkt, bevor er es verkauft, noch einmal von allen Seiten betrachtet, betastet und beschnuppert.

Unter der Eingangstür der Bäckerei räkelt sich der „brigadier", der erste Bäckergeselle. Von hinten dringt die Wärme des Backofens und der warme, säuerliche Geruch des frisch angesetzten Teiges zu ihm heraus. In den Backstuben ist es eng, nur allzu oft sind es ungepflegte, düstere und schlecht belüftete Räume. Meistens liegen sie im Keller, und ihre Deckenbalken sind so ausgetrocknet, daß sie jederzeit Feuer fangen können. Im kupfernen Kessel zischt Wasser vor sich hin. Wenn es die richtige Temperatur erreicht hat, wird es von oben herab behutsam auf die Hefe gegossen. Hierbei gilt es aufzupassen, denn wenn etwas von dem Wasser in das Mehl neben der Hefe gelangt, bildet es Klumpen und wird unbrauchbar.

Der erste Geselle hat bis vor ein paar Minuten mit nacktem Oberkörper am Backtrog gestanden und schwer gearbeitet. Er hat in dem hölzernen Trog den Teig geknetet. Drei Arbeitsgänge sind hierzu erforderlich: Zuerst erfolgt die sogenannte „délayure", das heißt, die Hefe wird untergezogen; dann kommt die „frase", während der Wasser, Hefe und Mehl kräftig durchgeknetet werden, und schließlich als dritte Bearbeitungsstufe die „contrefrase". Anschließend hat der Bäckergeselle den Teig geschabt, bis er nur noch eine einzige zähe Masse bildete, und diese wiederum, indem er sie anhob, zog, drehte, wendete, faltete und dehnte, in einzelne Klumpen zerlegt, die er noch einige Male im Backtrog von links nach rechts und von rechts nach links geworfen hat. Diese Arbeit erfordert kräftige Arme, Geschick und Geschmeidigkeit: Der Bäckergeselle hat das Gefühl, er habe es mit einer lebendigen Masse zu tun, die sich seinen Händen zu widersetzen sucht. Er packt den Teig kräftig an, hebt ihn hoch, faltet ihn, schlägt ihn wieder auseinander, dehnt ihn und läßt ihn schließlich mit voller Wucht in den Backtrog zurückfallen. Dabei stöhnt er unwillkürlich, so daß die Dorfbewohner diese Prozedur „le geindre" – das Stöhnen – nennen.

Wenn der Teig dann in fertig geformten Portionen auf dem Backtuch oder in Teigkörben liegt, muß er nur noch in den Ofen geschoben und gebacken werden. Der Bäckermeister macht sich am geöffneten Ofen mit der Ofenkrücke – einem langen und schmalen Eisenstück, mit dem die Glut gewendet wird –, mit dem Ofenwisch – der zum Einsammeln der Glut dient – und mit dem Ofenreiniger zu schaffen, mit dem man die Asche aus dem Ofen holt und in den Aschkasten befördert. Dann legt er die Teigstücke auf die lange, mit Kleie bestäubte Brotschaufel. Im Schein eines Kienspans schiebt er die Schaufel in den Ofen und befördert die rohen Laibe mit einem kurzen, gezielten Stoß auf den tönernen Boden des Ofens. Jetzt muß nur noch der Backofen die nötige Hitze entwickeln, damit das Brot gut wird!

Das Brot des Volkes

Es ist nicht jedem gegeben, ein gutes rundes Brot von 4, 8 oder 12 Pfund oder ein langes Brot mit einem Gewicht von 2, 3, 4 oder 6 Pfund herzustellen. Es gibt immer noch viele Bürger, die wie die Bauern Korn, das sie entweder gekauft oder als Pachtzins erhalten haben, mahlen lassen, um daraus ihr eigenes Brot zu backen. Am Vorabend der Revolution ist ihre Zahl kleiner als früher. Zwischen 1789 und 1799 nimmt dieser Brauch infolge der Brotknappheit zwar wieder etwas zu; aber die überwiegende Mehrheit der Menschen ist nach wie vor auf die Bäcker angewiesen.

Unter der Bevölkerung werden schwere Beschuldigungen gegen die Bäcker laut. Schon 1789 wirft man ihnen vor, entgegen aller Bestimmungen bei der Qualität und beim Gewicht des von ihnen gebackenen Brotes zu mogeln, um größere Gewinne zu erzielen. Es kommt das Gerücht auf, daß die Bäcker Korn aufkaufen und sich mit den Müllern absprechen, damit diese das Korn schon beim Mahlen in reines Mehl und Kleiemehl sortieren. Man unterstellt ihnen, daß sie zwei unterschiedlich feine Mehlsiebe besitzen; mit dem einen werde das Mehl gesiebt, aus dem das herrlich weiße Brot für die Reichen gebacken ist, und mit dem anderen das Mehl für das dunkle Brot der Armen. Man wirft ihnen vor, die Preise zwar beizubehalten, aber die Brote insgeheim immer leichter und kleiner zu machen.

1788 veröffentlichen die Pariser Bäcker eine Protestschrift mit dem Titel „Das Brot des Volkes". Sie wissen nicht mehr aus noch ein: Das Mehl wird fortwährend teurer, während die Brotpreise stagnieren. Vor neun oder zehn Monaten kostete ein Sack Mehl 35 oder 36 Livres. Da man aus diesem Mehl 110 Vierpfünder zu je 9 Sous backen konnte, erzielten die Bäcker maximal einen Gewinn von 13 oder 14 Livres pro Mehlsack. Mittlerweile kostet ein Sack Mehl aber 72 oder 74 Livres, und man kann allenfalls 104 Vierpfünder daraus herstellen, denn die Qualität des Mehls hat sich zusehends verschlechtert. Weil der Preis für einen Vierpfünder aber 14 Sous und 6 Deniers beträgt, bleibt den Bäckern nur noch ein Gewinn von 2 bis 3 Livres. Und davon muß noch das ebenfalls laufend teurer werdende Brennholz bezahlt werden. Wie sollen die Bäcker da noch ihr Auskommen finden und den Bankrott vermeiden? Allein in Paris mußten schon mehr als fünfzig Bäckereien schließen.

Doch die armen Tagelöhner und Handlanger sind weiterhin davon überzeugt, daß die reichen Bauern, die Getreidehändler, die Müller und die Bäcker Korn und Brot heimlich zurückhalten und ihre Monopolstellung mißbrauchen, indem sie überzogene Preise verlangen und sich so auf Kosten des Volkes bereichern. Wie soll denn ein Tagelöhner, der 12 Sous pro Tag nach Hause bringt, Frau und Kinder ernähren, wenn er seinen ganzen Lohn allein für die täglich erforderlichen 6 Pfund Brot ausgeben muß? Einem Strumpfwirker aus Orléans bleibt, wenn er seinen Brotbedarf gedeckt hat, von seinem Wochenlohn gerade noch 1 Sou übrig! Wie soll er hiervon die restliche Nahrung und die Miete bezahlen und gleichzeitig Rücklagen für jene Tage bilden, an denen es nichts zu tun und folglich auch keinen Lohn gibt? Ein Sou! Zum Leben zuwenig und zum Sterben zuviel!

Der Seidenarbeiter Claude Joly aus Lyon hat sich sein ganzes Leben lang bemüht, die Ausgaben für Kleidung, Wohnung und Kerzen so niedrig wie möglich zu halten. Als er stirbt, hinterläßt er seiner Witwe 37 Livres und 4 Sous. Sie muß Schulden in Höhe von 40 Livres und 15 Sous begleichen. Wovon soll sie ihr Brot kaufen? In Toulouse sind die Arbeiter so stark verschuldet, daß sie ihr Brot beim Bäcker fast erbetteln müssen. Der Historiker Jean-Claude Perrot fand heraus, daß damals in Caen die Tagelöhner gerade soviel verdienten, wie zur Erhaltung ihrer Arbeitskraft unbedingt notwendig war. Sobald sie heirateten und Kinder hatten, kamen sie nie mehr aus den Schulden heraus. Sowohl im Ancien Régime als auch während der Anfänge der Französischen Revolution hatten die Arbeiter unter massiven Existenzproblemen zu leiden und mußten oft verbittert von einer Heirat Abstand nehmen, weil sie außerstande waren, Frau und Kinder zu ernähren.

Ein Recht auf Existenz

Natürlich nehmen die Arbeiter und Gesellen ihre Lage nicht wortlos hin, sondern begehren immer wieder auf. Es kommt in regelmäßigen Abständen zu Protestaktionen, in denen sie durch die Forderung nach Brot ihre Existenzberechtigung bekunden. Das Jahr 1790, in dem das große Fest der Föderation begangen wird, ist nur dem äußeren Anschein nach ein glückliches Jahr. In Wirklichkeit legen Arbeiter und Tagelöhner wiederholt die Arbeit nieder, um auf ihre miserable Lage aufmerksam zu machen, und die Bauern versuchen immer wieder mit Sensen und Mistgabeln bewaffnet, die Schlösser und Kornspeicher der Reichen zu erstürmen.

Was ist mit dem Recht auf Existenz? Ab 1789 finden sich immer mehr Kleinbürger bereit, den Forderungen des einfachen Volkes auf der Straße Ausdruck zu verleihen. Dufourny, seines Zeichens Chefingenieur der Stadt Paris, verfaßt ein Protestschreiben des Vierten Standes – dem der armen Tagelöhner, der Kranken und der Bedürftigen, die beim Zusammentritt der Generalstände unberücksichtigt bleiben. Es handelt sich um den sogenannten „Ordre des infortunés", den Stand der vom Schicksal Benachteiligten. Für sie bedeuten die Grund- und Menschenrechte zunächst ganz einfach, daß jedermann mindestens soviel Brot erhält, daß er nicht länger dem drohenden Hungertod und der Arroganz der Reichen preisgegeben ist.

Wenn der Brotpreis als Gradmesser der Menschenwürde gilt – was hat dann die Revolution bis jetzt in dieser Beziehung gebracht? Die Freiheit? Welche Freiheit? Für die Hilfsarbeiter bedeutet die Revolution lediglich Freiheit für einige wenige Zeitgenossen: für die Bäcker nämlich, die jetzt das Volk nach Belieben hungern lassen können. Hat man nicht versprochen, daß es für Brot und Fleisch weiterhin Festpreise geben würde? Wurde dieses Versprechen etwa in die Tat umgesetzt? Mit entsprechend bissigen Kommentaren versehen, gibt man die Äußerungen des Pariser Bürgermeisters Bailly wieder, demzufolge die Freiheit für Überfluß und der Wettbewerb für Gerechtigkeit sorgen soll. Zur Stunde hat die Freiheit jedoch zur Folge, daß der größte Teil der Bevölkerung Hunger leidet. Und wer kann sich diesen Umstand politisch zunutzemachen? Die Aristokraten und die Revolutionsgegner!

Kommt es zu einem neuen Mehlkrieg?

Zwischen 1789 und dem Revolutionsjahr II (1793/94) bestärkt die Hauptstadt die Provinzbewohner in ihrem Verdacht: Aristokraten und reiche Kaufleute, Händler und Bäcker stecken alle unter einer Decke und haben sich zusammengetan, um das einfache Volk schamlos auszubeuten und durch Hunger in die Knie zu zwingen.

1789 haben sich die Bauern zur Zeit der „Grande Peur" – der Großen Furcht – erhoben, getrieben von der großen, jegliche Hoffnung tötenden Hungersnot. Sie haben die Archive angezündet, in denen die Herrschaftsrechte aufbewahrt wurden, und sich anschließend in die Wälder begeben, um dort das für die adlige Jagd bestimmte Wild zu töten, sie haben die Straßen gesäumt, um sich zu günstigen Preisen Brot zu beschaffen. Damit knüpfen sie an die Tradition jener Männer an, die 1775 den sogenannten Mehlkrieg begannen. Die Rahmenbedingungen haben sich jedoch geändert, und man spricht jetzt ganz offen darüber, wer an der Hungersnot schuld ist, nämlich die Vertreter von Geburts- und Geldadel. Zwischen dem 14. Juli 1789 und dem Oktober desselben Jahres treibt der Mangel an Brot Männer und Frauen auf die Straßen und schließlich nach Versailles. Sie begeben sich zum königlichen Schloß, um Ludwig XVI. aufzusuchen, der sich zwar weigert, die Beschlüsse der Nationalversammlung zu sanktionieren, im Volksmund jedoch „der Bäcker" heißt, während Marie-Antoinette ihrerseits als „die Bäckerin" und der Kronprinz als „der kleine Bäckerjunge" bezeichnet werden. Seit damals sind die Preise ununterbrochen angestiegen. So muß man mittlerweile in Bordeaux für einen Scheffel (59 kg) Weizen statt 18 Livres und 4 Sous 21 Livres, 12 Sous und 5 Heller bezahlen. Im Jahr 1792 kostet er gar 25 Livres. Die Räte der größeren Städte bemühen sich vergeblich, mittels massiver Getreidekäufe und Rückvergütungen an die Bäcker die Brotpreise stabil zu halten. Sie klettern immer weiter in die Höhe, und 1792 erreicht die Unzufriedenheit der armen Bevölkerungsschichten ein geradezu bedrohliches Ausmaß.

Die schlechte Ernte soll schuld sein? Nichts als leeres Gerede! Die durch die Assignaten verursachte Inflation soll die Teuerung ausgelöst haben? Der einfache Mann will nichts davon wissen. Er will leben und ein Auskommen haben; deshalb fordert er, den Getreidehandel streng zu reglementieren und die Preise für das Korn herabzusetzen. Entlang der Wasserstraßen und der Hauptverkehrswege lauern Tausende und Abertausende von Armen den Getreidetransporten auf, halten sie an, laden die Säcke ab und verkaufen sie zu einem von ihnen festgesetzten Preis. In Poitiers fordert ein Vertreter des Stadtrats am 20. März die Bereitstellung von 30000 Livres zur Unterstützung der Armen an, die Opfer des erschreckend hohen Preisanstieges geworden sind. Von den rund 20000 Stadtbewohnern sind 6000 nicht mehr imstande, das lebensnotwendige Brot zu bezahlen. Fast tausend von ihnen rotten sich vor dem Rathaus zusammen und fordern die übrigen Einwohner auf, sich ihnen anzuschließen, um sich mit Waffengewalt Brot zu beschaffen. Der Rat von Poitiers ruft die Nationalgarde zu Hilfe. Als sie wieder abzieht, bleiben mehrere Verletzte und ein toter Arbeiter zurück. Vom 20. bis zum 30. März rotten sich in dem Gebiet zwischen den Flüssen Nièvre und Yonne von Clamecy bis Crain ganze Horden von Holzarbeitern zusammen. Sie beschweren sich darüber, daß das Brot für sie unerschwinglich

Ein Haus im Faubourg Saint-Germain wird geplündert (13. November 1790).

geworden sei, und fordern daher eine Erhöhung ihrer Löhne oder eine Senkung der Brotpreise, da sie sich andernfalls zu gewaltsamen Maßnahmen gezwungen sähen. Doch keine ihrer Forderungen wird erfüllt. Da gehen die Holzfäller dazu über, die Flöße aufzuhalten und die Flüsse zu blockieren. Sie marschieren in einem Protestzug nach Clamecy, dessen Arbeiter sich ihnen anschließen. Um der Aufständischen Herr zu werden, wird die Nationalgarde gerufen, deren Vertreter aus zwölf umliegenden Städten herbeieilen und zusammen mit Soldaten Geschütze in Stellung bringen.

In den Departements Seine-et-Oise, Eure, Loir-et-Cher und Loiret, in Evreux, Jouy, Monthery, Verneuil ebenso wie in Etampes – überall kann man im Frühjahr 1792 beobachten, wie sich immer längere Züge von Unzufriedenen bilden, die ihrer Forderung nach dem täglichen Brot Nachdruck zu verleihen suchen. Sie glauben, genau zu wissen, wer die Schuld an der Teuerung trägt: die Großbauern nämlich, die alles Land – nicht nur die Nationalgüter – an sich reißen, die auch die kleinen Bauern von ihren Höfen zu vertreiben suchen, um diese dann aufkaufen zu können. Trotz guter Ernten verkaufen sie nur wenig Getreide, um eine künstliche Knappheit herbeizuführen und noch höhere Preise zu erzielen.

Im Departement Eure erstrecken sich in der Gegend zwischen Conches und Breteuil riesige, fast undurchdringliche Wälder, in denen

Schmiede, Holzfäller, Holzschuhmacher und Wilderer hausen, lauter Menschen, die durch ihre körperliche Schwerarbeit abgehärtet sind und, will man dem Feldmarschall Grimoard glauben, seit jeher zur Meuterei neigen. Holzhacker, Säger, Ziegelbrenner und Holzfuhrleute bilden ein Volk für sich, das der übrigen Bevölkerung Furcht einflößt; bei ihrer Arbeit sind sie auf das Feuer angewiesen und stehen damit in den Augen ihrer Zeitgenossen mit den Höllengewalten im Bunde. Diese Menschen sind es seit jeher gewohnt, einander zu helfen und sich gegenseitig beizustehen. Wenn sie sich erheben, so besteht die Gefahr, daß sie jene Menschen für ihre Sache gewinnen, die mit ihnen die Hälfte der gesamten Bevölkerung ausmachen: die armen Tagelöhner, die, bevor oder nachdem der Ackerboden bestellt ist, als beschäftigungslose Saisonarbeiter über das Land ziehen, um nach Arbeit und Nahrung zu suchen.

Das Läuten der Sturmglocke ruft diese Landarbeiter überall zusammen. An die umliegenden Dörfer werden Sendschreiben verfaßt. Einige dieser kleinen, zerknitterten Briefe sind uns in den Archiven überliefert und zeugen mit ihren ungelenken Schriftzügen heute noch davon, daß ihre Verfasser angesichts des allgemeinen Elends und der tiefen Verzweiflung, in welcher sie sich befanden, ihre Mitmenschen aufforderten, sich ihnen im Interesse einer alle Bürger betreffenden Sache anzuschließen. An die Adresse jener, die aus Furcht zögern könnten, werden gleich noch ein paar Drohungen gerichtet. Falls es einigen sogenannten Aristokraten einfallen sollte, sich der Aufforderung zu entziehen – so heißt es in den Sendbriefen –, so sei dies ihre Sache; sie sollten jedoch bedenken, daß die Aufständischen bei ihrer Rückkehr ihre Häuser plündern und dem Erdboden gleichmachen und ihre Frauen und Kinder umbringen würden. Die Drohungen erweisen sich als überflüssig. Die zur Selbsthilfe greifenden Rebellen werden überall mit Freudenschreien empfangen. Als sie nach Le Mans gelangen, werden in den dortigen Armenvierteln Feste veranstaltet, man spielt zum Tanz auf, und überall ertönen Schreie wie „Es lebe die Nation!“ und „Bravo, das Brot wird billiger!“ In Amboise appelliert man an die Mitglieder der Nationalgarde, sich der Bewegung anzuschließen, und die Gardisten reihen sich in den Protestzug ein. Handelt es sich um Meuterer? Jene, welche die Forderung nach dem lebensnotwendigen Brot auf die Straße treibt, verstehen sich nicht als solche. In der Regel marschieren sie ganz geordnet in Reih und Glied, mit Trommelspielern und Fahnenschwenkern an ihrer Spitze. Es sind ihrer beeindruckend viele, und von ihnen geht eine gewisse Autorität aus – schließlich fordern sie etwas, das ihnen ihrer Auffassung nach von Rechts wegen zusteht. Keine Horde von Unruhestiftern, sondern Vertreter eines Standes marschieren hier in Reih und Glied und beanspruchen einen Platz in der neuen politischen Ordnung. Zeitgenössische Aussagen belegen, daß sie von städtischen Amtsträgern und sogar von Friedensrichtern angeführt werden. In La Barre marschieren sie vor das Rathaus und fordern die Stadtverwaltung auf, sie auf den Markt zu begleiten, um dort das Getreide nebst den übrigen feilgebotenen Waren zu taxieren. Die pflichtbewußten Stadtväter lehnen dieses Ansinnen jedoch unter dem Hinweis ab, daß es völlig gesetzeswidrig sei und für jene, die es ausführen, schlimme Folgen haben werde.

Ein Märtyrer der Revolution?

Auch jene unzähligen Bauern, die am 3. März 1792 die Stadt Etampes belagern, fordern die Verwaltung auf, das Korn so zu taxieren, daß das Brot wieder für jedermann erschwinglich werde. Sie verlangen, daß der Preis für einen Neunpfünder, welcher derzeit bei 23 Sous liegt, auf 18 Sous gesenkt werden soll. Da schaltet sich Bürgermeister Simoneau ein, ein reicher Gerber, der in seinem Handwerksbetrieb 60 Arbeiter beschäftigt und als Zeichen seiner patriotischen Gesinnung eine blau-weiß-rote Schärpe angelegt hat. Hinter ihm steht eine Abordnung des 18. Kavallerieregiments bereit, um seine Anordnungen notfalls mit Waffengewalt durchzusetzen. Simoneau verkündet, daß entgegen der Forderungen der Bauern der Getreidehandel keinerlei Reglementierung unterworfen wird, sondern vielmehr das freie Spiel des gesamten Binnenmarktes für gerechte Preise sorgen solle, welche sowohl die Händler als auch deren Kunden zufriedenstellen. Er beruft sich darauf, daß die Legislative ausdrücklich für dieses Prinzip des „Laissez faire, laissez passer“ eintritt. Doch die Protestierenden zeigen keinerlei Verständnis für dieses Marktgesetz. Zwei Pistolenschüsse peitschen durch die Luft, und der Bürgermeister bricht tot zusammen. Die Abgeordneten der Nationalversammlung erklären ihn daraufhin zu einem der ersten Märtyrer der Freiheit.

Doch ist er wirklich für die Freiheit gestorben? Diese Frage stellt sich der Geistliche Dolivier in Mauchamps, einer nahegelegenen Gemeinde, in welcher rund hundert Tagelöhner in völliger Abhängigkeit von zwei Großbauern leben. Dolivier greift zur Feder und verfaßt die sogenannte Bittschrift der 40 Bürger von Etampes und Saint-Sulpice-de-Favières. Über den Umweg des Jakobinerklubs gelangt sie in die Nationalversammlung, in der sie verlesen wird. Dolivier sucht die Abgeordneten davon zu überzeugen, daß der Aufstand von Etampes keineswegs auf eine Verschwörung zurückgehe, sondern einzig und allein die ständige Verteuerung des Getreides und die dadurch ausgelöste Hungersnot die Ursache sei. Ferner gibt er zu bedenken, daß man neben dem Schutz des Eigentums noch einer anderen Tatsache Rechnung tragen solle: Zu dulden, daß die Preise für Grundnahrungsmittel für das einfache Volk der Arbeiter und Taglöhner in unerschwingliche Höhen kletterten, bedeute zwangsläufig, die Masse der Bevölkerung dem Hunger auszusetzen und nur den Reichen – ganz unabhängig davon, ob sie für die Gemeinschaft nützlich seien oder nicht – die Möglichkeit zu geben, ihren Hunger zu stillen. Dolivier beendet diese Ausführung mit der Feststellung, daß Simoneau keineswegs ein Held und Märtyrer des Gesetzes, sondern vielmehr ein Getreidehändler und ein Opfer der unmenschlichen und egoistischen Spekulationen gewesen sei. Im Anschluß an diese Kritik der liberalen Handelsgesetzgebung der Nationalversammlung wirft Dolivier eine grundsätzliche Frage auf: Der Schlüssel des Problems liege im Privateigentum an Grund und Boden, das das revolutionäre Bürgertum zum natürlichen und unantastbaren Prinzip erklärt hat.

Der Kriegsausbruch und der Sturz der Monarchie im Jahre 1792 ändern nichts an dem Problem der hohen Brotpreise. Jetzt sind alle Franzosen aufgerufen, das Vaterland zu verteidigen. Die Armen erklären sich auch durchaus dazu bereit, fordern jedoch im Gegenzug die Anerkennung und Sicherung ihres Existenzrechts.

Die Anfänge der Schreckensherrschaft

Anfang September 1792 werden in der Provinz ebenso wie in der Hauptstadt nicht nur die inhaftierten Priester massakriert, sondern auch Zeitgenossen, die des Wuchers verdächtigt und für die hohen Brotpreise verantwortlich gemacht werden. Diese erste Terrorwelle, die viele Ortschaften erfaßt, ohne das Alltagsleben nachhaltig zu beeinflussen, ist eng mit dem Problem der Lebensmittelversorgung verknüpft. Man tötet und taxiert mit Hilfe von Freiwilligen, die sich auf dem Weg an die Front – in die Argonne und nach Valmy – befinden. Dem Bericht eines Gendarms von Châlons ist zu entnehmen, daß in der Stadt eine Schar Soldaten eingetroffen ist; da es ihnen an allem fehlt, beschließen sie, den Proviantmeister zu verprügeln. Die Soldaten scheren sich keinen Deut darum, wie es zu dem Brotmangel kommt – Brot für alle muß her, und zwar ein bißchen plötzlich. Der Rat des Departements Saône-et-Loire meldet nach Paris, daß Freiwillige alle Warentransporte überfallen und dem Volk Brot und Eßwaren taxieren helfen. Der Bürgermeister von Saint-Quentin schlägt in der Hauptstadt Alarm, weil die Soldaten der jungen Republik die Märkte heimsuchen. Dort kann man sie dabei beobachten, wie sie – mit Körben bewaffnet – sämtliche Waren taxieren und von einer Schar Frauen verfolgt werden, die sie zu den Übergriffen zu ermuntern scheint.

Am 9. und 16. September ergreift die Nationalversammlung, in der die Girondisten die Oberhand haben, Maßnahmen, mit denen sie diesen Übergriffen Einhalt gebieten zu können glaubt. Die Städte erhalten die Weisung, künftig darauf zu achten, daß genügend kräftige Burschen zum Dreschen des Korns zurückbleiben. Die Stadtoberhäupter sollen sich fortwährend über die Marktsituation auf dem laufenden halten und nötigenfalls dafür sorgen, daß mehr Waren herbeigeschafft werden. Alles Korn ist zu erfassen, und wer es nicht freiwillig herausgibt, ist hart zu bestrafen. Es handelt sich hierbei jedoch um halbherzige Maßnahmen; alle Bemühungen der Städte, für niedrigere Brotpreise zu sorgen, sind zum Scheitern verurteilt, da die Stadtverwaltungen über keine bewaffneten Truppen zur Überwachung der Hausdurchsuchungen verfügen und es keinerlei Preisbindung gibt. Erst nach dem Sturz der Gironde und den Pariser Unruhen vom 4. und 5. September 1793 findet sich der Nationalkonvent dazu bereit, mittels des Maximumgesetzes einen allgemeinen Lohn- und Preisstopp einzuführen. Ein ganzes Heer von Sanskulotten macht sich daraufhin auf, um im ganzen Land nach versteckten Kornvorräten zu suchen.

Von 1789 bis zum Jahr I (1792/93) ist das Brot also nicht nur ein alltägliches Grundnahrungsmittel, sondern gleichzeitig Anlaß zu großen Protestveranstaltungen, in deren Rahmen Ideen über das Schicksal der breiten Masse und die zu treffenden Maßnahmen ausgetauscht werden. Es zirkuliert das Schlagwort vom Recht auf Existenz, und man diskutiert

Arbeitslose und hungernde Handwerker während der Schreckensherrschaft.

über das Recht auf Eigentum sowie über die Notwendigkeit, dessen Ausübung gewissen Beschränkungen zu unterwerfen. Vom Existenzrecht ausgehend, beginnt man das Prinzip der materiellen Gleichstellung aller zu erörtern; wäre es nicht möglich – so fragt man sich –, allen Einwohnern Frankreichs einen kleinen Grundbesitz zuzuteilen und auf diese Weise die Kluft zu beseitigen, welche bislang die allzu Reichen von den völlig Mittellosen trennt?

Zunächst jedoch müssen – angesichts der kritischen Lage, in welcher sich das von feindlichen Armeen bedrängte Vaterland befindet – alle Franzosen, ganz gleich ob sie arm oder reich sind, ein und dasselbe Brot miteinander teilen, das dunkle Brot der Gleichheit, als Symbol der Brüderlichkeit gilt. Von der Brotversorgung in diesen Jahren zu erzählen, heißt in erster Linie, von den Warteschlangen zu berichten, die sich überall in den Straßen der Städte und Dörfer bilden. Sie sind zwar keine neue Erscheinung, denn es hat sie schon 1775 und 1788 im vorrevolutionären Frankreich gegeben. Im republikanischen Frankreich hat man sich jedoch nur allzusehr an diesen alltäglichen Anblick gewöhnt. Und doch hofft man, daß sie – sobald die feindlichen Truppen besiegt sind – eines Tages verschwinden werden.

Die Brotkarten des Jahres II

Schlange stehen muß man zunächst einmal vor den Sektionsbüros oder vor den Rathäusern, in denen die Rationierungskarten ausgestellt werden. Die meisten größeren Städte haben sie spontan eingeführt. So unterrichtet beispielsweise der Rat von Bordeaux die Einwohnerschaft im September davon, daß er einen entsprechenden Vorschlag einer Sektion aufzugreifen gedenke und das Kartensystem bald in Kraft treten werde. Man erhofft sich von dieser Maßnahme zwar keine Wunder, aber die Stadtverwaltung will auf diesem Wege wenigstens sicherstellen, daß reiche Einwohner auch nicht mehr zu essen bekommen als arme; außerdem setzt man darauf, daß die ärmeren Schichten ihr ständiges Klagen einstellen und nicht mehr länger die öffentliche Ordnung stören werden, sobald ihnen zumindest ein Minimum an Brot garantiert wird.

Innerhalb der Sektionen werden zuerst sämtliche Einwohner erfaßt und in Listen eingetragen, die anschließend dem Verpflegungskomitee zugeleitet werden. Dieses legt fest, für wieviele und welche Einwohner die einzelnen Bäckereien jeweils zuständig sein sollen und bestimmt, wieviel Mehl an die Bäcker verteilt wird – je nachdem, wie groß die Anzahl der von ihnen zu beliefernden Haushalte ist. Jedem Einwohner steht die gleiche Menge Brot zu, und wer will, kann sich beim jeweiligen Bäcker das Brot öffentlich abwiegen lassen. Jedes Familienoberhaupt erhält eine mit seinem Namen sowie mit einer Registriernummer versehene Karte ausgehändigt; diese ist in mehrere Spalten eingeteilt, die zum Eintragen der täglich ausgegebenen Rationen bestimmt sind. In manchen Gegenden bleiben diese Brotkarten lange in Gebrauch; in Bordeaux verwendet man sie bis gegen Ende des Jahres 1795.

Anfangs beträgt die tägliche Ration noch 750 Gramm, um in der Folgezeit rasch auf 500 und 1794 gar auf 250 Gramm abzusinken. In einigen Ortschaften – wie etwa in Libourne – liegt sie bald nur noch bei ganzen 120 Gramm. Viele Städte folgen dem Beispiel Rouens und bemühen sich, den armen Einwohnern etwas höhere Rationen zukommen zu lassen, da man sehr wohl weiß, daß sich die reicheren zusätzliches Brot aus privaten Öfen zu beschaffen wissen. Als die Rationen immer kärglicher bemessen werden, gibt man stillenden oder schwangeren Frauen eine Sonderration. Ebenso einigt man sich schließlich darauf, den Arbeitern, die sich im Dienste der Republik abrackern, mehr Brot zukommen zu lassen als der restlichen Bevölkerung. Schließlich locken auch städtische Backöfen ganze Scharen von Kunden an, denn auf eine entsprechende Empfehlung des Nationalkonvents hin versucht man vielerorts, die Brotherstellung unter städtische Regie zu stellen. Viele Städte lassen öffentliche Backöfen errichten, vor denen sich allerdings auch sofort lange Warteschlangen bilden. Man beginnt, Jagd auf Drängler und Betrüger zu machen, doch gibt es Zeitgenossen, die schamlos genug sind, ihre Kinder unter dem richtigen und unter falschem Namen zum Brotholen zu schicken. Solche städtische Öfen werden jedoch nicht überall errichtet, so daß die Bewohner vieler Städte weiterhin auf den ihnen zugeteilten Bäcker angewiesen sind. Auch sie müssen sich in Geduld fassen, wie der Pariser Bürger Nicolas Célestin Guitard in seinem Tagebuch zum 10. September 1793 festhält, wird es nun schon seit Monaten immer schwieriger, Brot zu bekommen. Man müsse bereits ab 4 Uhr morgens vor den Bäckereien Schlange stehen, und einige Kunden fänden sich bereits ab Mitternacht ein. Besonders schockiert zeigt er sich jedoch darüber, daß manche Bürger gar die ganze Nacht vor den Bäckereien verbringen.

Im Dezember 1793 beschließt der Rat von Paris, daß künftig nur noch eine einzige Brotsorte, das sogenannte „pain de l'Égalité" (das „Brot der Gleichheit") hergestellt werden dürfe; dies geht aus einer Verfügung von Fouché und Collot d'Herbois hervor, die als Bevollmächtigte des Pariser Rates in Lyon weilen. Da nun Reichtum und Armut der materiellen Gleichstellung aller Platz machen soll, sei es nicht mehr angebracht, für die Reichen Brot aus feinstem Mehl und für die Armen Kleiebrot zu backen.

Wenn die Bäcker Prüfungen ablegen müssen

Erneut werden Klagen laut. Das Volk beschuldigt die Bäcker, das beste Mehl für sich zu behalten und dem „pain de l'Égalité" neben Kleie eine ganze Reihe weiterer Zusätze wie Gerste, dicke Bohnen, Reis, Mais und

Kartoffeln beizumengen. In der Tat kommt es vor, daß die Stadtverwaltungen in ihrer Verzweiflung die Bäcker zu derlei Mischungen ermutigen. So läßt beispielsweise der Rat von Rouen am 29. Oktober 1793 ein Brot aus einer Mischung von 12 Pfund Weizenmehl, 12 Kilo Kartoffeln und 2,5 Pfund Hefe erproben. Von einigen besonders ergebenen Bürgern unterstützt, nimmt der Rat eine Kostprobe dieses Brotes zu sich und gelangt zu dem Ergebnis, daß es äußerst gehaltvoll und nahrhaft sei. Es ist zwar kein Hinweis über den Geschmack dieses Brotes überliefert, doch dürfte er die Ratsmitglieder nicht begeistert haben, denn bis auf weiteres wird von der Einführung des Mischbrotes abgesehen.

Aber auch bei dem ausschließlich aus Getreide hergestellten Brot gilt es darauf zu achten, ob die Bäcker das angegebene Gewicht einhalten oder – wie das Volk behauptet – zu leichte Brote verkaufen. Man führt Gewichts- und Qualitätskontrollen ein, und die Bäcker müssen regelrechte Prüfungen über sich ergehen lassen, wie sie bereits für das Jahr 1790 belegt sind. So wird beispielsweise der Bäcker Morel aus Vence beschuldigt, zu leichtes und nicht genügend durchgebackenes Brot zu verkaufen. Als sich diese Anschuldigungen als wahrheitsgemäß herausstellen, beschlagnahmt man sein gesamtes Brot und verteilt es an die Armen. Am 25. Prairial des Jahres II – dem 13. Juni 1794 – ergeht an sämtliche Bäcker Rouens die Aufforderung, sich im Rathaus einzufinden und ein Brot aus ihrer Herstellung mitzubringen. Alle vorgelegten Brote werden auf ihren Geschmack hin überprüft und 58 werden als brauchbar, 13 dagegen als ungenießbar eingestuft. Die fraglichen 13 Bäcker werden zur Strafe unter die Aufsicht von Sanskulotten gestellt, für deren Unterkunft und Verpflegung sie aufzukommen haben.

Die Bauern müssen ihr gesamtes Korn abliefern, die Müller müssen es korrekt mahlen und die Bäcker mit gutem Mehl versorgen. Wer gegen diese Bestimmungen verstößt, muß mit Geldbußen, Gefängnisstrafen, ja gelegentlich sogar mit der Verurteilung zum Tode rechnen. Im Departement Seine-et-Oise nehmen im Jahr II die vom Wohlfahrts- und Sicherheitsausschuß bestellten Kommissare Clémence und Marchand ihre Tätigkeit auf; sie sollen verhindern, daß dieses Departement nach dem Vorbild der Vendée zu einem neuen Unruheherd wird. Clémence und Marchand nehmen einen Bauern namens Thibaut fest. Dieser besitzt einen großen Hof und macht kein Hehl daraus, daß er der neuesten Entwicklung ablehnend gegenübersteht. Er bekundet in aller Öffentlichkeit, daß er auf den Nationalkonvent pfeift, und bezeichnet dessen Mitglieder als „Schweine", den Distrikt als „Butter" und das Departement als „Schlagsahne". Haus und Hof Thibauts werden durchsucht, und man entdeckt dort tatsächlich versteckte Kornvorräte. Doch es kommt noch schlimmer: Im Stall aufgefundene Spreu deutet darauf hin, daß er seine Pferde mit Korn füttert. Thibaut wird in das Gefängnis von Luzarches gebracht. Sein Verteidiger Goureau versucht ihn durch Bestechung freizukaufen, doch hat er sich in den zuständigen Beamten gründlich getäuscht, denn diese zeigen sich nun erst recht erzürnt und überhäufen Thibaut mit Beschimpfungen. In ihren Augen ist er ein Feigling, der sie ins Verderben stürzen wollte, indem er die strenge Justiz zu bestechen und seine Freiheit zu erkaufen suchte. Sie verabscheuen seine Person noch mehr als das ihnen angebotene Gold. Am 21. Januar 1794 wird Thibaut guillotiniert. Seine Hinrichtung soll gleichzeitig eine Warnung für alle unehrlichen Bauern, Müller und Bäcker sein: Wenn sie nicht schleunigst auf den Pfad der republikanischen Tugend zurückkehren, erwartet sie dasselbe Schicksal.

„Es reichte gerade zum Überleben"

Trotz der langen Warteschlangen vor den Bäckereien erhält im Jahr II (1793/94) die breite Masse der Bevölkerung gerade soviel Brot, daß – wie Bürger Guittard in seinem Tagebuch notiert – jedermann gerade davon überleben konnte. Obwohl mit dem Maximum im Frühjahr 1794 der Preisstopp bereits wieder abgeschafft wurde, konnte man die Sanskulotten noch lange Zeit folgendes Lied singen hören:

„Tapfere Franzosen, laßt den Mut nicht sinken,
Zu gerechten Preisen werden wir jetzt trinken,
Und die Wölfe und Tiger
bezwingen wir als Sieger.
Wahre Gerechtigkeit ist nobseum,
Pfaffen, singet ein Te Deum,
Ich besing das Maximum,
Frankreichs neuestes Geschenk,
Lachen muß ich, wenn ich dran denk,
Es ist ein gar schönes factum,
Das wohltätige Maximum.

Jahrhunderte dauerte der Verrat schon an
An Frankreich und den armen Leuten,
Die Reichen machten sich daran,
Das Vaterland vollends auszubeuten.
Dauern möge das Maximum
Per saecula saeculorum.
Es ist ein gar schönes factum,
Das wohltätige Maximum,
Frankreichs neuestes Geschenk,
Lachen muß ich, wenn ich dran denk,
Vorbei ist für uns Not und Leid,
Bei uns herrscht nun Gerechtigkeit."

Noch in den Monaten Germinal und Prairial des Jahres III, also im April und Mai 1795, gingen Männer und Frauen, Arbeiter und Handwerker, Meister und Gesellen erneut vom Hunger getrieben auf die Straße. Nach dem Sturz Robespierres und der Abschaffung des Maximums sowie jeglicher Preisbindung hatte nämlich eine weitere Welle der Teuerung und Verknappung eingesetzt. Man wandte sich an die Thermidorianer im Nationalkonvent und forderte die Rückkehr zur Verfassung von 1793 sowie Brot für alle. Unter Robespierre, so sagten die Frauen aus dem einfachen Volk, sei viel Blut vergossen worden und das Brot nie ausgegangen. Jetzt dagegen werde kein Blut mehr vergossen, und es gebe auch nichts mehr zu essen. Es müsse folglich wieder Blut fließen!

Während der Französischen Revolution litt die Bevölkerung tagtäglich unter der Brotknappheit, der Hunger stellte die Menschenwürde in Frage. Als Napoleon, dem die Existenzsorgen des einfachen Volkes vertraut waren, die Nachfolge der Revolutionsführer antrat, achtete er darauf, daß seine Untertanen keinen Hunger litten und das Brot nie ausging. Doch sahen sich einige Zeitgenossen zu der Behauptung veranlaßt, Napoleon habe das Brot der Gleichheit in das Brot des Despotismus verwandelt.

Die heilige Pike der Brüderlichkeit

Das bescheidene Mahl der Republikaner

Anfang Oktober 1793 herrscht in Paris ein ausgesprochen unwirtliches Wetter. Seit den letzten Septembertagen ist das Thermometer von 17 auf 10 Grad gefallen, und aus westlicher bis südwestlicher Richtung bläst ein heftiger Wind. Nachts regnet es viel, tagsüber hängt der Himmel voller schwarzer Wolken. In den Straßen der Hauptstadt duftet es nur noch selten nach feinem Gebäck oder nach Brathähnchen vom Grill. Dafür riecht es überall nach den Heringen, die – wie Girlanden die Stände zierend – feilgeboten werden. Auf dem Pont-au-Change sowie den ganzen Louvre entlang sieht man unzählige Bürger im Stehen gegrillte, mit Essig beträufelte und mit etwas Schnittlauch garnierte Fische verzehren. Wer auf billigere Speisen angewiesen ist, kann ein Linsengericht oder Dörrpflaumen erstehen. In der jungen Republik nimmt man solche bescheidenen Mahlzeiten auf offener Straße ein. Man bezahlt mit Assignaten, die von glühenden Patrioten mit Aufschriften versehen worden sind wie „Warum dem Gold nachtrauern, wenn es auch ohne geht?“ und „Gib mich dem Bettler, der Dich um Hilfe anfleht.“

All die neuen Straßennamen haben zur Folge, daß sich die Provinzbewohner bei einem Besuch in der Hauptstadt nicht mehr zurechtfinden. Seit dem Fest der Föderation hat sich erneut vieles verändert. Die ehemalige Rue de Condé heißt jetzt Rue de l'Égalité, die Rue Louis-le Grand wurde in Rue des Piques und die Rue Comtesse-d'Artois in Anspielung auf den hochmütigen Charakter der Namensgeberin in Rue Montorgueil umbenannt. Die Rue Neuve-Saint-Roch trägt jetzt den Namen Rue de la Montagne, und die Barrière du Trône erhielt angesichts des Umstands, daß das Königtum inzwischen gestürzt worden war, den Zusatz „renversé“. Unzählige Straßenbezeichnungen erinnern an Marat, der am 13. Juli 1793 dem Mordanschlag von Charlotte Corday zum Opfer gefallen ist. So trägt jetzt die vormalige Rue de l'Ecole-de-Médicine seinen Namen, während die Rue de l'Observance zur Rue de l'Ami-du-Peuple und die Rue du Faubourg-Montmartre zur Rue du Faubourg-du-Mont-Marat wurde.

Auch die Kleidung der Passanten hat sich seit dem 10. August 1792 gewandelt. Man trägt jetzt nicht mehr getupften Seidenrips in als „moutardes“ oder „caca-dauphin“ bezeichneten Gelb- und Brauntönen. Seide, Gaze und feine Spitzen sind verpönt, und es erscheinen auch keine Modezeitschriften mehr. Für modebewußte Frauen ist eine schlechte Zeit angebrochen, denn es bleibt ihnen nichts anderes übrig, als weiterhin jene

Kleider zu tragen, die sie bereits vor zwei oder drei Jahren erstanden haben.

Doch ganz gleich, ob sie ihre bisherige Kleidung beibehalten oder sich wie neuerdings üblich „patriotisch" kleiden – ein Teil des Erlöses aus dem Verkauf der aus blau-weiß-rotem Kamelott gefertigten „habits patriotiques" geht an die Bedürftigen – alle Frauen stecken eine Kokarde an ihre Kopfbedeckung. Drei Jahre zuvor hatten dies einige Zeitgenossen von sich aus getan, um ihre patriotische Gesinnung zu betonen, jetzt dagegen ist dieser Brauch zu einer Verpflichtung geworden, der man sich kaum noch entziehen kann.

Die Sanskulotten, sie leben hoch!

In den Straßen von Paris begegnet man auf Schritt und Tritt Männern, die als Zeichen ihrer Begeisterung für das Freiheitsideal phrygische Mützen tragen. Dieses Symbol der Sklavenbefreiung setzt sich immer mehr als Kopfbedeckung durch, obwohl die Jakobiner Bedenken anmelden. Sie befürchten nämlich, daß dadurch die Bedeutung der Kokarde als nationales Emblem geschmälert werden könnte. Die phrygische Mütze ist das politische Abzeichen jener Männer, die im Gegensatz zu den Adligen keine Kniehosen – keine „culotte" – tragen und von diesen daher mit dem Spottnamen „sans-culottes" bedacht wurden. Die Patrioten bezeichneten sich zum Ausdruck der neugewonnenen Bürgerwürde bald selbst als Sanskulotten. Sie tragen knöchellange Hosen mit einer Klappe, Hosenträger, eine kurze Jacke, die sogenannte „carmagnole", sowie ein Halstuch und gelegentlich einen Ring mit dem Bildnis eines jener Märtyrer, die ihr Leben der Freiheit geopfert haben. Ihre Füße stecken in einfachen Holzschuhen.

Eine zeitgenössische Quelle, die sich mit der Frage „Was ist ein Sanskulotte?" befaßt, behauptet, daß die Sanskulotten stets Säbel bei sich trügen, um allen Bösewichten die Ohren abzutrennen, und manchmal mit einer Pike bewaffnet seien. Auch die Pike besitzt Symbolkraft, denn sie ist das Sinnbild für die durch die Revolution errungene Volkssouveränität. Mit dieser schnell herzustellenden und leicht zu handhabenden Waffe hat man die Monarchie gestürzt, die Republik gegründet und verteidigt: Mit ihr vertrieb das Volk am 2. Juni 1793 die Girondisten aus dem Nationalkonvent. Außerdem hofft man, mit ihrer Hilfe die Aufständischen in der Vendée und die von den Königen ganz Europas gedungenen Feinde der Freiheit besiegen zu können. 1792 erhält Carnot, der bald darauf die vorwiegend mit Piken bewaffneten französischen Truppen zum Sieg führt, ein Handbuch zum Gebrauch der Pike überreicht. Am 21. September 1793 erklärt der Abgeordnete Lejeune vor den versammelten Jakobinern, daß man verstärkt von dieser allzulang vernachlässigten Waffe Gebrauch machen müsse; die Aristokraten hätten dieses furchterregende Instrument absichtlich in Verruf gebracht, und die neu gewonnene Freiheit sei einzig und allein der Pike zu verdanken. Aufgrund dieser Bewandtnis gilt die Waffe als heilig, und ihre Träger werden unterschiedslos als „sans-culottes", „carmagnoles" oder „piques" bezeichnet.

Um die Kleidung wird nicht mehr viel Aufhebens gemacht, und auch Parfüms kommen ganz aus der Mode. In der aristokratischen Gesellschaft mag ein solcher Aufwand nötig gewesen sein, um sich bei Kurtisanen und Ministern einzuschmeicheln. Die freien Bürger von heute jedoch, die diesen elenden Kreaturen haushoch überlegen sind, können auf diesen künstlichen und affektierten Putz verzichten. Bereits 1790 nimmt Carra die spätere Einstellung der Sanskulotten vorweg, als er erklärt, ein freier und rechtschaffener Bürger brauche nur aufrecht und hocherhobenen Hauptes durch die Menge zu marschieren, und schon müßten Kurtisanen und Minister die Blicke senken. Nicht alle Sanskulotten sehen gleich aus. Die Unterschiede in der Tracht bringen die bunte Vielfalt dieser sozialen Gruppe zum Ausdruck, zu der Arbeiter ebenso gehören wie Gesellen und Handwerksmeister, die zum Teil über ein ansehnliches Vermögen verfügen wie etwa Duplay, der Vermieter von Robespierre. Der Fuhrknecht behält, wenn er zur Wache antritt, seine Wollmütze, seinen langen braunen Kittel und seine Gamaschen an; der Lastenträger aus den Markthallen behält seinen breitkrempigen Hut auf, und der Schuster trennt sich ebensowenig von seiner Weste oder seiner

Sanskulottenpaar:
Der Mann trägt die charakteristische phrygische Mütze, die Frau eine Kokarde an ihrer Kopfbedeckung.

Schürze aus Leder wie der Schreiner von seinem langen, mantelartigen Überwurf, zumal in diesen empfindlich kühlen Tagen. An diesen Wachposten gehen Bürger vorbei, die nach wie vor Kniehosen und Strümpfe anhaben. Trägt schließlich nicht Robespierre selbst Kniehosen und Strümpfe zu seiner Jacke aus braungestreiftem Nanking, seinem sorgfältig in Falten gelegten, rotgestreiften Halstuch aus weißer Seide und zu seiner grünen Gamslederweste? Und hat der Nationalkonvent, um den Handgreiflichkeiten zwischen den Frauen der Debattierklubs und jenen aus den Markthallen Einhalt zu gebieten, im Oktober denn nicht angeordnet, daß sich jeder so kleiden könne, wie es ihm beliebe?

„Du" oder „Sie"?

Die durch den Haß auf die Aristokraten geeinte, ansonsten jedoch sehr unterschiedliche Schicht der Sanskulotten bekundet durch ihr gesamtes Verhalten, daß sie entschlossen ist, Sitten und Gebräuche zu demokratisieren. Man redet sich gegenseitig nicht mehr mit „Monsieur" an, sondern nur noch mit „Bürger". Schon im Dezember 1792 gibt ein Redner zu bedenken, daß die Anrede „Sie" gegen das Gleichheitsprinzip verstoße, da sie zur Untermauerung der grundherrlichen Ansprüche eingeführt worden sei, wohingegen das „Du" die einzig natürliche und freien Bürgern gebührende Anrede darstelle. In seiner Ausgabe vom 15. Brumaire des Jahres II – dem 5. November 1793 – fordert das Blatt „Le Républicain" („Der Republikaner") ebenfalls die Einführung des „Du". Zunächst wird der Gemeinplatz angeführt, wonach es keinerlei logische Begründung gebe, eine einzelne Person im Plural anzusprechen. Außerdem klinge das „Du" viel respektvoller als das „Sie", bei dem der Angesprochene unwillkürlich einer Schar weiterer Menschen zugeordnet werde. Eben der Respekt vor den Mitmenschen erfordere daher das Duzen. Schließlich duze man sich ja auch unter Freunden, und da eine Republik nichts anderes sei als eine Schar von Freunden, müsse man sich jetzt in ganz Frankreich duzen. Zumindest im öffentlichen Leben beherzigt man diese Forderung bis 1795. Laut Albert Soboul brachte der Prairialaufstand mit dem Ende des Egalitarismus auch die Rückkehr des „Sie".

Dieser Hang zur Demokratisierung wirkt sich im Jahr 1793 auch auf die im Gespräch und in Briefen verwendeten Formulierungen aus. So kommen formelhafte Redensarten wie „Ich beehre mich hiermit" oder „Bitte erweisen Sie mir die Ehre ...", „Ihr bescheidener und gehorsamer Diener", völlig aus dem Gebrauch. Man unterschreibt seine Briefe neuerdings nur noch mit „Dein Mitbürger", „Dein Freund", „Dein Bruder" oder mit „Dein Kamerad" und fügt die Devise „Heil und Brüderlichkeit in der heiligen Gleichheit" hinzu. Selbst ein gewöhnlicher Soldat schließt den Brief an seinen General oder an einen Minister als Zeichen der Gleichberechtigung mit „Dein Gleichberechtigter".

Carra hat 1790 in diesem Zusammenhang sogar den Vorschlag gemacht, künftig das Kalenderjahr mit dem 14. Juli beginnen zu lassen, sowie Glückwünsche fortan nur noch persönlich zu überbringen und keine Karten oder Briefchen mehr dazu zu verwenden. Auf öffentlichen Plätzen und in Cafés solle man den Wunsch „Gott möge Euch beschützen und sämtliche Staatsgefängnisse und Tyrannen vernichten wie 1789!" austauschen. Auch der Hut wird von nun an nicht mehr zum Gruß gelüftet, da man in dieser Geste ein Symbol für die Ehrerbietung des Untertanen gegenüber seinem Herrscher sieht. Der Brauch, sich zur Begrüßung zu verneigen, wird ebenfalls immer seltener; er gilt den Zeitgenossen als ein Überbleibsel früherer Sklaverei. Es gibt also keine Knickse und Verbeugungen mehr, aber zum Ausgleich hierfür legen sich viele Patrioten neue, das politische Programm der Republik aufgreifende Vor- oder Beinamen zu. Am häufigsten sind „Liberté", „Égalité", „Fraternité".

Das von Hébert herausgegebene Blatt „Le Père Duchesne", („Vater Duchesne") die meistgelesene Zeitung im damaligen Paris, berichtet im Oktober 1793 über die Gefahren, die die Republik bedrohen: Da sind zum einen die Kämpfe in Lyon-la-rebelle, in deren Verlauf die Stadt Lyon von den Aufständischen am 9. Oktober zur „befreiten Stadt" erklärt wird; Toulon wird belagert und nach seiner Eroberung im Dezember in Port-la-Montagne umbenannt; Léchelle und Kléber führen Armeen in die Vendée, um am 17. Oktober den dort ausgebrochenen Aufstand niederzuwerfen; Marie-Antoinette kommt vor das Revolutionstribunal und wird am 16. Oktober guillotiniert; auch den Girondisten wird der Prozeß gemacht, der am 16. Oktober mit ihrer Hinrichtung endet. Parallel zu diesen innenpolitischen Siegen unternimmt die französische Armee zahlreiche Vorstöße gegen die Koalitionstruppen: Vom 6. bis zum 8. September erweist sie sich in den Gefechten von Hondschoote als dem Feind überlegen, und auch die Kämpfe bei Wattignies werden am 16. Oktober zugunsten Frankreichs entschieden, während das Elsaß weiterhin Schauplatz heftiger Kämpfe ist. Das Alltagsleben der französischen Bevölkerung – das der Pariser ebenso wie das der Provinzbewohner – steht ganz im Zeichen des Krieges, erfordert dieser doch den Einsatz aller zur Verfügung stehenden Kräfte. In den Werkstätten und auf den öffentlichen Plätzen kann man Arbeiter, Gesellen und Meister bei der Herstellung von Kanonen, Bajonetten, Gewehren und Piken beobachten. Die bereits am frühen Morgen zur Arbeit antretenden Sanskulotten verwandeln Frankreich in eine einzige, riesige Werkstatt.

Die Waffenschmiede Frankreich

Am 23. August 1793, dem Tag der „levée en masse", an dem alle Wehrfähigen in Frankreich aufgeboten werden, erklärt Barère in einer Ansprache vor dem Nationalkonvent, daß nunmehr eine neue Zeit angebrochen sei. Während das Paris des Ancien Régime ganz Frankreich und Teile Europas mit lächerlich anmutenden Modeartikeln, nutzlosem Zierat, Luxuskleidern und -möbeln beliefert habe, werde das Paris der Revolution fortan zur Waffenschmiede Frankreichs, ohne deshalb seine Vorrangstellung im Bereich von Mode und Kunstgewerbe aufzugeben. Der Wohlfahrtsausschuß beschließt zu diesem Zweck die Errichtung einer Waffenmanufaktur in Paris. Technische Notwendigkeit und taktische Erwägungen haben ihn zu diesem Schritt bewogen. Frankreich besitzt im August 1793 sieben Waffenmanufakturen, die auf die Städte Maubeuge, Charleville, Saint-Etienne, Tulle, Moulins, Autun und Clermont-Ferrand verteilt sind. Einige davon sind durch ihre Lage in Grenznähe von feindlichen Truppen bedroht. Außerdem reicht die Produktion der sieben Manufakturen nicht aus, um jene 300000 bis 400000 Soldaten mit Gewehren zu versorgen, die man durch die „levée en masse“ auszuheben gedenkt und die die französische Armee auf insgesamt fast eine Million Mann anwachsen lassen sollen. In ganz Frankreich und vor allem in Paris müssen daher weitere Manufakturen eröffnet werden. Außerdem verspricht man sich von ihrer Errichtung auch eine psychologische Wirkung: Wenn die Waffen vor den Augen des französischen Volkes produziert werden, wird es fortan stärker auf die Kräfte der Nation vertrauen und eigenhändig dafür sorgen – so hofft man zumindest –, daß die Waffenfabrikation ungehindert vonstatten geht. Es wird dann keine Front und ein dazugehöriges Hinterland mehr geben, sondern nur noch ein in der Abwehr der Feinde und der Verteidigung seiner Interessen geeintes Volk.

Um die eisernen Schäfte, die man für die Gewehrläufe benötigt, herstellen zu können, müssen Hammerwerke in ausreichender Zahl errichtet werden. Doch wie sollen die schweren Hämmer betrieben werden? Die Mühlen scheiden aus, denn sie sind mit dem Mahlen des Getreides voll ausgelastet. Man erwägt die Nutzbarmachung der Wasserkraft und des Feuers in Form von „Feuermaschinen“. Aber der Antrieb durch Feuer kommt nicht in Frage, weil nicht genügend Kohle zur Verfügung steht. So beschließt der Wohlfahrtsausschuß, die erforderlichen Metallschäfte aus den einzelnen Departements – beispielsweise aus dem Departement Isère – herbeischaffen zu lassen. Langsam verwandelt sich Paris in die von Barère gewünschte Waffenschmiede. Auf dem großen Platz vor dem Invalidendom, im Jardin du Luxembourg nahe der Rue Notre-Dame-des-Champs, auf der Place de l'Indivisibilité – der früheren Place Royale –, überall sind Hunderte von Arbeitern am Werk. Ende Oktober sind in sämtlichen Schmieden und Werkstätten von Paris über 1000 und im September 1794 gar über 5000 Menschen beschäftigt.

Überall sind die Hammerschläge der „canonniers“, der Flintenrohrschmiede, zu vernehmen, die das Metall für die Gewehrläufe erhitzen, biegen und zusammenfügen. Dann versehen die sogenannten „frappeurs“ die Krümmung mit einem konisch zulaufenden Eisenstift, verschweißen den Lauf Zoll um Zoll, erhitzen ihn erneut und bearbeiten ihn mit dem Hammer, um ihn schließlich mit einer eisernen Spitze zu verschließen. Von der Ile-Louvier bis zur Abtei Saint-Germain, von der Manufaktur der Gebrüder Gobelin bis hin zu den schwimmenden Werkstätten auf den Schiffen „Le Sans-Culotte" oder „Le Républicain", die am Pont-de-la Raison – der früher La Tournelle hieß – oder am Pont-au-Change vor Anker liegen, von überall her hört man den Lärm der Werkstätten. Man hört das Klopfen der Wasserräder, mit denen Bohr- und Schleifgeräte angetrieben werden. Man vernimmt die Schreie der Bohrmüller, die jene Maschinen bedienen, mit deren Hilfe die Läufe kalibriert und auf ein Gewicht von 4 Pfund gebracht werden. In einiger Entfernung wird der Lärm aus den Schmiedewerkstätten durch das mahlende Geräusch der Kornmühlen übertönt. Es vermischt sich mit dem Zischen und Kreischen, das bei der Bearbeitung der Gewehrläufe entsteht. Wenn diese kalibriert und durchbohrt sind, vernimmt man das Knistern der Flamme und gleich darauf das Knallen des Pulvers; mit diesem Probeschuß wird überprüft, ob der Lauf ganz gleichmäßig gearbeitet ist und keine Deformationen aufweist. Fällt er zufriedenstellend aus, so wandert das Gewehr in die Werkstatt der Systemmacher, um dort mit Hahn und Abzug versehen zu werden. Die Systemmacher bringen am Flintenschloß auch Krappe und Stange an, um das Gewehr anschließend den Staffierern auszuhändigen, die Spanner, Spitzröhrchen und Schaftblech ergänzen.

Die Herstellung eines Gewehrs ist sehr anstrengend; die Arbeiter müssen sich ständig konzentrieren und leiden zudem unter der großen Hitze. Das zur Verfügung stehende Werkzeug ist denkbar schlecht. Die Arbeiter leben in der ständigen Furcht vor einer plötzlich ausbrechenden Feuersbrunst, denn angesichts der überall aufgeschichteten Strohhaufen, der Kohlevorräte, des starken Funkenflugs und der mit allem möglichen herumspielenden Kinder kann sehr rasch ein Brand entstehen. Bisweilen kommt es ganz plötzlich zu Zwischenfällen wie jenem in der Pulvermühle zu Grenelle, der Hunderte von Todesopfern forderte. Eine weitere Gefahr stellen die bei der Arbeit anfallenden Splitter dar, die ins Auge eindringen und zur Erblindung führen können; es gilt ständig auf der Hut zu sein, denn ehe man sich versieht, stecken Arm oder Bein schon in einer Maschine und werden von ihr zermalmt. Der Geselle Médard zum Beispiel wurde von einer riesigen Walze erfaßt und ist seither völlig gelähmt. Nur wenige Schritte entfernt, stößt im „atelier de la Carmagnole" Delarue einen ohrenbetäubenden Schrei aus: Eben hat eine Maschine seinen Arm zerquetscht. Ein Mühlstein zerspringt und zertrümmert das Handgelenk von Pierre Cléry. Häufig leiden die Waffenschmiede unter Leistenbrüchen. Sie verrichten ihre schwere Arbeit unter Stöhnen und richten sich durch die enorme Anstrengung zugrunde.

Arbeiter oder Soldaten?

Die in den Pariser Waffenmanufakturen beschäftigten Arbeiter stammen aus den verschiedenen Stadtvierteln oder sind aufgrund ihrer besonderen Geschicklichkeit aus den umliegenden Departements herbeigeholt worden. Viele von ihnen kommen aus Maubeuge, und überall findet man Flüchtlinge aus Lüttich. Manche haben die für ihre Arbeit erforderlichen Handgriffe einfach den anderen abgeschaut und ihre Kenntnisse später unter Anweisung von eigens zu diesem Zweck durch die Regierung angeworbenen Meister vervollständigt. Ihr Arbeitseifer verbindet sich oft mit einem militanten Eintreten für die Ziele der Revolution. Ein gewisser Jacques Rondeau, ein Werkzeugmacher aus Aigurande, arbeitet nun als Schlosser in Paris und ist dafür bekannt, daß er gute Schlösser, hervorragende Schneiden sowie allseits geschätztes Werkzeug zu fertigen versteht. Er wird als ein entschlossener und rechtschaffener Bürger geschildert, der trotz seines vorgerückten Alters noch sehr kräftig und robust wirkt. In seiner Eigenschaft als Mitglied eines „comité de surveillance", eines Überwachungsausschusses, übt er als entschlossener Republikaner eine staatliche Funktion aus. Seit den Anfängen der Revolution hat er sich stets als Feind des aristokratischen oder religiösen Despotismus erwiesen. Solche Arbeiter scheuen keine Mühe, um dem Vaterland zu dienen. Von Pierre Jubault ist überliefert, daß er 10 Tage lang Tag und Nacht arbeitete, um die benötigten Stücke liefern zu können.

Doch es gibt auch schwarze Schafe unter den Arbeitern: Manche entpuppen sich als sogenannte „muscadins", als stutzerhafte junge Adlige, die sich als Handwerksburschen ausgeben, um nicht an die Front zu müssen. Dies gilt etwa für Dautrement, der Goldschmied zu sein behauptet, obwohl er in Wahrheit Musiker ist. Manche – wie beispielsweise Jean-Baptiste Maison aus der Sektion Montagne – lassen sich in der Hoffnung auf einen doppelten Lohn für die Manufakturen anwerben. Sie stehlen sich tagsüber aus der Werkstatt, um in privaten Handwerksbetrieben zu arbeiten. Der Überwachungsausschuß sieht sich daher genötigt, zu überprüfen, ob die Manufakturarbeiter sich ausschließlich der ihnen zugewiesenen Aufgabe widmen. Ganze Scharen von Kontrolleuren und Aufsehern unterwerfen die Handwerker einer regelrecht militärischen Disziplin. Diese werden wie Truppen behandelt, die im Hinterland operieren, was zusätzlich dadurch gerechtfertigt wird, daß etwa die Hälfte dieser Arbeitskräfte jener Altersklasse angehört, die seit dem 23. August 1793 eingezogen wird. Der Wohlfahrtsausschuß erklärt die Waffen herstellenden Arbeiter und die an der Front kämpfenden Soldaten für solidarisch: Jene, die die Waffen fertigen und jene, die mit ihnen kämpfen, gehören ein und derselben Armee an. Arbeitsniederlegungen oder unbegründetes Fernbleiben von der Arbeit sind daher undenkbar, denn man gilt sonst in den Augen der Regierung als Deserteur, als Feind der Republik und wandert ins Gefängnis. Einwände gegen diese strenge Regelung werden mit dem Hinweis abgetan, daß sie nur denen ungerecht erscheinen könne, die keine Vaterlandsliebe empfinden und nicht ihre ganze Kraft in den Dienst der Freiheit stellen wollen.

Seitdem der Revolutionskalender eingeführt worden ist, wird an neun von zehn Tagen gearbeitet und am „décadi“ – dem Ersatz für den Sonntag – ausgeruht. Im Winter sowie im Herbst dauert der Arbeitstag von 8 Uhr morgens bis 20 Uhr abends, frühjahrs und sommers dagegen von 6 Uhr bis 18 Uhr. Dies bedeutet – nach Abzug der Pausen – einen Elfstundentag. Der Lohn fällt, verglichen mit den Lebensmittelpreisen – besonders mit jenen vom Sommer 1794, in dem das Maximum beseitigt wird –, nicht gerade hoch aus: Ein Systemmacher oder Flintenrohrschmied verdient pro Dekade zwischen 30 und 36 Livres.

Die Pulver- und Bleiherstellung

Ab Oktober 1793 verwandeln sich Paris und die von Aufständen verschonten Gebiete Frankreichs in eine riesige Waffenschmiede. In Armeville (dem heuten Saint-Etienne) werden pro Dekade 3000 Gewehre und 600 Pistolen, in Charleville 300 Gewehre und 1300 Pistolen produziert. Ähnliches gilt für Tulle, Autun, Clermont-Ferrand und Bergerac. Kanonen werden in Paris, Romilly, Indret, le Creusot, Douai, Strasbourg, Metz, Saint-Lô, Villedieu sowie in Cahors, Montauban, Toulouse, Lyon, Valence und in Annecy gefertigt.

Um Pulver herzustellen, verpflichtet man im September alle Hausbesitzer und Mieter, die Wände ihrer Vorratsräume, Ställe und Weinkeller abzuwaschen, um Salpeter zu gewinnen. In sämtlichen Gemeinden Frankreichs finden sich auf Anordnung des Rates am Dekadi alle Einwohner am Freiheitsbaum ein, wo ihnen Anweisungen des Wohlfahrtsausschusses mitgeteilt und erläutert werden. Sie werden genauestens über die drei vorzunehmenden Arbeitsgänge unterrichtet: Zunächst gilt es, salpeterhaltige Stellen ausfindig zu machen, dann muß man sie abwaschen und anschließend durch Verdunstung den reinen Salpeter gewinnen. In Paris werden eigens Kurse angeboten, um die Einwohner besser auf diese Aufgabe vorzubereiten. Der Unterricht beginnt und endet jeweils mit den Rufen „Hoch lebe die Republik!“ und „Tod den Tyrannen!“ Im Anschluß an die praktische Unterweisung werden alle beteiligten Patrioten zu einem Fest zusammengerufen. Hunderte solchermaßen „aufgeklärter“ Bürger begeben sich in die Departements, um die eben erlernten, von einem Wissenschaftlerstab im Auftrag der Regierung ausgearbeiteten, ebenso einfachen wie wirkungsvollen Techniken unter das Volk zu bringen. Innerhalb von neun Monaten gewinnt die Republik auf diese Weise 12 Millionen Pfund Salpeter; das entspricht etwa einer Verzwölffachung der vor den Revolutionsgesetzen üblichen Mengen.

Während die Waffenproduktion in staatlicher Hand ist, überläßt man die Herstellung der Soldatenkleidung privaten Betrieben. Neben den Textilmanufakturen entstehen in den einzelnen Sektionen von Sanskulotten betriebene Schneiderwerkstätten, die keinen Gewinn erwirtschaften dürfen. Ein Dekret vom 4. Brumaire des Jahres II (25. Oktober 1793) schreibt vor, daß jeder Schuhmachermeister sowie jeder von ihm beschäftigte Schustergeselle fortan pro Dekade fünf Paar Stiefel anzufertigen habe. Das hierzu nötige Leder wird von der Stadtverwaltung zu den im Maximum festgelegten Preisen bereitgestellt, und die fertigen Stiefel werden ebenfalls zu Festpreisen aufgekauft. Im Dezember werden sämtliche Schuster dienstverpflichtet: Zwei Monate lang müssen sie ihre ganze Arbeitskraft der Armee zur Verfügung stellen. Und wehe dem, der bei der Arbeit schlampt und Stiefel liefert, die das Wasser aufsaugen wie ein trockener Schwamm! Die Schuhmacher werden von militanten Sektionsmitgliedern überwacht, die sämtliche Verstöße melden und die Schuldigen ins Gefängnis bringen lassen.

Arbeitgeber und Arbeitnehmer

Die Revolutionstruppen verdanken ihren Sieg nicht allein den Soldaten, die sich für das Vaterland zu opfern bereit sind. Auch die Handwerkerschaft Frankreichs hat ihrenTeil dazu beigetragen, doch wollen sie nicht wie Soldaten behandelt werden. Als in Paris zahlreiche Werkstätten zur Waffenherstellung eröffnet werden, versammeln sich Gesellen und Arbeiter, um mit Vertretern der Regierung zu verhandeln. Sie reichen Gesuche ein und entsenden eine Abordnung, die ihre Forderungen vor dem Nationalkonvent vertritt. Gemischte Ausschüsse aus Vertretern der Regierung und der Arbeiterschaft werden gebildet. Im August 1793 ordnet der Wohlfahrtsausschuß an, die Löhne zwischen Abgesandten der Regierung und der Arbeiter auszuhandeln, und von September bis Oktober 1793 treten Schlichtungskommissionen zusammen. Vierundzwanzig Abgesandte der Pariser und sechs Abgesandte der in Maubeuge beschäftigten Arbeiter setzen sich mit dreißig Vertretern des Departements, der Stadtverwaltung und des Kriegsministeriums an einen Tisch um über einige strittige Punkte zu verhandeln. Gemeinsam legen sie fest, welche Entschädigung jene erhalten sollen, die ihre bisherige Arbeit aufgeben, um die Waffenherstellung zu erlernen. Man diskutiert über Tages- und Stücklöhne, über den Lohn, den jene Handwerker erhalten sollen, die in ihrer bisherigen Werkstatt verbleiben, und über die Bezahlung der Lehrlingsburschen. Die Versammlung legt in allen Einzelheiten fest, wie hoch sämtliche Gewehrteile zu veranschlagen sind, und auf welche Weise sie montiert werden. Die Vertreter der Republik, der Stadt Paris und des Kriegsministeriums unterbreiten Vorschläge, die von den Arbeitern geprüft und entweder akzeptiert oder mit Gegenvorschlägen beantwortet werden. Nach heftigen Diskussionen schreitet man zur Abstimmung.

Es kommt immer wieder vor, daß Abgesandte der Arbeiterschaft überzogene Forderungen stellen. So lehnen die Vertreter der Behörden und die Mehrheit der Arbeiter die Forderung eines gewissen Joseph Vernelle aus Maubeuge, der den Stücklohn für einen Spanner mit 45 Sous veranschlagt, als eindeutig übertrieben ab. Vernelle wird der Demagogie bezichtigt, und sein Name wird samt einem Hinweis auf seinen überzogenen Vorschlag ins Protokoll aufgenommen. Dort findet sich ein ähnlicher Vermerk über einen Arbeiter namens Olivier, welcher für die derzeit mit rund 12 Sous bezahlten Auslader einen Stücklohn von 40 Sous vorgeschlagen hatte. Diese Versammlungen stellen Versuche dar, das Modell der direkten Demokratie in die Praxis umzusetzen, auf das die Sanskulotten großen Wert legen.Die Revolutionsregierung dagegen sucht solche basisdemokratischen Prozesse wegen der Kriegserfordernisse systematisch einzuschränken. Im Oktober 1793 überwinden die Sanskulotten abends ihre Müdigkeit, um nach einem harten Arbeitstag an den politischen Versammlungen teilzunehmen, die neuerdings den Alltag prägen und die jetzt zu ihren Rechten und Pflichten gehören.

Die Debattierklubs – die Schulen der Demokratie

Gegen fünf Uhr nachmittags finden sich einige Sanskulotten vor dem Sektionsbüro ein. Manche von ihnen tragen an ihrer Jacke ein ovales kupfernes Abzeichen, auf dem die Inschriften „Kraft und Einigkeit", „Sansculotte" sowie eine Phrygiermütze zu sehen sind. Es bilden sich einzelne Gruppen, in denen die Neuigkeiten des Tages diskutiert werden. Sämtliche Gespräche drehen sich um die Nahrungsmittelversorgung und die Kriegsentwicklung. Ein Gerücht macht die Runde: Die englischen Jakobiner sollen sich angeblich – trotz der Unterdrückungsmaßnahmen, denen sie sich ausgesetzt sehen, seit sich ihr Land mit Frankreich im Krieg befindet – weiterhin in ihren Klubs versammeln. Man erzählt sich, daß diese anläßlich der ersten Siege der Revolutionstruppen im Jahre 1792 der Nationalversammlung Glückwunschbotschaften übermittelt hätten und die englische Regierung zur Einstellung der Feindseligkeiten zu bewegen suchten. Ist an diesem Gerücht etwas Wahres dran? Oder handelt es sich um eine Falschmeldung? Niemand vermag es zu sagen.

Da öffnet sich die Tür des Sektionsbüros: Die Eintretenden werfen einen flüchtigen Blick auf die Inschrift mit dem Namen der betreffenden Sektion und erweisen der darunter angebrachten Menschenrechtserklärung ihre Ehrerbietung. Eine Freiheitsstatue lädt zur inneren Sammlung ein: Man betritt einen Ort, an dem es als Mensch zu denken und als Republikaner zu handeln gilt. Wer den Eingang passiert hat, holt seine Mitgliedskarte hervor, auf der neben dem Namen der Sektion ein Rutenbündel sowie die von einer Richtwaage – als Symbol der Gleichheit – und einer Waagschale der Justitia – als Symbol der für alle gleichen

Rechtssprechung – eingerahmte rote Phrygiermütze zu sehen sind. Der Weg führt an allen Büros entlang: Zuerst kommt dasjenige des Polizeikommissars, dann das des Friedensrichters und schließlich die Amtsstube des Kanzleischreibers. Bisweilen bleiben die Ankömmlinge stehen; auf den Tafeln lesen sie die Namen derjenigen, die man für würdig genug hält, ein öffentliches Amt anzuvertrauen. Vor den Räumen der Überwachungskomitees bilden sich lange Schlangen von Bürgern, die ein Staatsbürgerzeugnis begehren. An dem Büro der Musterungskommission und der Kleiderkammer vorbeigehend, gelangt man schließlich in den Saal, in dem die Bürgerversammlung stattfinden soll.

In der Provinz sind diese Säle groß genug, um ungefähr hundert Menschen aufzunehmen, und die entsprechenden Räumlichkeiten der Hauptstadt sind noch um vieles größer. Sie sind jedoch nur selten voll besetzt. Die Wandinschriften „Siegen oder sterben" und „Die Freiheit oder den Tod" sollen die Bürger daran erinnern, daß ihr Lebensziel darin besteht, die Errungenschaften der Revolution und die Freiheit zu verteidigen. Daneben hängen Kupferstiche, die die entscheidenden Szenen der Revolution zeigen. Auch jener, die ihr Leben für die Freiheit geopfert haben, wird mit Bildern gedacht: Neben Darstellungen von Lepeletier, Chalier und Marat werden Bildnisse der in jugendlichem Alter getöteten Patrioten Bara und Viala angebracht. Einige Büsten – von Voltaire, Rousseau und Brutus – vervollständigen die Ausschmückung des Versammlungsraums. An den Wänden sind bisweilen in ungelenken Schriftzügen die letzten Worte tapferer Patrioten zu lesen: jene von Vinay, der, bevor er Selbstmord beging, die Worte „Wenigstens werden mich die Feinde nicht lebendig in die Hand bekommen" gesagt haben soll, oder den von Barailler überlieferten Ausspruch „Ein Republikaner ergibt sich nie".

In einigen Sektionen liegen Listen der für das Vaterland Gefallenen aus, und in der Provinz beginnt man, Kriegerdenkmäler zu errichten. Ihren Inschriften ist zu entnehmen, daß die Helden der Republik nicht etwa der Vergessenheit anheimfallen, sondern ihre Namen und Taten auf ewig hochgehalten werden: „Der republikanische Held versinkt nicht in einem ewigen Nichts, und seine für das Vaterland kostbaren Überreste, sein der ganzen Menschheit teurer Name, das wertvolle Beispiel seiner Tugend werden stets treu bewahrt." In den Sälen stehen einige Bänke, etliche Stühle, manchmal ein Ofen für die kalte Jahreszeit und eine hölzerne Schranke, welche die Zuhörer von den Rednern trennt. Letzteren steht manchmal eine Tribüne zur Verfügung, von der aus sie ihre Ansprachen an die versammelten Sanskulotten halten.

Anfangs ist die Versammlung recht spärlich besucht. Es sind stets dieselben, die als erste eintreffen, nämlich relativ wohlhabende Handwerksmeister und Händler aus dem Viertel, zu deren zahlreichen Anhängern Gesellen, Freunde und Verwandte gehören. Als sich andere Sektionsmitglieder darüber beschweren, daß diese Personen die Sitzungen manipulieren, indem sie sie in die Länge zögen und die Abstimmung hinauszögerten, bis die ärmeren Mitglieder gegangen seien, wird festgesetzt, daß die Versammlungen künftig um zehn Uhr zu Ende sein müssen. Auf dem Podium nehmen hinter einem langen Tisch die soeben gewählten Sektionsvorsitzenden Platz: der Präsident, der Vizepräsident, der Schreiber und der Archivar. Dieser weiß nie so recht, wo und wie er all die ihm anvertrauten Akten aufbewahren soll. An der Wand hinter den Sektionsvorsitzenden hängt – umhüllt von einer Trikolore – eine allegorische Darstellung der Freiheit, und auf einem weiteren Gemälde sieht man Freiwillige, die eine blauweißrote Flamme mit der programmatischen Inschrift „Freiheit, Gleichheit, Brüderlichkeit, Einheit und Unteilbarkeit der Republik" in ihren Händen tragen und über deren Köpfen eine mit der Phrygiermütze bekrönte Sonne ihre Strahlen ausbreitet.

Es ist mittlerweile zwischen sechs und sieben Uhr abends. Da es allmählich dunkel wird, läßt der Sektionsvorsitzende Kerzen oder Öllampen anzünden. Der Saal beginnt sich zu füllen, denn jetzt kommen auch die Arbeiter und Gesellen aus den umliegenden Werkstätten. Bedürftige Bürger erhalten pro Sitzung eine Entschädigung in Höhe von 40 Sous. Dieser Umstand erregt den Unmut einiger Zeitgenossen, die es für unsinnig halten, wenn sich in einem freien Staatswesen das Volk für die Wahrnehmung seiner politischen Rechte bezahle. Der Schreiber verliest zunächst das Protokoll über die vorhergehende Sitzung. Dann fordert der Vorsitzende die versammelten Bürger zur Zeitungslektüre auf, wobei die Lesekundigen die übrigen informieren. Hin und wieder wird ein Kind damit beauftragt, einen der zentralen Texte der Revolution zu verlesen. Nachdem die Versammlung über die Briefe aus der Provinz unterrichtet worden ist, stellt man den Bürgern, die sich in die einzelnen Departements begeben wollen, Begleitschreiben aus, damit sie an Ort und Stelle die Gesinnungsgenossen in der Provinz um Hilfe bitten können.

Jeder Anwesende hat das Recht, sich zu den aktuellen Problemen zu äußern. Nötigenfalls wird eine gemeinsame Eingabe verfaßt und durch eine Delegation dem Nationalkonvent übermittelt. Schließlich sieht man in den dort tagenden Abgeordneten bloße Mandatsträger des Volkes, die den Weisungen ihrer Wähler unbedingt Folge leisten müssen und von diesen aus der Versammlung abberufen werden können. In den Bürgerversammlungen wird die direkte Demokratie folgendermaßen verwirklicht: Wer sich zu Wort melden will, setzt die rote Phrygiermütze auf, besteigt die dem Vorsitzenden gegenüberliegende Tribüne und hält von dort aus seine Rede. Er darf von niemand unterbrochen werden – ein Recht, über das eigens hierfür bestellte Zensoren wachen. Festlich gehaltene Reden und Komplimente an eventuell anwesende Amtsträger sind verpönt. Wenn der Redner vom Thema abweicht oder sich nicht der einem Republikaner geziemenden Kürze befleißigt, können sich die Anwesenden erheben und mit einer Geste andeuten, daß sie den Saal zu verlassen wünschen. Sobald allzu viele Bürger auf diese Weise ihren Mißmut kundtun, greift der Vorsitzende ein, indem er die Anwesenden um eine Stellungnahme bittet und der Wortmeldung ein Ende bereitet. Wenn kein weiterer Sanskulotte die Rednertribüne besteigt, wird der unterbreitete Vorschlag zur Abstimmung gebracht. Da man sich unter Brüdern – „entre frères" – befindet, verzichtet man auf Urnen und Stimmzettel. Man hält derlei Geheimnistuerei für überflüssig und stimmt stehend oder sitzend durch Handzeichen oder Akklamation ab. Es genügt jedoch nicht, daß sich eine klare Mehrheit zugunsten eines Vorschlags abzeichnet: Er muß einstimmig angenommen werden. Wenn dies nicht im ersten Gang der Fall ist, diskutiert man erneut und versucht, Gegner oder Unentschlossene für die Sache zu gewinnen.

Besonders eifrige Sanskulotten rufen ihre Brüder aus den benachbarten Sektionen und aus den Debattierklubs zu Hilfe, wenn sie sich gegen die Vertreter einer allzu gemäßigten Linie nicht mehr durchsetzen können. Die Sektionen sind öffentliche Einrichtungen, die Verwaltungsaufgaben wahrnehmen und anläßlich von Wahlen die Bürger zur Wahlversammlung sowie auf Antrag von 50 Bürgern zur Vollversammlung einberufen. Im Sommer 1793 entwickeln sich die Sektionsversammlungen, die im Prinzip alle Bürger umfassen, vor dem Hintergrund der Krise zu ständig tagenden Gremien. Im September bestimmt die darüber beunruhigte Regierung, daß sie nur noch zwei Mal pro Woche beziehungsweise pro Dekade zusammentreten dürfen. Der harte Kern der Sanskulotten unterläuft diese Bestimmungen, indem er auf Sektionsebene revolutionäre Gesellschaften gründet, die nach dem Vorbild der bereits bestehenden Debattierklubs jederzeit tagen können. Diese Debattierklubs gehen auf rein private Initiativen zurück und haben zunächst keinerlei offizielle Funktion. Sektionsversammlungen und Debattier-

Emblem der Jakobiner von Chalon 1794: es zeigt die phrygische Mütze und ein Rutenbündel mit Beil und Totenkopf. Die Inschriften beschwören die Treue zur Republik und den bedingungslosen Kampf für ihre Erhaltung („Frei leben oder sterben", „Krieg den Tyrannen").

klubs sind parallele Einrichtungen, die oft Hand in Hand arbeiten, um gemeinsam die Verwaltung zu kontrollieren und erforderlichenfalls Druck auf die Regierung auszuüben. Diese wiederum versucht im Jahr II (1793/94) die Kontrolle über diese öffentlichen Einrichtungen zu gewinnen. Im Anschluß an eine Säuberungsaktion werden die aktiven Mitglieder der Sektionsversammlungen und Debattierklubs in den Beamtenstand erhoben und erhalten den Auftrag, das Einigungswerk der Jakobiner voranzutreiben. Bald gewinnen Organisationsfragen die Oberhand über die Grundsatzdebatten, und so wird die spontane Bewegung allmählich gelähmt, um einen Ausdruck von Saint-Just zu gebrauchen.

Die militanten Mitglieder stellten jedoch ohnehin stets nur eine Minderheit dar. In den Jahren 1790 bis 1792 sind lediglich zwischen 4 und 19 Prozent der Sektionsmitglieder bei den Versammlungen anwesend. Nach 1792 nimmt die durchschnittliche Teilnehmerzahl zu, um im Jahr II erneut zu sinken. Der Jakobinerklub, die treueste Stütze der Revolutionsregierung, sucht diesen Personenkreis für seine Ziele einzuspannen. Der 1789 gegründete Klub, dessen Mitglieder zunächst vor allem dem niederen und mittleren Bürgertum entstammen, öffnet sich im Lauf des Jahres II zunehmend für die breiteren Volksschichten. Laut Aussage des Historikers Mazauric entwickelt er sich zu einer Partei mit Vormachtstellung, der sich die Debattierklubs anschließen. 1791 gibt es in Frankreich rund 400 dieser „Volksgesellschaften", und 1794 beträgt ihre Zahl zwischen 2000 und 3600. Sie verfügen über mehr als 100000 Mitglieder, welche mehr oder weniger regelmäßig zu den Sitzungen kommen. Ihnen gehören Handwerker (28%), Ladenbesitzer (17%), selbständige Bauern (10%), Händler (8%), Juristen (7%), Beamte, Schulmeister und Priester (10%) ebenso an wie Vertreter der freien Berufe. In Maringues, einem kleinen Landstädtchen im Departement Puy-de-Dôme, kommen beispielsweise auf die insgesamt 118 registrierten Mitglieder 11 Sämischgerber, 16 Gerber, 8 Getreidehändler, 5 Bauern, 4 Schiffer, 4 Notare sowie 2 Priester, die kurz darauf ihr Amt niederlegen.

Diese großen Scharen politisch Aktiver diskutieren mit den übrigen Bürgern über das, was sie im Lauf der Versammlungen erfahren und bringen auf diese Weise das politische Gedankengut der Jakobiner unter das Volk.

Kirche und Heilige im Zeichen der Revolution

Ein Tedeum für die Revolution

Als die Generalstände am 5. Mai 1789 zusammentreten, unterstützt der niedere Klerus, dessen Mitglieder häufig dem Kleinbürgertum oder der wohlhabenden Bauernschaft entstammen, den Dritten Stand in seiner Forderung nach Reformen. Schon 1788 weisen die Geistlichen aus der Dauphiné ihre Amtsbrüder in einem Schreiben darauf hin, daß ihre Interessen untrennbar mit jenen des Volkes verbunden sind. Sobald nämlich das Volk aus der Unterdrückung befreit werde, – so schreiben sie –, können auch die einfachen Priester jener erniedrigenden, ja demütigen Situation entrinnen, in die sie der hohe Klerus gebracht habe. Aus welchem Grund sollte man auch Priester schätzen, denen lediglich eine Herde Sklaven anvertraut ist? Erst in dem Augenblick, in dem das Volk alle ihm zustehenden Rechte erhält, würden auch die Priester eine ihnen gebührende Stellung erhalten. Kämpfe das Volk für seine Rechte, kämpfe es daher auch für die Sache der Priester.

Die meistgelesene Schrift des Jahres 1789 ist das Pamphlet des Abbé Sieyès, in dem dieser die Frage „Was ist der Dritte Stand?" mit der Feststellung „Alles" beantwortet. Ist der niedere Klerus dadurch, daß er sich mit den Abgeordneten des Dritten Standes vereinigt, nicht maßgeblich am Zustandekommen der Nationalversammlung beteiligt? Als in Marseille dieser Vorgang bekannt wird, ordnet Monseigneur de Belloy in sämtlichen Kirchen der Stadt ein Tedeum an. In allen Kathedralen und in den kleinsten Dorfkirchen ganz Frankreichs erklingt aus Freude über die in der Nacht vom 4. auf den 5. August gefaßten Beschlüsse der Nationalversammlung erneut ein Tedeum. Es sei daran erinnert, daß auch anläßlich des Föderationsfestes religiöse Zeremonien stattfinden. Das von Abbé Grégoire feierlich beschworene Bündnis zwischen Frömmigkeit und Freiheit scheint in greifbare Nähe gerückt zu sein.

Wie viele seiner Amtsbrüder begrüßt auch Merentier, Priester zu Saint-Martin in Marseille, die Beschlüsse der Nationalversammlung. Er verkündet von der Kanzel herab, die Ausarbeitung der Verfassung mache große Fortschritte und das Wohl aller werde bald auf unerschütterliche Grundlagen gestellt. Er zeigt sich begeistert von der Gottesfürchtigkeit, die die Abgeordneten bezeugen: Sie lassen nicht zu, daß die christliche Religion in Frage gestellt wird.

Im Jahr 1790 sind einige Priester bereit, im Anschluß an die christlichen Vornamen auf Wunsch patriotisch gesinnter Eltern den Beinamen „Liberté" ins Taufregister einzutragen. Andere akzeptieren, daß die Gemeindemitglieder inmitten der Gebete Bürgereide ablegen. So verpflichtet sich etwa ein Pate in Marseille im Anschluß an das Versprechen, den Täufling zu einem guten Christen zu erziehen, dazu, eine nicht weniger heilige und ebenso wichtige Aufgabe zu erfüllen. Stellvertretend für den Neugeborenen geht er jenes Bündnis mit dem Vaterland ein, das man von jedem rechtschaffenen Bürger erwartet. Er schwört, die Verfassung unter Aufbietung all seiner Kräfte zu verteidigen und der Nation, dem Gesetz sowie dem König die Treue zu halten. Außerdem verspricht der Pate, diesen Eid durch den Täufling erneuern und bekräftigen zu lassen, sobald dieser das Erwachsenenalter erreicht hat.

Die neuen Gesetzestafeln

Lassen sich trotz der unterschiedlichen Auffassungen Gott und das Freiheitsideal der Nationalversammlung in Einklang bringen? Für die Patrioten ist das Glück – dank der neuen Gesetzestafeln in Form der Erklärung der Menschen- und Bürgerrechte – von dieser Welt. Können die Christen eine solche Vorstellung akzeptieren, liegt für sie das Glück nicht vielmehr im Jenseits? Während die Nationalversammlung einerseits die Priesterschaft für die neue Staatsform zu gewinnen sucht, setzt sie andererseits den spontan entstandenen Vaterlandskult für ihre Zwecke ein. Dieser knüpft an die Lehre Rousseaus an, der die Gründung einer bürgerlichen Religion befürwortet hatte, in der das Gesetz Gegenstand einer besonderen Verehrung ist, weil es das Glück aller ermöglicht. Im Jahr 1790 werden die Gedanken Rousseaus in die Tat umgesetzt.

Zu Ehren der Verfassung werden nach religiösem Vorbild regelrechte Prozessionen veranstaltet, und wer sie vorbeiziehen sieht, entblößt ehrfürchtig das Haupt, als ob nicht ein Exemplar der Verfassung, sondern eine geweihte Hostie vorbeigetragen würde. Die Mitglieder der Nationalversammlung glauben das Glück aller Menschen herbeizuführen und fordern von sämtlichen Aktivbürgern, das heißt von jenen, die das Wahlrecht besitzen, die Ablegung eines Bürgereids. Dieser gilt als religiöser Akt, der im Diesseits und im Jenseits bindet. Das Vaterland als Wiege der Freiheit und der Gleichheit ist Gegenstand eines eigenen Kultes mit seinen Priestern, Festtagen und Symbolen. Neben der Kokarde, der Phrygiermütze, dem Rutenbündel und der Pike ist überall die Richtwaage als Sinnbild der Gleichheit zu sehen, während ineinander verschlungene Hände die Brüderlichkeit symbolisieren, die fortan unter den Menschen herrschen soll. Jedes Dorf erhält den Auftrag, dem Vaterland einen Altar in Form des Freiheitsbaumes zu errichten. Dorthin begeben sich von nun an die frisch Vermählten und dorthin werden auch die Neugeborenen gebracht. Im Rahmen der Bürgerfeste werden Revolutionsmärtyrer und patriotische Heilige verehrt, und die ganze Festgesellschaft geht in die Knie, wenn die demokratischen Gesänge angestimmt werden.

Der Priester als Staatsbeamter

Nach der Nationalisierung des Kirchengutes und der Abschaffung des Zehnten muß der Staat notgedrungen für die Besoldung der Priester aufkommen. In der Nationalversammlung, deren Mitglieder oft kirchenfeindlich sowie zum Teil materialistisch oder theistisch gesonnen, mehrheitlich jedoch gläubige Christen sind, zieht nur eine Minderheit die Trennung von Kirche und Staat ernsthaft in Erwägung. Die Nationalversammlung beschließt vielmehr, die Priester zu Staatsbeamten zu machen und für religiöse Belange abzuordnen. Die meisten Kleriker stört dieses Vorhaben keineswegs. Die Anhänger des Gallikanismus sehen in der Zivilverfassung des Klerus eine Möglichkeit, größere Unabhängigkeit von Rom zu gewinnen. Die Jansenisten wiederum erhoffen sich von ihr eine tiefgreifende Reform und Erneuerung der französischen Kirche. Gewiß, einige absonderlich anmutende Bestimmungen erregen die Kritik so manches Geistlichen. So sollen beispielsweise Priester und Bischöfe von Bürgern gewählt werden, die gar nicht alle katholisch sind! Dieser Einwand wird mit dem Hinweis abgetan, daß die betreffende Minderheit überhaupt nicht ins Gewicht falle und überdies die Wahl der Seelsorger an ein wichtiges Prinzip des Urchristentums anknüpfe.

Die am 12. Juli 1790 von der Nationalversammlung verabschiedete Zivilverfassung des Klerus wird dem französischen König und dem Papst zur Unterzeichnung vorgelegt. Doch während sich Ludwig XVI. nicht lange bitten läßt, zögert der Papst zunächst seine Entscheidung hinaus, um schließlich seine Zustimmung zu verweigern. Zum einen hatte der französische Botschafter Bernis Pius VI. vor einer Zustimmung gewarnt, zum anderen lehnte der Papst die Menschenrechtserklärung ab, welche die Grundlage des neuen französischen Staatswesens bildete.

Die Nationalversammlung wartet die Antwort des Papstes jedoch gar nicht erst ab. Sie fordert von der Priesterschaft denselben Treueid wie von den übrigen Staatsdienern. Manche Geistliche sind verunsichert und zögern: Können sie einen Eid auf Einrichtungen ablegen, die das Papsttum zu mißbilligen scheint, und somit den Bruch mit Rom riskieren? Am 26. Dezember erklärt die Nationalversammlung sämtliche „réfractaires" – Geistliche, die sich dem Eid widersetzen – ihres Amtes für enthoben. Nur die „jureurs", das heißt die vom Volk gewählten Priester und Bischöfe, die den Eid auf die Verfassung abgelegt haben, dürfen fortan die französischen Pfarreien und Diözesen versorgen, deren Grenzen neu festgelegt werden, um sie mit der neuen Verwaltungseinteilung in Einklang zu bringen.

Der gespaltene Klerus

Eine Minderheit der Bischöfe – sieben an der Zahl – legt den geforderten Eid auf die Zivilverfassung des Klerus ab. Die übrigen geben zu verstehen, daß sie lediglich die Furcht vor einer Einmischung der weltlichen Machthaber in geistliche Belange von dieser Eidesleistung abgehalten habe. Der Klerus zerfällt in zwei Gruppen: Die eine hat den Eid geleistet, die andere verweigert ihn; das sind die sogenannten „non-jureurs" oder „insermentés". Diese stammen vor allem aus den Departements Nord, Pas-de-Calais, Bas-Rhin, Moselle, Lozère, Haute-Loire, Calvados sowie aus der Bretagne und aus der Vendée, wohingegen die „jureurs" überwiegend in der Provence, in der Dauphiné, in Mittelfrankreich, in den Departements Loiret, Cher, Indre und La Creuse sowie in den Departements Allier, Yonne und in der unmittelbaren Umgebung von Paris zu Hause sind.

Lehnen die eidverweigernden Priester die Errungenschaften und Ziele der Revolution ab? Sicher findet sich unter ihnen so mancher Anhänger der absoluten Monarchie – so zum Beispiel die Lehrer und Schüler am

Ein widerstrebender Priester wird mit Hilfe eines „revolutionären Schwurhandaufzugs" zur Leistung des Verfassungseides gebracht.

Priesterseminar Saint-Irénée zu Lyon. Andere „insermentés“ dagegen sind zunächst für die Revolution eingetreten, bis sie – ähnlich wie viele Bischöfe – Übergriffe der weltlichen Macht befürchteten. Doch nicht nur ihre persönliche Überzeugung veranlaßt die Priester, den geforderten Eid abzulegen oder zu verweigern, auch der Druck, den die Gemeindemitglieder auf sie ausüben, spielt eine große Rolle. So mancher Eidverweigerer besinnt sich schließlich eines anderen, weil er um den Fortbestand der Gemeinde besorgt oder durch Drohungen eingeschüchtert ist. Andererseits nehmen bereits vereidigte Priester ihren Schwur aus Ärger über sogenannte „Eindringlinge“, Priester aus anderen Gemeinden, die ihnen ihre „Schafe“ abspenstig machen, zurück.

Die verfassungstreuen Priester beschwören weiterhin das Bündnis zwischen Revolution und Religion. Im Gebiet von Lyon zum Beispiel wird die Einführung der Zivilverfassung mit Feiern verbunden, die dieses Bündnis verherrlichen. Dem Vorbild des Priesters Bottin und Saint-Justs folgend, feiern viele Priester die als unauflösbar geltende Verbindung von Vaterlandskult und katholischer Religion, indem sie in den Kirchen das Revolutionslied „Ça ira“ singen lassen. Auch Claude Fauchet, der im Februar 1791 Bischof im Departement Calvados wird, betont die tiefe Übereinstimmung zwischen den wahren Grundlagen der Religion und jenen der Freiheit. Für manche hat Jesus, der zum ersten Sanskulotten erklärt wird, bereits jakobinische Züge. Am 14. Juli 1791 betont Bischof Torné in Bourges, daß die katholische Religion die Menschenrechte anerkennt. Seiner Auffassung nach müssen die drei Bestandteile der revolutionären Devise „die Nation, das Gesetz und der König“ im religiösen Sinne gedeutet werden; die Religion heilige diese drei Prinzipien und fordere überall zu ihrer Verteidigung und zur Ablehnung der einstigen Unterdrückung auf. Auch sie rufe die Bürger zu den Waffen, um gegen die Tyrannei zu kämpfen. Andere weisen darauf hin, daß die katholische Religion schon seit jeher die Gleichheit aller Menschen proklamiert habe. Sind nicht alle Menschen nach dem Bild Gottes geschaffen? Ist Christus nicht für alle auf die Erde gekommen, und hat er sich nicht gerade den Mühseligen und Beladenen zugewandt?

Die Wahl der geistlichen Würdenträger

Die Bischöfe werden von nun an auf Departementebene gewählt. Die Wählerversammlung tritt sonntags direkt nach der Messe in der Kirche zusammen. So finden sich zum Beispiel im Departement La Creuse am 8. Mai 1791 die Aktivbürger in der Kirche von Guéret ein, um einem der ihren zuzuhören, der sie auffordert, einen „guten Hirten“ unter jenen Geistlichen auszuwählen, die seit mindestens fünfzehn Jahren innerhalb der Diözese das Priesteramt ausüben. Anschließend ergreift ein Jakobiner das Wort und ermahnt seine Mitbürger, rasch zu handeln, um dem

Fanatismus möglichst wenig Raum zu lassen. Es sind dennoch fünf Wahlgänge erforderlich, bis sich eine klare Mehrheit zugunsten von Marc Antoine Huguet abzeichnet. Kurze Zeit darauf wird der Gewählte mittels einer Zeremonie in sein Amt eingeführt, zu der alle Bürger geladen sind.

Um zehn Uhr morgens gehen die von Büßern umringten und Gendarmen eskortierten Notabeln unter feierlichem Glockengeläut dem Bischof und dem Metropolit entgegen und geleiten sie mit großem Pomp zur Kirche. Dort spielt ein im Chor plaziertes Orchester Motetten, während sich vor dem Altar die von Nationalgardisten flankierte Geistlichkeit und Obrigkeit der Stadt versammelt. Der Bürgermeister tritt hervor und verliest das Protokoll der Wahl und nimmt dann Huguet den Eid ab. Dieser verpflichtet sich – die Hand gen Himmel erhoben –, sorgfältig über die Gläubigen der ihm anvertrauten Diözese zu wachen, der Nation, dem Gesetz und dem König die Treue zu halten und sich unter Aufbietung all seiner Kräfte für die Verteidigung der von der Nationalversammlung verabschiedeten und vom König angenommenen Verfassung einzusetzen. Nachdem Huguet den Eid abgelegt hat, beglückwünscht sich der Bürgermeister zur Wahl eines so achtbaren Geistlichen, der sein hohes Amt ausschließlich seinen persönlichen Verdiensten verdanke. Er hoffe, der neue Bischof werde die Sitten reformieren und die Geistlichen wieder auf den rechten Weg führen sowie jene irrigen Ansichten zerstreuen, von denen einige schwache Seelen heimgesucht würden. Dann hält der Vikar von Guéret eine Begrüßungsansprache, der die Investitur nach kanonischem Recht folgt, welche der Metropolit vollzieht. Eine feierliche Prozession führt die Festgemeinde durch die Straßen der beflaggten Stadt und wieder zur Kirche zurück, wo der Bischof dem versammelten Volk zum ersten Mal seinen Segen erteilt. Abends ist die ganze Stadt zum Zeichen des Festes erleuchtet.

Der neue Bischof darf zwar vom Papst keine Bestätigung erbitten, aber er hat das Recht, ihm im Zeichen der Glaubens- und Kommunionsgemeinschaft zu schreiben und ihn um seinen heiligen und väterlichen Segen zu bitten, den er allerdings nie erhalten wird.

Auch die auf Distriktebene gewählten Priester werden mit einer feierlichen Mischung aus religiösen und weltlichen Zeremonien in ihr Amt eingeführt, an denen Vertreter der Verwaltung, Nationalgardisten und manchmal Abteilungen der Armee beteiligt sind. Der spanische Botschafter berichtet, daß in Marseille eine große Menge, weniger aus religiöser Überzeugung als aus Neugier, aufmerksam den Worten eines Priesters lauscht. Dieser stellt in seiner feierlichen Ansprache einen Vergleich zwischen der durch die Revolution begründeten Staatsform und dem Ancien Régime an, wobei letzteres sehr schlecht wegkommt. Anschließend schwört er – vor dem Altar kniend – einen Treueid auf die Verfassung.

Vereidigte gegen eidverweigernde Priester

Anfangs sind eidleistende und eidverweigernde Priester noch auf gegenseitige Duldung, wenn nicht gar auf Verständnis füreinander bedacht. Doch ändert sich dies sehr schnell, und ein regelrechter Krieg um die einzelnen Kirchengemeinden und die Gläubigen entflammt zwischen ihnen. Zunächst liefern sie sich nur Wortgefechte, die in der jeweiligen Presse ihren Niederschlag finden. So behaupten etwa die eidverweigernden Priester, bei den „jureurs" handle es sich lediglich um ein paar vereinzelte, unwissende, verschüchterte, habgierige und niederträchtige Kreaturen, um überspannte oder ungestüme Gemüter, um opportunistische Pseudogeistliche, um den Abschaum der ehemaligen Kapitel, kurz um jene Menschen, die im Schatten der Altäre ein niederträchtiges Dasein führten. Die Hirtenbriefe der Bischöfe, die den Eid auf die Verfassung abgelegt haben, werden systematisch auseinandergenommen, widerlegt und ins Lächerliche gezogen. Die Gläubigen werden überall vor den Geistlichen neuen Typs gewarnt, die angeblich mit dem Teufel im Bunde stehen.

Die „jureurs" ihrerseits kritisieren die überkommene hierarchische Struktur der katholischen Kirche. In „La Feuille villageoise", einer auf dem Land vielgelesenen Zeitung, vertreten sie die Ansicht, daß sich all die überflüssigen Amtsträger – die Kapläne, Chorherren oder ehemaligen Äbte – völlig umsonst aufregten, da das neue Gesetz sie doch gar nicht betreffe. Andere greifen den Papst an, der ihnen die Anerkennung versagt. Sie bezeichnen die päpstliche Bulle als die Büchse der Pandora, der all ihre Probleme entsprungen sind. Viele von ihnen setzen sich für eine intensivere Seelsorge ein. Hat man sie nicht allzu lange ihrem blinden Glauben überlassen? Nur deshalb könnten sich die „réfractaires" halten. Mittels der absurden Anbetung von Reliquien und Heiligenfiguren, durch den Glauben an Hexensabbat, Irrlichter und Gespenster sowie dadurch, daß sie den Gemeindemitgliedern Angst vor Feen und Zauberern einflößen würden, könnten sie die Gläubigen beeindrucken und gefügig machen.

Darüber hinaus fordern die vereidigten Priester die Verbannung der lateinischen Sprache aus der Liturgie, in der sie ein weiteres Mittel sehen, das die „réfractaires", die Freunde der Aristokraten, benutzten, um dem einfachen Volk den wahren Inhalt der göttlichen Botschaft vorzuenthalten. Daher würden sie diesen unreligiösen, vernunftwidrigen und unsinnigen Brauch ebenso verurteilen wie das ewige Glockengeläute, welches eine Lärmbelästigung darstelle und das Volk vom Arbeiten abhalte.

Die eidverweigernden Priester bezichtigen die „jureurs" der Ketzerei, weil sie sich mit ihrer Lehre gefährlich jener der Calvinisten und Lutheraner nähern würden. Haben einige von ihnen ihre Kirchen nicht gar den Protestanten geöffnet – so geschehen zu Saint-Hippolyte du Gard? Ein „réfractaire" schildert sie in seinem „Katechismus eines Geistlichen in Paris" als Wölfe im Schafpelz, die es auf die Seelen der Gläubigen abgesehen haben. Bald darauf ist hier und da folgendes Lied zu hören:

„Wer sich gegen den Willen unserer Geistlichkeit
Oder ohne eines Bischofs Empfehlungsschreiben
In unsere Gemeinde einschleicht,
Um – wie Du Unseliger – unsinnig Zeug zu verbreiten,
Den entlarven wir wie Dich Vermaledeiten.
Du möchtest uns Verderben bereiten,
Du abscheulicher Eindringling,
Wir werden Dich Deines Amtes entkleiden."

Vor allem im Westen Frankreichs werden die „jureurs" an der Ausübung des Priesteramtes gehindert. Dies belegt ein Schreiben des Rates von Cholet mit Datum vom 13. Mai 1791, in dem es heißt, daß in Stadt und Land der Fanatismus ein beängstigendes Ausmaß erreicht habe und daß seit der Amtseinführung des neuen Priesters zu Sankt Peter kaum noch jemand die Kirche betrete. Die übrigen Priester weigerten sich, dort die Messe zu lesen, und während bisher Tag für Tag mindestens eine Taufe abgehalten worden sei, finde jetzt keine einzige mehr statt. Die ländliche Bevölkerung wolle die als entweiht geltende Kirche nicht mehr betreten. Selbst die Leichname der Verstorbenen, die man notgedrungen weiterhin zum Zweck des Begräbnis zur Kirche bringen müsse, würden an der Tür niedergelegt, und es fänden sich kaum Leichenträger. Kein Leichenzug geleite sie zu ihrer letzten Ruhestätte, und zweimal habe sich das Volk äußerst respektlos aufgeführt, indem es den zur Aussegnung erschienenen Priester samt seinen Ministranten mit Buhrufen bedacht habe.

Doch bleibt es nicht bei gegenseitigen Beschimpfungen: Die Wortgefechte gehen in handgreifliche Auseinandersetzungen über. Als einige Mitglieder der Kirchengemeinde „Bon-Pasteur" in Marseille den früheren Priester auffordern, am Namenstag des heiligen Ludwig die Messe zu lesen, greifen die Anhänger des kürzlich bestellten vereidigten Priesters sofort ein. Sie rufen die Mitglieder der umliegenden Klubs zu Hilfe, die beschließen, gegenüber den „Aristokraten" hart durchzugreifen. Schon ist die schönste Schlägerei im Gange.

Am 20. August 1791 befaßt sich der Jakobinerklub von Marseille mit dem unheilvollen Wirken der „réfractaires". Die Anschuldigungen konzentrieren sich auf einen gewissen Priester namens Reimonet, dem man vorwirft, seine Wohnung zu einem Treffen für Revolutionsgegner gemacht zu haben. Ferner soll er dort Eucharistiefeiern abhalten und diese dazu nutzen, junge Menschen aufzuhetzen und Komplotte gegen die vereidigten Priester zu schmieden. In der Kirche Saint-Dominique wird er von Klubmitgliedern angegriffen, weil nach wie vor die abenteuerlichsten Gerüchte über ihn im Umlauf sind. So soll er angeblich dreieckige oder mit dem Satanszeichen versehene Hostien ausgeben. Der Priester ergreift die Flucht, es kommt zu einer Hetzjagd, bis er schließlich gefaßt wird. Man versucht, ihm den Eid auf die Verfassung mit Gewalt abzufordern, und als er sich immer noch hartnäckig weigert, wird er um ein Haar gelyncht.

Die Patrioten haben also unter anderem die Aufgabe, die „réfractaires" zu überwachen. Sobald ihnen zu Gehör kommt, daß ein Eidverweigerer eine Taufe vorgenommen hat, begeben sich Sanskulotten und Jakobiner in großer Zahl schnurstracks zu den Eltern des Neugeborenen und lassen ihn durch einen „jureur" die „wahre Taufe" angedeihen.

Von der Kirchenfeindlichkeit zur Entchristianisierung: die Septembermorde

Bereits am 29. September 1791 beschließt die Nationalversammlung, daß alle Priester – auch die, die nicht vom Staat bezahlt werden – einen Eid auf die Verfassung ablegen müssen. Obwohl der König dieses Dekret nicht unterzeichnet und es folglich nicht rechtskräftig wird, ziehen es die Stadtverwaltungen heran, um Druck auf die eidverweigernden Priester auszuüben. Am 27. Mai 1792 – einen Monat nach der Kriegserklärung – wird ein weiteres Dekret gegen die Eidverweigerer erlassen, in welchem man ihnen mit der Deportation droht. Auch dieses Dekret scheitert am Veto des Königs.

Nach der Gefangennahme des Königs am 10. August 1792 fordert man den Priestern einen neuen Eid ab. Sie müssen sich jetzt verpflichten, der Nation die Treue zu halten und unter Einsatz ihres Lebens für den Erhalt von Freiheit und Gleichheit einzutreten. Einige Priester, die die Zivilverfassung des Klerus ablehnten, legen diesen Eid bereitwillig ab und folgen damit dem Beispiel des als das „Gewissen der Pariser Geistlichkeit" bezeichneten Sulpizianeroberen Emery, der den Dienst an den Gläubigen über alles stellt. Wer den Eid nicht ablegt, wandert ins Gefängnis, und einige dieser inhaftierten Priester fallen den Septembermorden zum Opfer. Sind sie wirklich für ihren Glauben gestorben, und verdienen sie folglich die Seligsprechung, die Rom alsbald vornimmt? Oder wurden sie nicht vielmehr deshalb getötet, weil sie Verbündete der Aristokraten waren oder zumindest als solche galten? Verdächtigte man sie doch, in den Gefängnissen ein Komplott gegen die Patrioten zu schmieden und ein Blutbad unter ihnen zu planen, während sich die Koalitionstruppen der Hauptstadt näherten.

Noch heute ist diese Frage unter den Historikern umstritten. Die einen stützen sich auf überwiegend während der Restaurationszeit verfaßte Berichte und sprechen von den Ermordeten als Heiligen. Andere wiederum ziehen zeitgenössische, oft unter dem unmittelbaren Eindruck der Geschehnisse entstandene Quellen heran, um diese Ansicht zu widerlegen. So berichtet etwa Abbé Saurin, daß am 12. August 1791 die Niederlassung der Eudisten durchsucht worden sei, bei denen nach der Auflösung ihres Ordens die Jesuiten Unterschlupf gefunden hatten. Bei der Durchsuchung ist ein Vertreter der Stadtverwaltung und eine große Schar Menschen zugegen. Das Haus wird umstellt, weil man darin ein Waffenversteck der Royalisten vermutet. Alle Räume werden genauestens durchsucht, und einige in Panik geratene Zöglinge versuchen zu entfliehen. Dieser Umstand macht sie natürlich erst recht verdächtig. Sie werden verfolgt und ergriffen. Im Rahmen ihrer Verfolgung entdeckt man den Pförtner, in dem einige ein Mitglied der Schweizer Garde und somit jener Tyrannenknechte wiederzuerkennen glauben, die am 10. August im Hof der Tuilerien mitten in die dort versammelte Menge gefeuert hatten. Man setzt ihm bereits das Messer an den Hals, als es ihm buchstäblich in letzter Minute gelingt, das Gegenteil zu beweisen. Die Durchsuchung verläuft ergebnislos, so daß man mit leeren Händen abzieht, allerdings mit der Drohung, daß man bald wiederkommen werde.

Einige Tage später herrscht erneut helle Aufregung. Sanskulotten treiben sämtliche Priester zusammen und bringen sie unter den Blicken einer bald johlenden, bald schweigenden Menge zu den Sektionsgebäuden, um sie dann im Karmeliterkloster einzusperren. Die rund 120 Priester sind im Kirchenschiff auf engstem Raum zusammengepfercht. Die beiden Seitenschiffe, die Kapellen und der Altarraum sind mit Lagerstätten vollgestopft, von denen tagsüber einige beiseite geräumt werden müssen, um einen Durchgang zu schaffen. Der Morgen wird ausschließlich mit Andachten zugebracht, und unter Anleitung des Erzbischofs von Arles werden Gebete für all jene Priester gesprochen, die nicht an der Messe teilnehmen können. Gegen ein Uhr wird in der Kirche ein Mittagsmahl eingenommen, das ein benachbarter Wirt für 25 Sous anliefert. Nachmittags geht man etwas im angrenzenden Garten auf und ab, während im Kirchenschiff gestreut wird, um die stickige Luft zu verbessern. Die überall postierten Wachen lassen die Gefangenen ständig zu Appellen antreten. Diese diskutieren, ob sie als Geiseln festgehalten und womöglich erschossen werden sollen.

Am 1. September macht sich große Unruhe breit: Die Wachen werden verdoppelt, Sanskulotten treiben die sich bildenden Gruppen auseinander, verbieten jeglichen Besuch und fordern die Inhaftierten auf, umgehend ihre Schulden beim Wirt zu begleichen. Die Gefangenen wissen, daß die vereinigten österreichischen und preußischen Armeen nicht mehr fern sind und fürchten deshalb, als politische Geiseln benutzt zu werden.

Am 2. September erstürmt eine aufgebrachte Volksmenge – die Totenmesse „Dies irae" singend – das Gefängnis, dessen Tore die Wachen vergeblich zu verteidigen suchen. Die Menge bemächtigt sich der Priester und richtet unter ihnen ein Blutbad an. Jüngere und besonders flinke Geistliche klettern rasch die Bäume empor und versuchen, über die angrenzenden Gärten zu entfliehen. Als sich der Erzbischof von Arles unter Aufbietung seiner ganzen Autorität den Mördern in den Weg stellt, schweigen für kurze Zeit die Gewehre. Die Priester versammeln sich in der Kirche und erteilen sich gegenseitig die Absolution. Da ergreift man sie erneut und treibt sie in den Garten, wo sie erschossen werden. Auch Saurin ist fest davon überzeugt, daß seine letzte Stunde geschlagen hat. Ein kleiner, finster dreinblickender, bürgerlich gekleideter Mann fuchtelt mit einem blanken Säbel in der Luft herum und fordert die Priester in höhnischen Worten auf, sich jeweils zu zweit in den Garten zu begeben. Abbé Saurin bereitet sich innerlich auf den Tod vor, als er von zwei Landsleuten aus Marseille erkannt wird. Diese ziehen ihn beiseite und schützen ihn vor der mordenden Menge. Als er anschließend beim Verhör aussagt, nichts von einer Verschwörung zu wissen, führen ihn seine beiden Retter aus dem Kloster hinaus, und er ist frei.

Wer sind diese Septembermörder, die – mit oder ohne Urteilsspruch – zwar nicht sämtliche Insassen der Pariser Gefängnisse, jedoch zwischen 1000 und 1400 Menschen kurzerhand töten, darunter schätzungsweise 200 bis 400 Priester? Handelt es sich um den Abschaum der Gesellschaft, oder wollen sie die seit langem geplante Dechristianisierung in die Tat umsetzen? Es gibt Untersuchungen aus den Jahren III und IV (1794/95 und 1795/96), so daß man über einige von ihnen genauere Angaben besitzt: Es handelt sich um 30- bis 45jährige Männer, meist gestandene Familienväter, die in einem dauerhaften Arbeitsverhältnis stehen und einen festen Wohnsitz vorweisen. Unter ihnen finden sich Metzger, Schuhmacher, Krämer, Wagner sowie einige Gendarmen. Wer hat sie zu ihrer grausigen Tat getrieben? Danton? Marat? Oder war es etwa Robespierre, wie später vor allem die Girondisten behaupten, die sich während der Morde völlig ruhig verhalten und diese gar als unvermeidlich zu betrachten scheinen?

Vielleicht war es die in Rachsucht umgeschlagene furchtbare Angst, die die Sanskulotten dazu treibt, Priester, Adlige, Wucherer und Falschmünzer blindlings zu ermorden. Diese Ansicht vertritt – neben dem Abgeordneten Couthon – auch Abbé Saurin. Beide sind sich darin einig, daß die Sanskulotten die Inhaftierten aus Wut über den Verlust ihrer kurz zuvor an der Front gefallenen Freunde massakrierten, um all die vermeintlichen Fanatiker, Heuchler, Aufwiegler und Tyrannenfreunde für ihre Missetaten zu bestrafen. Doch ist es unwahrscheinlich, daß die Septembermörder die inhaftierten Priester aus einem abgrundtiefen Haß auf Kirche und Religion getötet haben. Noch gegen Ende des Jahres 1792 fordern sehr viele Sanskulotten, man möge anläßlich des nahenden Weihnachtsfestes die Kirchen wieder öffnen. Andererseits waren im Jahr zuvor Dechristianisierungsparolen innerhalb der Nationalversammlung zu hören gewesen, was den Protest einiger Girondisten wie Isnard oder Guadet auslöste. Doch stießen diese Parolen auf kein nennenswertes Echo.

Allmählich macht sich jedoch ein Anstieg der Kirchenfeindlichkeit bemerkbar. Während man bislang nur die eidverweigernden Priester angriff, werden von nun an auch die „constitutionnels", die verfassungstreuen Priester, attackiert, weil sie als Freunde der Girondisten gelten, gegen die Jakobiner und Sanskulotten gemeinsame Front machen. Die sogenannten „Enragés" – militante Vertreter des radikalen Flügels der Sanskulotten – greifen nicht nur die Priester an, sondern auch die Religion, zu der sich diese bekennen. In ihren Augen ist sie nichts als ein Mittel zur Unterdrückung der Menschheit durch eine Minderheit. Im Juni 1793 ordnet Sanitätsadjutant Lebrun an, künftig beim Anblick von Prozessionen nicht mehr wie bisher die Waffen zu präsentieren. Am 15. August zeigt sich das Revolutionskomitee der Sektion „Observatoire" in Paris sehr schockiert darüber, daß die Priester immer noch von der Auferstehung Jesu und der Toten predigen. Im September fordert die Bürgerversammlung der Sektion „Panthéon" die Einrichtung von Kursen, in welchen der Bevölkerung beigebracht werden soll, daß religiöser Fanatismus der größte Feind der Freiheit und das wirksamste Druckmittel aller Tyrannen ist. Gleichzeitig tritt die Versammlung für die Abschaffung der katholischen Religion ein.

Geht die Bewegung vom einfachen Volk, von militanten Pariser Bürgern aus? In Wirklichkeit setzt die Dechristianisierungswelle in der Provinz ein, nämlich in Nevers und im Distrikt Corbeil. Dort zwingt die Bevölkerung die Priester, ihr Amt niederzulegen. Am 10. Brumaire – dem 31. Oktober 1793 – treten Abgesandte des Distrikts vor den Nationalkonvent und teilen ihm mit, daß ihre Mitbürger keinen anderen Kult als den der Freiheit mehr dulden. Die Bewegung entspringt zwar der breiten Bevölkerung, wird jedoch bald durch einige Volksvertreter wie Albitte oder Fouché sowie durch die Revolutionsarmeen aufgegriffen und vorangetrieben. Diese stehen angeblich unter dem Einfluß von Hébert, der die Forderung nach einer Senkung der Brotpreise politisch ausschlachten und zu einer Zerreißprobe für die Macht von Robespierre und seinen Freunden machen will. Man sollte in diesem Zusammenhang jedoch nicht vergessen, daß auch der Nationalkonvent unter der Führung der Bergpartei eine ganze Reihe von Maßnahmen getroffen hat, die ausnahmslos – von der Übernahme des Revolutionskalenders bis hin zur Beschlagnahmung des silbernen Kirchengeräts und der Glocken – massive Angriffe auf die katholische Religion darstellen.

Die neue Einteilung von Raum und Zeit

Der Nationalkonvent betrachtet es als politische Notwendigkeit, aristokratische oder religiöse Ortsnamen durch neue Namen zu ersetzen. Viele Zeitgenossen teilen die Ansicht der Distriktverwaltung von Lavaur im Departement Tarn, wonach viel zu viele Ortsnamen an Heilige erinnern. Obwohl der heilige Johannes ausdrücklich als guter Heiliger bezeichnet wird, ist die Distriktverwaltung doch überzeugt, daß die Namen Brutus und Scaevola das Ohr eines Republikaners weit mehr erfreuen als der irgendeines christlichen Einsiedlers. Pont-Saint-Vincent wird daher in Pont-la-Montagne umbenannt, und das Städtchen Dieulouard erhält wieder seine frühere Bezeichnung Scarpone.

Noch sind die Patrioten überall von Statuen der Tyrannen umgeben und von den bekrönten und mit Lilien umrahmten Heiligen, die im Zeitalter des Despotismus verehrt wurden. Man beschließt deren Beseitigung und bewahrt nur ein paar wenige, künstlerisch besonders wertvolle Figuren zu Demonstrationszwecken auf. Die blinde Zerstörungswut des „Vandalismus" – dieser Begriff wird im Januar 1794 von Abbé Grégoire geprägt – ist keine Erfindung des Nationalkonvents. Im Dezember 1793 empfiehlt die ad hoc zusammengetretene Kunstkommission auf einen von Rommet vorgelegten Bericht hin, nicht alle Kunstwerke einzustampfen oder den Flammen zu übergeben. Es gelte vielmehr, sich ein Beispiel an den Römern zu nehmen, die die griechischen Skulpturen nicht zerstörten, sondern aufbewahrten, um diesen enormen Kunstschatz für die Nachwelt zu retten. Aber wer hört schon auf sie? Man ist viel zu sehr damit beschäftigt, sämtliche Überreste des Feudalzeitalters von den öffentlichen Gebäuden zu entfernen.

Nicht nur die Raum-, auch die Zeiteinteilung wird revolutioniert. Der Alltag soll ab jetzt ebenfalls die neue Ära widerspiegeln, die mit der Einführung der Republik angebrochen ist. Fabre d'Eglantine greift einen Vorschlag von Sylvain Maréchal aus dem Jahr 1788 auf und legt dem Nationalkonvent eine neue Zeiteinteilung vor, die im Oktober 1793 verabschiedet wird. Der Revolutionskalender beginnt rückwirkend mit der Einführung der Republik am 22. September 1792. Das Kalenderjahr besteht aus 12 Monaten zu 30 Tagen sowie aus 5 beziehungsweise in Schaltjahren 6 zusätzlichen Tagen, den sogenannten Sanskulottiden. Den Monatsnamen sind laut Fabre d'Eglantine lautmalerische Elemente zugrunde gelegt worden, und sowohl die Silbenlänge als auch die Endungen sind mit Bedacht gewählt: Die Bezeichnungen für die Herbstmonate werden gedehnt gesprochen und klingen recht getragen (vendémiaire, brumaire, frimaire), jene für die Wintermonate sind lang und von dunklen Vokalen geprägt (nivôse, pluviôse, ventôse), während die Namen der Frühjahrsmonate fröhlich und kurz klingen (germinal, floréal, prairial) und die Sommermonate sich wieder etwas länger und klangvoller anhören (messidor, thermidor, fructidor). Die Monate sind jeweils in 3 Dekaden unterteilt. Die Bezeichnungen für die einzelnen Wochentage geben deren Reihenfolge innerhalb der Dekade an: Auf den „primidi" folgt zunächst der „duodi", dann der „tridi" etc. bis hin zum „décadi". Die Namenstage werden fortan nicht mehr Heiligen, sondern den für die jeweilige Jahreszeit typischen Getreidearten, Bäumen, Gemüsesorten, Blumen und Früchten gewidmet. Sämtliche „quintidi" – jeweils der fünfte Tag innerhalb einer Dekade – heißen nach einem Haustier, während alle „décadi" nach einem landwirtschaftlichen Gerät benannt sind. So heißt zum Beispiel der 22. September „Traube“, danach folgen „Kastanie“, „Herbstzeitlose“, „Pferd“, „Springkraut“ usw.

Es wird republikanische Mode, den Kindern Namen aus dem Revolutionskalender oder aus dem politischen Alltag zu geben. So heißen beispielsweise im Jahr II in Etrechy getaufte Kinder „Rose“, „Margeritte“, „Jasmin“, „Oranger“ (Orangenbaum), „Froment“ (Weizen), „Café“, „Narcisse“, „Basilic“ (Basilikum), „Lilas“ (Flieder), „Fraise“ (Erdbeere), „Houblon“ (Hopfen) oder „Belle-de-Nuit“ (Wunderblume). Andere Neugeborene erhalten laut Taufregister die Namen „Union“ (Einigkeit), „Vertu“ (Tugend), „La Montagne“ (Bergpartei) oder prosaischere wie „Armoire“ (Schrank) oder „Lettre“ (Brief). Doch gibt es immer weniger Priester, die Taufzeremonien vornehmen könnten, weil viele Geistliche – oft im Anschluß an eine Heirat – ihr Priesteramt niederlegen.

Die „Tränen des heiligen Petrus“ oder Wenn die Priester heiraten

Am 6. Brumaire des Jahres II (27. Oktober 1793) hält im Distrikt Etampes der Dorfpriester von Champigny anläßlich seiner Hochzeit eine Ansprache an die versammelte Gemeinde. Er spricht den anwesenden Sanskulotten den Dank des vor ihnen stehenden frischvermählten Paares aus, dessen Verbindung soeben unter dem Freiheitsbaum besiegelt worden ist. Gleichzeitig betont er, daß ihn nicht etwa blinde Leidenschaft, sondern vielmehr seine Vaterlandsliebe, seine absolute Gesetzestreue sowie seine republikanische Gesinnung zu diesem Schritt bewogen haben, jene edle und erhabene Gefühle, die den Anhängern der Tyrannei völlig unbekannt, den wahren Patrioten aber um so vertrauter seien. Es handelt sich demnach ganz offensichtlich nicht um eine Liebesheirat, sondern um einen Priester, der inmitten einer allerorten einsetzenden Dechristianisierung heiratet, um den Forderungen einer revolutionären Minderheit zu entsprechen. Es stellt sich die Frage, ob all jene Priester, die – wie der genannte Priester Salmon aus Champigny – im Jahr II heiraten und später unter dem Konsulat vor dem Bußgericht als Zeichen ihrer Reue die „Tränen des heiligen Petrus vergießen“ (der Ausdruck stammt von Michel Vovelle) nur aufgrund der äußeren Umstände eine Ehe eingegangen und somit Ehemänner wider Willen sind.

Forscher aus heutiger Zeit haben festgestellt, daß nicht überall ein unmittelbarer Zusammenhang zwischen Priesterheirat und Dechristianisierung besteht, sondern daß vielerorts die Geistlichen bereits vor Einsetzen der Dechristianisierungswelle heirateten. Bereits am 20. September 1792 tritt beispielsweise im Distrikt Etampes der Priester von Ronvilliers in den Stand der Ehe, wobei ein Amtsbruder als Trauzeuge dient. Im März 1793 teilt Dorfpriester Monestier seinen Freunden aus dem Departement Puy-de-Dôme mit, daß mehrere Bischöfe neuerdings den Priestern das Heiraten gestatten würden. Manche besonders demokratisch gesinnte Priester – wie etwa der bereits zitierte Abbé Dolivier – heiraten, weil sie es für eine absurde Bestimmung halten, daß ein Priester keine Familie gründen darf, und verkünden ihre Ansicht bei jeder Gelegenheit. Dolivier nimmt seine bevorstehende Heirat zum Anlaß, um ein regelrechtes Manifest des auf das priesterliche Zölibat angewendeten Naturrechts zu proklamieren. Diese „jakobinischen" Priester scheinen in der Folgezeit ihr kühnes Vorgehen keinen Augenblick lang bereut zu haben.

Die meisten Geistlichen handeln jedoch aus ganz anderen Motiven. Eine von Vovelle in Südostfrankreich durchgeführte Untersuchung belegt, daß die verheirateten Priester in der Regel auffallend jung sind: Die meisten von ihnen sind unter 42 und ein Viertel gar unter 30. Es drängt sich daher die Vermutung auf, daß sie heiraten, um einen sichtbaren Beweis ihrer patriotischen Gesinnung zu erbringen. Außerdem sind die erst vor kurzem zu Priestern geweihten jungen Männer viel weniger als ihre älteren Amtsbrüder von der unter dem Ancien Régime in den Priesterseminaren vermittelten Disziplin durchdrungen. Viele schließlich werden – dem Beispiel zahlreicher junger Laien folgend – geheiratet haben, um dadurch der Einziehung zu den Truppen zu entgehen. Dessenungeachtet gibt es eine Reihe von Priestern, die sich wirklich zur Heirat gezwungen sahen. Ein Vertreter dieser Minderheit sagt später aus, er habe eigentlich fliehen wollen, aber zum einen hätten ihm die notwendigen Mittel gefehlt, zum anderen sei er förmlich krank gewesen vor Angst. Diese Geistlichen versuchen später, ihr Vergehen damit zu entschuldigen, daß sie in den Strudel der revolutionären Ereignisse geraten und von großer Panik erfaßt worden seien.

Die Ehefrauen der Priester: geteilte Freud, geteiltes Leid

Einige Priester heiraten ihre Hausangestellten: Mathieu Dumas, ehemaliger Chorherr in der Diözese Rhône, heiratet mit über sechzig Jahren seine noch nicht vierzigjährige Haushälterin. Barral Montauvrard aus dem Departement Isère geht rund fünfzigjährig mit jener Frau die Ehe ein, die seit über 20 Jahren seinen Haushalt führt und ihm das Essen serviert. Andere heiraten Nonnen, die meisten suchen sich ihre künftige Frau innerhalb der Verwandtschaft und ehelichen eine Schwägerin, eine Kusine oder eine Nichte. Dies wird in der Folgezeit damit begründet, daß man bei den betreffenden Frauen genau wisse, daß sie aus „gutem Hause" stammen. In der Tat kommt es höchst selten vor, daß eine Priesterehefrau dem Beispiel einer gewissen Marie-Anne Henry folgt, die ihrem Ehemann, dem Geistlichen Broyer, Hörner aufsetzte, indem sie sich von Lebemännern verführen ließ.

Viele der verheirateten Priester behaupten später, eine keusche Josefsehe geführt zu haben. Zu einer solchen Behauptung sahen sie sich jedoch mehr oder weniger gezwungen, da sie die Absolution erhalten und ins Priesteramt zurückkehren wollten. Aus Vovelles Untersuchung geht hervor, daß 60 Prozent der verheirateten Priester Kinder in die Welt setzen. Von insgesamt 74 erfaßten Vätern haben 27 ein Kind, 18 haben zwei, und eine Minderheit bekennt sich zu einer vier- bis siebenköpfigen Nachkommenschaft. Nach Aussage eines gewissen Guittard aus dem Departement Hérault haben es die betreffenden Männer vorgezogen, innerhalb der Ehe eine vergebens bekämpfte Leidenschaft zu befriedigen. Wer würde es da wagen, den ersten Stein auf sie zu werfen? Die von den verheirateten Priestern nach der Revolution beim päpstlichen Legaten abgelegte Beichte belegt deutlich, welche Qualen die Priester und ihre Lebensgefährtinnen tagtäglich durchlitten – hin und hergerissen zwischen ihrer echten religiösen Gesinnung und ihrer ebenso aufrichtigen Liebe füreinander. Was müssen diese rund 6000 bis 7000 Männer und ihre Gefährtinnen jeden Morgen durchgemacht haben! Im Departement Drôme sucht Chollet sein Gewissen zu erleichtern, indem er von dem päpstlichen Legaten die Beichte ablegt, während sein Amtsbruder Crochat aus der Diözese Bouches-du-Rhône sich in die Arbeit flüchtet – er verfaßt eine auf der Heiligen Schrift basierende Geschichtsdarstellung –, um den verlorenen Seelenfrieden wiederzugewinnen. Vorübergehend gelingt ihm dies auch, doch sobald er die Arbeit beiseite legt, überkommen ihn wieder die quälenden Zweifel.

Priester, die keine mehr sind: die „Deserteure" und die „roten" Priester

Auch viele ledig gebliebene Priester – die oft älter sind als ihre verheirateten Amtsbrüder – leiden tagtäglich unter beklemmenden Angstvorstellungen: Jene konstitutionellen Priester nämlich, die ihre Gemeinde aufgegeben und die „Schafe des Herrn" ohne Hirten zurückgelassen haben.

Dies war so ungewöhnlich nicht, hatten doch schon lange vor 1793 immer wieder Priester ihr Amt niedergelegt, wie jene Militärgeistlichen, die mit den Freiwilligen mitzogen. Der im Jahr 1763 geborene François Renaudy ist Rhetoriklehrer als im Departement Hautes-Alpes das erste Freiwilligenbataillon gebildet wird, dessen Bürgersoldaten er sich als geistlicher Betreuer anschließt. Lockt ihn das Kriegshandwerk, oder will er sich inmitten seiner Pfarrkinder verstecken? Schwer zu sagen. Jedenfalls scheidet er aus dem geistlichen Stand aus und wird von seinen Waffenbrüdern zum Quartiermeister des 69. Regiments gewählt. Anderen wird der Entschluß, das Priestergewand abzulegen, dadurch erleichtert, daß sie keine seelsorgerischen Aufgaben mehr haben und seit langem so stark von den neuen Ideen durchdrungen sind, daß ihnen ihr Amt völlig fremd geworden ist. So findet man überall in Frankreich Männer, die als

„rote“ Priester in die Geschichtsschreibung eingehen, auch wenn dieser Ausdruck ungeschickt gewählt ist, da Rot allein zu keiner Zeit die Farbe die Revolution war. Zu diesen Priestern, die man eigentlich sinnvoller als „trikolor“ oder „patriotisch“ bezeichnen sollte, gehören Männer wie beispielsweise der Geistliche Chirac aus dem Departement Puy-de-Dôme. Er ist dort einer der ersten, die das Priesteramt niederlegen, und er versucht in der Folgezeit auch nie, diesen Schritt rückgängig zu machen. Auch jener Abbé Poudrille aus Clermont ist zu nennen, der beschließt, fortan nicht mehr geistliche Gesänge unter das Volk zu bringen, sondern vielmehr Lieder auf die Revolution zu verfassen. Ein gewisser Verdier-Latour der Ältere wechselt direkt vom Kloster in das Überwachungskomitee seines Departements.

Einige Vertreter dieser kleinen Gruppe von Geistlichen, die ihr Amt niederlegen, um sich dem Jakobinertum zuzuwenden, gehen noch einen Schritt weiter und greifen die Institution Kirche an. Dauthier de Saint-Sauveur, ein ehemaliger Chorherr aus Le Puy, verurteilt auf das Schärfste jegliche Religion, die sich des Schöpfers als unwürdig und seiner Sache als abträglich erweist, indem sie ihn zu einem bizarren, unlogisch handelnden, ungerechten und bösen Wesen abstempelt. Andere lehnen mehr oder weniger offen den katholischen Glauben ab und bezeichnen ihn als ein Gewebe aus Vorurteilen, abergläubischen Ideen, Irrmeinungen und Lügen. Pancrace Robert, ein Priester aus Manosque, meint, das französische Volk werde durch den ganzen religiösen Mummenschanz schon viel zu lange in völliger Unwissenheit gehalten und bewußt getäuscht, so daß man ihm endlich die Augen öffnen müsse. Sein Amtsbruder Bouchet aus Saint-Denis-Malgoires fordert gar, die Menschen, die diese ganzen Vorurteile aufgebracht hätten, mit dem Tod zu bestrafen und ein für allemal sämtliche angeblich religiösen Irrtümer auszurotten. Dieser Kreis ehemaliger Priester fordert die Abschaffung der „dummen“ und „schädlichen“ Religion, jener Stütze der Tyrannei, in deren Namen unendlich viel Blut geflossen sei. Warum, so könnte man fragen, haben sie ihren Stand so lange widerspruchslos akzeptiert? Einige Priester sind – wie etwa der ehemalige Geistliche Cazes – bemüht, hierauf eine Antwort zu geben und ihr früheres Stillhalten zu rechtfertigen. Cazes führt das Leben eines Bürgersoldaten und begründet sein einstiges Priesterdasein damit, daß ihm von klein auf sämtliche Vorurteile des 18. Jahrhunderts eingeimpft worden seien und daß er dazu bestimmt worden sei, diese weiter zu verbreiten. Er habe zu seinen Mitmenschen stets in der Sprache der Vernunft und der Wahrheit gesprochen und ihnen, so schwört er, voller Eifer die Menschen- und Bürgerrechte zu erklären gesucht. Niemals jedoch habe er ihnen Dinge vermittelt, von denen er selbst nicht recht überzeugt gewesen sei. Deswegen sei er aber keineswegs ein Atheist: Freiheit und Gleichheit verehre er als Göttinnen, wohingegen er jeglichen Aberglauben, den Föderalismus und das Königtum zutiefst verabscheue. Zum Schluß seiner Rechtfertigung verkündet er, es sei sein Herzenswunsch, sämtliche

Throne der Welt zu stürzen und aus ihren Trümmern ein Freudenfeuer zu entzünden, an welchem sich alle Sanskulotten versammeln könnten, um sich zu erwärmen und zu tanzen.

Die meisten Priester legen ihr Amt unter dem Druck äußerer Umstände oder ihrer Gemeinde nieder. Dies gilt vor allem für die vielen sogenannten „intrus", jener „Eindringlinge", welche von den Mitgliedern der ihnen neu angewiesenen Kirchengemeinde nicht akzeptiert werden. Deren Ablehnung beschleunigt häufig den Entschluß der Priester, aus ihrem Amt zu scheiden. Andererseits kommt es auch vor, daß ein zunächst freundlich aufgenommener Geistlicher allmählich den Eindruck gewinnt, seine Pfarrkinder erwarteten diesen Schritt von ihm. Schließlich handelt es sich, so argumentieren die betroffenen Priester, um ein allgemein zu beobachtendes Phänomen. So schreibt etwa Dubois, der Priester der im Departement Ardèche gelegenen Gemeinde Saint-Remage, er habe sein Amt auf Wunsch der Bevölkerung niedergelegt.

Im Herbst und im Winter 1793 erreicht diese Entwicklung ihren Höhepunkt. Viele Priester legen jetzt ihr Amt nieder, um dem allgemein vorherrschenden Trend zu folgen und es dem Bischof von Paris gleichzutun, der am 7. November zurückgetreten ist – ein Beispiel, das irrtümlicherweise als verbindlich angesehen wird. Am 23. Ventôse (dem 13. März 1794) bekundet der Priester von Dore-l'Eglise im Departement Puy-de-Dôme, daß er sich nun, da die Regierung die Ausübung des Priesteramtes zu verbieten scheine, dem Gesetz beugen wolle und sein Amt niederlege. Der Pfarrverweser der im Departement Hautes-Alpes gelegenen Gemeinde Montorcier vollzieht diesen entscheidenden Schritt seinen eigenen Worten zufolge deshalb, weil er ein „bescheidener und gehorsamer Sanskulotte" sei. Schließlich treibt auch in diesem Zusammenhang so manchen Priester die Angst, er könnte sich verdächtig machen. Mit dem Niederlegen ihres Amtes hoffen viele, einen unwiderlegbaren Beweis ihrer patriotischen Gesinnung zu erbringen, der sie vor Verhören, vor der Inhaftierung und womöglich gar vor der Hinrichtung bewahrt. So hält es Luoiron, ein Priester aus dem Departement Ardèche – ebenso wie sein Amtsbruder aus Caderousse oder jener aus Jonquières im Departement Vaucluse – für ratsam, sich in den Schoß der Familie zurückzuziehen und so Verdächtigungen zu entgehen und böse Zungen zum Schweigen zu bringen.

Das Vorgehen der einzelnen Priester ist völlig unterschiedlich. Manche verzichten bis auf weiteres auf die Ausübung ihres Amtes, erklären sich jedoch gleichzeitig bereit, diese gegebenenfalls wieder aufzunehmen, falls es gewünscht werde. Andere dagegen scheiden für immer aus dem Amt. Einige geben aus diesem Anlaß sogar die Urkunde über ihre Priesterweihe und ihren Taufschein zurück, um zu demonstrieren, wie ernst es ihnen mit der Dechristianisierung ist. Ein paar schwören jeglichem Glauben ab und unterzeichnen – wie Albitte – von jakobinischen Gewährsmännern vorgelegte Schreiben. Sie erklären darin, fortan auf die

Ausübung und Bekleidung jedes nur erdenklichen Priesteramtes zu verzichten, das doch nur Lug und Trug sei. Gleichzeitig verpflichten sie sich, niemals mehr die mit dem Priesteramt verbundenen Vorteile zu persönlichen Zwecken zu mißbrauchen und überall für die Aufrechterhaltung der republikanischen Grundsätze einzutreten.

Was wird aus all diesen ehemaligen Priestern? Einige wollen – wie der Vikar Mazet aus Tallard – nichts weiter als ein bescheidenes Erbteil, ein Stück Land, um es zu bebauen und auf ihm die „reine Luft der Republik" einzuatmen. 1795 versuchen viele von ihnen, ihr einstiges Amt zurückzuerhalten oder in der Verwaltung beziehungsweise im Schulwesen unterzukommen. Unter jenen Priestern, die über ein Drittel der Lehrerschaft an den weiterführenden Schulen stellen, befinden sich nicht wenige, die einst ihr Amt niedergelegt oder geheiratet haben.

Einige wenige Priester träumen nach wie vor davon, Religion und Revolution miteinander in Einklang zu bringen. Sie haben sich – nachdem sie den kirchenfeindlichen Maskeraden ohnmächtig zusehen mußten – im Jahr II dem Vaterlandskult, der Verehrung patriotischer Heiliger und Freiheitsmärtyrer zugewandt.

Antireligiöse Maskeraden und Verbrennungsaktionen

„Sie kommen!" Sobald in den Dörfern dieser Schrei ertönt, wird eiligst das Vieh und Geflügel zusammengetrieben und in Sicherheit gebracht. Frauen und Kinder werden in die Häuser gerufen, Fenster und Türen verbarrikadiert, und solchermaßen geschützt, macht man sich auf das Schlimmste gefaßt. Nicht alle Dorfbewohner werden jedoch von dieser Panik erfaßt. Die Wirte schafften in Erwartung eines guten Geschäftes zusätzliche Weinflaschen herbei, und die Armen, die sich selbst als „Sanskulotten" bezeichnen, gehen ihren „Brüdern" entgegen, die ihnen innerhalb der Gemeinde zu großem Einfluß verhelfen werden.

„Sie kommen!" Bei diesen teils gefürchteten, teils mit offenen Armen empfangenen Männern handelt es sich um Sanskulottentrupps, deren Aufmachung das Erstaunen der Dorfbewohner erregt: Die aus den Städten stammenden Männer tragen Schnurrbärte und sind mit riesigen Säbeln bewaffnet, so daß sie wie Räuber aussehen. Seit September 1793 ziehen solche revolutionäre Scharen durch das Land, um in den Scheunen der Reichen verborgene Kornvorräte aufzustöbern und Jagd auf wankelmütige Mitbürger zu machen, die im Verdacht stehen, mit den Royalisten zusammenzuarbeiten. Trotz ihres kriegerischen Aussehens wollen diese Männer nicht als Soldaten bezeichnet werden. Sie verstehen sich vielmehr als freie Bürger, als jene siegreiche Scharen, die die Bastille erstürmt, die Tuilerien belagert und bei dieser Gelegenheit bewiesen haben, wie gut sie mit Pike und Gewehr umzugehen wissen. Sie verkörpern die Volkssouveränität. Aus welchem Grund sollten sie sich daher zwingen lassen, im Gleichschritt zu marschieren und sich der militärischen Disziplin zu unterwerfen?

Unter ihnen befinden sich einige Adlige und Priester, die sich inmitten von Zuhältern oder stellungsloser Dienstboten verstecken. In der Regel handelt es sich jedoch – das ist historisch belegt – nicht um Verdächtige, die vorübergehend Unterschlupf in den Sanskulottentrupps suchen, sondern um Handwerker, die in einem festen Arbeitsverhältnis stehen: Schuhmacher, Schlosser, Perückenmacher, Schreiner oder Schneider. Es sind meist gestandene Männer im Alter zwischen 30 und 45 Jahren, Familienväter, deren Söhne nicht selten an der Front kämpfen. Sobald sie jedoch ihre Werkstatt hinter sich lassen, sind sie nur noch Sanskulotten. Ebenso wie ihre Brüder in Paris hegen sie einen abgrundtiefen Haß auf jegliche Aristokratie – auf den Geburtsadel ebenso wie auf den Geldadel. Wehe denen, die sich in einem unbedachten Augenblick aus Verzweiflung über die enorme Teuerung zu Äußerungen wie „ich sch ... auf die Republik" oder „ich sch ... auf die Nation" hinreißen lassen. Die Sanskulotten drohen, ihnen die Ohren abzuschneiden und den Bauch aufzuschlitzen. Sie machen Jagd auf all jene, die entgegen der Bestimmung des Maximum ihr Korn zu Wucherpreisen verkaufen, und auf sämtliche Blutsauger, die das Volk ausbeuten und der Republik abspenstig machen, indem sie es den Aristokraten in die Arme treiben. Obwohl es keineswegs bei den Drohungen bleibt – einige Sanskulotten führen angesichts der Erschießungen in Lyon Freudentänze auf – sind sie doch nicht alle jene blutrünstigen Monster, als die sie eine hartnäckige Legende darstellt. Einige von ihnen empfinden Mitleid mit einer Bevölkerung, die ihnen mehr als Opfer erscheint denn als Schuldige und die der Terror der Konterrevolutionäre vor Angst erstarren läßt. Sie greifen hier und da ein, um einige bereits zum Tode Verurteilte vor der Hinrichtung zu retten.

Aber welcher Dorfbewohner wagt angesichts der unter großem Gejohle einfallenden Scharen auf eine solche Mäßigung zu hoffen? Die Sanskulotten wollen freie Unterkunft, fordern von Bäckern und Metzgern unentgeltliche Verköstigung und sind, vor allem unter Alkoholeinfluß, schnell zu Drohungen bereit. Doch betrachten sie ihre Aufgabe damit nicht als erfüllt. Überall sieht man sie die Armen um sich scharen, um sie über ihre Rechte, vor allem über das auf eine menschenwürdige Existenz, aufzuklären. Zur Durchsetzung dieser Rechte gilt es, die alte Gesellschaftsordnung samt all ihrer Symbole restlos zu beseitigen. Religion und Tyrannei sind in ihren Augen untrennbar miteinander verbunden, und daher zertrümmern sie alle Heiligenstatuen, holen die Glocken von den Türmen, verbarrikadieren die Kirchen, jagen die Priester davon und stürzen alle Kreuze um. Den ihrem Treiben oft ratlos zuschauenden Bauern versuchen sie klarzumachen, daß es „weder einen Gott noch einen Teufel gibt" und daß sowohl das Paradies als auch die Hölle frei erfunden seien. Jesus Christus bezeichnen sie als syphiliskranken Taugenichts, und die Gottesmutter tun sie als Hure ab! Die Marienbilder sollen zerstört, die Kirchen entweiht und die Glockentürme mit Hilfe von Kanonenschüssen umgelegt werden. Sie trinken aus den Abendmahlskelchen, entfernen sämtliche Andachtsbilder aus den Kirchen und entzünden daraus riesige Feuer.

Doch auch ohne ihr Zutun lodern hier und aus geplünderten Sakralgegenständen Feuer auf, die von den Ärmsten der Armen entzündet werden. Inmitten der Freudenfeuer verhöhnen sie jegliche etablierte Macht. Ihr Vorgehen erinnert bisweilen an die früheren Karnevalsbräuche, mit denen man die überkommene Ordnung auf den Kopf stellte. Die Beteiligten verkleiden sich als Priester und behängen Esel und Schweine mit Bischofsmützen, Kreuzen und Bibeln. Auf Ochsenkarren türmen sich in buntem Durcheinander Urkunden über feudale Herrschaftsrechte, in Holz geschnitzte Darstellungen der Bourbonenlilien sowie weitere Symbole der einstigen Adelsherrschaft, Heiligenfiguren aus Holz und Andachtsbilder. Dieses Sammelsurium wird auf den Marktplatz gekarrt, um dort zusammen mit Strohpuppen verbrannt zu werden, die den Papst oder französische Könige darstellen. Richteten sich derlei Aktionen wirklich gegen Gott oder nicht vielmehr gegen jene, die sich auf ihn beriefen, um das Volk in Ketten zu legen? Rund um das Feuer wird getanzt, und der im Hintergrund stehende Freiheitsbaum wird mit Wein begossen. Für letzteren kommt in Etrechy die Bezeichnung „Das Weihwasser der Republikaner" auf. Zur Feier des Tages veranstaltet man Festessen, bei denen die Reichen die Armen bedienen müssen, während für den darauffolgenden Tag ein demokratisches Fasten angesetzt wird.

Diese Feste, die sich gegen die katholische Religion und die in den Augen der Sanskulotten untrennbar mit ihr verknüpfte Tyrannei richten, sollen den Untergang einer alten und den Beginn einer neuen Ordnung besiegeln. Im Rahmen der Dechristianisierung wird nicht nur die herkömmliche Religion abgeschafft, sondern gleichzeitig ein neuer Kult eingeführt.

Der patriotische Heiligenkult

Die Glocken verstummen zwar, aber der Himmel bleibt nicht leer, er füllt sich alsbald mit patriotischen Heiligen („saints tricolores"). Sie sind die Fürsprecher der Patrioten, doch bei welchem Gott?

Im Westen des Landes liegt in einer bewaldeten Hügellandschaft bei Juigné mitten auf einer Lichtung ein Kalvarienberg. In die Stämme einiger angrenzender Bäume hat man Nischen geschlagen, in die kleine Figuren hineingestellt werden. Hier liegen sieben Männer begraben. Sie gehörten zur Gruppe der sogenannten „framboyeux", das heißt zu jenen als Stallputzer bekannten Taglöhnern, die auf den ringsum liegenden Bauernhöfen arbeiten. Die gegenrevolutionären Chouans hatten sie beschuldigt, nicht nur einfache Hilfsarbeiter, sondern gleichzeitig von den

„Blauen“, den Republikanern, gedungene Spione zu sein. Daraufhin wurden sie von den royalistisch gesonnenen Bauern umgebracht. An ihren Gräbern wird gebetet, und man erzählt von Wundern, die sich dort ereignet haben sollen. An der Grenze zwischen den beiden Departements Loire-Inférieure und Ille-et-Vilaine befindet sich im Wald von Taillay ein noch vor kurzer Zeit von vielen Wallfahrern besuchtes Grab. Hier liegt das Mädchen Marie-Martin begraben, das auch „Sainte Pataude“ genannt wird, weil es auf der Seite der Republikaner stand, die den Spitznamen „pataud“ – Tolpatsch – tragen.

Im Westen Frankreichs liegen häufig neben jenen Gräbern, in denen die Opfer der Revolutionsarmee liegen und die von den „Weißen“, den Royalisten, als Heilige verehrt werden, Menschen bestattet, die für die jakobinische Republik starben und ihrerseits Gegenstand des patriotischen Heiligenkults sind. Da ist zum Beispiel das Grab von Leroux, des Priesters von Boistrudan im Departement Ille-et-Vilaine, der als Vertreter der revolutionären Behörden von einer Schar Chouans ermordet wurde, oder jenes von Saint-Poufia, eines durch einen Kopfschuß getöteten Soldaten. Zwischen Pluvigner und Plescop oder Plumergat liegen die Überreste zahlreicher Republikaner begraben. Die Sanskulotten errichteten ihnen in ihrer Phantasie ein unsichtbares Pantheon, in dem sie als Heilige an der Seite jener Märtyrer thronen, die ihr Leben für die Freiheit geopfert haben.

Die Kultfiguren Marat, Bara und Viala

Der am 20. Januar von einem Royalisten ermordete Lepeletier de Saint-Fargeau, der am 13. Juli erdolchte Marat sowie der am 17. Juli von Konterrevolutionären aus Lyon hingerichtete Chalier werden von den Sanskulotten als Freiheitsmärtyrer verehrt. Schon am 14. Juli 1793 streiten sich verschiedene Pariser Sektionen um die Überreste Marats. Am 17. Juli verpflichten sich die Frauen aus der „Gesellschaft der revolutionären Republikanerinnen“ in einem feierlichen Akt, ihre Kinder zur Verehrung von Marat anzuhalten und sie im Geiste seiner als „Evangelien“ bezeichneten Schriften zu erziehen. Marat wird mit Jesus verglichen, da auch er ebenfalls zum Wohl der gesamten Menschheit blindem Fanatismus zum Opfer gefallen sei. An sämtlichen Versammlungsorten wird eine Büste von ihm aufgestellt; Zu seinem Gedächtnis wird am 18. August ein Trauerzug zur Kirche Bonne-Nouvelle veranstaltet. Zeitgenössische Quellen berichten, daß dort auf einem mitten im Schiff aufgestellten, mit einem blauen, von Sternen übersäten Tuch bedeckten Sarkophag ein Bildnis Marats zu sehen war. Zu beiden Seiten stehen zwei in antikisierendem Stil gearbeitete Kerzenleuchter, davor befindet sich ein weiterer Sarkophag, den die Büste Lepeletiers schmückt. Beide Sarkophage sind mit Zypressengirlanden behängt, Inschriften preisen die Tugend der beiden Männer. Hinter Marats Büste ist eine Darstellung der Badewanne, in der er von Charlotte Corday ermordet wurde. Auf dem Hauptaltar der Kirche thront eine Freiheitsstatue, und der Eingang des Gotteshauses ist mit riesigen Stoffbahnen in den Nationalfarben geschmückt, auf denen die Worte „Eingang in den Tempel der Freiheit" zu lesen sind.

Kann man angesichts dieses Kultes, der sich um die Person Marats entwickelt, behaupten, daß dieser wie ein Heiliger verehrt wird? Es ist kein einziges Dokument bekannt, welches besagt, daß sich an seinem Grab Wunder zugetragen haben sollen. Und doch wollen die Sanskulotten, wenn sie von der Unsterblichkeit Marats sprechen, damit sehr wohl zum Ausdruck bringen, daß er für sie ein Heiliger ist. Im Gegensatz zum republikanisch gesinnten Besitzbürgertum, für das die Unsterblichkeit darin besteht, daß der Betreffende im Gedächtnis der Patrioten ewig lebendig bleibt und diesen bei all ihren Unternehmungen beisteht, sind die noch überwiegend vom Katholizismus geprägten Sanskulotten der Auffassung, daß sich die Unsterblichkeit auf die Seele bezieht und ein Märtyrer im Jenseits die Macht eines Heiligen besitzt: Sein Geist kann jenen Menschen auf Erden beistehen, die ihn um Hilfe anflehen.

Der Kult um Marat beunruhigt manche Zeitgenossen, die für eine völlige Dechristianisierung eintreten und die am liebsten die katholische Religion mit Stumpf und Stiel ausgerottet sähen. Auch Robespierre und seine Freunde stören sich spätestens im Frühjahr 1794 an der „Botschaft" Marats, die in ihren Augen als Vorwand dient, den neuen wirtschaftspolitischen Kurs nach der Aufhebung des Maximums zu kritisieren. Außerdem befürchten sie, daß dieser Kult dazu benützt werden könnte, den Wohlfahrtsausschuß links zu überholen. Aus dieser wachsenden Besorgnis heraus erklärt sich der Kult, zu dessen Gegenstand die Bergpartei junge Männer wie Bara oder Viala erhebt. Bara ist ein vierzehnjähriger, am 7. Dezember bei den Kämpfen in der Vendée gefallener Jüngling. Er hat es vorgezogen, so berichtet man, mit dem Ruf „Hoch lebe die Republik" auf den Lippen zu sterben, statt sein Leben dadurch zu retten, daß er – wie von den Chouans gefordert – ins Lager der Royalisten überwechselte. Der dreizehnjährige Viala fällt am 8. Juli 1793 unter dem Kugelhagel von Marseiller Föderalisten. Wenn beide, Viala und Bara, von den Jakobinern mit einem Platz in Pantheon geehrt werden, so geschieht dies zweifelsohne in der Absicht, dem ganzen Volk deutlich vor Augen zu führen, daß es alles zu vergessen gilt – selbst die Unterschiede des Besitzes –, um die Einheit des republikanischen, vom Nationalkonvent und Wohlfahrtsausschuß regierten Frankreichs zu verteidigen. Doch ab November 1793 bereitet ein anderer Kult Robespierre viel mehr Sorge, nämlich der Kult der Vernunft.

Göttin Vernunft

Im Departement Nièvre ist der frühere Oratorianer Fouché aktiv. Nicht genug damit, daß er die Priester zum Heiraten ermutigt: Am 10. Oktober ordnet er an, daß die Katholiken ihre Religion nur noch innerhalb der Gotteshäuser ausüben dürfen. An den Friedhofstoren läßt er Plakate anbringen, die davon künden, daß der Tod nichts anderes als ein ewiger Schlaf sei. Die Bewegung greift auf die Hauptstadt über. Anfangs kümmert sich die Stadtverwaltung kaum um die Vorschläge Fouchés und befolgt sie allenfalls halbherzig. Die Sanskulotten zeigen zunächst keinerlei feindliche Regung gegenüber der katholischen Religion. Da wird die in der Provinz entstandene Bewegung in Paris von ausländischen Revolutionären wie Anacharsis Cloots aufgegriffen und der Bischof der Hauptstadt zur Abdankung gezwungen. Dadurch erhält die Bewegung Auftrieb und wird von der Kommune übernommen. Am 10. November 1793 beschließt sie ein Fest der Freiheit in der Kirche von Notre-Dame. Zu diesem Zweck wird im Chor ein Hügel aufgeschüttet, auf dem eine die Freiheit symbolisierende Schauspielerin steht. Der Nationalkonvent nimmt an dem Fest teil und erklärt, daß die Kirche fortan den Namen „Église de la Raison“ (Tempel der Vernunft) tragen solle. Am 5. Frimaire (25. November 1793) werden sämtliche Pariser Gotteshäuser der Göttin Vernunft geweiht, ein Beispiel, dem in der Provinz zahlreiche Ortschaften folgen. In Angerville etwa wird am 20. Germinal (9. April 1794) eine Zeremonie zu Ehren der Göttin Vernunft veranstaltet.

Vor dem Debattierklub der dortigen Volksgesellschaft formiert sich eine feierliche Prozession. An der Spitze des Zuges marschiert ein Mädchen namens Marie-Thérèse Vauzelle, das die Freiheit verkörpert. Sie wird von fünf jungen Mädchen flankiert. Dann kommt der Bürger Luthier – er stellt einen dunkelhäutigen Sklaven dar und ihm folgt eine ganze Schar von Kindern, Erwachsener und Abgesandter des Debattierklubs. Die weißgekleidete, einen kunstvoll geknoteten roten Überwurf tragende Göttin hält eine mit blauweißroten Bändern geschmückte Lanze in der Hand. Sie betritt den Tempel der Vernunft, wo sie zu den Klängen einer feierlichen, von Trommelwirbel untermalten Musik ein mit Laub geschmücktes Podium betritt. Anschließend erklimmt sie einen mit Blumen verzierten, von Sanskulotten mit Phrygiermützen und Pike gezogenen Wagen. Dieser macht sich, gefolgt von Gendarmen und Musikanten mit Trommeln, Klarinetten, Fagotten oder Geigen auf den Weg durch die Stadt. Die Nationalgarde und die gesamte Stadtverwaltung ziehen mit – Bürger, die Banner und Büsten der Freiheitsmärtyrer vor sich hertragen, beschließen den Festzug. Auf dem Marktplatz begibt sich die Göttin auf einen eigens aus diesem Anlaß dort aufgeschütteten, mit Sträuchern bepflanzten Hügel und entläßt aus mehreren Käfigen Vögel, die unter den Blicken der Zuschauer gen Himmel entschweben. Anschließend steigt sie wieder vom Hügel herab, um den schwarzen Sklaven von seinen Fesseln zu befreien und der Menge zu verkünden, daß dieser Mensch als Sklave zur Welt gekommen sei und wegen der geringsten Geste mit dem Tod bestraft werden konnte. Er habe mit ansehen müssen, wie seine eigenen Kinder wie Vieh verkauft wurden. Der braune Zuckerrohr habe seine eigentümliche Farbe von dem Sklavenblut, mit dem er getränkt sei. Dann wird zu Ehren der Göttin Vernunft ein Gedicht vorgetragen, in dem die Macht der auf die Erde herabgestiegenen Himmelsgöttin gepriesen wird: nur ihr sei es zu verdanken, daß fortan alle Menschen glücklich seien. Die symbolischen Überreste von Königtum und Religion werden den Flammen übergeben, und alle Teilnehmer stoßen auf die Brüderlichkeit an und tanzen um das lodernde Feuer herum. Erst gegen zwei Uhr morgens geht man schließlich auseinander.

Ist dieser der Vernunft gewidmete Kult wirklich – wie von einigen Jakobinern in Anlehnung an Robespierre behauptet wird – Ausdruck einer atheistischen Haltung? Die Ansprache des Abgesandten Chaudron Rousseau anläßlich der Einweihung des Tempels der Vernunft am 30. April 1794 bietet Anlaß genug, dies zu bezweifeln. Rousseau betont darin, daß der soeben geweihte Tempel der Vernunft nicht jene Gottheit in den Hintergrund dränge, der die ersten und größten Ehrbezeigungen gebühren und die unter anderem von der Vernunft verkörpert werde. Dennoch sehen viele Zeitgenossen – vor allem die Bauern – in der Dechristianisierungswelle und in dem sich anschließend herausbildenden Kult der Vernunft nichts anderes als die völlige Negierung der Existenz eines Höchsten Wesens und der Unsterblichkeit der Seele. Diese Vorstellung können sie nicht akzeptieren, und so kommt es zur offenen Rebellion.

Gegen eine Welt ohne Gott

Kommt dieser Widerstand einer völligen Ablehnung der Revolution gleich? Vieles kam zusammen: die Religiosität war, auch wenn sie sich nicht immer an Rom orientiert, noch immer tief verwurzelt, Konflikte zwischen der Landbevölkerung und den häufig aus der Stadt kommenden Befürwortern der Dechristianisierung traten dazu. Schließlich fehlte einem Großteil der Bevölkerung einfach das Verständnis für die rationalistischen Reden mancher Jakobiner.

Um beurteilen zu können, welchen Schock es den Dorfbewohnern versetzen mußte, wenn der Ortsname geändert oder die Glocken vom Kirchturm herabgeholt wurden, muß man sich vergegenwärtigen, welche Bedeutung diesen im Alltagsleben zukam. Der Name des Dorfes umschreibt für dessen Bewohner die Heimat im engeren Sinne. Wie sollen denn die Bewohner, die das Dorf verlassen haben, um auswärts Arbeit zu suchen oder in den Krieg zu ziehen, fortan die Verbindung mit Zuhause aufrechterhalten können – und sei es auch nur durch den recht unregelmäßigen Austausch von Briefen –, wenn sich plötzlich der Name des Heimatdorfes ändert? Wenn man eine Karte der im Zeitalter der Revolution in Frankreich neu eingeführten Ortsnamen entwirft, so fallen die vielen weißen Flecken auf, die darauf hindeuten, daß die jeweiligen Einwohner sich der Umbenennung widersetzten. Im Distrikt Etampes weigert sich die Gemeinde Chamarande – mitten in einem stark von der Dechristianisierung geprägten Gebiet – standhaft, den ihr zugedachten neuen Namen zu übernehmen. Ein Beschluß der Bürgerversammlung vom Frimaire (Dezember) 1793, wonach die Gemeinde fortan „Bonne" heißen soll, wird von der Bevölkerung schlichtweg ignoriert, so daß in der Praxis die alte Ortsbezeichnung beibehalten wird.

Neben den Ortsnamen markieren auch Kreuze den geographischen Raum. Auch wenn diese noch so oft umgelegt werden, sie werden immer wieder aufgerichtet, denn – dies geht aus den Berichten der vom Nationalkonvent entsandten Kommissare hervor – die gläubige Dorfbevölkerung schreibt ihnen geheimnisvolle Kräfte zu und verspricht sich von ihnen einen gewissen Schutz. Auch die Grabkreuze werden von den Landbewohnern beibehalten, die der Überzeugung sind, daß die in ihrem Schutz Bestatteten die Gebete der Lebenden erhören und ihnen beistehen.

Das Herabholen der Kirchenglocken löst noch weit stärkeren Protest aus. Diese markieren nämlich nicht nur die christliche Zeiteinteilung, sondern den Tagesablauf schlechthin: sie rufen zur Arbeit und zu Festen und sie künden von Unglücksfällen. Die Glocken der einzelnen Dörfer unterscheiden sich in ihrer Tonlage, so daß der zurückkehrende Garbenschichter sofort am vertrauten Klang erkennt, daß er sich seinem Heimatort nähert. Die Glocken werden fast wie Personen behandelt: Auch sie werden feierlich getauft und mit Hilfe von Namen voneinander unterschieden. Wenn sie verstummen, so bedeutet dies den Verlust eines wichtigen, die Dorfgemeinschaft zusammenhaltenden Bandes. In die Provinz entsandte Revolutionäre berichten, daß im Departement Aude die Einwohner von Narbonne in tiefe Traurigkeit verfallen sind, nachdem man sie ihrer Glocken beraubt hat. Andernorts regt sich aktiver Widerstand, so daß sich die Obrigkeit aus Angst vor offener Rebellion zu Kompromissen gezwungen sieht. So wird beispielsweise in Longueil-Sainte-Marie im Distrikt Compiègne eine Glocke weiterhin an Ort und Stelle belassen, um den Tagesablauf zu markieren.

Sonntage, Dekadis und Kirmes

In vielen Gegenden vermag sich die neue Zeiteinteilung kaum durchzusetzen. Der Sonntag bleibt häufig nach wie vor der Tag, an dem die Arbeit ruht und an welchem man die guten Kleider und schöne Kopfbedeckungen anlegt, um sich beim Ballspiel, beim Boulespiel oder beim Schaukeln zu vergnügen und an dem die jungen Leute tanzen gehen. Am Dekadi hingegen – so berichten vom Nationalkonvent entsandte Kommissare – sieht man nicht selten Bauern in ausgesprochen nachlässiger Kleidung daherkommen. Im Departement Alpes-Maritimes zieht sich der Bürger Derode eine Verwarnung zu, weil er am Dekadi dabei beobachtet wurde, wie er – seine gewöhnliche Arbeitskleidung tragend – einen mit Werkzeug beladenen Esel vor sich hertrieb. Im Departement Puy-de-Dôme erklären am 7. Pluviôse des Jahres II (26. Januar 1794) zwei von einem Debattierklub entsandte Kommissare, daß sie schweren Herzens zusehen mußten, wie dort ansässige Bürger den ehemaligen Sonntag feierlich begingen.

Die Arbeitgeber übernehmen die neue Zeiteinteilung umso bereitwilliger, als diese die Zahl der Feiertage beträchtlich reduziert, und sie somit größere Gewinne erzielen können. Sie zögern daher nicht, jene Arbeiter anzuzeigen, die sowohl sonntags als auch am Dekadi nicht zur Arbeit erscheinen, sind aber gleichzeitig ihrerseits den Drohungen der Arbeiter ausgesetzt. Im Ventôse des Jahres II (März 1794) meldet Tarbadin der Jüngere dem Debattierklub, daß er von Bürgern beschimpft worden sei, weil er am Sonntag Tagelöhner beschäftigt habe. Wer dabei ertappt wird, daß er diesen Tag feierlich begeht, indem er die Arbeit ruhen läßt, wird dienstverpflichtet und in einer benachbarten Wohltätigkeitswerkstatt oder in der Landwirtschaft eingesetzt. Im Departement Seine-Inférieure wird ein ganzes Korps von Inspektoren gebildet, die Jagd auf jene machen, die den Sonntag untätig verbringen.

Die Bauern feiern weiterhin die Patronatsfeste, die Anlaß zu religiösen Akten und zur Regelung von Privatangelegenheiten sind und die etwas Farbe in den Alltag der Dorfbevölkerung bringen. In Vatan im Departement Indres versammelt sich zu diesem Zweck eine große Schar von Händlern, Wirten, Geigen- und Akkordeonspielern. Aus allen Himmelsrichtungen strömen unzählige Menschen herbei, um den heiligen Lupus um Beistand zu bitten. Mütter bringen ihre fieberkranken Kinder herbei, um für ihre Genesung zu beten und sie mit der Stola des Heiligen in Berührung zu bringen. Das Patronatsfest ist auch Zahltag: Die Hilfsarbeiter werden von ihren Arbeitgebern für den Ernteeinsatz entlohnt, und man einigt sich über die Durchführung der im Winter anfallenden Arbeiten. Schließlich ist das Fest Anlaß zu Familientreffen und zu Verhandlungen über bevorstehende Eheschließungen.

Im Departement Puy-de-Dôme wird entgegen eines vom Nationalkonvent erlassenen Verbots weiterhin die bereits früher von den Priestern getadelte Kirmes abgehalten. Die Dorfburschen ziehen zu den Klängen der Querpfeifen und Trommeln durch die Straßen und nehmen, ganz in Weiß gekleidet, an den üblichen Spielen teil, von denen das „Gänsehalsrupfen" das bekannteste ist: Zwischen zwei Bäumen wird ein Seil gespannt, und an diesem befestigt man lebende Gänse. Die mit bunten Bändern geschmückten Burschen besteigen Pferde und versuchen im Vorbeigaloppieren, den Hals der Tiere zu packen und abzureißen. Daneben stehen ein Würfelspiel namens „rampeaux" und Kegeln auf dem Programm, und man tritt gegeneinander zum Kartenspiel an. Diese Feste konkurrieren nicht nur mit den unter der Republik eingeführten, sondern sind – genau wie früher – ein willkommener Anlaß, um sich mit der Obrigkeit auseinanderzusetzen und sich über sie lustig zu machen.

Widerstände gegen die Dechristianisierung

Die Bevölkerung widersetzt sich der Schließung der Kirchen. Am 20. Brumaire (10. November 1793) zieht im Departement Rhône eine Schar Frauen vor den Debattierklub von Condrieu und fordert, man möge sie weiterhin den Ort, an dem sie ihren gewohnten Kult ausüben, frei wählen lassen. Selbst einige Sanskulotten wollen nicht dulden, daß die Kirchen mittels Vorhängeschlössern unzugänglich gemacht werden. Ein Sanskulotte namens François Vasseur aus dem Departement Somme erklärt am 12. Frimaire (2. Dezember 1793), er weigere sich, künftig an den Versammlungen teilzunehmen, falls seine „Brüder" ihn zwingen sollten, einen Antrag zu unterschreiben, in welchem sie die Schließung der Kirche fordern. Dieser Vorgang bedeute nämlich eine Einschränkung seiner Freiheit, die er nicht hinnehmen wolle. Andere ziehen Erkundigungen ein. So schreibt etwa der Bürger Hurtel, er habe sich auf die Gemeindeverwaltung begeben, um dort den Syndikus zu fragen, ob dem Beschluß vom 11. Frimaire etwa ein entsprechendes Gesetz oder Beschluß des Nationalkonvents zugrundeliege, das die Schließung sämtlicher Kirchen anordne. Als diese Frage verneint worden war, habe er die Unterschrift verweigert. Nicht nur in der Vendée und in der Bretagne finden eidverweigernde Priester Unterschlupf. In Toulouse zum Beispiel können sich mit Hilfe der Bevölkerung einige Priester den Nachstellungen entziehen. Abbé de Chièze schlüpft in die Uniform eines Nationalgardisten, andere Geistliche geben sich als Privatlehrer oder Ärzte aus und fahren im Schutz dieser Tarnung fort, die Gläubigen zu besuchen. Abbé Ortric verkauft auf offener Straße Pulver gegen Zahnschmerzen. Sein Amtsbruder Caze wird Hausmeister, um dem Zugriff der Jakobiner zu entgehen und weiterhin für die Gläubigen da zu sein.

Kann denn – so fragen sich viele Menschen – jemand, der nicht durch die Taufe in die Gemeinschaft der Gläubigen aufgenommen wurde, jemand, der nicht in eine katholische Ehe hineingeboren wurde, oder jemand, der, ohne die Absolution beziehungsweise das Sterbesakrament erhalten zu haben, verstorben ist und nicht in geweihter Erde bestattet wurde, beim Jüngsten Gericht einen Platz zur Rechten Gottes einnehmen? Viele Katholiken glauben, daß das Versprechen des ewigen Lebens im Weihwasser enthalten sei und nur die Menschen auf eine Wiederauferstehung und ein Leben nach dem Tode hoffen dürfen, die die Sakramente der Kirche empfangen haben. In Ermangelung von Priestern bilden sich hier und da Versammlungen von Laien, die am katholischen Glauben festhalten und die aus ihrer Mitte einen wählen, der diese Funktion übernimmt. Dies hat nicht nur für die Dechristianisierung, sondern auch für die Kirche gravierende Folgen.

Das Höchste Wesen

Robespierre ist sich des Widerstands der breiten Bevölkerung gegen die Dechristianisierung wohl bewußt. Der Atheismus ist in seinen Augen nichts als eine Manipulation der Massen, betrieben von Ultrarevolutionären, die das Volk gegen die Revolutionsregierung auszuspielen suchen, in Wirklichkeit jedoch nur der Gegenrevolution dienen, indem sie das Volk entmutigen. Wie viele Bürger, die bisher die Bergpartei und den Nationalkonvent unterstützt haben, wenden sich jetzt aus Entsetzen über die Verletzung ihrer religiösen Überzeugung von ihnen ab? Der Atheismus, den er im Kult der Vernunft zu entdecken glaubt, stellt nach Robespierres Ansicht jedoch nicht nur einen politischen, sondern auch einen religiösen Irrtum dar. Der Unbestechliche, wie Robespierre genannt wird, lehnt zwar jegliches Dogma und sämtliche Offenbarungsreligionen ab, ist aber durchaus gläubig. In Anlehnung an Rousseau glaubt auch Robespierre an die Existenz einer Gottheit, die die Gerechten belohnt und die Bösen bestraft, die den Gesellschaftsvertrag und die Gesetze der Republik sanktioniert. Wie Rousseau vertritt auch er die Auffassung, daß es die Aufgabe des Souveräns, also des Nationalkonvents sei, ein Glaubensbekenntnis zu verfassen, dessen Artikel jedoch kein Dogma darstellen, sondern jene Verhaltensweisen und Spielregeln aufzählen sollen, die ein guter Bürger beherzigen sollte. Für Robespierre kann die Republik nicht ohne Tugend existieren, und diese wiederum gründet unabdingbar auf der Achtung der Gottheit, des Höchsten Wesens.

Die Maßnahmen, die er auf dem Gebiet der Religion ergreift, fallen in eine Zeit, in der sich die Spannungen zwischen Arm und Reich zusehends verschärfen und die revolutionäre Bewegung in zahlreiche Gruppierungen zerfällt. Der Kult des Höchsten Wesens, den er gemeinsam mit anderen Mitgliedern des Nationalkonvents einführt, soll daher unter anderem die Einheit der Nation gegen die Umtriebe der Revolutionsgegner – „les idées des despotes“ – sichern. Schon am 16. Frimaire (6. Dezember 1793) beschließt der Nationalkonvent per Dekret die Freiheit der Religionsausübung und vollzieht damit den ersten Schritt zur Eindämmung des Kultes der Vernunft. Am 18. Floréal (7. Mai) befaßt sich der Unbestechliche in einer Ansprache vor dem Nationalkonvent mit der Bedeutung von Religion und Moral. Er wettert gegen die glühenden Apostel einer gottlosen

Das Fest des Höchsten Wesens auf dem Marsfeld (8. Juni 1794).

Welt und gegen fanatische Atheisten. Anschließend läßt er den Nationalkonvent folgendes dekretieren: „Das französische Volk erkennt die Existenz eines Höchsten Wesens und die Unsterblichkeit der Seele an." In die Reihe der nationalen Feste wird fortan das Fest des Höchsten Wesens eingefügt, dem eine besondere Bedeutung zukommt. Robespierre nimmt am 20. Prairial (8. Juni) persönlich daran teil. Er führt den Festzug an, aber nicht etwa als ein Diktator oder als Papst einer neuen Religion, sondern weil er an dem betreffenden Tag den Vorsitz innerhalb des Nationalkonvents innehat.

In der Provinz wird die Einführung dieses Kultes von vielen bisher völlig verunsicherten Patrioten freudig begrüßt. So schreibt etwa ein gewisser Delmas aus Avignon:

> „Der Nationalkonvent hat beschlossen, daß die Franzosen die Unsterblichkeit der Seele anerkennen. Dieses ewige Dekret wird den Stolz sämtlicher Atheisten dieser Welt brechen, die um keinen Preis zugeben wollen, daß es ein schöpferisches Prinzip gibt, welches uns geschaffen hat. Für einen verdienten Menschen wäre es in der Tat eine erschrekkende Vorstellung, daß er nach einem Leben voller guter Taten wie ein gewöhnliches Stück Vieh sterben solle. Dieses ewige Gesetz wird viel Gutes bewirken."

Abgesehen von der konformistischen Haltung zahlreicher Behörden, die nun widerspruchslos statt des Kultes der Vernunft jenen des Höchsten Wesens übernehmen, belegen historische Untersuchungen, daß in manchen Gegenden Südost- oder Westfrankreichs der neue Kult bei der Bevölkerung großen Anklang fand.

Nach Robespierres Sturz im Thermidor beschließt der Nationalkonvent im Gesetz Cambon vom 18. September 1794, fortan keinerlei Kult mehr zu fördern und auch nicht mehr für den Lebensunterhalt der Priester aufzukommen. Diese Bestimmung trifft in erster Linie jene Priester hart, die den Eid auf die Zivilverfassung des Klerus geleistet haben. Am 21. Februar 1795 führt ein Gesetz die Trennung von Kirche und Staat herbei. Viele Abgeordnete des Nationalkonvents sind zwar nach wie vor religionsfeindlich gesonnen und pflichten Boissy d'Anglas bei, der den Katholizismus als von Natur aus knechtisch, als Stütze der Tyrannei und als unheilvoll für die menschliche Wesensart bezeichnet, stellen jedoch gleichzeitig fest, daß die Ausübung einer Religion kein Vergehen ist. Die Kirchen sollen fortan allen nur erdenklichen Kulten offenstehen, deren ungehinderte parallele Ausübung innerhalb ein und desselben Gebäudes durch das Simultanprinzip ermöglicht wird. Am 30. Mai 1795 erhalten, im Anschluß an den Vertrag mit den Aufständischen aus der Vendée, auch jene bisher eidverweigernden Priester, die nun bereit sind, der Republik die Treue zu schwören und somit zu „soumissionnaires" werden, das Recht, in den Kirchen Messen abzuhalten; damit werden sie den „jureurs" gleichgestellt. Diese Regelung bleibt allerdings nicht lange in Kraft, denn bereits am 29. September – unmittelbar nach dem royalistischen Landeversuch auf Quibéron – wird ein Gesetz erlassen, das erneut gegen die eidverweigernden Priester gerichtet ist.

Man kann für diese Zeit ein erneutes Erstarken des durch die Krise geläuterten Katholizismus feststellen. Andererseits lebt, so die Meinung P. Goujards, die Religiosität vielerorts außerhalb jeglicher kirchlichen Organisation wieder auf. Das Fehlschlagen der Dechristianisierung ändert nichts an der Tatsache, daß in Frankreich die weitverbreiteten messianischen Heilslehren endgültig das Scheitern der seit dem Konzil von Trient andauernden Reformbemühungen der katholischen Kirche besiegeln.

Diskussion unter dem Freiheitsbaum

Ein Freiheitsbaum wird eingepflanzt
(Gouache der Brüder Lesueur; Paris, Musée Carnavalet).

Die Presse, das Theater und die Chansons

Die Presse oder die Macht zu zwei Sous

In der Nachmittagssonne spielen Kinder mit Reifen, die sie vor sich her treiben. Die Französische Revolution steckt noch in ihrer Anfangsphase, und man sieht einen Aristokraten mit Perücke und besticktem Rock durch den Park gehen und sich den Schweiß von der Stirne tupfen. Er wird von einer Frau begleitet, deren Haar zu einer jenen kunstvollen Frisuren hochgesteckt ist, wie sie zu Beginn der Regierungszeit Ludwigs XVI. üblich waren. Bei ihrem Spaziergang begegnen sie einem Offizier der Nationalgarde, der eine junge, ganz in Weiß gekleidete Dame ausführt, die ihre Lockenpracht mittels eines blauen Stirnbandes gebändigt hat. Rings umher wimmelt es von Jugendlichen, die angeblich nur darauf lauern, den Passanten und den eifrig diskutierenden Vertretern des Besitzbürgertums einen Streich zu spielen. Alles konzentriert sich auf eine junge Frau, die ein blaues Kleid und eine gelbe Schürze mit orangen Streifen trägt. Sie sitzt an einem niedrigen, mit unzähligen Papieren bedeckten Tisch. Bei näherem Hinsehen stellt sich heraus, daß es sich dabei um die Erklärungen der Nationalversammlung, um Almanache und um Tageszeitungen wie „Le Patriote français“ (Der französische Patriot), „Le Journal de la Société des Amis de la Constitution“ (Journal der Gesellschaft der Freunde der Verfassung), „Le Journal du soir“ (Abendblatt) und „La Chronique de Paris“ handelt. Die junge Verkäuferin hält eine Broschüre in der Hand, in der für die Ausgabe der Assignaten geworben wird.

Diese Szene wurde von Debucourt im Bild festgehalten und ist heute noch im Kupferstichkabinett der Bibliothèque nationale in Paris zu sehen. Der Stich zeugt von einer damals aufkommenden neuen Macht: die Presse.

Schon vor den entsprechenden Debatten der Nationalversammlung erscheinen in ganz Frankreich Hunderte von Tageszeitungen. 1790 beläuft sich die Zahl der tagtäglich in Paris erhältlichen Blätter auf 335, ein Jahr später auf 236, im Jahr 1792 auf 216, und 1793 gibt es schließlich noch 113. Während derselben Zeitspanne erscheinen in der Provinz 52, 44, 29 und 31 Tageszeitungen. Manche vermögen sich nur kurze Zeit zu halten, aber meistens stellen die betroffenen Blätter ihr Erscheinen nur ein, um gleich darauf unter anderem Namen wieder aufzutauchen. Diese Zeitungen verwirklichen das von der Nationalversammlung beschlossene Prinzip, wonach der freie Austausch von Gedanken und Ansichten eines der kostbarsten Menschenrechte darstellt. Weiter heißt es im Artikel 11 der

Menschenrechtserklärung: „Jeder Bürger kann also frei schreiben, reden, drucken unter Vorbehalt der Verantwortlichkeit für den Mißbrauch dieser Freiheit in den durch Gesetz bestimmten Fällen.“* Dieser Zusatz hat seine Berechtigung, denn der Mißbräuche gibt es viele. Es werden Schmähschriften gedruckt und mit dem Namen von Abgeordneten unterzeichnet, die die Verfasserschaft energisch bestreiten. Jene, die für die neue Ordnung sind, rivalisieren mit anderen Zeitgenossen, die für sie nur Spott und Hohn übrig haben. Marat arbeitet Tag und Nacht daran, das Prestige der jeweiligen Tageshelden zu zerstören. Am anderen Ende des politischen Spektrums sind die Anhänger des Ancien Régime eifrig bemüht, die Reformen als sinnlose Maßnahmen darzustellen, die nichts als Unordnung und Anarchie zur Folge haben. Die Mitglieder der Nationalversammlung und der neuen Stadtverwaltungen zeigen sich sehr besorgt über diesen Störfaktor, der es ermöglicht, daß ein um zwei Sous zu erstehendes Blatt die Neuordnung des politischen Systems in Frage stellen kann. Die Stadt Paris versucht als erste, dieser Freiheit gewisse Schranken zu setzen. Bereits am 24. Juli 1789 erläßt sie ein Dekret, wonach den Verfassern anonymer Schriften, deren Inhalt dazu angetan ist, das Volk aufzuwiegeln, mit einer Gefängnisstrafe gedroht wird. Nach den Ereignissen im Oktober 1789 versucht sie Marat zu belangen, da man ihm vorwirft, das Volk dazu veranlaßt zu haben, einen Tribun gegen die soeben legitimierten staatlichen Instanzen zu ernennen. Am 31. Dezember wird Marat erneut denunziert und kann sich den Nachstellungen nur dadurch entziehen, daß er eine Zeitlang ins Exil geht.

Als Reaktion auf die antimonarchischen Unruhen vom 17. Juli 1791, die die Fortschritte der demokratischen Idee innerhalb der Bevölkerung belegen, verfügt die Nationalversammlung, daß Personen, die in ihren Schriften zu Mord und Plünderung sowie zu Ungehorsam gegenüber dem Gesetz aufrufen, zu ergreifen und der Justiz zu überantworten sind. Am 22. August 1791 wird – gegen den Widerstand Robespierres – auf Betreiben des Abgeordneten Thouret ein Gesetz verabschiedet, das die Auflehnung gegen das Gesetz, die Anstiftung zur Herabwürdigung der Institutionen und die Aufforderung zum Aufstand gegen sie sowie die gezielte Verleumdung von Staatsdienern oder Privatpersonen zu Vergehen erklärt, die gerichtlich geahndet werden.

Nach dem Sturm auf die Tuilerien und der Gefangensetzung der königlichen Familie im August 1792 beginnt man gegen Zeitungen vorzugehen, die des Eintretens für die Konterrevolution bezichtigt werden, aber der „Tyrannei der Freiheit“ gelingt es nicht, der wie Pilze aus dem Boden schießenden Zeitungen Herr zu werden, so daß es weiterhin unzählige Neugründungen gibt. Im Jahr II erscheinen in Paris 106 und in der Provinz 23 verschiedene Zeitungen. Nach dem Sturz Robespierres bleibt die

* Die Französische Revolution. Eine Dokumentation, hrsg. von Walter Grab, München 1973, S. 38 (Anm. d. Übers.).

Pressefreiheit gewissen Einschränkungen unterworfen. Ein Gesetz vom 12. Floréal des Jahres III – dem 1. Mai 1795 – droht erneut jenen Personen Strafe an, die in ihren Schriften zur Herabwürdigung der Volksvertretung ermutigen und die Wiedereinführung des Königtums fordern. Der mißlungene Anschlag der Royalisten vom 13. Vendémiaire – dem 5. Oktober 1795 – führt zur erstmaligen Anwendung dieses Gesetzes. Das hindert jedoch viele royalistische Blätter keineswegs daran, unter getarnter Aufmachung fortzubestehen.

Die Zeitung, ein kommerzielles Unternehmen

Die Zeitungen sind aber erst in zweiter Linie Mittel zur politischen Auseinandersetzung. Zunächst einmal sind sie für viele – wenn auch nicht für alle – Redakteure ein gewinnträchtiges Unternehmen. Zur Gründung einer Zeitung ist nur ein bescheidenes Startkapital notwendig, und man kann auf solide Gewinne hoffen. Die Mehrzahl der Journalisten lebt ausschließlich von ihrer schriftstellerischen Arbeit, die ihnen meist ein recht gutes Auskommen ermöglicht. Die meisten Blätter erscheinen allerdings in einer Auflage von höchstens 300 bis 500 Exemplaren, was keine großen Gewinne zuläßt. Wenn eine Zeitung beim Publikum ankommt, wirft das in sie investierte Kapital oft recht schnell stattliche Gewinne ab. Marats Blatt „L'Ami du Peuple“ (Der Volksfreund) erscheint in einer Auflage von 2000 Exemplaren, was angesichts der Tatsache, daß die Zeitungen oft laut vorgelesen werden, bedeutet, daß er vermutlich 20 000 Leser mit seinem Blatt erreicht. Die von Abbé Royou herausgegebene Zeitung „L'Ami du Roi“ (Der Freund des Königs) wirft mit einer Auflage von rund 5000 Exemplaren ganz ordentliche Summen ab. Wie gut muß es da erst um die Zeitung Mirabeaus bestellt sein, die in rund 10 000 Exemplaren aufgelegt wird, oder gar um das Blatt „Révolutions de Paris“, das angeblich eine Auflagenhöhe von über 200 000 Exemplaren erreicht, was allerdings leicht übertrieben sein dürfte. Gutgehende Tageszeitungen erscheinen durchschnittlich in etwas mehr als 5000 Exemplaren. Die Kosten, die für eine tagtäglich in lediglich 1000 Exemplaren aufgelegte Zeitung anfallen, belaufen sich auf rund 40 Livres – eine Summe, für die man entweder im Palais Royal exquisit speisen oder eine der teuersten Opernlogen mieten kann.

Herstellung und Vertrieb der vier Seiten starken, in 10 000 Exemplaren erscheinenden Tageszeitung „Le Patriote français“ (Der französische Patriot) kostet laut Laborie pro Tag rund 200 Livres, das heißt 73 000 Livres pro Jahr. Allein aus den Abonnements, von denen die Zeitungen hauptsächlich leben, werden Einnahmen in der Größenordnung von 100 000 bis 180 000 Livres erzielt. Das bedeutet, daß dem Herausgeber auch nach der Bezahlung des Chefredakteurs Brissot noch ein anständiger Batzen Geld übrigbleibt. Ein bescheidenes Provinzblatt wie „Le Journal de Marseille" erwirtschaftet einen Reingewinn von fast 2500 Livres – über achtmal so viel wie ein Handlanger verdient und rund die Hälfte eines Ministergehalts. Der Journalist Gallas, der Anteile an einer rechtsorientierten Zeitung besitzt, bezeugt 1795, daß der Journalismus trotz der während der Terrorherrschaft erlittenen Verluste der einträglichste Zweig der literarischen Branche darstelle. Poncelin, einer der „Barone" des konterrevolutionären Pressewesens, verfügt 1797 über ein auf 154000 Livres geschätztes Kapital: Er besitzt eine Druckerei, Anteile an einem Verlag, ein landwirtschaftliches Anwesen sowie aus dem Verkauf des Kirchenbesitzes stammende Nationalgüter.

Zur Gründung und Herausgabe einer Zeitung sind nur wenige Mitarbeiter vonnöten. Die Spitze eines damaligen Presseunternehmens besteht aus einem Eigentümer, einem Herausgeber, einem Chefredakteur, einem Bürovorsteher sowie einem Drucker. Als typisches Beispiel mögen die Räume der von Royou herausgegebenen Zeitung „L'Ami du Roi" – eines der bis Mai 1792 meistgelesenen royalistischen Blätter – dienen. Sie befinden sich im Haus Nummer 37 der Rue Saint-André-des-Arts, einem Viertel, in dem die meisten Verlage zu Hause sind, das Haus gehört der Witwe Fréron. Ihr verstorbener Mann hatte das Blatt „L'Année littéraire" (Das literarische Jahr) geleitet und war von den Philosophen des 18. Jahrhunderts heftig angefeindet worden. Die Witwe Fréron lebt im ersten Stock in einer Wohnung, für die sie im Vierteljahr über 160 Livres Miete zahlt. In der dritten Etage befinden sich die Redaktionsräume der Zeitung, für die eine Vierteljahresmiete von 112 Livres entrichtet werden muß. Es handelt sich um ein recht ansehnliches Unternehmen – dem Leiter eines bescheideneren Blattes steht in der Regel nur ein einziger Raum zur Verfügung. Im Zeitungsbüro sind drei oder vier Angestellte eifrig damit beschäftigt, neue Abonnenten in die Kartei aufzunehmen und die bereits erfaßten zu verwalten. Wenn die Arbeit überhandnimmt, heuert man ein paar notleidende Schreiberlinge wie Jeansson oder Longchamps an, die gegen eine Bezahlung von zehn Sous pro hundert gelieferte Stücke Streifbänder mit den Adressen der Abonnenten versehen. Sobald die Zeitung die Druckerei verläßt, stellen sich die Ausrufer ein: Sechs über ganz Paris verteilte Zeitungsverkäufer teilen sich den Straßenverkauf. Falls die Umstände es erfordern, wird ein zusätzlicher Ausrufer eingestellt, eine Aufgabe, die häufig von der Hausangestellten der Witwe Fréron vorübergehend übernommen wird. Diese Zeitungsverkäufer erhalten einen Wochenlohn von sechs bis sieben Livres. Die Arbeit des Plakatklebers, der rund tausend Exemplare anschlägt, wird mit dreißig Livres bezahlt.

Die Zeitung wird von Abbé Royou, der einst am Kolleg unterrichtete, gemeinsam mit seiner Schwester, der Witwe Fréron geleitet. Er zahlt den Angestellten ihren Lohn aus und stellt das notwendige Papier bereit. Dieses ist nicht so grob gekörnt und auch nicht so rauh wie das damals von den meisten übrigen Blättern verwendete, sondern ein ziemlich hochwertiges Hadernpapier. Schließlich überprüft Royou regelmäßig das Register, in das die Ausgaben für Druckerschwärze, Kerzen und Heizung eingetragen werden. „L'Ami du Roi" verfügt über eine hauseigene Drukkerei. Dies stellt eine Seltenheit dar, denn meistens beauftragen die Herausgeber einen selbständigen Handwerker mit der Drucklegung ihrer Zeitung, der nach Stückzahl entlohnt wird und für mehrere Blätter gleichzeitig arbeitet. Die drucktechnischen Verfahren sind nach wie vor recht primitiv und nicht allzu teuer, aber aufgrund der hölzernen Pressen und Handpressen sind keine hohen Auflagen möglich: Eine Druckpresse liefert bestenfalls 3000 Exemplare pro Tag, so daß Zeitungen wie „L'Ami du Roi" mehrere Pressen benötigen. Frérons Blatt umfaßt vier Seiten, andere dagegen haben acht, und auch das Format variiert vom Quart über das Oktav bis hin zum Duodez oder Sedez.

„L'Ami du Roi" hat, wie die übrigen Zeitungen, einen Namen, der einem politischen Programm gleichkommt. Die vollständige Bezeichnung lautet „Der Freund des Königs, der Franzosen, der Ordnung und vor allem der Wahrheit". Viele Zeitungen haben den Bestandteil „Ami" in ihrem Titel: Es gibt einen „Ami du Peuple" (Freund des Volkes), einen „Ami des Patriotes" (Freund der Patrioten), einen „Ami de la Révolution" (Freund der Revolution), einen „Ami des Jacobins" (Freund der Jakobiner) und schließlich einen „Ami de la Constitution" (Freund der Verfassung). Andere Redakteure wählen das Schlüsselwort „patriote" für ihr Blatt: Neben einem „Patriote royaliste" (Royalistischer Patriot) findet man einen „Patriote sincère" (Aufrichtiger Patriot), einen „Patriote incorruptible" (Unbestechlicher Patriot) sowie einen „Patriote révolutionnaire" (Revolutionärer Patriot).

Im allgemeinen steht unterhalb des Zeitungsnamens ein das fragliche Blatt noch treffender kennzeichnendes Motto. Royou wählt den auf Ludwig XVI. gemünzten Spruch „Als er noch allmächtig war, liebte ich ihn, den Unglücklichen aber bete ich an". „Le Patriote français" behauptet von sich, daß er eine „freie Zeitung" und ein „das Volk beschützender Wachposten" sei. „Les Révolutions de Paris" trägt die folgende Sentenz: „Die Mächtigen erscheinen uns nur deshalb so groß, weil wir vor ihnen im Staub knien ... Laßt uns aufstehen!". Das von Marat herausgegebene Blatt steht unter dem Motto „Vitam impendere vero" – „Das Leben der Wahrheit widmen" und Héberts „Le Père Duchesne" unter der Devise „Memento mori" – „Gedenke des Todes", ein Wortspiel, das auf den Konterrevolutionär Abbé Maury abzielt.

Die Redakteure und ihre Informationsquellen

Die Redaktionsmannschaft einer damaligen Zeitung setzt sich aus zwei oder drei bis hin zu maximal zwanzig Journalisten zusammen, wie sie für „Les Actes des Apôtres" (Die Apostelgeschichte) belegt sind. Abbé

Royou, der Chefredakteur von „L'Ami du Roi", bezieht seine Informationen über seinen Bruder, Jacques Corentin Royou, einen Advokaten, der ihn allmählich ablöst, sowie über einen weiteren Bretonen namens Julien Louis Geoffroy, eines Doktors, der an der Universität die Agregation erworben hat und am Collège des Quatre-Nations lehrt. Ebenso wie die Herausgeber der übrigen Zeitungen stützt sich Royou darüber hinaus auf eine Reihe gelegentlich für sie arbeitender Redakteure, die sich auf eine bestimmte Sparte, wie zum Beispiel die Wirtschaft oder die Außenpolitik, spezialisiert haben und ihre Beiträge mehreren Blättern gleichzeitig anbieten.

Die wichtigsten Informationsquellen sind jedoch die Debatten in den politischen Versammlungen, die in der Hauptstadt stattfinden. Ferner empfiehlt es sich, Kontakt zu den Mitgliedern der Gemeindeverwaltungen und der Departementversammlungen aufzunehmen. Auch der Besuch des Jakobinerklubs kann sich als sehr nützlich erweisen. Andernorts – in den Grünanlagen und in den Cafés, im Café Procope etwa oder auf den Polizeikommissariaten – kann man in Erfahrung bringen, wie es um die öffentliche Meinung bestellt ist. Um Informationen aus der Provinz und dem Ausland zu erhalten, wendet man sich zunächst an die Händler, welche dort die Zeitungen ausliefern, oder an die Leiter der Poststationen oder sogar an Briefträger und einzelne Abonnenten. Diesen mehr oder weniger stark an einem guten Absatz der Zeitung interessierten Korrespondenten verspricht man die Erstattung ihrer Unkosten. Nach der Kriegserklärung nehmen die Redakteure Verbindung zu den Truppen auf, und zwar in erster Linie zu den Mitgliedern des Generalstabs. Wenn sie der Redaktion Meldung von einer Neuigkeit machen, noch bevor die Abendausgabe in Druck geht, können sie sich damit ein Zubrot von bis zu 400 Livres im Jahr verdienen – vorausgesetzt, daß sie leserlich schreiben. Im Ausland werden ganze Netze von Informanten aufgebaut, wie jenes von Monsieur Duplain, dem Herausgeber des „Courrier Extraordinaire" (Sonderpost): Er entsendet Freunde nach Brüssel, Lüttich, Worms, Koblenz, Trier, Wien, Berlin und London, die den Auftrag haben, dort sowohl nach neuen Abonnenten als auch nach Berichterstattern Ausschau zu halten. Sollte der Nachrichtenfluß einmal ins Stocken geraten und die Redaktion über keine nennenswerten Neuigkeiten verfügen, so werden kurzerhand Meldungen aus anderen Blättern übernommen.

Das Wettrennen um Informationen

Es dauert lange, bis die Briefe der Korrespondenten in den Redaktionen der Hauptstadt eintreffen: Ein in Marseille aufgegebenes Schreiben kommt manchmal erst nach Ablauf von vier Tagen und Nächten in Paris an. Um die Meldungen schneller ans Ziel gelangen zu lassen, läßt man sie von Reisenden oder Beamten, die aufgrund der von ihnen bekleideten Position schneller vorwärtskommen, gegen ein entsprechendes Entgelt befördern. So bezahlt Duplain etwa jene Soldaten, die als Kuriere der Generale in gestrecktem Galopp in die Hauptstadt jagen, für die Übermittlung von für seine Zeitung bestimmten Nachrichten. Das kostet ihn zwar bis zu 24 Livres, aber was ist diese Summe schon im Vergleich zu dem ungeheuren Triumph, den es bedeutet, als erster eine Nachricht in Händen zu halten und sie sofort verbreiten zu können!

So rasch wie möglich Neuigkeiten zu ergattern und diese dann umgehend an die Öffentlichkeit bringen – auch damals arbeiten die Journalisten bereits nach dem Prinzip unserer modernen Tageszeitungen. Wer über genügend Mittel verfügt, kann die Nachrichtenübermittlung durch den Aufbau eines eigenen Botennetzes beschleunigen, da es schneller als die Post arbeitet. Duplains Botendienst hat seine Zentral über den geräumigen Stallungen des Hôtels de Tours. Von dort aus brechen jeden Morgen gegen 3 Uhr leichte, gut gefederte Einspänner auf, die spätestens nach 56 Stunden in Lyon eintreffen. Um nicht allein die hohen Kosten für diesen Kurierdienst bestreiten zu müssen, tut sich Duplain mit anderen Zeitungen wie „La Chronique de Paris" zusammen, deren Exemplare er zusammen mit denen seines eigenen Blattes in ganz Frankreich ausliefern läßt. Außerdem werden die Einspänner auch häufig von Reisenden benutzt, denen ein schnelles Vorwärtskommen jeden geforderten Preis wert ist. Als jedoch im Januar 1791 das Postkutschenwesen zu einem staatlichen Monopol wird, gerät Duplain in Widerspruch zum Gesetz.

Dank solcher Unternehmen bleibt die Zeitungslektüre nicht mehr länger einer Elite vorbehalten. Im Jahr 1791, in dem 280 Zeitungen mit einer Auflage von 1000 bis 2000 Exemplaren erscheinen, warten täglich zwischen 300 000 und 500 000 Franzosen auf ihre Zeitungslektüre. Diese Leserschaft vergrößert sich noch dadurch, daß es üblich ist, in den Cafés und Wirtshäusern die frisch eingetroffenen Blätter zu studieren. Zwischen 8 und 10% jener Abonnenten, die in den Jahren 1794 bis 1800 ein politisch rechts stehendes Blatt beziehen, sind Kaffeehausbesitzer, die durch die aufliegende Tageszeitung neue Kunden anzulocken und die bisherigen zu halten hoffen. Aber auch Zeitungen aus dem linken Lager wie etwa Babeufs „Volkstribun" liefern 10% ihrer Abonnementexemplare an Schankwirte aus. Wie man heute weiß, verbreitete sich die Zeitungslektüre damals in ganz Frankreich; nicht nur Angehörige der Oberschicht, sondern auch bessergestellte Händler, Handwerker und Bauern leisteten sich eine Zeitung.

Die politische Presse

Die meisten Zeitungen widmen rund drei Viertel des ihnen zur Verfügung stehenden Raumes den innerhalb der Nationalversammlung stattfindenden Debatten. Deren Reden oder Dekrete werden zum Anlaß genommen, ausführliche Erörterungen oder polemische Stellungnahmen zu verfassen. Einzelne Sätze der Redner werden aus dem Zusammenhang gerissen zitiert, um die revolutionären Ereignisse zu erläutern und die von der Revolution verfolgten Ziele darzulegen. Die Royalisten versuchen vor allem zu beweisen, daß die eingetretenen Veränderungen allesamt auf ein von wenigen Demagogen angezetteltes Komplott zurückgehen – auf eine bunt zusammengewürfelte Liga, einem Bündnis, dem sowohl Freimaurer als auch Protestanten, Anarchisten und maßlose Ehrgeizlinge angehören. Sie machten sich – so werfen ihnen die Royalisten vor – in unterschiedlichem Ausmaß das zeitgenössische philosophische Gedankengut zunutze, um das Volk aufzuhetzen. Wenn man nicht aufpasse, werde die Macht alsbald in die Hände des Pöbels fallen. Gegen wen richtet sich das Komplott? Nur gegen den Adel? Die royalistisch gesinnten Journalisten erweisen sich als geschickte Taktiker, indem sie das Schicksal der Aristokraten eng mit jenem des Besitzbürgertums verknüpfen. Diese Bürger begrüßen eine Revolution, die vordergründig ihre Stellung innerhalb des Königreichs verbessere, ohne jedoch zu bemerken, daß die von ihm gutgeheißenen Reformbestrebungen auch von Kreisen mitgetragen werden, welche die bestehenden Eigentumsverhältnisse antasten wollen. Schon 1791 tritt Royou für die Gründung einer Vereinigung zum Schutz der Kaufleute, der Eigentümer ein sowie „all jener, die etwas zu schützen haben". Seine Nachfolger, die meist der Jeunesse dorée angehören, die an den Straßenbiegungen Sanskulotten auflauert, um sie niederzuknüppeln, nehmen in den Jahren 1795 und 1796 den Germinal-Aufstand und die Verschwörungen der „Gleichen" um Babeuf zum Anlaß, vor der von der extremen Linken ausgehenden Gefahr zu warnen. Sie fordern erneut ein Bündnis aller Franzosen zum Schutz der bestehenden Ordnung und appellieren an die Wählerschaft, für Abgeordnete zu stimmen, die sich zwar als gemäßigt ausgeben, in Wahrheit jedoch Royalisten sind. Außerdem betonen sie immer wieder, daß es in jeglicher Gesellschaft Standesunterschiede gebe, die dazu führten, daß einige Mitglieder privilegiert seien. Diese hätten jedoch ihre herausragende Stellung aufgrund ihrer Intelligenz und ihrer persönlichen Verdienste erworben. Sie fordern die Rückkehr zu einem von jeglichem Fanatismus gereinigten Katholizismus, der in ihren Augen immer noch die beste Gewähr für den Fortbestand der Gesellschaftsordnung ist. Schließlich plädieren sie für eine Einstellung der Eroberungskriege und kritisieren Napoleons Vorgehen in Italien: Durch die Gründung der Schwesterrepubliken – so behaupten sie – werde der Grundstein für einen nicht endenwollenden Krieg in Europa gelegt.

Die Monarchie stellt für sie den einzigen Ausweg aus der kritischen Situation dar. Royou ist nicht der einzige, der 1791 diesen Standpunkt vertritt. Der König soll seine frühere Macht zurückerhalten. Er allein ist – als väterlicher Herrscher über alle Untertanen und oberster Schiedsrichter – in der Lage, die verschiedenen Privat- und Sonderinteressen zum Schweigen zu bringen. Hat er denn nicht, so argumentieren die Royalisten, mit seinem Programm vom 23. Juni 1789 Frankreich den einzig gangbaren Weg der Erneuerung vorgezeichnet? Hat er darin dem französischen Volk nicht die umfassendsten Garantien seiner Freiheit gegeben? In Wahrheit sah sich der Großteil der Bevölkerung durch dieses Programm in seinen Erwartungen und Hoffnungen enttäuscht, weil es nichts über den Zugang zu den hohen und höchsten Staatsämtern besagte und weder die allgemeine Steuergleichheit noch die Beseitigung des Feudalsystems vorsah. Royou ist sich dessen sehr wohl bewußt und schämt sich nicht, aus diesem Grund anläßlich seiner Zusammenfassung des königlichen Programms dieses in verschiedenen Punkten abzuändern beziehungsweise zu ergänzen. Der Zweck heiligt in seinen Augen ganz offensichtlich die Mittel: Schließlich geht es doch darum, einem seiner Meinung nach für Frankreich verhängnisvollen politischen System möglichst viele potentielle Anhänger abspenstig zu machen. Die royalistisch gesinnten Journalisten zerfallen – 1795 ebenso wie in den darauffolgenden Jahren – in zwei Lager: Die kleinere Gruppe der „absolutistes" befürwortet die Rückkehr zum Absolutismus, während die Mehrheit für die Schaffung einer konstitutionellen Monarchie eintritt. Alle greifen sie jedoch – in mehr oder weniger redlicher Absicht – das alte Programm von einer Reform innerhalb eines monarchisch geprägten Staatswesens auf.

Im gegenüberliegenden Lager geht es den „demokratischen" Journalisten mehr darum, die Öffentlichkeit für die Ziele der Revolution zu gewinnen, als den Lesern Zerstreuung und Unterhaltung zu bieten. Sie wenden dieselbe Technik an wie ihre royalistischen Kollegen: Auch sie verstümmeln den Wortlaut der Reden, indem sie Teile aus den Wortmeldungen herausgreifen und isoliert betrachten, aus denen ihrer Auffassung nach besonders deutlich hervorgeht, worauf die Konterrevolution abzielt. Diese fordert demnach zum sozialen Kompromiß auf, um besser den Fortbestand der alten Ordnung garantieren zu können. Für Marat ist die Berichterstattung über die Debatten in der Nationalversammlung ein willkommener Vorwand, um ausführlich über die Revolution schreiben und Einfluß auf ihren weiteren Verlauf nehmen zu können. Er nutzt jede Ausgabe des „Volksfreundes", um die neue Verfassung zu kritisieren, vermeintliche Helden zu entlarven und seine revolutionäre Theorie darzulegen. Die fortwährende und gewaltsame Erhebung des Volkes ist ihm zufolge notwendig. Er skizziert eine Volksregierung, die aus der Diktatur eines Tribuns besteht, und geht manchmal unmerklich von der Erörterung politischer Fragen zur Analyse der gesellschaftlichen Verhältnisse über. Die Ursachen der Revolution sind für ihn nicht etwa in einem

Komplott, sondern vielmehr in jenem Elend und jener Unterdrückung zu suchen, unter denen das Volk seit jeher zu leiden hat und die es zu beseitigen gilt. Andere Zeitungen wie der von Hébert herausgegebene „Père Duchesne" suchen weniger, die öffentliche Meinung zu beeinflussen, als ihr vielmehr zu folgen und sich zu ihrem Sprachrohr zu machen, indem sie die Forderungen der Sanskulotten theoretisch untermauern und deren Parolen aufgreifen. Dabei kann es vorkommen, daß sie aus persönlichen Motiven heraus die Aufmerksamkeit der Leser in ganz bestimmte Bahnen zu lenken versuchen.

Die Presse im Dienst der Macht

In den Jahren zwischen 1789 und 1792 geht ein Gerücht um, wonach die royalistische Presse angeblich über geheime Gelder des Hofes verfüge. Dies entspricht jedoch nicht immer der Wahrheit. Auch die Revolutionsregierung ist darauf bedacht, entscheidenden Einfluß auf die Presse zu nehmen. Die Girondisten verfügen über die Blätter „Le Patriote français", „La Chronique de Paris", „La Sentinelle" (Der Wachposten) und den von Gorsas herausgegebenen „Courrier" (Kurier). Minister Roland subventioniert selbst einige Publizisten. Nach dem Sturm auf die Tuilerien 1792 eröffnen die Girondisten mit dem „Büro der öffentlichen Meinung" eine Art Presseagentur und konzentrieren sich dabei nicht ausschließlich auf die männliche Leserschaft, sondern suchen auch innerhalb der speziell auf das weibliche Publikum zugeschnittenen Presse Fuß zu fassen.

Im Jahr II bedienen sich die Jakobiner verschiedener Zeitungen wie etwa des „Antifédéraliste", um gegen umstürzlerische Gruppierungen anzukämpfen. Einer der Redakteure dieses Blattes, Claude François Payan, der als Abgeordneter der Debattierklubs aus dem Departement la Drôme in Paris weilt und dem Schreibbüro des Wohlfahrtsausschusses vorsteht, gehört zum engeren Umkreis Robespierres. Auch „Le Bulletin de la Convention" (Mitteilungsblatt des Nationalkonvents) wird dazu benutzt, das Gedankengut der Bergpartei – der „Montagne" – zu verbreiten. Dieses Blatt präsentiert seiner Leserschaft neben den politischen Ideen der amtierenden Machthaber auch Nachrichten, insbesondere Kriegsnachrichten.

Bis April 1793 finden auf Betreiben der politisch tonangebenden Girondisten vor allem Meldungen über die Nordarmee Niederschlag in der Presse. Diese Bevorzugung erklärt sich aus den Verbindungen, die Dumouriez, der Befehlshaber dieser Armee, zu den Girondisten aufgenommen hat. Außerdem lenken Frankreichs Politiker damals nur allzu gerne alle Blicke auf die Situation an der niederländischen Grenze, um zu zeigen, daß es bei den kriegerischen Auseinandersetzungen mit den europäischen Koalitionstruppen weniger um den Konflikt zwischen unterschiedlichen politischen Auffassungen als vielmehr um handfeste territoriale Ansprüche geht. Mit dem Sieg der Bergpartei über die Gironde ändert sich alles. Das Regierungsblatt „Le Moniteur" (Der Anzeiger) berichtet nun ebenso ausführlich über die übrigen Armeen wie über die im Norden des Landes operierenden Truppen und bringt gleichzeitig mehr Informationen über den Kampf gegen die Royalisten und ihre Verbündeten. Im Gegensatz zur girondistischen Nachrichtenpolitik, bei der militärische Rückschläge verheimlicht wurden, wird unter der Herrschaft der Bergpartei ganz offen über die Schwierigkeiten berichtet, mit denen das im Krieg befindliche Frankreich zu kämpfen hat. So erfährt die Leserschaft im Juli, daß es den republikanischen Truppen – den „Blauen" – nicht gelingt, die aufständischen Gebiete im Westen in den Griff zu bekommen. Im Oktober werden die Leser vom ganzen Ausmaß der im Südwesten Frankreichs drohenden Unruhen unterrichtet. Während der Terrorherrschaft und bis Anfang 1794 hagelt es Unmengen besorgniserregender Meldungen. Versucht man etwa – diese Frage drängt sich auf – durch diese durchaus zutreffenden Meldungen gezielt die Bevölkerung in Unruhe zu versetzen, um noch mehr Soldaten ausheben zu können?

Die Revolutionsregierung wendet sich mit Hilfe der Presse nicht nur an die Zivilbevölkerung, sondern mittels der in die Zeltlager gelieferten Blätter auch an die Truppen. Zeitungen wie „Le Bulletin" oder „L'Antifédéraliste" lösen allmählich den auf Anweisung des Kriegsministers zu Tausenden unter die Soldaten verteilten „Père Duchesne" ab.

Einige Generäle geben eine eigene Zeitung heraus. Dugommier, der Anführer der Pyrenäenarmee, gründet zusammen mit einigen Jakobinern aus Marseille das Blatt „L'Avant-Garde" (Die Vorhut). Carnot ruft zusammen mit Valcour und Camilla, zwei Angestellten des Wohlfahrtsausschusses, am 20. Juli 1794 die Zeitung „La Soirée du Camp" (Der Abend im Feldlager) ins Leben. Unter dem Deckmantel der Bekämpfung der Hébertisten bereitet der „Organisator des Sieges" darin die Truppen auf den Staatsstreich des 9. Thermidor vor.

Die Publizisten der Französischen Revolution

Bei den Journalisten des Revolutionszeitalters handelt es sich meist um verhältnismäßig junge Männer. In bezug auf die politisch rechtsstehenden Blätter läßt sich feststellen, daß die Generation eines knapp fünfzigjährigen Royou oder Rozoi ab dem Jahr II von einer Gruppe nach 1753 oder 1762 geborener Journalisten abgelöst wird: 1795 sind 39 Prozent der für rechte Zeitungen arbeitenden Journalisten unter 32 Jahre alt. Ihre bekanntesten Kollegen bei den linken Zeitungen sind ein klein wenig älter, in der Regel (67%) sind jedoch auch sie um das Jahr 1753 geboren. Babeuf – um ein Beispiel zu nennen – ist im Jahre 1795 35 Jahre alt.

Alle Journalisten, ganz gleich, ob sie für eine rechte oder eine linke

Zeitung arbeiten, verfügen über eine solide Ausbildung, viele von ihnen haben wie die meisten Politiker ein Jurastudium absolviert. Sie haben sich eingehend mit den Philosophen des 18. Jahrhunderts befaßt, kennen deren unterschiedliche, bisweilen einander widersprechende Ansätze und sind in der Lage, eine neue Leseart der zentralen Werke der Aufklärung zu präsentieren. So gelingt es beispielsweise den royalistischen Journalisten, dem Rousseau der Demokraten einen Rousseau gegenüberzustellen, der royalistische Thesen verficht. Wenn man heute die damals erschienenen Zeitungen liest, fällt der ausgefeilte Stil auf, dessen sich die Journalisten befleißigten. Eine aufmerksame Lektüre des „Ami du Peuple" genügt, um jene hartnäckige Legende Lügen zu strafen, wonach Marat ein hemmungsloser Polemiker ohne jedes Schamgefühl gewesen sein soll. Wie einer seiner Biographen bemerkte, liegt die Brutalität von Marats Aussagen in deren Inhalt begründet, während die äußere Form und der Ton durchaus korrekt sind und manchmal sogar ein wenig bombastisch anmuten. Hébert besitzt sogar ein schriftstellerisches Talent, das man unseren modernen Journalisten wünschen möchte. Wenn man einmal von den vulgären Ausdrücken absieht, mit denen er seine Texte durchsetzt, um im schlechten Sinn des Wortes „volksnah" zu schreiben, so stellt man fest, daß Hébert ein überaus fähiger Journalist war, der ein feines Gespür für soziale Probleme und eine ausgeprägte literarische Begabung besaß.

Die Sensationspresse

Nicht alle während der Französischen Revolution erscheinenden Zeitungen sind ausschließlich darauf bedacht, ihre Leserschaft politisch zu beeinflussen. Und selbst die Blätter, die besonderen Wert auf die Wiedergabe der Parlamentsdebatten und der erbitterten Auseinandersetzungen innerhalb der Clubs und Sektionen legen, räumen daneben auch den „faits divers", den vermischten Nachrichten, einen gewissen Raum ein. Innerhalb mancher Zeitungen nehmen diese sogar eine zentrale Stelle ein, und wie im 20. Jahrhundert gibt es auch damals schon Sensationsblätter. Breiten Raum nehmen die Meldungen über Diebstähle ein, vor denen sich die meisten Zeitgenossen fürchten. Am 22. Januar 1791 lockt ein Zeitungsverkäufer mit den Worten „Kauft die ‚Chronik von Paris'! Diebesbande ausgehoben!" Wer die Zeitung kauft, wird in allen Einzelheiten über die Ergreifung einer dreißig Personen, Männer wie Frauen, umfassenden Diebesbande unterrichtet, die ganz Paris in Atem gehalten hatte. Mit ihrer Festnahme ist der Polizei zwar ein Coup gelungen, auf den sie mit Recht stolz sein kann, doch wird sie auch mit jenen rund 4000 Langfingern fertig werden, die sich – so heißt es – zusammengetan haben, um die ehrlichen Leute auszunehmen? Sollte man etwa – so fragt sich das Blatt „Le Véridique" (Der Wahrheitsliebende) – zu ihrer

Bekämpfung wieder auf das bereits vom Ancien Regime verwendete Mittel bezahlter Verbindungsmänner und Spitzel zurückgreifen? Sicherheit und Freiheit sind untrennbar miteinander verbunden: Eine Ausgabe der Zeitung „Le Babillard" (Der Plauderer) vom 9. Oktober 1791 fordert daher ein rigoroses gesetzliches Vorgehen gegen Spelunken und eine wachsame Polizei, die das in Paris sein Unwesen treibende freche Diebesgesindel aufstöbert. Am 29. Dezember 1791 scheint man diese Forderungen endlich zu beherzigen: Das Blatt „Le Spectateur et le Modérateur" (Der Beobachter und Verfechter des Mäßigkeitsideals) stellt fest, daß man sich endlich dazu entschlossen habe, die Geldleiher aus der Rue Vivienne zu verjagen, deren Niederlassungen zahlreiche Menschen und vor allem Taschendiebe anlockten, die dort ein leichtes Spiel hatten.

Viele Artikel befassen sich mit dem entwürdigenden Anblick, den die vielen Prostituierten der Hauptstadt darstellen. Damit müsse jetzt Schluß sein, fordert das „Journal du Soir" in seiner Ausgabe vom 10. August 1791 und berichtet voll des Lobes, daß eine Frau, die zehn- und elfjährigen Kinder zur Prostitution angehalten habe, zur Strafe öffentlich ausgepeitscht, auf einen Esel gebunden und durch die Straßen der Hauptstadt geführt worden sei. Wie lange sollen derartige Etablissements noch geduldet werden? Voller Empörung wird jene Attraktion geschildert, die im April 1791 die Schaulustigen scharenweise zum Palais-Royal pilgern ließ. Dort – so entnimmt man der Zeitung „La Chronique de Paris" – lockt ein Ausrufer mit den Worten „Kommt herbei, um den wilden Mann anzuschauen!" unzählige Kunden an. Und was bekommen diese zu sehen? Bei dem angeblich wilden Mann handelt es sich um einen kräftig gebauten Schmied, der sich in völlig unbekleidetem Zustand mit einer Prostituierten „den tiefsten Geheimnissen der Natur" hingibt, und man erzählt sich, daß tagtäglich bis zu neunzehn Vorstellungen dieser Art stattfinden!

Im Jahr II setzt eine unerbittliche Jagd auf die Prostituierten und deren Helfershelfer ein. Gleichzeitig wird auch gegen die in den Vergnügungsstätten verkehrenden Reichen – „les opulents" – vorgegangen, die die bescheiden lebenden Republikaner beleidigen, indem sie sich den Bauch mit luxuriösen Speisen wie Rippenstücken in Gurkensauce, mit Sardellen garnierten Geflügelsalat und gespicktem Kalbfleisch mit feingehacktem Sauerampfer vollschlagen, während ihre vom Saft der Pfirsichkrapfen triefenden Finger Gläser umklammern, in denen roséfarbener Champagner perlt, von dem das Glas fünf Livres kostet! Am 20. Ventôse – dem 10. März 1794 – berichtet das Blatt „Les Trois Décades" (Die drei Dekaden) begeistert von den Strafexpeditionen, mit denen die Sanskulotten derartige Ausschweifungen ahnden.

Auch Selbstmorde werden von den Zeitungen gern dazu benutzt, Leser anzulocken. Da gibt es zum einen den politisch motivierten Selbstmord, wie etwa den des Bürgers Provant, der im „Journal du Soir" vom 22. Juli 1791 geschildert wird. Der Leutnant der Nationalgarde – von Beruf Goldschmied und Juwelier – konnte den Gedanken an die Erschießungen auf dem Marsfeld nicht mehr länger ertragen und jagte sich in seiner Verzweiflung eine Kugel in den Kopf. Eine weitere Kategorie bilden die Selbstmörder, die ohne greifbares Motiv aus dem Leben scheiden. So berichtet etwa das „Journal de la seconde Législative" (Blatt der zweiten Legislative) am 16. Oktober 1791 von einem Mann, der sich im Palais-Royal umgebracht und unmittelbar vor seiner Tat ein paar – der Zeitung vorliegende – Abschiedszeilen verfaßt habe. Deren wirrer Inhalt lasse darauf schließen, daß sie in einem Anfall von Wahnsinn geschrieben worden seien. Sie lauten nämlich folgendermaßen: „Ich hoffe, daß der Besitzer dieses Schlosses dulden wird, daß man mich in dessen Garten bestattet; man kann mich jedoch ebensogut in die Seine werfen, das ist mir gleich, Frankreich ist frei!" Schließlich gibt es noch die Kategorie des „suicide miraculé", den Selbstmord, dessen Opfer wie durch ein Wunder wieder zum Leben erweckt werden und der sich ebenfalls als äußerst publikumswirksam erweist. Die Ausgabe des „Journal du Soir" vom 12. September berichtet von einem Ertrunkenen, der im Leichenhaus aufgebahrt wurde und dort – nachdem ein Wache haltender Student ihn an Kinn zur Ader gelassen und ihm Dampfbäder verabreicht habe – wieder zu sich gekommen sei.

Nachrichten fürs Herz

Selbstmorde aus Liebeskummer erweisen sich, sofern sie geschickt präsentiert werden, als besonders zugkräftig und auflagesteigernd. Am 25. Oktober 1791 berichtet „Le Journal de la seconde Législative" von einem recht hübschen jungen Mädchen, das sich aus Kummer über eine unglückliche Liebe aus dem Fenster eines gegenüber des Oratoire gelegenen Hauses gestürzt habe.

Am 14. April 1792 bringt „Le Journal du Soir" eine Meldung, die manche Leserin zu Tränen rührt: Ein junger Mann ist, nachdem er von seiner Angebetenen einen Korb bekommen hatte, unweit der Rue de la Huchette aus einem Fenster gesprungen. Flußschiffer, die ihn in dic Seine stürzen sahen, zogen ihn ans Ufer und brachten ihn vor den Friedensrichter. Als er diesem den Grund für seine Verzweiflungstat genannt hatte, ließ man sofort die Angebetete herbeiholen, die von einer empörten Menge mit beißendem Spott und Beschimpfungen bedacht wurde. Wie konnte man nur so hartherzig sein und einen Mann kaltblütig in den Tod schicken!

Auch Berichte über Verbrechen aus Leidenschaft ziehen zahlreiche Leser an. In seiner Ausgabe vom 23. September 1791 meldet „Le Journal du Soir" ein schreckliches Drama, das sich in der Rue Saint-Martin zugetragen hat: Als ein junger Mann feststellt, daß seine Verlobte ihn betrügt, zückt er kurzerhand ein Messer und bringt sie mit siebzehn Stichen um. Sein Rivale, der zunächst die Flucht ergriffen hat, kommt, durch die

Schreie seiner Geliebten alarmiert, zurückgerannt und rächt diese, indem er den Mörder mit zwei Hieben niederstreckt.

Auch über lustige Begebenheiten wird in den Zeitungen berichtet – bis die Sanskulotten an die Macht kommen, die für derlei Humor kein Verständnis haben. Am 2. November erfahren die Leser des „Journal de la seconde Législative" von einer folgenschweren Verwechslung: Ein Metzger und Aktivbürger kehrt nach einer durchwachten Nacht völlig übermüdet von seinem Posten nach Hause zurück. Seine ängstliche Frau hatte eine Nachbarin gebeten, die Nacht bei ihr im Ehebett zu verbringen. Der Ehemann scheint dies nicht zu bemerken und legt sich zwischen die beiden Frauen. Ob es sich wirklich um eine Verwechslung handelte, ist schwer zu sagen, fest steht jedoch, daß ihn die Nachbarin neun Monate später vor Gericht bringt und er dazu verurteilt wird, für den Unterhalt ihres neugeborenen Kindes aufzukommen sowie ihr eine Entschädigung zu zahlen.

Auch Nachrichten aus dem Bereich der Politik finden Eingang in diese Rubrik. Im September 1791 macht sich ganz Paris über einen Mann lustig, der den Abgeordneten der Nationalversammlung eine Lektion zu erteilen versuchte. Ganz in Weiß gekleidet und nach spanischer Manier einen den Rücken herabhängenden Überwurf tragend und ein Mädchen an der Hand führend, betritt er die Nationalversammlung und begrüßt ehrerbietig deren Mitglieder. Dann verteilt er Lorbeerzweige als Zeichen des Friedens – so sagt er – und als Belohnung für ihre Tugend. „Le Thermomètre du jour" (Tagesthermometer) befaßt sich mit einem ernsteren Zwischenfall und berichtet von handfesten Streitigkeiten zwischen Patrioten und Konterrevolutionären: Am Sonntag, dem 25. Mai 1792, wagte es ein Offzier in einem Café in den Tuilerien, seiner royalistischen Gesinnung mit den Worten „Hoch lebe der König, und ich scheiße auf die Nation!" Ausdruck zu verleihen. Ein unweit von ihm sitzender Patriot fährt empört auf, es kommt zu gegenseitigen Beleidigungen und zu einem Handgemenge. Die Frau des Patrioten versucht, die beiden Streitenden voneinander zu trennen. Da packt der Offizier ihre Hand, beißt ihr fast die Finger ab und versetzt der schwangeren Frau einen Tritt in den Bauch, daß sie mehrere Schritte von ihm entfernt zu Boden stürzt. Als er schließlich ergriffen wird, schickt er sich gerade an, die Frau mit weiteren Fußtritten zu traktieren. Die Menge ist außer sich vor Empörung. Sie bemächtigt sich des Offiziers, beschuldigt ihn des Kannibalismus und schleppt ihn in den Hof des Jakobinerklubs, wo er vor dem am Eingang zur „Société des Amis de la Constitution" (Gesellschaft der Freunde der Verfassung) errichteten Maibaum öffentlich Abbitte leisten muß. Auch die Theatersäle verwandeln sich jetzt häufig in Kampfplätze, auf denen die verschiedenen Parteien aneinandergeraten. Die Zeitungen berichten ausführlichst über alle Einzelheiten der dort stattfindenden Handgemenge, um – je nach ihrer politischen Ausrichtung – bald das eine, bald das andere Lager bloßzustellen.

Kleinanzeigen

Manche Blätter spezialisieren sich auf private Kleinanzeigen. Wer ein Pferd kaufen, eine Wohnung mieten möchte oder einen Hausdiener sucht, der sowohl die Dame des Hauses frisieren als auch dem Hausherrn beim Ankleiden behilflich sein kann und außerdem Pferde zu striegeln und auch zu kutschieren versteht, tut gut daran, ein Exemplar des Blattes „Les Affiches, annonces et avis divers" (Bekanntmachungen, verschiedene Annoncen und Ankündigungen) zu erstehen. Unter dem Deckmantel solcher Annoncen wird auch Reklame gemacht. Während die seriöseren Zeitungen sich darauf beschränken, für neuerschienene Bücher zu werben, preisen andere Blätter alle erdenklichen, auf dem Markt erhältlichen Produkte an. Wer will sein Zahnfleisch festigen, seine Zähne kräftigen und weiß erhalten oder sucht ein Mittel gegen Zahnschmerzen oder Karies? Ein gewisser Botot im Kloster Saint-Jacques de l'Hôpital bietet ein von der Universität und der Königlichen Gesellschaft für Medizin geprüftes und gebilligtes, alkoholhaltiges Mundwasser feil. Diese aus ausgesuchten Heilkräutern hergestellte Balsamlösung verleihe dem Atem lieblichen und angenehmen Duft. Die bedauernswerten Skorbutkranken, die sich einer Quecksilberbehandlung unterziehen müssen, weil sie sich zu oft mit Prostituierten eingelassen haben, ebenso wie werdende Mütter, die bekanntlich unter Zahnfleischproblemen leiden, werden – so heißt es in der entsprechenden Anzeige – dank Botots Heilmittel wieder ein schönes, gesundes Gebiß bekommen.

Am 8. Thermidor – dem 26. Juli 1794 – nimmt „Le Moniteur" folgenden Anzeigentext in seine Ausgabe auf:

> „Bekanntmachung. Der Bürger Laffecteur, Arzt und Entwickler eines medizinischen Sirups gegen Geschlechtskrankheiten, Belieferer der Marinespitäler, wohnt nach wie vor in der Rue d'Angoulême, Haus Nummer 11. Für all jene Patienten, bei denen sich nicht der gewünschte Erfolg einstellen sollte, ist die Behandlung kostenlos. Als Beweis für die außerordentlich gute Wirkung seines Mittels kann Bürger Laffecteur die Heilung von über zwölfhundert Kranken pro Jahr belegen, außerdem wird es mit Genehmigung der Regierung weiterhin in den Krankenhäusern der Republik eingesetzt."

Solche Kleinanzeigen kosten durchschnittlich zwei Sous pro Zeile und tragen manchmal dazu bei, den Absatz der Zeitungen sowohl im Abonnement- als auch im Einzelverkauf beträchtlich zu steigern.

Zuschriften von Leserinnen

Ebenso wie vor 1789 spezialisieren sich einige Blätter auf die weibliche Leserschaft. Ihre Redakteure berichten über Neuerscheinungen auf dem Modesektor und stellen die Pariser Mode vor. Doch die Leserinnen interessieren sich nicht nur für die neuesten Kleider, sondern wenden sich mit den unterschiedlichsten Fragestellungen an die Redaktionen der Zeitungen. Diese richten daraufhin eine Rubrik ein, in der die Briefe der Leserinnen abgedruckt werden, eine Neuerung, die auf ein wachsendes Echo stößt.

In erster Linie beschäftigt die Leserinnen das Problem, welche Erziehung sie am besten ihren Kindern angedeihen lassen sollen. So etwa Anne Laville:

> „Soll man die Kinder bei ihren ersten Gehversuchen am Gängelband führen oder nicht? Im Jahr 1789 habe ich dem Kindermädchen aufgetragen, die Gängelbänder zu entfernen, weil ich von allen Seiten vernahm, daß man diese jetzt abgeschafft habe, daß unsere Kleinen ungehindert laufen können und dadurch einen ganz anderen Gang sich angewöhnen sollten, der sie zu kräftig gebauten Menschen heranwachsen lasse. Ich sah voll Entzücken, wie meine Knirpse sich aufrichteten, stolz einhermarschierten und mir zuriefen: „Mama, wir sind frei!" Sie bewegten sich fortan ganz anders und begannen ungezwungen herumzutollen."

Ein neu eingestelltes Kindermädchen hat die betreffende Mutter davon zu überzeugen versucht, daß dies völliger Unsinn sei, der auf falsche, von Rousseau verbreitete Prinzipien zurückgehe, der als Mann nicht halb soviel von Kindern verstanden habe wie die tagtäglich mit ihnen umgehenden Gouvernanten. Die verunsicherte Mutter weiß nicht recht, wem sie mehr glauben soll, und wendet sich daher an die Zeitung. Deren Redakteurin tadelt in ihrer Antwort zwar den Kleinmut des Kindermädchens, fügt jedoch gleichzeitig hinzu, daß Gängelbänder nach wie vor in Gebrauch seien.

In den Zuschriften der Leserinnen geht es auch um die Liebe. Im „Courrier de l'hymen" (Heiratsmarkt) suchen heiratswillige Fräulein geeignete Partner, wie etwa folgende Annonce aus dem Jahr 1791 belegt:

> „Ich bin derzeit fünfundzwanzig Jahre alt" – so schreibt die Inserentin – „und keine Schönheit, aber laut Aussage der anderen Frauen, denen man in dieser Frage eher glauben darf als den Männern, auch nicht gerade häßlich. Was meine äußere Erscheinung anbelangt, so bin ich nicht zu klein, sehe kerngesund aus und habe sehr schönes Haar. Auch meine Zähne können sich sehen lassen, und ich bin zwar rundlich, aber nicht zu dick. Was meine Wesensart betrifft, so bin ich sanft wie ein Lamm, fügsam, offen und überaus feinfühlig; ich habe ein weiches

Herz und verfüge außerdem über einige Talente sowie ein stattliches Vermögen. (...) Ich brauche wohl nicht zu betonen, daß ich einen Mann aus guter Familie und mit ordentlichen Umgangsformen suche. Mein künftiger Ehemann sollte nicht jünger sein als ich, aber auch nicht zu alt. (...) Auf gar keinen Fall jedoch sollte er Amerikaner sein, auch kein unparteiischer Abgeordneter, denn diese Abgeordneten von den Antillen sind allesamt Sklavenhalter, deren Vergnügungen und Reichtum mit der Freiheit und dem Blut der Schwarzen bezahlt werden."

Auch junge Männer suchen auf dem Umweg über die Presse eine Partnerin und geben dementsprechende Anzeigen auf, denen außer den gewünschten Eigenschaften der Zukünftigen auch die politische Einstellung der Kandidaten zu entnehmen ist. Im März 1791 erscheint folgende Anzeige:

> „Ein junger Mann, der im Begriff steht, die Laufbahn eines Pflichtverteidigers bei den Pariser Gerichten einzuschlagen, und über ein teils ererbtes, teils erspartes Vermögen von rund 40 000 Livres verfügt, sucht eine Partnerin zwischen 20 und 22 Jahren, welcher er ein Einkommen von 3000 Livres bieten kann. Seine Gesichtszüge sind etwas unregelmäßig, aber er ist gut gebaut, kerngesund, hat strahlende Augen, fröhliche Miene und hält alles, was er verspricht."

Dann folgt eine deutliche Warnung:

> „Da er ein überzeugter Anhänger der Revolution ist – ohne deshalb die in ihrem Namen begangenen Morde, Brandstiftungen und Ausschreitungen gutzuheißen –, möchte er auf gar keinen Fall eine jener Frauen ehelichen, die es für schicklich halten, auf alle eingetretenen Veränderungen zu schimpfen."

Andere Heiratsannoncen fallen lakonischer aus:

> „Kinderloser Witwer im Alter von 36 Jahren, in der Modebranche tätig, sucht zwecks Heirat ledige Frau oder gutaussehende Witwe von Verstand. Keine große Mitgift erforderlich."

Schließlich gibt es noch die Kategorie des Familienvaters, der seine Tochter zu verheiraten sucht:

> „Gesucht wird ein junger Mann zwischen 28 und 36 Jahren, der im Lebensmittelhandel tätig ist, gute Manieren sowie etwas Vermögen besitzt und gewillt ist, ein 24jähriges Fräulein und Einzelkind zu heiraten, dessen Eltern Kaufleute sind sowie mehrere Häuser in Paris ihr eigen nennen und keine Schulden haben."

Das Theater im Zeitalter der Revolution

Neben den Zeitungen als Austragungsort politischer Debatten und Kommunikationsorgan erfüllen auch die Theater und die Theaterstücke in der damaligen Zeit die Rolle von Medien. Im Januar 1791 erhält prinzipiell jeder Bürger das Recht, ein öffentliches Theater zu errichten und darin alle nur erdenklichen Schauspiele aufführen zu lassen. Von diesem Recht wird ein reger Gebrauch gemacht: Allein in Paris werden im Jahr 1791 23 zusätzliche Bühnen eröffnet. Ein Zeitgenosse rechnet besorgt aus, daß täglich 60000 Zuschauer die Vorstellungen besuchen müßten, damit sich diese Theater halten können. Er gelangt zu dem Schluß, daß man, sofern dieser Wahn noch länger andauere, in Paris bald in jeder Straße mindestens eine Bühne, in jedem Haus einen Schauspieler, in jedem Keller einen Musiker und auf jedem Dachboden einen Bühnenautor antreffen werde. Selbst in Zeiten größter Gefahr werden die Schlangen vor den Theaterkassen immer länger. Im Sommer 1793 gelingt dem Theater Lycée mit dem Stück „Le Goûter" (Der Nachmittagskaffee) ein riesiger Kassenerfolg. Am Tag der Hinrichtung Charlotte Cordays drängen sich zahllose Männer und Frauen, um noch eine Karte für die Komödie „Mieux fait douceur que violence" (Milde vermag mehr als Gewalt) zu ergattern. Als das Todesurteil an Marie-Antoinette vollstreckt wird, muß das Théâtre des Boulevards, auf dessen Spielplan die durchkreuzten Liebschaften der Fee Ugande und des Zauberers Merlin stehen, Zuschauer abweisen, weil die Plätze nicht ausreichen. Vor den Toren der Theater rund um die Place du Carrousel und den Palais-Royal schlägt man sich bereits um die Karten für die arkadischen Schäferstücke, die dort aufgeführt werden. Camille Desmoulins berichtet, daß auf demselben Platz, auf dem der Guillotine gekrönte Häupter zum Opfer fielen, gleichzeitig Aufführungen stattfanden, in deren Verlauf Polichinelle – die französische Ausgabe des Hanswurst – hingerichtet wurde. Auch Grétry beobachtet, als er eines Tages die Place de la Révolution überquert, wie unweit des ununterbrochenen niedersausenden Fallbeils ein Orchester aufspielt und Tänzer auftreten, deren Freudenrufe weithin zu vernehmen sind.

Neben der berühmten Comédie-Française ziehen vor allem die zwischen der Porte Saint-Antoine und der Porte Saint-Martin gelegenen Boulevardtheater viele Zerstreuung und Ablenkung suchende Zuschauer an. Auf dem Boulevard du Temple, der mit seinem neuen Pflaster und seinem Baumbestand zum Flanieren einlädt, sind zu Fuß, zu Pferd oder per Kutsche eine Unmenge Menschen unterwegs. Man erkennt in der buntgemischten Menge den bescheidenen Rentier aus dem Stadtviertel Marais und neben ihm einen Arbeiter aus der Vorstadt. Auf galante Eroberungen bedachte Offiziere stolzieren einher – Theaterlogen eignen sich hervorragend, um zarte Bande zu knüpfen. Ein junger Leutnant drückt sich ängstlich an der Wand entlang, um nicht aufzufallen. Er fürchtet, daß man ihn trotz seiner Uniform für den berühmten Schauspieler Talma halten könnte, mit dem er eine gewisse Ähnlichkeit zu besitzen glaubt. Sein Familienname ist Bonaparte. Doch kein Mensch kümmert sich um ihn. Alle Passanten starren vielmehr auf die Plakate, um zu sehen, welches Stück heute auf dem Programm steht und, eine Neuerung aus dem Jahr 1789, mit welchen Schauspielern es besetzt ist.

Staunen, lachen und weinen

Ein Sitzplatz im Parkett kostet für eine Pantomine oder eine Ballettaufführung 48 Sous. Das Publikum erwartet, daß sowohl Zaubertricks als auch gefährliche akrobatische Kunststücke gezeigt werden. In den Pausen treten Seilkünstler und Akrobaten auf, die auf dem gespannten Seil Purzelbäume schlagen, auf Leitern tanzen oder über drei Tische hinweg einen Salto mortale vorführen, so daß das weibliche Publikum vor Angst erzittert. So mancher Kavalier nützt diese willkommene Gelegenheit, um seinen beschützenden Arm um die Angebetete zu legen. Die Pantomine hat sich, sehr zum Mißfallen der regelmäßigen Besuchern, sehr verändert. Während bisher kein einziges Wort fiel und die Darsteller die Handlung ausschließlich durch Gesten zum Ausdruck brachten, bedient man sich nun zunehmend musikalischer Einlagen, um einzelne Figuren und ihre Haltung zu unterstreichen und den Ablauf der Handlung zu verdeutlichen. Kritische Kenner behaupten gar, die Gattung sei im Verfall begriffen, weil auf immer mehr Bühnen neuerdings die Darsteller hin und wieder sprächen! Damit handelt es sich in ihren Augen zwangsläufig um keine Pantomime mehr, sondern um Märchenspiele – „féeries“ – oder Melodramen.

Bei den „féeries“, den Komödien, wie sie in erster Linie an den Boulevardtheatern gespielt werden, wird das Publikum durch aufwendige Bühnenbilder und Maschinerien in Erstaunen versetzt. Die Zuschauer sollen in eine ganz andere Welt entrückt werden. Ab 1790 feiert Beffroy de Reigny, ein unter dem Pseudonym „Cousin Jacques“ (Vetter Jakob) Feenstücke verfassender ehemaliger Lehrer am Collège, rauschende Erfolge. Sein im November vom Théâtre français comique et lyrique aufgeführtes Stück „Nicomède dans la lune ou la Révolution pacifique“ (Nikomedes auf dem Mond oder die friedliche Revolution) zieht Scharen von Zuschauern an und ist nach kurzer Zeit in aller Munde. Die Handlung ist einfach: Nikomedes, der Diener eines betagten Gelehrten, unternimmt eine Ballonfahrt zum Mond. Dort angekommen, entdeckt er Menschen, die unter denselben Ungerechtigkeiten zu leiden haben wie das französische Volk zur Zeit des Ancien Régime. Die Bauern werden von ihrem Herrn, einem steinreichen Mann, der Pferde, Kutschen und Hunde besitzt und über mehrere Diener verfügt, geknechtet. Die unglücklichen Mondbewohner klagen:

„So kann das, liebe Leute,
Nicht mehr lange gehen.
Drum sage ich Euch heute,
Es wird etwas geschehen.“

Nikomedes wird beim Herrscher des Mondes vorstellig und enthüllt ihm das traurige Los seiner Untertanen. Er überzeugt ihn von der Notwendigkeit einer friedlichen Revolution, und dank ihrer vereinten Bemühungen zieht auf dem Mond endlich Gerechtigkeit ein. Die politische Aussage des Stückes kommt beim Publikum zwar sehr gut an, aber in erster Linie kommen die Zuschauer, um die enormen technischen Leistungen zu bestaunen: die Ballonfahrt, die Landung auf dem Mond, die geheimnisvolle Mondlandschaft, der ganz mit Gold ausgeschmückte Audienzsaal des Herrscherpalastes und die mit herrlichen Statuen geschmückten Gärten.

Genau wie vor der Revolution erfreuen sich auch jetzt noch die derben Stücke des Jahrmarkttheaters der besonderen Gunst des Publikums. Nicolets Posse „Les Ecosseuses“ (Die Aushülserinnen), dessen Figuren geradewegs den Straßen von Paris entnommen zu sein scheinen, erweist sich als großer Kassenschlager. Man erkennt darin sofort die Frauen aus den Markthallen wieder, die sich zunächst gegenseitig windelweich prügeln, sich aber gleich darauf wieder vertragen, um über die vorbeiziehenden Stutzer, die „petit-maîtres“ sich lustig zu machen:

FANCHON: „– Seht nur, da kommt er wieder, der Geck,
Die Nase hoch in die Luft gereckt!
Er sieht aus wie ein schwindsüchtig Kind,
Mit seinen Segelohren, die viel zu groß geraten sind.
Mein Herr, wünschen Sie einen Wind?
(...)
Jawohl, schöner Mann in Kleinformat,
Troll Dich, Du Bierglasgesicht,
Du Friedhofsgärtner, Du elender Wicht.
Wenn Du erst groß bist, gehst Du allein spazieren,
Und Dein Jagdhundgesicht wird Dich immer noch zieren.
Herr Haudegen, anstatt mich so zu erschrecken,
Laßt Euer Spielzeugschwert besser stecken!

DER STUTZER: Adieu, Frau Sockenschneiderin,
Erwachsener Jungen Betreuerin,
Pförtnerin eines Klosters ohne Zucht und Ordnung,
Deinesgleichen bringt man im Gefängnis Sanson um.
Mit Dir besaß Dein Vater sechs Köter,
Die fünf anderen ertränkt und tötet er.
Nur einen wollt er sich erhalten,
Doch tausend Mäuler ihn fortan schalten.“

Die Theaterbesucher kommen nicht nur, um sich zu amüsieren, sie wollen auch etwas fürs Herz. Ein Stück kommt erst dann gut an, wenn es den Frauen die Tränen in die Augen treibt. Das Publikum beteiligt sich aktiv am Spiel, indem es den Bösewicht mit Verwünschungen und Drohungen überschüttet, den tugendhaften jungen Mädchen dagegen reichlich Beifall spendet. 1789 steht das Stück „L'Artiste infortuné" (Der unglückliche Künstler) auf dem Programm. Es beschreibt das traurige Los eines bemitleidenswerten Mannes: Nachdem er einen Prozeß gegen habgierige Gläubiger verloren hat, ist der arme Teufel gezwungen, Fächer zu verkaufen, die niemand haben will. Von seinen Gläubigern bedrängt und gehetzt, befindet er sich samt Frau und Tochter fortwährend auf der Flucht. Ein junger Kaufmann, dem er einst einen guten Dienst erwiesen hat, eilt ihm zu Hilfe und verliebt sich in die Tochter Angélique. Das Stück endet denn auch mit einem rauschenden Hochzeitsfest.

„Zieht Eure Hosen wieder an!"

Um sich von solch traurigen Stücken zu erholen, sucht man Bühnen auf, an denen Harlekin sein Unwesen treibt. „Arlequin" und „Scaramouche" bringen nach wie vor durch ihre Possen und drolligen Späße ganze Generationen von Franzosen zum Lachen. Harlekin, der an seinem kleinen Filzhut mit der über dem Ohr hochgebogenen Krempe, an seiner schwarzen Maske, seiner scheckig bunten Hose und an seiner Pritsche zu erkennen ist, schlüpft abwechselnd in die verschiedensten Rollen: Bald ist er Arzt, bald Konditor, dann wieder Schneider, oder er geht unzähligen anderen Beschäftigungen nach. Seine Gedanken kreisen jedoch stets einzig und allein um seine heißgeliebte Colombine und um die Leckereien, die diese in ihrer Speisekammer aufbewahrt. Harlekin ist nämlich ein Leckermaul, und die bekannte Passage, in der Colombine ihm weismacht, die von ihm vernaschten Kuchenstücke seien allesamt vergiftet gewesen und er müsse rasch etwas gegen die Wirkung des Giftes unternehmen, kennt das Publikum bereits in- und auswendig. Gemeinsam mit Colombine ruft der ganze Saal „Mund auf, Mund auf, Harlekin!" und brüllt vor Vergnügen, als Harlekins Bauch infolge der Unmengen Wasser, die er schlucken muß, dick und dicker wird, bis er zu platzen droht. Für die Zuschauer ist er einer der Ihrigen, und sie finden es sogar amüsant, wenn er in konterrevolutionären Gesängen die Patrioten zurechtweist:

„Tragt wieder Hosen, Ihr Franzosen,
Schließt Euch nicht mehr den Sittenlosen,
Unseren vermeintlichen Patrioten an.
Glaubt nicht mehr, ein nacktes Gesäß
Als Beweis Eurer Tugend sei zeitgemäß,
Zieht Eure Hosen wieder an!

Mißtrauet stets dem Intrigant,
Der Euch empfiehlt dieses Gewand,
das unanständige Patrioten haben,
Treibt die Freiheit nicht so weit,
keine Hosen mehr zu tragen jederzeit.
Zieht Eure Hosen wieder an!

Des Menschen Rechte sollt Ihr verteidigen,
Vor allem die Gesetze niemals beleidigen,
Wie es steht guten Patrioten an,
Drum Bürger, ohne großen Verdruß,
Verhüllt, was man verhüllen muß,
Zieht Eure Hosen wieder an."

Nein, niemand im Saal ist Harlekin wegen solcher Verse böse, denn er ist einfach zu drollig, und bis ins Jahr II hinein erntet er stets rauschenden Beifall. Wenn das Stück aus ist, bitten und betteln die Zuschauer um Zugaben: Im April 1791 kommt für diesen Brauch die Bezeichnung „redemandage", der Vorläufer des modernen „rappel" (Vorhang) auf.

„Falls Sie den Bürger Molière sehen sollten ..."

Das Volk begeistert sich nicht nur für Pantomine, für schwankartige Komödien und die Streiche Harlekins. Auch Molière wird wiederentdeckt. Man ist im übrigen davon überzeugt, daß der 1673 verstorbene Molière – ohne es zu wissen – Sanskulotte war. So schreibt etwa der Redakteur des Blattes „Les Révolutions de Paris" im November 1790:

> „Molière, den die zu seinen Lebzeiten herrschende furchtbare Knechtschaft zu schweigen zwang, entströmte die Freiheit aus allen Poren. Da er Ludwig XIV. loben mußte, verfaßte er absichtlich miserable und ganz abscheuliche Prologe, in denen er sogar gegen die Grundregeln des Versbaus verstieß. Mit voller Absicht verwendete er Platitüden und abgedroschene Gemeinplätze, als ob er der Nachwelt damit zeigen wollte, welchen Ekel und Abscheu ihm eine Arbeit einflößte, die er mit größtem Widerwillen und lediglich deshalb verrichtete, weil ihn die äußeren Umstände, sein Stand und der Drang, die in ihm schlummernden Talente zu entfalten und seine Gedanken mitzuteilen, dazu zwangen."

In einer zu Bordeaux gehaltenen Rede über die Erneuerung der Bühnenkunst heißt es:

> „Molière hat unter der Herrschaft des Despotismus durch sein unsterbliches Werk Tartuffe die Binde ein wenig gelüftet, die die Augen

des Volkes verhüllte. Unter der Herrschaft der Gleichheit hätte er uns die Laster und Leidenschaften vor Augen geführt, die die geheiligten Rechte des Volkes zu zerstören trachteten."

Die praktische Folge solcher Erörterungen sind Aufführungen von Molières „Don Juan", wobei das Stück aus Rücksicht auf den Publikumsgeschmack mit Ballett- und Feuerwerkseinlagen aufgewertet wird. Auch die Komödie „George Dandin" lockt dank tänzerischer und pantomimischer Szenen zahllose Zuschauer an. Das Publikum tobt vor Begeisterung und ist kaum mehr zu halten. Es begehrt den Autor des Stückes zu sehen, um ihm Beifall spenden zu können, und fordert daher lautstark, man möge ihn herbeiholen und zwar rasch. Der Erfolg ist so überwältigend, daß ein paar Schlauköpfe auf die Idee kommen, vom Autor Molière persönlich unterzeichnete Freikarten zu fälschen und feilzubieten. So mancher Theaterliebhaber kommt auf diesem Wege gegen ein bescheidenes Entgelt an die Gauner in den Genuß einer Darstellung des „Tartuffe", des „Misanthrope" (Der Menschenfeind) oder der „Femmes savantes" (Die gelehrten Frauen). Als der Kontrolleur sich angesichts der sich ständig vermehrenden Anzahl von Freikarten nicht mehr zu helfen weiß, richtet er an die Platzanweiserinnen die folgende Bitte:

> „Meine Damen, ich bitte Sie, die Sie sämtliche Autoren kennen, die heute abend hier erscheinen werden, wenn Sie den Bürger Molière erblicken, diesem auszurichten, er möge nach Ende der Vorstellung bei mir vorbeischauen. Ich muß ihn wegen der Freikarten sprechen, denn er stellt mehr davon aus, als wir vereinbart haben; er hält sich nicht an die Abmachung!"

Die Puristen, die ausschließlich die Comédie-Française besuchen, lehnen derlei Aufführungen entschieden ab, weil sie ihrer Auffassung nach den jeweiligen Text durch eine allzu auffällige Inszenierung entstellen. Wie groß mag erst ihre Empörung angesichts der von Talma veranlaßten „Revolution der Kostüme" gewesen sein? Der berühmte Schauspieler faßt nämlich – unterstützt durch den Maler Jacques-Louis David – den Entschluß, die gesamten Kostüme zu überarbeiten und den antiken Verhältnissen anzupassen. Es gibt daher fortan keine aufwendigen Stickereien und keine seidenen Kniehosen mehr, weil die Römer bekanntlich auch keine trugen. Emil Deschanel berichtet in seinem „Das Leben der Schauspieler", daß eines Abends, als Talma zum ersten Mal in römischem Gewand aufgetreten sei, seine Partnerin, die Schauspielerin Vestris, entsetzt die folgenden Worte ausgerufen habe:

> „Aber Sie stellen ja Ihre nackten Arme zur Schau, Talma!"
> „Ich folge nur dem Beispiel der Römer."
> „Aber Talma, Sie tragen keine Kniehosen unter Ihrem Gewand!"
> „Die Römer trugen auch keine."

Auf diesen Wortwechsel hin soll die Schauspielerin fluchtartig die Bühne verlassen und dabei lauthals geschrien haben, Talma sei ein altes Schwein.

Der letzte Auftritt der Königin

Die einzelnen Bühnen entwickeln sich rasch zu regelrechten Klubs und dienen zur Verbreitung politischen Gedankenguts. 1789 führt die Uraufführung des als Majestätsbeleidigung empfundenen Stückes „Charles IX ou la Saint-Barthélemy" (Karl IX. oder die Bartholomäusnacht) beinahe zum Aufruhr: Der Hauptdarstellerin wird für den Fall, daß sie auftreten sollte, mit dem Tod gedroht. Man erzählt sich, daß sich daraufhin einige der Zuschauer mit Pistolen bewaffnet hätten, um die Schauspielerin erforderlichenfalls verteidigen zu können. 1790 – die verschiedenen politischen Richtungen söhnen sich zumindest offiziell aus – wird auf den Bühnen allgemein die Klugheit eines angeblich einen Reformkurs steuernden Königs gerühmt. Die Konterrevolutionäre nutzen jede Vorstellung, um ihre Verbundenheit mit dem Königtum zu demonstrieren. Am 15. März wird im Rahmen einer Aufführung der Satire „Le District au village" (Das Dorfgericht) in der Comédie italienne eine Büste Ludwigs XVI. gekrönt und ein Lied gesungen, in dem sich der Name „Louis" (Ludwig) auf „ celui du meilleur des Henri" (der beste aller Heinriche) reimt. Im Mai erntet der Hauptdarsteller des „Oedipe" (Ödipus) mit dem Satz „dieses Königs, der noch größer ist als sein Vermögen" rauschenden Beifall. Gegen Jahresende übernehmen die Zuschauer dann eine Strophe aus „Pierre le cruel" (Peter der Grausame) und singen im Chor:

„O Himmel, vernimm meine Bitte,
die ich hier unten vortrage,
Einen so guten Vater laß in der Mitte
Seiner Untertanen noch viele Tage."

Am 28. Januar 1791 läßt Fabre d'Eglantine eine seiner Figuren aus „Le Convalescent de qualité" (Der Genesende von Stand) den Satz „Einen Vater haben wir schließlich gewählt" verkünden. Die anwesenden Royalisten bezeugen durch ihre lauten Bravorufe, daß sie diesen Ausspruch ohne Zögern auf Ludwig XVI. beziehen.

Mit der Flucht der königlichen Familie nach Varennes ändert sich die Situation grundlegend. Die Patrioten behaupten, daß – entgegen der offiziellen Version der Geschehnisse – der König keineswegs „entführt" worden sei, sondern Hochverrat begangen habe. Sie bevorzugen daher Theaterstücke, in denen das aktuelle Ereignis im entsprechenden Licht dargestellt wird. Andere Bühnenautoren suchen den König mit dem Hinweis zu verteidigen, daß er durch die fortwährende Demütigung und die

Zwänge, denen er ausgesetzt gewesen sei, zu seinem Fluchtversuch förmlich verleitet worden wäre. Die Leser des „Ami du Roi" (Königsfreund) stellen sich auf die Seite dieser Dramaturgen und setzen sich gegen Buhrufe und Pfiffe erbittert zur Wehr. Am 5. September 1791 sagt im zweiten Akt von „La Partie de chasse" (Die Jagdpartie) Hauptdarsteller Dazincourt zu seiner Partnerin, der Schauspielerin Mezeray:

„Bevor wir auseinandergehen, Fräulein Cateau,
möchte ich Ihnen noch vier Strophen vorsingen,
die unser Freund Richard auf unseren guten König verfaßt hat."

Die dritte dieser Strophen lautet:

„Unser guter König wollte stets nur das Beste.
Diese Hunde von Ligisten sagen nichts davon,
Das macht mich traurig und erbost.
Wegen all der Übel, die ihn getroffen,
Stehen ihm unsere Herzen und Arme offen.
Ich bin gewiß, das ist ihm von Trost."

Wie in einem Artikel vom 15. September im „Les Affiches" (Anzeiger) zu lesen ist, wurden diese Zeilen wie überhaupt alle positiven Äußerungen über den König mit überschäumender Begeisterung aufgenommen und ihre Wiederholung wurde mehrmals vom Publikum erbeten. Am 20. September 1791 besucht die königliche Familie die Pariser Oper, um einer Aufführung von „Castor und Pollux" beizuwohnen. Als Ludwig XVI. mit seinen nächsten Angehörigen die königliche Loge betritt, ertönt das Musikstück „Où peut-on être mieux qu'au sein de sa famille" (Wo lebt es sich besser als im Schoße der Familie), und das Publikum applaudiert. Als während der Aufführung Pollux Kastor anfleht,

„Das ganze Universum sehnt Deine Rückkehr herbei;
Herrsche über ein treu ergebenes Volk."

springen einige Zuschauer spontan von ihren Sitzen und lassen das anwesende Königspaar mit Vivatrufen hochleben. Ein anderes Theaterstück mit dem Titel „Richard Cœur de Lion" (Richard Löwenherz) ist ebenso Anlaß zu Sympathiebekundungen für den König. Als der Schauspieler – einer plötzlichen Eingebung und der Stimmung des Publikums folgend – in dem Augenblick, da der treue Diener des gefangenen Königs dessen Ketten zu zerbrechen schwört, den Namen Richard durch Ludwig ersetzt, greifen die begeisterten Zuschauer sofort den Refrain „O Ludwig, o mein König!" auf. Im September 1791 beehrt die Königin die Comédie-Française mit ihrer Anwesenheit, woraufhin das Orchester die Chöre „Que d'attraits! Que de majesté!" (Welche Anmut, Welche Majestät!) und „Chantons, célébrons notre reine!" (Laßt uns unsere Königin besingen und feiern!) aus „Iphigénie“ spielt. Marie-Antoinette präsentiert daraufhin der Menge den Thronfolger. Als die Vorstellung zu Ende ist und die Königin den Heimweg antritt, stehen die Zuschauer Spalier und bilden einen Fackelzug, der sie bis zu den Tuilerien begleitet.

Ab 1792 reagieren Sanskulotten und Jakobiner immer heftiger auf derlei Veranstaltungen. Als in der Comédie italienne das Stück „Renaud d'Ast“ gespielt wird, bricht ein Tumult aus, weil die Schauspielerin Dugazon als Lisette im zweiten Akt zu den Klängen des Duetts „Ah! Comme j'aime ma maîtresse!“ („Ah! Wie ich meine Herrin liebe!“) eine Verbeugung vor der Königin macht. Laute Rufe, daß es keine Herren mehr gebe, sondern fortan völlige Freiheit herrsche, mischen sich mit Hochrufen auf den König und die Königin. In dem sich anschließenden Durcheinander kommt es zu massiven Handgreiflichkeiten, bei denen die Patrioten unterliegen. Das gesamte umliegende Viertel wird in Aufruhr versetzt; die Bewohner marschieren auf die Comédie italienne zu, zum Schutz der Königin rückt vorsichtshalber die Garde aus. Marie-Antoinette verläßt inmitten der Hochrufe das Theater und wird laut Aussage eines Zeitgenossen nie mehr eines aufsuchen. Diese letzte mit einer Sympathiebekundung für das Königtum verbundene Theateraufführung ist zugleich der letzte Auftritt der Königin in einer Theaterloge.

Das patriotische Theater

Bis ins Jahr II (1793/94) der Revolution und ungeachtet der dann einsetzenden Zensur manchmal noch darüber hinaus, werden im Theater politische Debatten ausgetragen. Im Januar 1793, als der Prozeß gegen Ludwig XVI. seinem Höhepunkt entgegensteuert, wird im Theater Vaudeville die Posse „La Chaste Suzanne“ (Die keusche Susanne) aufgeführt. Der Direktor hatte sie lediglich deshalb auf den Spielplan gesetzt, weil er sich von diesem für gewöhnlich viele Zuschauer anlockenden Stück hohe Einnahmen versprach. Als die Schauspieler an die Stelle gelangen, an der Suzannes Verleumder sich unter die Richter mischen, um Rache daran zu nehmen, daß Suzanne sie hatte abblitzen lassen, und einer der Schauspieler ausruft: „Ihr gehört zu den Anklägern, Ihr könnt nicht als Richter fungieren!“, spitzen die im Saal anwesenden Jakobiner sofort die Ohren. Sie glauben an eine Provokation, denn die zitierte Stelle wirkt wie eine gezielte Anspielung auf jene Worte, die der Verteidiger Ludwigs XVI. dem Nationalkonvent entgegenschleuderte, als dieser sich zum Gericht aufwarf:

> „Ich suche überall Richter,
> ich sehe aber nichts als Ankläger“.

Die Jakobiner springen auf, unterbrechen die Aufführung und warnen das restliche Publikum vor weiterem Applaus. Einige Zuschauer beobachten, wie so mancher heimlich zu seiner in der Westentasche steckenden Pistole greift.

Im Oktober 1793 wird im Théâtre de la République das Stück „Caïus Gracchus" gegeben. Als der Halbvers „ Wir wollen Gesetze und kein Blutvergießen" zitiert wird und die Zuschauer ihre Zustimmung zum Ausdruck bringen, fährt Bürger Albitte, der sich als Abgesandter des Nationalkonvents in Südfrankreich aufgehalten hatte, empört auf. Er sei nicht bereit, hinzunehmen, so brüllt er wütend in die Menge, daß hier eine Maxime verbreitet werde, die die letzte Zuflucht der Gemäßigten, der Clique der Feuillants, darstelle. Dagegen müsse er im Namen all jener, die wie er mutig und selbstlos gegen die aufständischen Marseiller gekämpft hätten, energisch protestieren. Als ein anderer Zuschauer seinen Einwand mit der Bemerkung „Bürger, Du hast nichts als Deine Pflicht getan!" abschmettert, schickt sich der aufgebrachte Albitte an, das Theater zu verlassen. Chénier, der Autor des Stückes, betritt die Bühne und sucht die erregten Gemüter zu besänftigen, doch läßt man ihn erst gar nicht zu Wort kommen.

Seit 1792 spiegeln die Boulevardstücke zunehmend die neuesten politischen Ereignisse wider und greifen häufig die Lieblingsthemen der Jakobiner oder der Sanskulotten auf. Das Boulevardtheater stellt sich ganz in den Dienst der Revolution. In dem Stück „Les Peuples et les Rois ou le Tribunal de la Raison" (Die Völker und die Könige oder das Gericht der Vernunft) bringt ein Sanskulotte Ludwig XVI. mit seinen bohrenden Fragen in arge Verlegenheit:

„– Wer bist Du?
– Mit welchem Recht fragst Du mich?
– Aufgrund des Naturrechts, welches besagt, daß ich Dir ebenbürtig bin.
– Ich bin König.
– Wer hat Dich zum König gemacht?
– Gott.
– Du bist ein Schwindler. Dein Vater und Deine Mutter haben Dich in die Welt gesetzt und dabei kein anderes Verfahren angewandt, als meine Eltern dies taten.
– Meine berühmten Vorfahren ...
– Du wirst Dich hier für all das Blut verantworten müssen, das sie vergossen haben. Sag, gab es Könige, bevor es Menschen gab?
– Damals brauchte man keine.
– Gab es dagegen Menschen, bevor man Könige kannte?
– Das ist durchaus möglich.
– Das heißt, daß die alten Völker ohne Könige auskamen?
– Sie waren Wilde. Je mehr sie sich kultivierten, desto deutlicher verspürten sie die Notwendigkeit, einen Anführer zu wählen.
– Das Volk war es also, das den König erwählte?

– Aber ...
– Du bist überführt. Du lügst, wenn Du behauptest, Gott habe Dich zum König gemacht!"

Nach dem Sturz der Monarchie werden die Personen Ludwigs XVI. und die übrigen Mitglieder der königlichen Familie ins Lächerliche gezogen. In „Les Nouvelles du Ménage sens dessus dessous" (Neuigkeiten aus der Familie Durcheinander) wird Monsieur Veto* als ein ewig durstiger Mann dargestellt, der sich der Sprache des Père Duchesne bedient und sich tagaus tagein mit seinem Weib Toinon herumstreitet, ja sich sogar mit ihr prügelt, wie das beim einfachen Volk bisweilen vorkommt. Diese gegen die Monarchie und damit indirekt auch gegen die aristokratischen Gesellschaftsordnung gerichteten Attacken setzt das „Jugement dernier des rois" (Das Jüngste Gericht der Könige) fort, das am 17. Oktober 1793, einen Tag nach der Hinrichtung Marie-Antoinettes, uraufgeführt wird. Der Saal ist voll besetzt, und nach den ersten Worten der Schauspieler kommt bereits der Eindruck auf, daß das Publikum fast ausschließlich aus „Tyrannenmördern" bestehe, „die bereit sind, sich auf die unter der Bezeichnung ‚Könige' bekannte Löwenbrut zu stürzen, um sie zu erdolchen".

Als der Vorhang sich öffnet, fällt der Blick zunächst auf eine Insel. Im Hintergrund sieht man einen Berg, dessen Funken speiender Gipfel auf einen tätigen Vulkan schließen läßt. Am Fuß des Berges steht eine von Bäumen beschattete Hütte, neben die der Spruch

„Lieber einen Vulkan zum Nachbarn
als einen König."

in die Felswand gemeißelt ist. Nahe bei der strohgedeckten Hütte ergießt sich ein Wasserfall den Berg herunter. Ein Greis, der als „unschuldiges Opfer der Tyrannei" bezeichnet wird, beobachtet eine Schaluppe, die sich vom offenen Meer her der Insel nähert. Sie legt an und die Schiffsbesatzung – alles Sanskulotten – wacht genauestens darüber, daß sämtliche Passagiere – alle Könige der Erde – von Bord gehen. Da bricht der Alte in lautes Wehklagen aus, denn er fürchtet, daß ihn jetzt wieder die Sklaverei einholt, vor der er einst geflohen ist. Doch die Sanskulotten beruhigen ihn rasch wieder. Er ist gerächt, so erzählen sie ihm, denn die hierher verbrachten Könige sind allesamt Gefangene der französischen Nation, die beschlossen hat, daß sie fortan im Schweiße ihres Angesichts für ihren eigenen Lebensunterhalt aufzukommen haben. Die Könige werden – die Krone auf dem Haupt, das Zepter in der Hand haltend und den Prunkmantel umgehängt – gefesselt über die Bühne geführt. Das Publikum er-

* Ludwig XVI. wurde Monsieur Veto genannt, weil er gegen verschiedene Beschlüsse der Nationalversammlung sein Veto einlegte (Anm. d. Üb.).

kennt in den als „Ungeheuer", „reißendes Tier", „Frau Nimmersatt", „Narr" titulierten Figuren sofort den Kaiser des Heiligen Römischen Reiches Deutscher Nation, den preußischen König, die Zarin Katharina II. von Rußland und den König von England, gefolgt vom spanischen König und vom Papst. Die Herrscher geraten alsbald untereinander in Streit, währenddessen der Papst sich vergeblich müht, das Wunder der Speisung der Fünftausend zu wiederholen, um die knappen Brotvorräte zu strecken. Als die völlig ausgehungerten „bösen Menschen" anfangen, um einen Kanten Brot zu streiten, bricht der Vulkan aus: Felsblöcke und glühende Steinmassen prasseln auf die Bühne hernieder, und in dem sich urplötzlich unter ihren Füßen öffnenden Erdspalt kommen alle Herrscher unter Höllenqualen um. Dieses Stück ist nicht nur in Paris monatelang ein Kassenschlager, sondern es erobert von der Hauptstadt aus auch die Provinzbühnen in Rouen, Lille, Grenoble oder Boulogne-sur-Mer, wo unzählige Zuschauer das Werk Sylvain Maréchals bejubeln.

Der Papst steht häufig als Zielscheibe bissigen Spotts im Mittelpunkt revolutionärer Theaterstücke. In dem 1790 verfaßten und und 1793 uraufgeführten Schauspiel „La Journée du Vatican ou le mariage du pape" (Ein Tag im Vatikan oder die Hochzeit des Papstes) sieht man den Papst gegen seine Gelübde verstoßen und dem Charme einer Madame de Polignac und einer Madame Vigée-Lebrun erliegen. Doch nicht nur das Papsttum wird in kirchenfeindlichen Stücken verhöhnt. In „L'Omelette miraculeuse" (Das wundersame Omelett) zankt sich Mathurin, ein zum Philosophieren neigender Bauer, mit seinem Weib Mathurine:

> MATHURINE: „– Ihr macht Euch unglücklich, mein armer Mann, Ihr macht Euch unglücklich. Habt Ihr denn die schöne Predigt schon wieder vergessen, die unser Priester uns am Palmsonntag gehalten hat? Erinnert Ihr Euch nicht mehr an all die schönen Blumengirlanden des Paradieses und an die schrecklichen Holzscheite, welche in der Hölle glühen? Hat Euch diese Schilderung denn überhaupt nicht beeindruckt?
> MATHURIN: – Nicht die Spur, nicht im geringsten, das ist alles Schwindel, Weib, nichts als Schwindel, Lug und Trug!
> MATHURINE: – Was wagt Ihr da zu sagen! Nichts als Schwindel! Ihr gottloser Ketzer! Aber Du weißt genau, mein armer Mann, daß wir uns mitten in der Osterzeit befinden und Du keine Absolution erhalten kannst.
> MATHURIN: – Jetzt hör mal gut zu, Mathurine. Dieses ganze alberne Geschwätz hat Dir völlig den Kopf verdreht. Sag mir einmal, ob die Menschen einander nicht alle gleichen; Sind sie nicht alle wie ich aus Fleisch und Blut?
> MATHURINE: – Ja.
> MATHURIN: – Gut. Wenn aber alle Menschen nicht mehr und nicht

weniger sind als eben Menschen, warum sollte dann einer von ihnen, nur weil er einen schönen Kragen, ein bauschiges, wie ein Wirsingkopf aussehendes Barett und einen steifen, vor lauter Runzeln faltig wie eine Selleriewurzel wirkenden Überwurf trägt, das Recht haben, einen Spitzbuben in einen rechtschaffenen Menschen zu verwandeln? (...) Für mich ist Gott ein schönes, strahlend gesundes Wickelkind, dessen rosiger, wohlgeformter und nackter Körper in ein ganzes Paket von Windeln und völlig überflüssigem Kleinkram hineingezwungen wird. Bei meiner Seele! Braucht Gott denn etwa all diesen absurden Kram, um unsere Bewunderung zu erlangen?“

Skandal im Schauspielhaus

Im Jahr II der Revolution greifen die Theater ein zentrales Anliegen der Republik auf: Alle Bürger im Soldatenalter sollen zur Verteidigung des jungen Staatswesens antreten. Die Regierung subventioniert Bühnendichter, die in ihren Stücken für den Soldatenstand werben. Bei dem im Anjou aufgeführten Schauspiel „Les Brigands de la Vendée“ (Die Räuber aus der Vendée) erblickt man zunächst den Marktplatz eines in der Nähe von Cholet gelegenen Dorfes. Mitten auf dem Platz tröstet Bauer Gervais, ein überzeugter Patriot, gerade seine Tochter, die den Tod ihres von den „ brigands“ – den Rebellen – getöteten Bruder beweint. Die zweite Szene zeigt das von Westermanns Truppen umstellte Cholet. Die Soldaten ziehen – die Marseillaise singend – über die Bühne. Sie werden von Benjamin, einem Sohn von Gervais, befehligt, den sein Vater zum Abschied umarmt und noch einmal zur Pflichterfüllung ermahnt:

> „Kämpfe für das Vaterland, weiche vor keiner Gefahr zurück, und falls Dir das Glück nicht hold sein sollte, so stirb als tapferer Republikaner. Dein Tod wird mich zwar gewiß betrüben, und ich werde natürlich den Verlust meines Sohnes beweinen, aber sobald dieser erste, natürliche Gefühlsausbruch vorbei sein wird, werde ich mir sagen, daß mein Sohn sich für das Vaterland und die Freiheit geopfert hat; diese tröstende Vorstellung wird meine Tränen augenblicklich versiegen lassen.“

Benjamins Schwester schenkt ihm eine Kokarde zum Abschied. Ein junger Bauer meint, daß die riesigen Schnurrbärte, die alle Soldaten trügen, diesen ein geradezu furchterregendes Aussehen verleihen, doch habe er sich rasch von dem Schreck des ersten Anblicks erholt. Bevor die Soldaten in das Feld ziehen, knien sie nieder, um das Gebet „Amour sacré de la Patrie“ (Heilige Vaterlandsliebe) zu singen, das jeder echte Republikaner auf den Lippen führen muß, sobald es in den Kampf geht. In der darauffolgenden Szene wird dann die Einnahme Cholets, der Heldenmut Benjamins und der Sieg der Soldaten geschildert, die ihre Verbundenheit mit dem Nationalkonvent und der Bergpartei demonstrieren.

Manchmal lösen die für den Kriegsdienst werbenden Theaterstücke ungewollt Skandale aus. „La Première Réquisition“ (Das erste Aufgebot) handelt von Feiglingen, die sich durch die unterschiedlichsten Tricks dem Kriegsdienst zu entziehen suchen. Einer von ihnen verkleidet sich als Frau. Als er bei Einbruch der Nacht an einem Haus klopft und um ein Quartier bittet, wird die vermeintliche Frau eingelassen, und die Hausbedienstete lädt sie ein, mit in ihrer Kammer zu übernachten. Als die Bedienstete jedoch die wahre Identität ihrer angeblichen Schlafgenossin entdeckt, ruft sie lauthals um Hilfe. Diese Szene erregt den Unmut eines überzeugten Sanskulotten, der darin die Vorstellungen der Aristokraten wiederzuentdecken glaubt. Er springt auf und ruft dem übrigen Publikum zu „Wie lange noch sollen eigentlich Stücke gezeigt werden, die gegen Sitte und Anstand verstoßen? Es ist ein Skandal, daß in unserer Republik solche Schweinereien aufgeführt werden! Kameraden, dem Anstand muß wieder zu seinem Recht verholfen werden!“ Auf die Moral der aufgeführten Theaterstücke haben die Sanskulotten ein wachsames Auge. Der Direktor des Théâtre de la Nation trägt diesem Umstand Rechnung, indem er sich am 9. Messidor – dem 27. Juni 1794 – verpflichtet, nur noch solche Stücke in das Repertoire aufzunehmen, deren Inhalt in keiner Weise dem republikanischen Tugendideal zuwiderläuft. Er gibt aus diesem Anlaß eine Broschüre heraus, in der er die eigens zu diesem Zweck getroffenen Vorkehrungen darlegt: Der Zuschauerraum sei vergrößert worden, indem man sämtliche Logen habe entfernen lassen, der Orchestergraben sei erweitert und die Rückwand der Bühne mittels ausgeklügelter technischer Konstruktionen weit nach hinten versetzt worden. Die gesamte Ausstattung wurde einer gründlichen Änderung unterzogen. Statt des bisherigen Schmuckes von Amorstatuen, stilisierter Blumensträuße und Girlanden habe man jetzt überall im Saal Freiheitsembleme angebracht. Der Vorhang zeige jetzt die Gestalt der vielbrüstigen Göttin Natur und eine Richtwaage, die wie eine Sonne Strahlen entsende. Zur Eröffnung des umgestalteten Saales verpflichten sich die Schauspieler in gesungenen Versen als patriotische Künstler das Schamgefühl der Zuschauer zu respektieren. Fortan könnten die Mütter ihre heranwachsenden Töchter bedenkenlos ins Theater begleiten. In dem neueröffneten Theater wird das Stück „Le Bourru bienfaisant“ (Der wohltätige Griesgram) gegeben, in dem sich Molé selbst übertrifft und die Bürgerinnen Lange und Devienne ihrem Ruf gerecht werden. Die Schauspielerinnen haben bewiesen, daß alles von Natur aus Rührende und Wahrhaftige jenen einfachen Menschen Beifall entlockt, deren Urteil nicht durch überkommene Vorurteile und eine entsprechende Erziehung verbildet ist.

Doch die Zeit der Schreckensherrschaft und der Tugend neigt sich bereits ihrem Ende zu. Mit dem Sturz Robespierres halten in den Theatern wieder schlüpfrige Stücke Einzug, und zwischen Sanskulotten und der Jeunesse dorée kommt es zu erbitterten Auseinandersetzungen.

„Das Volk erwacht“

Der Palais-Royal dient den als „muscadins“ (Stutzer) bezeichneten Gegnern der Terrorherrschaft als Treffpunkt. Sie verfassen Flugschriften, die sie jeweils unmittelbar vor den Theatervorstellungen ins Publikum werfen. Dieses wird aufgefordert, die Schauspieler, die sich durch die Zusammenarbeit mit dem Terrorregime des Jahres II kompromittiert haben, zum öffentlichen Eingeständnis ihrer „Verbrechen“ zu bewegen. Wer sich dieser Forderung entzieht, wird mit Schimpf und Schande davongejagt. Dieses Schicksal ereilt zum Beispiel Fusil, der in Lyon als Stellvertreter des Schauspielers Collot d'Herbois fungiert hatte. Als er in „Crispin, rival de son maître“ (Crispin, Rivale seines Herrn) auftritt, steht ein Zuschauer von seinem Platz auf, fällt Fusil ins Wort und beschuldigt ihn, zu jenen gehört zu haben, die seinen Vater zum Tode verurteilt haben. Fusil muß fliehen. Auch der Schauspieler Dugazon darf nicht mehr auftreten. Als ihn das Publikum anfeindet, tritt er hocherhobenen Hauptes von der Bühne ab und wirft in einer provokativen Geste seine Perücke und sein Kostüm zu Boden. Den einst einem Revolutionskomitee angehörenden Trial trifft dasselbe Verbot, weil er angeblich die Schuld an der Ermordung der Bürgerin Saint-Amaranthe trägt. Als Trial seinen Beruf nicht mehr ausüben kann, ereilt ihn vor Kummer und Wut ein vorzeitiger Tod. Selbst Talma sieht sich Attacken ausgesetzt und wird der Zusammenarbeit mit dem Schreckensregime bezichtigt. Es gelingt ihm jedoch, sich zu rechtfertigen. Mit einer gebieterischen Geste bringt er das Publikum zum Schweigen und verkündet, daß ihn die Schreckensherrschaft viele Tränen gekostet habe, denn all seine Freunde seien auf dem Schafott gestorben.

Souriguère verfaßt zu einer Melodie von Gaveau eine Anti-Marseillaise mit dem Titel „Le Réveil du Peuple“ (Das Volk erwacht), die fortan von den Gegnern der Jakobinerherrschaft überall in den Theatern gesungen wird:

„O französisches Volk, o Brüder hört,
Könnt Ihr, ohne erschauern zu müssen,
Zusehen, wie die Verbrecher ungestört
die Fahne des Blutbads und des Terrors hissen?
Ihr duldet, daß in furchtbaren Horden
Scharen von Räubern und ehrlosen Gesellen
Durch ihr abscheuliches Tun und Morden
Die Heimat der Überlebenden entstellen!

Wie! diese menschenverachtenden Horden,
Diese widerwärtige Höllenbrut,
Stiftet an zum Töten und Morden,
An ihren Händen klebt Euer Blut!

Des Vaterlands Kinder, o Volk der Franzosen,
Töten sie vor Deinen Augen am laufenden Meter.
Schon planen die Schurken und Gewissenlosen,
Die Ermordung Deiner würdevollen Vertreter.

Warum diese barbarische Trägheit?
O Volk und oberster Souverän, es gilt,
Diese Massenmörder auszuliefern beizeit',
Den Monstern der Hölle, die hungrig und wild.
Krieg den Mördern und ihren Verbrechen,
Verfolgt sie, bis ihnen das Leben genommen,
Kommt mit mir, teilt mein Entsetzen,
Sie sollen uns nicht entkommen (...)"

Dieses Lied auf den Lippen, sucht die Jeunesse dorée gezielt diejenigen Theater heim, deren Stücke ihr mißfallen. So verhindert sie etwa am 17. Pluviôse des Jahres III – dem 5. Februar 1795 –, daß im Théâtre de l'Ambigu-Comique „Le Concert de la rue Feydeau ou La Folie de jour" (Das Konzert in der Rue Feydeau oder die Verrücktheit des Tages) aufgeführt wird, ein Theaterstück, in welchem die „muscadins", die politischen Gegner Robespierres, ins Lächerliche gezogen werden. Der Polizeikommissar greift ein und verspricht, das fragliche Stück durch den Allgemeinen Sicherheitsausschuß prüfen zu lassen. Als dieser die Aufführung gestattet, wird am darauffolgenden Tag das Theater von einer Schar „muscadins" überfallen, die sämtliche Zuschauer, die das Stück zu sehen begehren, brutal niederknüppeln, auf die Bühne springen, dem Souffleur sein Textbuch entreißen und es vernichten. Die Schauspieler werden von der Bühne verjagt und flüchten sich hinter die Kulissen. Weil der Polizeikommissar das Schlimmste befürchtet, läßt er den Saal schließen. Auf Anordnung des Allgemeinen Sicherheitsausschusses hat der Militärausschuß das Theater bereits umstellen lassen, und über zweihundert junge Männer werden festgenommen, als sie das Theater verlassen wollen.

In der Provinz spielen sich alsbald ähnliche Szenen ab. In Dunkerque, Rouen, Rennes oder Bordeaux wird das Publikum von Nachahmern der Pariser „muscadins" gezwungen, das Lied „Le Réveil du Peuple" anzustimmen, und es kommt zu heftigen Prügeleien zwischen „muscadins" und Soldaten. Die Bürgersoldaten machen Jagd auf die jungen Stutzer, die nach ihrer Ansicht ihren sich an der Front opfernden Kameraden in den Rücken fallen. Wenn die Vorstellung zu Ende ist, lauern sie in den angrenzenden, schlecht beleuchteten Gassen ihren Widersachern auf, packen sie am Kragen, nehmen ihnen sämtliche Kleidungsstücke ab und verpassen ihnen anschließend eine tüchtige Tracht Prügel. Dann machen sie sich laut Bericht eines Zeitgenossen lautstark bemerkbar, indem sie aus vollem Halse die Marseillaise absingen und durch die noch geöffneten Türen in das Theater eindringen. Doch bleiben derlei Vergeltungsaktionen ohne nennenswerte Wirkung, und die daran beteiligten Soldaten gelangen zu dem Schluß, die Nation werde von Lauen und Wankelmütigen beherrscht, und die Revolution habe sich in die Feldlager geflüchtet.

Sabotieren die Liedermacher die Arbeit des Nationalkonvents?

Diese Frage läßt – neben anderen – Danton keine Ruhe, der gegen patriotische Sänger protestiert, die sich Zutritt zum Nationalkonvent verschaffen und die Abgeordneten zur Unterbrechung ihre Debatten zwingen, um sich ihre in Liedform gekleideten Klagen anzuhören. Danton stört sich nicht etwa am Inhalt der vorgesungenen Petitionen, sondern an der Form, in der diese vorgetragen werden und fordert daher: „Ich zweifle nicht an der patriotischen Gesinnung der Bittsteller, aber ich beantrage, daß der Nationalkonvent künftig nur noch in Prosa dargebrachte Petitionen anhört."

Auch Statistiken belegen mit nüchternen Zahlen die Begeisterung für politische Lieder, die von der Straße in den Nationalkonvent überschwappt: Für das Jahr 1789 sind 116 Lieder bekannt, die sich mit der Revolution befassen. 1790 erhöht sich ihre Zahl auf 261, 1791 auf 308, 1792 auf 325 und 1793 auf 590, und im Jahr II wird der Rekord von 701 politischen Chansons erreicht! Für ein Volk, in dem jeder zweite weder Zeitungen noch Flugblätter zu lesen versteht, sind offensichtlich rasch zu erlernende Lieder das beste Vehikel, an den aktuellen politischen Debatten der damaligen Zeit teilzunehmen.

Die Liedermacher rekrutieren sich – soweit sie überhaupt faßbar sind – aus allen sozialen Schichten, Berufszweigen und sämtlichen geographischen Regionen. Sie verfassen Lieder, die sie entweder einzeln auf losen Blättern oder in schmalen Heftchen gesammelt veröffentlichen und die auch von den Zeitungen abgedruckt werden. In der Regel werden die Strophen in groben Lettern auf Papier von sehr mittelmäßiger Qualität gedruckt. Die zugehörigen Noten werden nur selten mit abgedruckt – meistens genügt man sich damit, die Melodie anzugeben, zu der der Text gesungen wird. Liedermacher wie Ladré, der Verfasser der berühmten Weise „Ça ira", der wie Leveau „Beauchant" (Schönsinger) genannt wird und der von sich selbst sagt, er besänge die bescheidenen Vergnügungen der Sanskulotten, Gevatter „Le Divertissant" (Der Unterhaltende), der Sänger der Freiheit, Jean Lair, und viele andere lösen die Generation eines Tabarin und eines Gaultier-Garguille ab. Überall in Paris, auf dem Pont-Neuf, dem Pont-au-Change, der Place Saint Germain, auf den Champs-Elysées oder in den Tuilerien, sind ihre Chansons zu hören. An jeder Straßenbiegung stoßen die Spaziergänger auf die Auslagen der Liedermacher, die ihre gedruckten Liedertexte verkaufen. Die Regierung erkennt schnell die politische Bedeutung der Liedermacher. Patriotische Gesänge sind zentrale Bestandteile der Bürgerfeste, und es ist daher sehr wichtig, daß die Bevölkerung, die bei diesen Festen nicht nur zuschauen, sondern auch aktiv mitwirken soll, den Text der Lieder kennt. Außerdem werden die Chansons dazu verwendet, das jakobinische Gedankengut innerhalb der Armee zu propagieren. Die Regierung läßt zu diesem Zweck Liedermachern finanzielle Unterstützung zukommen, sie heuert Sänger an und stellt Chöre und Orchester ein. Im Regierungsauftrag werden Lieder gedruckt und zusammen mit den regierungstreuen Zeitungen bündelweise in die entlegensten Winkel der Republik versandt.

Musik aus der Königszeit im Dienste der Republik

Damit ein Lied bei der Bevölkerung ankommt, muß es nicht nur inhaltlich deren Wünschen Rechnung tragen, es braucht auch eine eingängige, leicht zu behaltende Melodie. Man greift daher mit besonderer Vorliebe auf die Weisen alter Volkslieder und Tänze zurück und schöpft aus dem Repertoire des 17. und des 18. Jahrhunderts. Die Straßensänger und Liedverkäufer wissen nur zu gut, daß ihre Chansons besser ankommen und zu Gassenhauern werden, wenn es sich bei ihnen um sogenannte „ponts-neufs“ (Neue Brücken) handelt, das heißt, wenn nur der Text neu, die Melodie dagegen schon seit langem vertraut ist.

Wenn dies nicht der Fall ist, also auch die Melodie eine Neuschöpfung, wird stets auf eine andere, bekannte Weise verwiesen, zu der die Strophen ebenfalls gesungen werden können. Das „Patriotische Lied zur Enthüllung der Büsten von Marat und Lepeletier“ kann beispielsweise statt zu der 1793 von Gossec komponierten Weise auch zur Melodie eines Lieds aus der Mitte des 17. Jahrhunderts gesungen werden. Wenn sich eine neue Melodie jedoch auf Anhieb durchsetzt, so werden Stücke daraus entnommen und unzählige neue Texte dazu gedichtet.

Königstreue Lieder gegen patriotische Chansons

Zwischen dem Zusammentreten der Generalstände im Mai 1789 und dem Sturz Robespierres im Juli 1794 geben die Chansons zu allen bedeutenden Ereignissen der Französischen Revolution ihren Kommentar ab. Der Zusammentritt der Generalstände wird mit folgender Strophe gefeiert:

„Heute ist der schönste Tag,
Den der Hof gesehn haben mag,
Der König erscheint in vollem Glanz,
Halleluja!“

Der Sturm auf die Bastille wird in einem fünfteiligen Lied verewigt, das den Aufbruch der Revolutionäre, die Befreiung der Gefangenen, die Festnahme des Kommandanten, die Belagerung und Erstürmung der Festung sowie die Freude über den errungenen Sieg schildert. Folgendes Lied besingt die Bildung der Nationalgarde:

„Brüder, laßt uns zu den Waffen eilen,
Das Vaterland ist in Gefahr,
Wir wollen daher nicht verweilen,
Befreien laßt es uns, fürwahr."

Ein anderes Lied lädt die Franzosen zum Föderationsfest auf dem Marsfeld ein:

„Kommt Franzosen, kommt zum Marsfeld
Zum großen Fest der Föderation,
Uns schreckt keine Arbeit, keine Gefahr der Welt,
Der große Tag, da kommt er schon."

Marie-Joseph Chéniers „Le Chant du 14. Juillet" besingt den großen Tag:

Gott des Volkes, der Könige, Gott über Stadt und Land,
Gott Luthers, Calvins, Gott zu dem die Kinder Israels beten.
Gott, den die Guebern verehren an des Berges Wand,
Den Himmelsstern rufend, er möge hervortreten (2 ×)
Sind hier vor Dein weitreichend Auge gekommen
Die Söhne und Stützen des Königreichs Frankreich,
Zu feiern ihr Glück, das soeben begonnen,
In ihren und Deinen Augen sind sie allesamt gleich (2 ×)"

Während die 1790 von Ladré komponierte Weise „Ça ira" sich zunehmender Beliebtheit erfreut, werden auch die ersten Spottverse auf die Revolution laut. So werden etwa jene Priester, die den Eid auf die Zivilverfassung des Klerus geleistet haben, von ihren neuen Gemeinden bisweilen mit folgendem Liedchen empfangen:

„Priester neuer Machart.
Bevor Euch sei das Wort gegönnt,
Sagt uns, was glaubt Ihr, welcher Art
Rechte Ihr über uns geltend machen könnt?"

Als Frankreich im April 1792 Österreich den Krieg erklärt hat, bittet der Bürgermeister von Straßburg Claude Joseph Rouget de Lisle, ein Lied zu komponieren, das die Soldaten anfeuern soll. Am 26. April trägt Rouget de Lisle seinem Gastgeber Dietrich das „Kriegslied für die Rheinarmee" vor, zu dessen Text ihn ein Plakat der Gesellschaft der Verfassungsfreunde inspiriert hatte. Darauf stand zu lesen: „Aux armes, citoyens!

L'étendard de la guerre est déployé: le signal est donné. Aux armes! Il faut combattre, vaincre ou mourir!" („Zu den Waffen, Bürger! Das Banner des Krieges ist gehißt: Das Signal ist gegeben. Zu den Waffen! Es gilt zu kämpfen, zu siegen oder zu sterben!") Ist die Tatsache, daß man im „Chant de guerre", von dem Rouget de Lisle nur die Leitstimme komponiert hat, ein Thema aus Mozart Konzert für Klavier und Orchester Nr. 25 D-dur KV 503 wiederfindet, eine bewußte Reminiszenz oder ein zufälliges Zusammentreffen? Mit den Marseiller Nationalgardisten gelangt das Lied im August 1792 nach Paris, von wo aus es in den folgenden Jahren im Gepäck der Soldaten seinen Siegeszug durch ganz Europa antreten sollte. Die spätere Nationalhymne der Franzosen ist zunächst nichts anderes als ein Revolutionslied, das alle Bürger zum Kampf gegen das Feudalsystem aufruft. Seit dem 19. Jahrhundert wird es in Ost und West zur Hymne all jener Menschen, die für die Freiheit kämpfen.

Im Jahr 1792 erfreuen sich zwei andere Lieder großer Beliebtheit, nämlich „Le Salut de l'Empire" und „La Carmagnole". Das von Boy, dem ersten Wundarzt der Rheinarmee, komponierte „Le Salut de l'Empire" ruft alle Bürger zur Verteidigung des Vaterlandes auf:

„Laßt uns über das Wohl Frankreichs wachen,
Laßt uns auf die Einhaltung unsrer Rechte achten.
Sollten die Despoten eine Verschwörung entfachen,
So laßt uns den Königen nach dem Leben trachten."

Über den Verfasser des Liedes „La Carmagnole" * ist nichts bekannt. Die Melodie geht auf einen alten provenzalischen Tanz zurück. Das nach dem 10. August 1792 verfaßte Lied fordert die Bürger auf, sich mit den Sanskulotten gegen Monsieur und Madame Veto zu verbünden. Es erweist sich als derart erfolgreich, daß die Royalisten aristokratische Carmagnoles ersinnen. Eines dieser konterrevolutionären Lieder, „Le Troubadour béarnais", sucht im Volk Mitleid für den gefangenen König zu wecken:

„Ein Troubadour, der musizierte,
Konnt sich der Tränen nicht erwehren,
Die Béarnais er alarmierte,
Sein Refrain ließ sie aufbegehren:
Louis, der Sohn Henris,
Sitzt gefangen zu Paris."

Auf das Lied „La Chasse aux rebelles dans le département de la Vendée", das mit den Rebellen in der Vendée kurzen Prozeß machen möchte:

* Die Carmagnole war ursprünglich eine kurze Jacke mit Aufschlägen und Metallknöpfen, die piemontesische Arbeiter aus der Carmagnola nach Frankreich brachten (Anm. d. Üb.).

„Kommt, wir ziehn in die Vendée,
Zu verjagen all diese Räuber,
Auf daß eine mächtige Armee
Das Land von diesen Tyrannen säuber!"

antwortet bald die folgende Entgegnung:

„In sämtlichen Provinzen
Werdet Ihr's vernehmen,
Es gibt einen neuen Prinzen,
Den alle in der Vendée wähnen,
Sein Name ist Charette,*
Sein Herz, es lebe hoch!"

Die Ruhmestaten der Patrioten werden ebenso besungen wie jene der Konterrevolutionäre, und selbst die Spannungen innerhalb des Jakobinerklubs und der Sanskulottenschaft, der Streit um mehr Gleichheit, werden in Liedern festgehalten. Théodore Rousseau verkündet in „Le Triomphe de l'Egalité" (Der Triumph der Gleichheit):

„Die Freiheit ist nur ein leeres Wort,
So lang das Privileg fährt fort,
Die heilige Gleichheit zu verletzen."

„Les Principes du vrai républicain" (Die Grundsätze des wahren Republikaners) fordern die Gleichstellung nicht nur im Hinblick auf den Geburts- sondern auch auf den Geldadel:

„Nur dank ihrer Fähigkeiten und Geistesgabe,
Nicht jedoch aufgrund ihrer Habe
Dürfen es die Sterblichen weiterbringen."

Die Hunger leidenden Sanskulotten nehmen die Wucherer aufs Korn. Bürger Dorli aus der Sektion Montagne dichtet:

„Geizhälse oder Egoisten
Verbergen sich nur allzu gern.
Doch wir werden sie entreißen
Ihren Schlupfwinkeln nah und fern,
Wo sie in verborgenen Schatzkammern
Die sie nährende Brust zerbeißen."

Neben diesen zentralen Themen enthalten die Sanskulottenlieder häufig Parolen der Dechristianisierung und des Kultes der Vernunft. So heißt es in der „Hymne à la liberté" (Hymne auf die Freiheit):

* François-Athanase de Charette, geb. 1763, Anführer der Royalisten in der Vendée, 1796 in Nantes erschossen. (Anm. d. Üb.)

„Die Binde, die uns die Augen verhüllt,
Wird nun von der Vernunft zerrissen."

Und von dem bereits erwähnten Bürger Dorli stammt die Strophe:

„Hört auf, Schwindler und eitle Orakel,
Die Ihr uns Euren Gesetzen unterwarft,
Die siegreiche Vernunft hat Euch entlarvt."

Auch das „Gelübde aller nach Freiheit strebender Völker" besingt das segensreiche Wirken der Vernunft:

„Sie zerstört
Alle Lügenaltäre
Und überall vernichtet sie
Des Irrtums Kettenglieder,
Zugrunde richtet sie all die,
Die uns blutig drücken nieder."

Doch die Bauern beginnen zu murren. Die Revolution hat zwar das Feudalsystem und die herrschaftlichen Rechte beseitigt, hat den Kirchenbe-

Der Tanz um den Freiheitsbaum.

sitz in freiverkäufliche Nationalgüter umgewandelt, aber an der Lage der Bauern hat sich zu ihrer großen Enttäuschung kaum etwas geändert:

„Wer bearbeitet das Feld?
Du, Bauer.
Wem mangelt es an Brot und Geld?
Dir, Bauer.
Wenn früh die Sonn aufgeht,
Der Reiche sich im Bett umdreht,
Wer schuftet da bei Wind und Schauer?
Du, Bauer. (...)
Wer zieht denn in den Krieg?
Du, Bauer.
Wer verhilft Frankreich zum Sieg?
Du, Bauer.
Wenn die Fahne wird geschwenkt
Und es heißet „Vorwärts, Mann!"
Wer marschiert, so schnell er kann?
Bauer, wieder bist Du dran."

Dieses Bauernlied aus dem Limousin, dem Jahr II zugeschrieben, wird 1848 erneut im Departement Corrèze gesungen und geht unter der Bezeichnung die „Marseillaise der Bauern" in die Geschichte ein. Die Kriegsanstrengungen, der Sieg bei Fleurus oder das Höchste Wesen sind ebenso Gegenstand von Liedern wie der Sturz Robespierres, über dessen Verurteilung es heißt:

„Hurra, Ihr Leut, es ist soweit,
Der Verräter, der unermüdlich guillotiniert,
Hurra, Ihr Leut, es ist soweit,
Bald selbst auf das Schafott marschiert."

Vor dem Hintergrund der nach dem 9. Thermidor (dem Sturz Robespierres) einsetzenden Reaktion werden, wie in der im September 1794 von Cambini veröffentlichten „Ronde patriotique", erneut die siegreichen Kämpfe des Jahres II beschworen:

„Die Könige und Priester waren verdrossen,
Doch das Volk gab nichts darauf,
Mit Tyrannen sie sich zusammenschlossen
Und fuhren ihre Kanonen auf;
Doch um sich dieser Verräter zu entledigen,
Fand sich das ganze Volk zusammen,
Um kurzentschlossen zu verdammen,
Die Adligen, die Könige und die, die predigen.
Und es bewahrte seine Freiheit,
Seine Sitten und Unbeschwertheit."

Die Eheleute im Jahr II der Republik

Ist die Scheidung ein Schutz für die Ehe?

Angesichts der läutenden Sturmglocken, des Trommelwirbels und des Kanonendonners könnte man meinen, daß die Zeit der Revolution eher dazu angetan sei, die Begeisterung für den Krieg zu wecken als für jenes Feuer, jene zarten Gefühle, die schließlich zur Heirat führen. Und doch drängen sich zwischen dem Ausbruch der Revolution und dem Konsulat (1795–1799) zahlreiche heiratswillige Paare in den Rathäusern, um die neueingeführte Ziviltrauung vornehmen zu lassen. Weniger Gott als vielmehr das Vaterland hält neuerdings seine schützende Hand über die Neuvermählten, und die Familie ist fortan eine Art Staatsbürgerschule. Den Kindern und künftigen Bürgern wird von klein an von ihren Eltern beigebracht, welche Wege zur Demokratie führen. Es ist daher nur logisch, daß auch die Ehe auf den Prinzipien der Demokratie beruht: Sie gilt fortan als ein tagtäglich zu erneuernder, auf freier Entscheidung beruhender Akt der Freiheit.

Schon 1789 fällt im Zusammenhang mit dem Thema Ehe stets das Wort Scheidung. Hunderte von Flugschriften, die in einem seltsamen Kontrast zum Schweigen der sog. Cahiers de doléances* bezüglich einer Ehereform stehen, propagieren, daß das Werben des Liebesgottes Cupido erst durch eine Fluchtmöglichkeit seinen Reiz erhalte. Zunächst – so argumentieren ihre Befürworter – würde die Einführung der Scheidung Vernunftehen verhindern, die einzig und allein von den Eltern ausgehandelt werden, und bei denen ohnehin stets der Haussegen schief hänge.

Manchen Paaren könne man so die im folgenden Lied recht drastisch beschriebene mißliche Situation ersparen:

„Junges Lamm, sanft und still,
Wird einem alten Werwolf gegeben.
Man knüpft ein junges an ein altes Leben,
Weil die Familie es so will,
Das junge Mädchen mag zwar nicht,
Doch der Vater nimmt es in die Pflicht.

Es bedürfte einer unglaublichen Tugend,
Damit die junge Frau ihrem Mann keine Hörner aufsetze,

* Die Cahiers de doléances (Beschwerdehefte) boten den Ständen Gelegenheit, dem König ihre Beschwerden schriftlich vorzutragen (Anm. d. Üb.).

Das körperliche Verlangen siegt rasch über die Gesetze,
Wenn es juckt, so muß man kratzen.
Ein Liebhaber kratzt – und welch ein Ärger:
Das Verlangen wird davon noch stärker."

Haben schon junge Frauen unter einer solchen, ihnen aufgezwungenen Ehe zu leiden, muß andererseits auch so mancher rechtschaffene Mann mit einem von Grund auf bösen Weib zusammenleben, das ihn alles andere als glücklich macht; der ständige Zwist und Haß richten ihn langsam zugrunde, der Kummer läßt ihn allmählich dahinsiechen und bringt den Betroffenen – und damit das Vaterland – um kostbare Tage. Hilft man einem so bedauernswerten Mann nicht, stirbt er über kurz oder lang.

Die Ehe – so hatten die Enzyklopädisten verkündet – ist ein ständiger Quell der Freude. Für Voltaire bedeutet sie dauerhaftes, persönliches Glück und die Vervollkommnung des Menschen – wenn nicht, müsse man sie auflösen können. Schon Turgot – und nicht nur er – vertrat den Standpunkt, die Ehen würden glücklicher, wenn eine Scheidung möglich sei. „Die Scheidung ist der Schutzgott der Ehe" verkündet denn auch Chaumette, der im Oktober 1792 in seiner Eigenschaft als Oberhaupt der Kommune von Paris die Aufgebote entgegennimmt. Die Scheidung ist gewissermaßen der Garant dafür, daß die Eheleute sich gegenseitig achten und sich zuvorkommend verhalten. Auch in Ehen, die aus freien Stükken geschlossen worden seien und auf gegenseitiger Wertschätzung gründeten, komme es zu Streitereien. Aber das Schreckgespenst der Scheidung sorge dafür, daß diese nicht ausuferten und die beiden Partner sich wieder versöhnten. Wenn jedoch eine Ehe in gegenseitiger Schikane ende, so müsse ihr ein Ende bereitet werden. Eine Scheidung komme in diesem Falle nicht nur den beiden Partnern, sondern auch dem Staat zugute, denn schlechte Ehen führten nur dazu, daß man aus ihnen ausbreche, und damit werde neben den betroffenen Familien das gesamte Sozialgefüge in Mitleidenschaft gezogen. Die Verfasser der entsprechenden Pamphlete aus dem Jahr 1789 greifen die bereits von Montesquieu und Rousseau verfochtene Vorstellung auf, nach der eine gute Regierung stets auf eine Vermehrung des Volkes bedacht ist, und umgekehrt eine rasch anwachsende Bevölkerung das Zeichen für eine gute Regierung ist. Schon im 17. Jahrhundert hatte der deutsche Rechtswissenschaftler Pufendorf die Meinung vertreten, daß besonders Ehen, deren Partner ein Band echter Zuneigung miteinander verbinde, mit großer Nachkommenschaft gesegnet seien. Verstünden sie sich dagegen absolut nicht, hätten sie in der Regel auch keine Kinder. Das neue Scheidungsgesetz – so die Hoffnung der Zeitgenossen – wird diesem Übel abhelfen. Gleichzeitig werde es, so hofft Chaumette, alle scheuen Zeitgenossen und vielen Ledigen, die es bisher nicht gewagt hätten, eine Familie zu gründen, zu diesem Schritt ermutigen, und damit werde die Geburtenzahl ebenfalls erhöht.

Wie läßt sich jedoch die mit Argumenten des Naturrechts begründete und dem Interesse der Gemeinschaft entsprechende Institution der Scheidung mit der Religion in Einklang bringen? Viele Journalisten sehen 1789 hierin keine Schwierigkeit. Gott habe dem ersten auserwählten Volk keineswegs untersagt, sich scheiden zu lassen. Selbst das Bibelwort „Was Gott zusammengefügt hat, das soll der Mensch nicht trennen" ist in ihren Augen eher ein weiteres Argument für die Scheidung, denn wenn man jene nicht trennen soll, die Gott zusammengefügt hat, dann darf, ja soll man logischerweise die trennen, die er entzweit hat. Ist es denn nicht Gottes Wille, wenn sich ein Ehepaar nicht mehr versteht? Manche versteigen sich gar zu der Behauptung, das Konzil von Trient habe es ganz bewußt vermieden, die Scheidung förmlich zu verdammen.

Die Eheschließung als ziviler Vertrag und „Handelsabkommen"

Es sind jedoch nicht diese philosophischen Betrachtungen über das Glück des einzelnen oder das vernunftgemäße Handeln der Regierenden, welche die Mitglieder der Nationalversammlung und die Abgeordneten der Legislative veranlassen, sich mit der Institution der Ehe auseinanderzusetzen. Es ist vielmehr eine direkte Folge der revolutionären Religionspolitik und der durch die eingeführte Zivilverfassung des Klerus ausgelösten Verwirrung. Die eidverweigernden Priester schärfen ihren Gemeindemitgliedern nämlich ein, sich nicht von einem „jureur" – einem auf die Zivilverfassung des Klerus vereidigten Geistlichen – trauen zu lassen. Diese führen jedoch die Trau-, Tauf- und Sterberegister. Nicht von einem „jureur" getraut zu werden, bedeutet aber, auf einen schriftlichen Nachweis der Eheschließung zu verzichten. Die aus dieser Ehe hervorgehenden Kinder werden nicht ins Taufregister aufgenommen, und so sind sie nirgends personenstandsrechtlich erfaßt. Seit dem 14. März 1791 macht die Stadtverwaltung von Paris wiederholt auf dieses Problem aufmerksam. In der Nationalversammlung legen die beiden Abgeordneten Durand-Maillane und Lanjuinais einen Bericht vor, in dem sie zwischen der vertraglichen Übereinkunft der Brautleute, die amtlich bestätigt werden kann, und dem Sakrament, das in den Zuständigkeitsbereich der Kirche fällt, unterscheiden. Der Staat muß die Bedingungen des Vertrages festlegen und ihre Einhaltung garantieren, während die Kirche darüber zu entscheiden hat, ob sie das Ehesakrament spendet oder nicht. Für die in der Nationalversammlung sitzenden Geistlichen ist dieses Ansinnen ein Skandal. Sie argwöhnen, daß auf diese Weise der Protestantismus eingeführt werden soll, da der Katholizismus jegliche Aufteilung in die zwei Bestandteile Vertrag und Sakrament ablehnt. Andere Abgeordnete wie Reubell geben zu bedenken, daß die Stellung der auf die Zivilverfassung des Klerus vereidigten Geistlichen weiter geschwächt werde, entziehe man diesen auch noch die Führung der Personenstandsregister. Das Vorhaben wird zwar vertagt, aber die Nationalversammlung hält daran fest, daß die Ehe lediglich ein ziviler Vertragsschluß sei und der Gesetzgeber ein unterschiedslos für alle Franzosen geltendes, von öffentlichen Beamten ausgeführtes Verfahren zur Registrierung der Geburten, Eheschließungen und Sterbefälle festlegen werde.

1792 wird erneut die Forderung nach einem neuen Ehegesetz laut. Bonneville, der gemeinsam mit Abbé Fauchet einen Club, den „Cercle social", gegründet hat, verlangt sie umso entschiedener, als er, in Anlehnung an Rousseau, im neuen Eherecht die Gelegenheit zu einer Reform des Erbrechts sieht, das in seiner bisher gültigen Form die bestehenden Besitzunterschiede noch zusätzlich verschärft. Von den Reformen erhofft er sich die umfassende Neugestaltung der Gesellschaft. In seiner Abhandlung über das neue Eherecht vertritt Bonneville die Auffassung, daß ein rechtschaffener Mensch mit der Heirat nicht nur seine Verpflichtungen gegenüber der Natur, sondern auch gegenüber seinem Vaterland erfülle. Die Ehe sei ein gesellschaftliches Band, das den Bürger enger an sein Vaterland binde und umgekehrt. Das Gesetz solle die Heirat zur Voraussetzung für die Vaterschaft machen. Gegenüber Junggesellen hegt Bonneville denselben Argwohn wie die Sanskulotten. Er fordert, die Alleinstehenden mit leichten Strafen zu belegen, um sie zum Heiraten zu animieren. Die Rechte eines Aktivbürgers sollen ihnen verwehrt bleiben und sie sollen weder Mitglied der Stadtverwaltung noch Beamte, Richter oder Geschworene werden können. Berücksichtigt man aber andererseits, daß die meisten Frauen nur über eine mangelnde staatsbürgerliche Gesinnung verfügten und deshalb nicht zur Ehefrau und Mutter taugten, so müsse man den Männern, die deshalb nicht heiraten wollten, die Möglichkeit einräumen, auf dem Wege der Adoption die Vaterschaft zu erlangen und damit in den Genuß aller bürgerlichen Rechte zu kommen. Die Eheschließung aber solle fortan – bar jeglicher religiöser Komponente – nichts anderes als ein ziviler Vertragsschluß, eine Art Handelsabkommen sein, das in dem Moment als aufgelöst zu betrachten sei, in dem die der Vereinbarung zugrundeliegenden Bedingungen nicht mehr erfüllt seien. Ehebruch, plötzlich auftretender Wahnsinn, Geschlechtskrankheiten sowie Unfruchtbarkeit stellen demnach Scheidungsgründe dar.

Der Personenstand oder die völlige Anarchie

Doch nicht die Redner, sondern das allgemeine Chaos bei der Personenstandserfassung veranlaßt den Gesetzgeber, sich erneut mit dem geplanten Ehegesetz zu beschäftigen. In vielen Gemeinden hören die Gläubigen weiterhin auf die Anweisungen der eidverweigernden Priester und ignorieren die „jureurs". Andere Gemeinden werden von diesen auf die Zivilverfassung des Klerus vereidigten Priestern im Stich gelassen. Wegen dieser geradezu anarchischen Zustände wird eine Neuregelung dringend erforderlich. Der am 17. März 1792 vorgelegte Bericht stößt innerhalb der Legislative auf heftigen Widerstand. François de Neufchâteaus Einwand, die Bauern würden die Laisierung der Eheschließung ablehnen, wird übergangen. Dennoch geraten die Diskussionen ins Stocken, weil man zunächst keine Einigung darüber erzielen kann, wer die neuen Register führen soll: die Notare, die Friedensrichter, die Schulmeister oder die Gemeindeverwaltungen. Die Wahl fällt schließlich auf letztere.

Das Gesetz vom 20. September verfügt, daß die zivile Trauung künftig von städtischen Amtsträgern vorzunehmen ist, vor oder nach der ein priesterlicher Segen erteilt werden kann. Zwei oder vier Trauzeugen, die mindestens einundzwanzig Jahre alt sind, müssen zugegen sein. Auch Frauen können übrigens dieses Amt übernehmen – ein wichtiger Schritt auf dem Weg zu den von einigen Bürgerinnen seit langem geforderten Rechten. Anders als die Kirche betrachtet der Staat die Verlobung nicht als verbindliches Eheversprechen. Aufgrund der neuen Bestimmungen können Paten ihre Patenkinder und nah verwandte, beziehungsweise verschwägerte Paare einander heiraten. Das bedeutet für zahlreiche Dorfbewohner eine sehr große Erleichterung, denn die oftmals miteinander

Die Zivilehe (Kupferstich von Mallet; Paris, Musée Carnavalet).

verwandten Paare müssen nun keinen Antrag auf kirchliche Genehmigung mehr stellen und sparen die damit verbundenen Gebühren. Lediglich Brautleute unter einundzwanzig benötigen die ausdrückliche Erlaubnis der Eltern zur Heirat. Das Mindestalter wird für Männer auf fünfzehn und für Frauen auf dreizehn Jahre festgelegt. Einige Abgeordnete, die keine Ahnung haben, wie selten Eheschließungen zwischen so blutjungen Partnern sind, nehmen heftigen Anstoß an dieser Regelung. Sie akzeptieren sie nur deshalb, weil sie darin ein sicheres Mittel erblikken, sittlichen Entgleisungen vorzubeugen. Später, so hoffen sie, wird man jedoch darauf verzichten können: „Wenn die Menschheit erst einmal besser unterrichtet und unsere Sitten entsprechend geläutert sein werden, wenn die Kleidung nicht mehr so schwer und beengend auf dem Körper lasten und dadurch den Lebenssaft nicht mehr vorzeitig zum Reifen und zum Emporsteigen drängen wird, werden die Mädchen in der Regel erst mit zwanzig ins heiratsfähige Alter kommen und auch die jungen Männer nicht mehr so unreif sein; sie werden ihr ungestümes körperliches Verlangen tapfer bezwingen und feststellen, daß man das wahre Glück nur dadurch erlangt, daß man sich zunächst zurückhält, um später umso besser genießen zu können".

Die Scheidung ruft noch einige Gegner auf den Plan, aber ihre Befürworter geben zu bedenken, daß sie nichts anderes als die praktische Anwendung des Freiheitsprinzips auf die Ehe sei – wer für die Freiheit eintrete, müsse daher auch akzeptieren, daß eine Ehe wieder aufgelöst werden könne. Und mit welcher Begründung sollte man den Katholiken verwehren, was man den übrigen Bürgern gestattet? Am 20. September 1792 wird daher ein Gesetz verabschiedet, das für den Fall der geistigen Umnachtung, der Verurteilung zu Strafen, die mit dem Verlust der bürgerlichen Ehrenrechte verbunden sind, für den Fall von Mißhandlungen oder schweren Beleidigungen, von sittenwidrigem Lebenswandel, der Aufgabe der gemeinsamen Wohnung, des Ausbleibens jeglicher Nachricht über einen Zeitraum von fünf Jahren hinweg oder der Auswanderung die Scheidung gestattet. Falls die beiden Partner feststellen sollten, daß ihre Charaktere zu verschieden sind, um ein friedliches Zusammenleben zu ermöglichen, können sie die Scheidung im gegenseitigen Einverständnis beantragen. Diese ist allerdings nur durch ein langwieriges Verfahren zu erlangen – damit will man jenen Männern von vorneherein einen Strich durch die Rechnung machen, die das neue Scheidungsrecht mißbrauchen könnten, um sich allzu eilfertig von einer ihrer Meinung nach mittlerweile zu alt gewordenen Ehefrau zu trennen. Die Geschiedenen dürfen jeweils eine neue Ehe eingehen. Obwohl diese Neuregelung in vielerlei Hinsicht gegen das kanonische Recht verstößt, beteuert die Nationalversammlung, keineswegs der katholischen Religion schaden zu wollen. Nachdem sie die Standesämter mit der Führung der Personenstandsregister betraut hat, erklärt sie, daß es jedem Bürger selbstverständlich freistehe, seine Ziviltrauung kirchlich segnen zu lassen.

Es dauert eine geraume Zeit, bis das neue Gesetz überall bekannt ist und erstmals Anwendung findet. Während dieser Übergangszeit wissen viele junge Paare in ihrer Ratlosigkeit nicht, an wen sie sich wenden sollen. Das gilt beispielsweise für den sechsundzwanzigjährigen Hufschmied Etienne Pascal und die siebzehn Jahre alte Marie-Louise Buffon. Die beiden Liebenden leben seit achtzehn Monaten zusammen und haben bereits ein gemeinsames Kind, dessen Personenstand völlig ungeklärt ist. Etienne und seine Marie-Louise möchten das gern ändern. Doch der Vater des Mädchens ist gegen eine Heirat, aber die Zeit drängt, da Etienne sich als guter Patriot für ein Freiwilligenbataillon gemeldet hat. Auf Ersuchen des jungen Paares tritt die Bürgerversammlung der Sektion Bondy zusammen, um über den Fall zu befinden. Am 12. Oktober 1792 erklärt sie, daß sie sich nun, da „alle Bürger durch ein Band innigster Brüderlichkeit geeint und durch die Stimme der Vernunft und der Philosophie erleuchtet sein sollen (...) mit Rücksicht auf die Sitten und die edelste Regung der Natur bereitfindet, die Erklärung der Bittsteller in die Register einzutragen und ihr Gelübde entgegenzunehmen". Es bleibe den Betroffenen überlassen in der Folgezeit ihr Zusammenleben gemäß dem Gesetz zu legalisieren.

Die Zivilscheidung (Kupferstich).

„Alles Bastarde – der Vater wie der Sohn"

Müssen wirklich all jene, die in wilder Ehe zusammenleben, diese durch eine Heirat nachträglich legalisieren? Handelt es sich hierbei denn nicht in erster Linie um den freien Entschluß zweier Personen, der von keinerlei Instanz abgesegnet werden muß? In einem Brief des Bürgers Méline an den Nationalkonvent heißt es: „Ich lebe mit der Bürgerin Benoit zusammen, das ist mein einziges Verbrechen; es stimmt, daß ich nicht verheiratet bin, aber das ändert nichts daran, daß ich ein überzeugter Sanskulotte bin, und keineswegs gegen die Sitten eines guten Republikaners verstoße." Perrière wiederum macht sich zum Sprachrohr zahlreicher Sanskulotten, wenn er laut dagegen protestiert, daß einige Sektionen Frauen keine Unterstützung zukommen lassen, von denen bekannt ist, daß sie seit beträchtlicher Zeit mit Männern zusammenleben, die gegenwärtig an der Front sind. Für ihn begründet schon die öffentliche Kenntnisnahme eine Ehe.

Behauptet nicht auch Saint-Just stellvertretend für alle Jakobiner, daß ein Mann und eine Frau, die sich lieben, ein Ehepaar seien? Solange sie keine Kinder hätten, könnten sie ihre Verbindung sogar geheimhalten, erst wenn die Frau schwanger sei, müßten sie sich vor einem Amtsträger offen zu ihrem Verhältnis bekennen. Wozu brauche man dann Standesbeamte, Register und Dokumente? Die Hauptsache sei doch, daß man sich liebe – alles andere seien nur sinnentleerte Überbleibsel vergangener Zeiten. In einer Petition, die die erbrechtliche Gleichstellung der außerehelichen mit den ehelichen Kindern fordert, erklärt ein Sanskulotte: „Sowohl mein Vater als auch ich wurden unehelich geboren, ich selbst bin Vater mehrerer Kinder, deren Mutter niemals das Sakrament der Ehe empfangen hat, was uns jedoch nicht davon abhält, ein sehr harmonisches Zusammenleben zu führen, und auch die Kinder nicht daran hindert, genauso prächtig heranzuwachsen, als wenn der Notar und der Priester ihren Segen erteilt hätten".

Als bei der Einziehung zum Militär die verheirateten Männer ausgenommen werden, fragen ein paar Sanskulotten beim Bürger Kriegsminister an, ob nicht auch die Männer, die erst nach Bekanntwerden des Gesetzes eine Schwangere geheiratet haben, um ihr Zusammenleben zu legalisieren, befreit werden müßten. Carnot pflichtete ihnen bei. Letztendlich jedoch setzen sich die traditionellen Moralvorstellungen durch, und man verweigert unter anderem Soldatenfrauen, die ihre Ansprüche nicht durch die üblichen Heiratsdokumente beweisen können, jegliche Unterstützung. Eine Ehe wird nur dann als solche anerkannt, wenn die beiden Partner vor dem Standesbeamten eine entsprechende Erklärung abgegeben haben. Die auf die Zivilverfassung des Klerus vereidigten Priester dürfen einem standesamtlich getrauten Paar den Segen nicht vorenthalten, selbst dann nicht, wenn einer der beiden Partner bereits geschieden ist. Es steht jedem frei, auf die kirchliche Trauung zu verzichten, aber jeder hat gleichzeitig einen Anspruch darauf, das Ehesakrament zu empfangen, sogar die Priester. Als im Oktober 1792 Priester Bruslon aus Faye-la-Vineuse im Departement Indre-et-Loire Marie Anne Jacquet ehelicht, erteilt der Priester von Langeais dem Brautpaar auf den ausdrücklichen Wunsch Bruslons seinen Segen.

Mußten die Väter des neuen Ehegesetzes sich nicht zwangsläufig auf das Gedankengut der Aufklärung beziehen, das die Frau dem Manne gleichberechtigt zur Seite stellt? Merlin de Douai gibt mit seiner Behauptung, Frauen verstünden nichts von Politik und Verwaltung und die Männer seien ihnen von Natur aus überlegen, den Standpunkt der Mehrheit im Nationalkonvent wieder. Die nach wie vor dem Mann untergeordnete Frau soll dem republikanischen Tugendideal nacheifern, das ihren Ehemann dazu anhält, in seiner Eigenschaft als freier Mensch und Freund der Gesetze ein guter Vater, Ehemann, Sohn, Freund sowie ein guter Bürger zu sein. Indem die Eheleute möglichst viele Kinder bekommen und diese zu pflichtbewußten Bürgern erziehen, setzen sie sich für das Vaterland ein.

Die Ehefrau soll dem Vaterland dienen, indem sie ihren Mann umhegt und für die ganze Familie ein leuchtendes Vorbild der Tugendhaftigkeit abgibt. Denn die Ehe ist die Keimzelle der Republik: Die Familie zieht Kinder groß, denen von zartestem Alter an der Haß auf alle Tyrannen und der Respekt vor den Menschenrechten eingeflößt wird. Mit anderen Worten, um einen Ausspruch Chaumettes zu zitieren, die ersten Worte, die Mütter ihren Kindern beibringen, sind „Vaterland“, „Freiheit“ und „Gleichheit“.

Die Heirat als ein Lehrstück staatsbürgerlicher Gesinnung

Der Akt der Eheschließung ist ein willkommener Vorwand, an die staatsbürgerliche Gesinnung der Bevölkerung zu appellieren. Anfangs fällt die Zeremonie ganz schlicht aus: Nachdem die Unterlagen, aus denen der Personenstand der beiden Partner hervorgeht und das Ehegesetz verlesen worden sind, sagen die Brautleute laut und deutlich „Hiermit heirate ich X“, woraufhin der Standesbeamte die Ehe für gültig erklärt. Er stellt eine Heiratsurkunde aus, die von dem frischvermählten Paar, dessen Trauzeugen und den Eltern beziehungsweise Schwiegereltern zu unterzeichnen ist. Gohier, der gleichzeitig Abgeordneter der Legislative und Staatssekretär im Justizministerium ist, erkennt als einer der ersten die moralische und soziale Tragweite dieses Vorgangs. Er fordert daher, die Eheschließung künftig feierlich zu zelebrieren, um so die Rechte und Pflichten des Bürgers in Erinnerung zu rufen. Diese festliche Feier soll laut Gohier vor dem Altar des Vaterlandes stattfinden. Man begnügt sich fortan nicht mehr damit, das Trauzimmer mit einer allegorischen Darstellung der Ehe zu schmücken. Die Sanskulotten und die Jakobiner bemühten sich, die Brautleute und alle Anwesenden durch eine ganze Reihe symbolträchtiger Zeremonien zu beeindrucken.

Am 10. Germinal des Jahres II (30. Mai 1794) findet in Ambérieu anläßlich der gleichzeitigen Hochzeit mehrerer Paare ein großes Fest statt. Auf dem Freiheitsplatz wird der Altar des Vaterlandes errichtet, hinter der man eine Trikolore mit einer Abbildung des Hahnes als Zeichen der Wachsamkeit sehen kann. Diesem Altar nähert sich am Tag der Hochzeit ein festlicher Zug: Vorneweg schreitet eine Militärkapelle mit klingendem Spiel, dann folgt die von zahlreichen, die Waffen schwenkenden Sanskulotten umringte Nationalgarde, was den Kampf des Volkes gegen die Aristokratie symbolisieren soll. Da unterbrechen plötzlich ländliche Weisen die martialischen Klänge, um die Hochzeitspaare, deren Verwandtschaft und die Mitglieder der Stadtverwaltung anzukündigen. Zwölf ganz in Weiß gekleidete, mit blauweißroten Schärpen umgürtete junge Mädchen führen eine Schar kleiner, sechs- bis zwölfjähriger Mädchen an, die einen jungen Republikaner umringen. Die nachfolgenden Veteranen bilden das Ende des Zuges, der in feierlicher Prozession durch die Straßen der Stadt führt. Zum Klang patriotischer Lieder trifft man schließlich auf dem Freiheitsplatz ein, auf dem die Trauungen stattfinden sollen. Jede einzelne Eheschließung wird mit dem Ruf „Es lebe die Republik" gefeiert, und ein Vertreter des Staates, ein Veteran sowie ein junges Mädchen halten glühende patriotische Reden. Ein „armes und tugendhaftes" Mädchen erhält aus der Hand des Abgeordneten Albitte eine Mitgift von 200 Livres auf Kosten der Aristokratie, an die Bedürftigen wird kostenlos Brot verteilt.

Auf diese Weise wird die Heirat zu einer symbolträchtigen Veranstaltung, die das revolutionäre Bewußtsein der jungvermählten Paare sowie der übrigen Festteilnehmer fördert und ihnen gleichzeitig die Zielsetzungen der Jakobiner nahebringt. Das Fest propagiert die Gleichheit und Einigkeit aller Bürger. Diese Prinzipien werden durch den Festzug symbolisiert, dessen Teilnehmer nicht mehr nach Stand oder Beruf getrennt marschieren, sondern in Altersklassen eingeteilt sind und die Volksvertreter umringen. Als Zeichen der Einheit und der Volkssouveränität schwenken die Bürger Palmzweige, die sie erst dann den Repräsentanten der Staatsgewalt überreichen, wenn diese sich um das Vaterland verdient gemacht haben. Das Fest enthält nicht nur eine politische, sondern auch eine soziale Botschaft: Die Brotverteilung an die Bedürftigen signalisiert die Überbrückung der Kluft zwischen Arm und Reich und die Anerkennung des Rechtes auf eine menschenwürdige Existenz.

Im Rahmen dieser zivilen Heiratszeremonie tritt Gott völlig hinter Vaterland und Vernunft zurück. Im Herbst 1793 wagen es viele frischvermählte Paare vor dem Hintergrund der allgemeinen Dechristianisierungswelle nicht mehr, den Segen der Kirche zu erbitten. Robespierre, angesichts des um sich greifenden Atheismus beunruhigt, sieht sich genötigt, ein „Fest der ehelichen Liebe“ einzuführen, das ganz im Zeichen des Höchsten Wesens steht.

Einige Jakobiner folgen der Aufforderung, die Regierung in ihren Bemühungen zu unterstützen. So schlägt zum Beispiel J. Piron vor, die Eheschließungen in großem Stil zu begehen und die Zeremonie damit beginnen zu lassen, daß man den Brautleuten eine Börse präsentiert und sie um eine Spende bittet. Aus diesem Fonds soll dann tugendhaften, aber armen Mädchen eine Mitgift ausbezahlt werden. Die Bräute sollen zur Feier des Tages Kränze tragen, die Bräutigame von Bannerträgern begleitet werden, auf deren Fahnen die republikanischen Tugenden dargestellt sind. Hymnen auf das Höchste Wesen sollen erklingen, und es wird an die Pflichten der Eheleute und Bürger erinnert. Die jungen Männer sollen für diesen Tag das Recht erhalten, alle Mädchen aus ihrem Bekanntenkreis zu küssen, ihnen Blumen und Bänder zu schenken und Glück in der Liebe zu wünschen. An diesem großen Tag werde – hofft Piron – so manches neue Paar zusammenfinden. Die Mädchen sollen die Burschen mit den Fragen „Habt Ihr eine Geliebte?“, „Mögt Ihr lieber Dunkelhaarige oder Blonde?“ und „Seid Ihr auch treu?“ auf die Probe stellen. Inmitten des allgemeinen Trubels würden sich dann die bereits seit langem einander liebenden Paare gegenseitig Liebe und Achtung schwören.

Die Heirat als Massenabfertigung

Dank der sich überstürzenden Ereignisse von Thermidor bleiben solche Pläne allerdings in der Schublade. Die Eheschließung – wie sie etwa La Révellière-Lepeaux schildert – geht vielmehr derart prosaisch und glanzlos vor sich, daß die Beteiligten oft richtig schockiert sind:

> „Der Zugang zu jenem Raum, in dem der Standesbeamte saß, wurde von unzähligen grobschlächtigen Personen blockiert, deren abstoßende Äußerungen und zynische Gesten selbst hartgesottene Zeitgenossen entsetzten. Dann gelangten wir schließlich in einen völlig verdreckten, schmucklosen Raum, in dem ein chaotisches Durcheinander herrschte und sich infolge qualvoller Enge alles auf Wirtshausbänken stapelte: Brautpaare, Trauzeugen, ein Standesbeamter mit Lockenwicklern in den Haaren und einem schäbigen Morgenrock, eine häßliche allegorische Darstellung der Ehe, zwei völlig verbleichte Kränze aus Trockenblumen in Händen, und ein paar Schreiber zur Führung der Register. All diese Menschen drängten sich auf einer uralten Tribüne aus rauchgeschwärztem Holz; jedes Paar wurde einzeln aufgerufen, eine völlig unverständliche und auffallend kurze Formel gemurmelt, das Brautpaar samt der Trauzeugen um eine Unterschrift gebeten und schon waren zwanzig, ja dreißig Trauungen vollzogen.“

Vor 1789 hatte der Anteil der Ledigen an der Gesamtbevölkerung unablässig zugenommen. Mit der Französischen Revolution setzt vorübergehend eine gegenläufige Tendenz ein. Noch während die Nationalversammlung tagt, macht sich bereits ein regelrechter Hochzeitsboom bemerkbar. Während der ersten Regierungsjahre Ludwigs XVI. heiraten im Jahresdurchschnitt rund 239280 Paare. 1793 sind es 327000, und ein Jahr später beläuft sich die Zahl der Eheschließungen auf 325000. Das durchschnittliche Heiratsalter liegt bei 28 ½ Jahren für Männer und 26 ½ Jahren für Frauen, mit fallender Tendenz.

Die Gründe für diesen plötzlichen Heiratsboom liegen zum einen in der Hoffnung, die sich in den Jahren 1789 bis 1792 unter der Bevölkerung breitmacht: Man glaubt an eine Verbesserung der Lebensbedingungen durch die Revolution. Für viele Paare ist das der Anlaß, ihre seit langem geplante Hochzeit nun endlich in die Tat umzusetzen. Zum anderen kommt der Krieg und mit ihm die „levée en masse", von der die verheirateten Männer ausgenommen sind. Plötzlich sehen sich die ledigen Frauen heiß umworben, selbst wenn sie nicht mehr ganz taufrisch sind. Der Anteil der Ehen, in denen der Mann durchschnittlich unter 25 und rund 10 Jahre jünger ist als seine Frau, erhöht sich von 9 auf 10 Prozent, 1796 erreicht er 19 Prozent. Die Soldaten beklagen sich zwar über die Drückeberger, gehen aber ihrerseits ebenfalls eifrig auf Brautschau. Manche von ihnen versuchen die Mädchen mit materiellen Argumenten in Form ihres Soldes oder der Unterstützung, die die Regierung den Familien der Soldaten und den Kriegerwitwen versprochen hat, zu locken; einige Soldaten heiraten gleich mehrere Frauen. Andere wiederum sehen in der Heirat einen Rettungsanker, da sie befürchten, sie könnten wegen der fortschreitenden Inflation bei Kriegsende auf der Straße sitzen. So richtet Hauptmann Girardon im Jahre 1799 an einen Freund brieflich folgende Bitte: „Ich wäre Dir sehr dankbar, wenn Du in Paris ein Fräulein ausfindig machen könntest, das bereit ist, sein Vermögen mit mir zu teilen. Ich würde gerne die Tollkühnheit begehen, sie zu heiraten, auch wenn sie schon die Dreißig überschritten hat. Selbst eine Witwe würde ich nehmen, das ist mir egal."

Wie hoch ist die Scheidungsrate?

Wie lange halten diese Kriegsehen? Stehen den vielen Hochzeiten entsprechend viele Scheidungen gegenüber? Die Leichtigkeit, mit der eine Eheschließung rückgängig gemacht werden kann, ruft natürlich so manchen Mitgiftjäger auf den Plan. So heiratet beispielsweise ein junger Mann ein Mädchen, das von seiner Großtante eine ansehnliche Erbschaft erwarten kann. Doch macht das neue Erbrecht dem habgierigen Burschen einen Strich durch die Rechnung – der junge Mann läßt sich prompt scheiden, um eine begüterte Witwe zu ehelichen. Diese besitzt glücklicherweise soviel „Takt", bald darauf zu sterben, so daß der junge Witwer wieder seine erste Frau heiraten kann.

Das Scheidungsgesetz ermöglicht aber auch manch unglücklich verheirateter Frau die Befreiung von ihrem Haustyrannen. Die 33jährige Louise Nivelle sucht am 10. März 1791, noch bevor das neue Scheidungsgesetz erlassen wird, den Friedensrichter auf, um ihm ihr trauriges Los zu schildern: Ihr Mann ist ein chronischer Säufer und malträtiert sie nach allen Regeln der Kunst. Der Friedensrichter zieht Erkundigungen ein, bei denen ihm die Nachbarn der armen Louise bestätigen, daß Nivelle sich unter Alkoholeinfluß wie ein Verrückter gebärde. Mehrmals hat er bereits damit gedroht, seine Frau umzubringen. Ein Wundarzt, der das Ehepaar näher kennt, sagt aus, daß der syphiliskranke Ehemann kräftig dem Alkohol zuspreche und sich dann nicht mehr in der Gewalt habe. Wenn seine Frau zum Beispiel Fieber habe, reiße er sämtliche Fenster auf, lösche das Feuer und verweigere ihr Medikamente und heiße Getränke. Eines Tages wird er sogar dabei überrascht, wie er der kranken Frau eimerweise eiskaltes Wasser in das Bett leert. Für die Frauen, die eine solche Hölle durchmachen, ist das Scheidungsrecht ein wahrer Segen.

An der Spitze der angeführten Scheidungsgründe steht die Unvereinbarkeit der Charaktere, dicht gefolgt vom Ausbleiben jeglicher Nachricht und dem Fernbleiben des Partners. 1155 der 3870 in Paris von Frauen eingereichten Scheidungsanträge werden damit begründet, daß ihr Ehemann sie verlassen habe. In diesem Zusammenhang machen sich die Folgen des Krieges bemerkbar. Soldatenfrauen, die es müde sind, von ihren Männern über Jahre hinweg weder eine Nachricht noch Geld zu erhalten, ziehen die Konsequenzen. Auch manche Frau eines Emigranten reicht die Scheidung ein, um auf diese Weise den Familienbesitz zu retten. Insgesamt werden jedoch relativ wenig Ehen geschieden – zwischen 1792 und 1803 sind es ganze 30000, wobei sich ein deutliches Stadt-Land-Gefälle abzeichnet: Die größeren Zentren und die Seehäfen sind weit mehr betroffen als die Dörfer. In manchen Gegenden, wie zum Beispiel in der Bretagne oder in den Gebirgsregionen, werden so gut wie keine Scheidungen registriert.

Der neue Hochzeitskalender

In früheren Zeiten waren die Heiratstermine nicht nur von der Kirche reglementiert, sondern wurden auch durch starke soziale und wirtschaftliche Zwänge bestimmt. Der Advent und die Fastenzeit schieden von vorneherein aus. In den Monaten Juni bis Oktober, während derer es die Zeit bis zur nächsten Ernte zu überbrücken galt und alle Hände für die Feldarbeit benötigt wurden, gestatteten die rasch dahinschmelzenden Lebensmittelvorräte kein Festessen, so daß die Eheschließungen auf die Monate Januar, Februar oder November aufgeschoben wurden. Doch auch innerhalb dieser Monate durfte nicht an jedem beliebigen Tag geheiratet werden. Der Sonntag war der Tag des Herrn, an dem keine Feste stattzufinden hatten. Der Montag konnte dazu benutzt werden, das große Fest und das Essen vorzubereiten, weshalb der Dienstag gemeinhin als günstiger Wochentag und beliebter Hochzeitstermin galt. Der Mittwoch dagegen kam nicht in Frage, weil er angeblich Unglück brachte – ein althergebrachter Aberglaube besagte, daß ein Mann, der mittwochs heiratete, Gefahr liefe, noch innerhalb des ersten Ehejahres Hörner aufgesetzt zu bekommen. Der Donnerstag war genauso unbeliebt, der Freitag als Todestag Christi und Tag der Buße schied auch aus. Samstags wurde in vielen Gegenden nicht geheiratet, weil dieser Wochentag im Zeichen der Jungfrau Maria stand.

Mit der Revolution änderte sich alles. Eine in ganz Frankreich durchgeführte Umfrage des Staatlichen demographischen Institutes sowie einzelne historische Forschungen lassen bei den Hochzeiten eine jahreszeitliche Verschiebung erkennen. Der Advent und die Fastenzeit werden immer weniger eingehalten, so daß die Monate März und Dezember in der Heiratskurve keine absoluten Tiefpunkte mehr darstellen. Die Hochzeiten verteilen sich von nun an ziemlich gleichmäßig über das Jahr. Nur die Monate August und Oktober, in die die Ernte beziehungsweise das Pflügen der Äcker fällt, scheiden weiterhin häufig aus. Auch bezüglich der einzelnen Wochentage macht sich ein gewisser Wandel bemerkbar. Der Freitag ist weiterhin als Termin nicht sehr beliebt. Viele Hochzeiten finden jetzt samstags und sonntags statt. Der Dekadi dagegen, der 1798 per Gesetz zum offiziellen Festtag erklärt wird, erfreut sich keiner besonderen Beliebtheit als Hochzeitstermin. Auch weil er mit schöner Regelmäßigkeit immer auf einen anderen der althergebrachten Wochentage fällt, zeitigt er keinen oder jedenfalls keinen nennenswerten Einfluß auf das Heiratsverhalten.

Dies variiert aber je nach Region. Im Pariser Becken setzen sich, aufgrund der fortgeschrittenen Dechristianisierung, die neuen Bräuche viel rascher durch als etwa in der Bretagne oder im Anjou. Die Kleinstädte brechen eher mit der traditionellen Regelung als die mittelgroßen Städte. Woher rührt diese geringere Einhaltung religiöser Vorschriften? Läßt sie etwa darauf schließen, daß die Franzosen bereits vor 1789 den Sinn dieser Regeln häufig nicht mehr verstanden oder sie insgeheim sogar ablehnten, die Neuregelungen dagegen als Befreiung empfanden und als willkommene Gelegenheit, ihren Protest gegen die Kirche auszudrükken? Die in den Jahren 1789 bis 1799 zu beobachtenden Verstöße gegen die religiösen Vorschriften sind meist darauf zurückzuführen, daß die bisher stillschweigend akzeptierten Bräuche, deren tieferer Sinn so gut wie niemandem mehr geläufig war, schlichtweg in Vergessenheit geraten. Um so mehr, da es an Priestern fehlt, die sie in Erinnerung rufen könnten: Die sich selbst überlassenen Gemeindemitglieder wissen bald nicht mehr, in welchem Abschnitt des Kirchenjahres sie sich eigentlich befinden. Die Einführung des Revolutionskalenders hat eher dazu geführt, ihre Ratlosigkeit noch zu vergrößern, so daß die Franzosen schließlich heiraten, ohne genau zu wissen, was die Kirche gestattet und was nicht. Den Aufzeichnungen von Gemeinden wie Rouen, in denen man noch am Kirchenjahr festhält, kann man entnehmen, daß zwar in den Wochen vor Ostern viele Hochzeiten stattfinden, die Karwoche selbst jedoch sorgfältig ausgenommen wird. Schließlich könnte, wie einige Historiker, darunter Bourdelais und Raulot, betonen, ein gewisser Konformismus mancherorts dazu beigetragen haben, vor den neuen sozialen Zwängen, vor den Verfechtern der Rationalität und des republikanischen Kultes zu kapitulieren und althergebrachte religiöse Überzeugungen und abergläubische Vorstellungen zu verdrängen. Die Revolution befreit die heiratswilligen Paare jedenfalls von dem Zwang, ihren Hochzeitstermin unter zwei Monaten des Jahres und unter zwei Wochentagen auszuwählen. Zwar machen sich nicht alle den republikanischen Versuch einer neuen Zeiteinteilung zunutze, doch auch, wenn keine genauen Zahlen zur Verfügung stehen, darf man davon ausgehen, daß viele Franzosen sich während der Ersten Republik von althergebrachten Riten lösen und Bräuche über Bord werfen, deren religiöse Bedeutung ihnen meist schon lange nicht mehr vertraut ist.

Die Frauen und die Revolution

In dieser ganz im Zeichen der Freiheit stehenden Zeit sind sich die Männer – die Sanskulotten ebenso wie die Jakobiner – darin einig, daß die Frau zu Hause zu bleiben hat, um sich dem Haushalt und der Familie zu widmen, während der Ehemann das unumstrittene Familienoberhaupt ist, das sämtliche Entscheidungen trifft und die Familie nach außen hin vertritt. Doch sehr viele Frauen sind mit einer solchen Rollenverteilung ganz und gar nicht einverstanden, sondern wünschen an der Seite der Männer aktiv am politischen Leben teilzunehmen: Sowohl am Sturm auf die Bastille, am Zug nach Versailles und am Sturm auf die Tuilerien sind die Frauen beteiligt. Kämpfen sie für dieselben Ziele wie die Männer, oder lassen sich gewisse Unterschiede feststellen?

Die Versammlungen der Frauen

Frau zu sein, heißt im Zeitalter der Revolution mehr denn je, die Haushaltskasse zu verwalten, eine lästige Aufgabe, mit der die Männer laut Aussage der Frauen nicht behelligt werden wollen. Mutter Duchesne beschreibt daher in ihren „Lettres bougrement patriotiques" (Höchst patriotische Briefe) die Aufgabe der Ehefrau wie folgt: Sie muß „Ordnung in ihren Haushalt bringen, ein ausgeglichenes Verhältnis zwischen Einnahmen und Ausgaben herbeiführen und stets aufmerksam sein, vor allem dann, wenn sie einen Ehemann hat, der für sechs trinkt und für vier ißt", und sie muß stets hungrige Kinder versorgen. Einen Großteil ihrer Zeit verbringen die Stadtbewohnerinnen mit der Lebensmittelbeschaffung. Sie stehen sehr früh auf – bisweilen schon um vier oder fünf Uhr –, sorgen dafür, daß ihr Mann rechtzeitig zur Arbeit geht, räumen auf und putzen. Nachdem sie die Kinder zur Schule gebracht oder bei einer Nachbarin in Obhut gegeben haben, wappnen sich die Hausfrauen mit Geduld, denn die Schlangen vor den Metzgergeschäften oder Bäckereien sind oft so lang, daß sie bis in die späten Nachmittagsstunden warten müssen, um endlich an die Reihe zu kommen. Dann gilt es so schnell wie möglich wieder nach Hause zu eilen, um den Kindern und dem Mann ein Essen zuzubereiten. Anschließend ziehen die Hausfrauen oft erneut los, weil sie gehört haben, in irgendeinem Stadtviertel seien knapp gewordene Lebensmittel zu haben.

Die Warteschlangen vor den Läden sind die Versammlungen der Frauen. Es gibt eigene Gesetze, die zwar nirgendwo schriftlich fixiert, aber trotzdem allen Frauen bekannt sind und genauestens eingehalten werden. Drängeln ist verboten, nur die bevorzugte Behandlung von Schwangeren wird, wenn auch unter Murren, hingenommen. Mit Argusaugen achten die Wartenden darauf, daß niemand aufgrund seines Vermögens besser wegkommt. Wehe dem Diener eines Reichen, der sich vorzudrängen sucht. Die Metzger, so behaupten die Frauen aus dem einfachen Volk, seien die Feinde des armen Mannes; betrete man ihren Laden, um ein Pfund Fleisch zu erstehen, während Köchinnen vermögender Bürger unter der wartenden Kundschaft seien, so kämen diese stets zuerst dran. Die Metzger steckten mit den Reichen unter einer Decke und ließen ihnen – selbstredend zu horrenden Preisen – das allerbeste Fleisch zukommen. Die breite Masse der Bevölkerung hingegen, die mit diesen Preisen nicht mithalten könne, bekomme nur minderwertige Ware. Es lohnt sich wirklich – so spotten die erbosten Frauen – für das Vaterland Opfer zu bringen! – „Mein Mann", klagt eine der Frauen, „ist im Krieg gefallen, mein Sohn kämpft in der Vendée gegen die Aufständischen, und ich, ich sterbe vor Hunger, während reiche Schurken, die sich in keiner Weise um die Republik verdient gemacht haben, in ihren Kellern Vorräte für mindestens ein halbes Jahr liegen haben!" Eine Leidensgenossin wird noch deutlicher: „Wie sollen denn unsere Männer leichten Herzens in den Krieg ziehen? Bei der Werbung verspricht man ihnen, für uns Sorge zu tragen, doch sobald sie in der Armee sind, kümmert sich kein Mensch mehr um uns." Gewiß, die Lebensmittelverteilung wird von einer ganzen Schar Kommissare überwacht, aber die Bevölkerung mißtraut ihnen genauso wie den Metzgern. Und die Mitglieder der Revolutionsausschüsse? Ihnen unterstellt man, daß sie das einfache Volk bald

Bewaffneter Zug der Pariser Markthallen-Frauen nach Versailles (5./6. Oktober 1789).

dazu anhalten würden, Bouillon aus Hundefleisch zu kochen: „Diese Herren gleichen den Priestern, die uns untersagten, Fleisch zu essen, und sich heimlich damit das Maul vollstopften."

Die Frauen aus dem einfachen Volk, die das brave Hausmütterchen spielen sollen, verkünden in ihren Versammlungen vor den Lebensmittelläden laut und deutlich, was die Männer abends in den Sektionsversammlungen nur vor sich hin murmeln: Alle haben ein Recht auf gleiche Behandlung, die Amtsträger der Republik müssen sich dem Willen des Volkes, ihres Souveräns, beugen. Die Frauen verbünden sich gegen die Wachen, die zur Beaufsichtigung der Warteschlangen abgestellt werden. Sie behaupten – so berichten Polizeibeobachter –, daß die bewaffneten Männer nur deshalb so zahlreich vertreten seien, weil „jeder von ihnen Fleisch zu Vorzugspreisen bekommt". Einige von ihnen gingen sogar so weit, ihre Waffen an andere Männer zu verleihen, so daß für Frauen ganz hinten in der Schlange nichts mehr übrigbleibe und sie mit leeren Händen wieder abziehen müßten. Manchmal wird den Wartenden nach Ablauf von zwei bis drei Stunden mitgeteilt, daß die Ware ausgegangen sei. Dann stimmen die aufgebrachten Frauen ein lautes Geschrei an und beschimpfen die Wachen, die mit den Kolben ihrer Gewehre und den Schäften ihrer Piken kräftige Hiebe verteilen. Die Frauen knöpfen sich den zuständigen Kommissar vor und fordern ihn unter Drohungen auf, wenigstens Gemüse herbeischaffen zu lassen, wenn schon kein Fleisch mehr zu haben sei – andernfalls „werde man ihm den Hals umdrehen und die Augen auskratzen".

Wenn genügend Ware vorhanden ist, strömen von überall Frauen herbei, um die von den Nachbarinnen erstandenen Lebensmittel zu prüfen. Die einzelnen Stücke wandern von Hand zu Hand und werden auf ihre Qualität untersucht. Einige Bürgerinnen behaupten, daß man in ihrer Straße weniger und minderwertigeres Fleisch zugeteilt bekomme als anderswo. Während die Frauen aus der einen Sektion ein halbes Pfund Schweinefleisch erhielten, stünde man sich in ihrer Sektion stundenlang die Beine in den Bauch, um ein mickriges Viertelpfund zu ergattern. Die Metzger und Fleischer seien die reinsten Blutsauger und nähmen das Volk rücksichtslos aus. Zu den Armen seien sie unverschämt und lassen ihnen allenfalls die Knochen und Abfälle zukommen, die man normalerweise den Hunden gebe. Nur die Kunden werden höflich und zuvorkommend bedient, die über bare Münze verfügen und Preise akzeptieren, die stets über dem staatlich fetgesetzten Maximum liegen. Zum Glück steht das Gesetz auf der Seite der Armen. Am 1. Ventôse – dem 19. Februar 1794 – streckt in der Rue de la Montagne-Sainte-Geneviève eine Kundin dem Metzger so viele Assignaten entgegen, wie sie laut Höchstpreisgesetz für das von ihr begehrte Stück Fleisch zu entrichten hat. Als der Metzger mehr fordert, erhält er zur Antwort, daß dies zwar vielleicht nicht seinen Preisvorstellungen, dafür aber dem Maximum entspreche. Der Metzger protestiert energisch, doch die wartende Menge stellt sich hinter die Hausfrau und fordert den Kommissar auf, den gegen das Gesetz des Nationalkonvents verstoßenden Ladeninhaber festzunehmen. Dem Ordnungshüter bleibt nichts anderes übrig, als den Metzger abzuführen.

Trotz der Bemühungen Robespierres fehlt es oft an Lebensmitteln: Sie werden von Bauern und Händlern gehamstert und in Scheunen oder Hinterzimmern unter der Hand verkauft. Brot ist das einzige Nahrungsmittel, das man ohne allzu große Schwierigkeiten erhält, aber dennoch klagen viele Frauen über den allgemeinen Mangel.

Am 17. Ventôse – dem 7. März 1794 – beschwert sich eine Hausfrau darüber, daß es bei ihr seit über acht Tagen nur noch klare Brühe gebe. Erst am Vortag habe sie zusammen mit ihrem Mann, einem Arbeiter, wieder einmal lediglich mit Zwiebeln belegtes Brot gegessen. Sie leide unter entsetzlichen Magenschmerzen, ihr Mann sei mittlerweile so entkräftet, daß er nicht mehr arbeiten könne. „Wie lange", so fragt sie, „soll das noch so weitergehen?"

Die Frauen greifen zur Selbsthilfe und halten die Wagen der Marktleute an. Im Januar 1794 treffen im Morgengrauen eines kalten Wintertages mehrere vollbeladene Karren vom Land an der Porte Sainte-Antoine ein. Sie werden im Nu von einer Schar Frauen umringt, die ungeachtet der protestierenden Fuhrleute abzuladen beginnen. Entzückensschreie werden laut: Es gibt Butter! Richtige Butter und sogar Eier! Die Frauen verlangen, daß diese Waren augenblicklich zu den gesetzlich festgelegten Höchstpreisen verkauft werden. Bündel werden herabgeworfen, geöffnet, und die daraus entnommene Ware wandert von Hand zu Hand. Die lärmende Menschenmenge irritiert die Pferde, sie scheuen, schlagen aus, die Deichseln schnellen in die Höhe. Ein paar Frauen werden getroffen, und eine von ihnen bricht – aus einer klaffenden Wunde am Auge blutend – zusammen. Doch nimmt im allgemeinen Begeisterungstaumel kaum jemand Notiz davon. Trotz des herbeigeeilten Kommissars geht der erzwungene Verkauf weiter. An diesem Abend gibt es in den umliegenden armseligen Häusern fast so etwas wie ein Festessen.

Nach der Hinrichtung Robespierres und der Aufhebung des Maximums sind plötzlich wieder Lebensmittel in Hülle und Fülle vorhanden. Doch wer kann sie sich leisten? Ein Polizist bezeugt, daß für reiche Zeitgenossen alles zu haben ist, was das Herz begehrt: Butter, Eier und feinstes Mehl. Doch ein paar Schritte weiter sieht man Menschen bettelnd die Hand ausstrecken oder auf offener Straße verhungern. „Es herrscht Freiheit", meint der Polizist, „und diese Freiheit scheint jeglicher Mäßigung zuwiderzulaufen, so daß man in derlei Fällen lediglich auf den Patriotismus der Kaufleute setzen kann, doch um diesen ist es schlecht bestellt." In den Markthallen der Hauptstadt, im sogenannten „Bauch von Paris" bahnen sich derweil die Aufstände von Germinal und Prairial an.

Frauenarbeit

Das Schlangestehen vor den Geschäften bedeutet für die Frauen häufig auch den Verlust eines ganzen Arbeitstages. In den Städten und Marktflecken Frankreichs steuern die Frauen einen unverzichtbaren Beitrag zum Familieneinkommen bei. Wie viele Frauen berufstätig sind und wie hoch der Anteil dieser in Werkstätten oder Läden beschäftigten Frauen an der gesamten erwerbstätigen Bevölkerung ist, läßt sich heute nicht mit Sicherheit sagen. Anhand vereinzelter Dokumente läßt sich lediglich belegen, welch große Bedeutung dieser Frauenarbeit aufgrund des Krieges zukommt. Es gilt annähernd eine Million männliche Arbeitskräfte zu ersetzen, die ihre besten Jahre dem Dienst in der Armee opfern. Im Jahr II bietet sich ein ähnliches Bild wie während des Ersten Weltkriegs: Unzählige Frauen arbeiten in den Werkstätten und Manufakturen. Sie sind plötzlich ohne Vater, Ehemann oder Bruder und sehen sich – trotz der ihnen von der Regierung gewährten Unterstützung – gezwungen, eine Arbeit zu suchen. Sie arbeiten an der Seite jener Frauen, die schon unter Ludwig XVI. aus wirtschaftlichen oder moralischen Gründen ihre Familie verlassen mußten. Es sind dies Frauen wie Cathérine Vignot, Rosalie Deloute oder Annie Richardeau – junge Frauen im Alter von siebzehn oder achtzehn Jahren, deren Name in Polizeiberichten überliefert ist. Von Cathérine Vignot, die den Beinamen „die Köhlerin“ trägt, ist bekannt, daß sie mit fünfzehn zur Vollwaise wurde und sich ihren Lebensunterhalt mit dem Abladen von Kohle verdiente, wozu sie aus Gründen der Zweckdienlichkeit Männerkleidung anlegte. Rosalie Deloute wurde von ihrem Vater aus dem Haus gejagt, weil sie wiederholt sehr spät nach Hause gekommen war, nun verdingte sie sich als Näherin. Annie Richardeau schließlich arbeitete zunächst als Schäferin, wanderte dann im Jahr 1793 nach Paris, wo sie laut Polizeibericht eine neue Arbeit suchte. Der Fall der „Köhlerin“ Cathérine Vignot bildet keineswegs eine Ausnahme. In Paris ist es damals durchaus üblich, daß Frauen als Lastenträger arbeiten und ebenso schwere Sachen tragen wie ihre männlichen Kollegen.

Die meisten der erwerbstätigen Frauen arbeiten jedoch an der Seite ihres Ehemannes in dessen Laden oder Werkstatt mit. Sie gehen den Gesellen zur Hand, bedienen die Kundschaft und werfen nur zwischendurch einen Blick in die Küche. Manche Frauen steigen auch in die Fertigung ein: Die Bürgerin Guérhard leitet einen Porzellan herstellenden Betrieb; andere sind Weißnäherinnen, produzieren Kurzwaren oder arbeiten als Büchsenmacherinnen. Viele Frauen ziehen als Händler durch die Straßen und stellen eine von den Ladeninhabern gar nicht gern gesehene Konkurrenz dar: „Die Straßen werden von unzähligen, ständig weiterziehenden oder einen festen Standplatz besitzenden Händlern verstopft, die weder Steuern bezahlen noch einen Gewerbeschein vorweisen können und ihre Ware oft direkt vor der Ladentür der zugelassenen Einzelhändler verkaufen." Diese umherziehenden Händlerinnen werden „regrattières" (Kleinkrämerinnen) genannt, eine recht allgemeine Bezeichnung, welche neben den sogenannten „graillonneuses" (Frauen, die Speisereste von den Restauranttischen einsammeln und sie weiterverkaufen) auch die Frauen umfaßt, die größere Mengen an frischen Fischen erstehen, um sie in den Straßen feilzubieten. Wie die anderen Händler auch – die Schuhmacher, die Schreiber und die Kleiderverkäufer – errichten sie entlang von Kirchen oder öffentlichen Gebäuden kleine Stände und legen darauf ihre Ware aus. Einige Frauen verdienen ihren Lebensunterhalt mit dem Verkauf von Trödel oder verdingen sich als Hausangestellte.

Es gibt viele Wäscherinnen; manchmal jedoch können sie nicht ihrer Arbeit nachgehen, weil die Seife entweder knapp oder zu teuer ist. Im Februar 1793 tun sich die Waschfrauen der Sektion Panthéon in Paris zusammen und fordern die Bereitstellung von Seife zu einem von ihnen festgelegten Preis. Im Herbst 1793 beklagen sie sich erneut, weil für die Seife mittlerweile bis zu einem Ecu pro Pfund bezahlt werden muß. Im Jahr II wird ein Festpreis von 25 Sous pro Pfund eingeführt. Gleichzeitig wird jedoch bestimmt, daß die Seife nur gegen Vorlage bestimmter Gutscheine abgegeben werden dürfe, worauf prompt Klagen kommen, die Behörden seien bei der Vergabe dieser Gutscheine gar zu knauserig. Am 4. Pluviôse – dem 23. Janur 1794 – wird wieder Protest laut: „Es hat den Anschein, als ob sich mehrere Bürgerinnen auf der Place des Tripes im Faubourg Marceau zusammenrotteten und zu einem Zug formierten, um zur Verwaltung zu marschieren und dieser klarzumachen, daß ein Pfund Seife zu 25 Sous sie letzten Endes über 3 Livres koste, wenn sie für den Kauf einen halben oder gar einen ganzen Arbeitstag opfern müßten."

Auch die Frauen in der Textilherstellung haben unter der Krise zu leiden, da in den Textilbetrieben fast ausschließlich Frauen beschäftigt sind. Für den Knopfmacher Topin sind vierundsechzig Frauen tätig. Sechzig besticken die Knöpfe, und vier spulen das hierzu notwendige Garn. Von den siebzehn Arbeitern des Schmuckfedernhändlers Rousset sind sechzehn weiblichen Geschlechts. Diese Frauen arbeiten meist zu Hause. Ihre Arbeitgeber liefern ihnen das erforderliche Rohmaterial und holen die fertigen Erzeugnisse ab. Zusammen mit ebenfalls daheim arbeitenden Männern bilden sie das riesige Heer der sogenannten „chambrelans", jener Heimarbeiter, die man in sämtlichen Städten Frankreichs antrifft.

Jene Zweige der Textilherstellung, die in erster Linie für Kunden aus der Aristokratie und dem Großbürgertum produziert, macht seit dem Beginn der Emigration eine schwere Krise durch. Die betroffenen Arbeiterinnen – Gazeweberinnen, Stickerinnen, Posamentiererinnen, Seidenspulerinnen und Spitzenklöpplerinnen – werden bei den Behörden vorstellig. Bereits 1791 wird von offizieller Seite bestätigt, daß Gazeweberinnen oder Spitzenklöpplerinnen, die teilweise vier, fünf oder mehr Kinder zu versorgen haben, wegen ihrer Arbeitslosigkeit dazu verurteilt seien, auf dem blanken Boden auf Stroh zu schlafen, sich nur von Wasser und Brot zu ernähren und bloß unter größten Mühen die allernotwendigste Unterstützung beziehen könnten.

Die Arbeiterinnen der Republik

Die Regierung richtet zur Bekämpfung der Arbeitslosigkeit Spinnereiwerkstätten ein, die nicht nur Frauen offenstehen, sondern auch Kindern und Jugendlichen unter sechzehn Jahren und ältere, in Not geratenen Menschen, die zwei Zertifikate vorlegen können – eines zum Nachweis ihrer patriotischen Gesinnung und eines, aus dem ihre Bedürftigkeit hervorgeht. In den der jeweiligen Departementverwaltung unterstellten Spinnereien wird Hanf und Baumwolle verarbeitet. Den Frauen, die zu Hause arbeiten, werden Hanf und Baumwolle angeliefert und ein Spinnrad gestellt; andere gehen außer Haus, um in den Werkstätten zu arbeiten. So gibt es etwa in der Jakobinerniederlassung zu Paris unweit des Faubourg Marcel sieben Werkstätten, von denen eine jungen Burschen vorbehalten ist. Die Zahl der Werkstattarbeiterinnen schwankt zwischen 800 und 1000. Die einzelnen Betriebe werden jeweils von einem als „chef" bezeichneten Vorsteher männlichen oder weiblichen Geschlechts sowie von einem oder mehreren Stellvertretern, den sogenannten „souschefs", geleitet. Der Arbeitstag geht von morgens um sieben bis abends um sieben Uhr, manchmal auch bis neun Uhr. Insgesamt gibt es zwei Stunden Pause. Die Arbeitskräfte rekrutieren sich aus sämtlichen Altersklassen – allerdings überwiegen junge Mädchen zwischen sieben und vierzehn Jahren und Frauen zwischen sechzig und achtzig deutlich. Erstere sind Lehrlinge und letztere werden hauptsächlich zum Schälen der Baumwolle eingesetzt. Außer in diesen eigens eingerichteten Spinnereibetrieben verschafft der Staat den Frauen auch Arbeit auf Sektionsebene. Dort beauftragen Kommissare Frauen mit der Herstellung von Uniformen. Sämtliche Frauen werden, ohne Rücksicht auf ihren Stand oder ihre finanzielle Lage, aufgefordert, die dringend benötigte Soldatenkleidung zu schneidern. Von einem Patrioten aus der Provinz gibt es folgenden Appell:

> „Ihr Bürgerinnen, die Ihr begütert genug seid, um nicht arbeiten zu müssen, stellt Eure Muße in den Dienst des Vaterlandes, erweist Euch als wahre Republikanerinnen (...) Eure Tugend ist Euer Schmuck, mögt Ihr Euch nie einen anderen zulegen. Die Kunst, sich herauszuputzen, soll den Serails der asiatischen Tyrannen vorbehalten bleiben. Folgt lieber dem Beispiel der Mutter der Gracchen: Als eines Tages eine stutzerhafte Adlige – eine „muscadine" – aus Rom ihr voller Stolz den Inhalt ihrer Schmuckschatulle mit den Worten „das hier sind

> meine Schätze“ zur Schau stellte, deutete sie auf ihre Kinder. (...) Legt diese albernen Sitten ab, die einst erfunden worden sind, um einen unserer törichten Tyrannen in seinem Wahn zu bestärken und zu erfreuen; verwendet all Eure Zeit darauf, Kleider für unsere republikanischen Soldaten zu fertigen, und Ihr werdet sehen, daß Euch Euer großzügiges Tun edle Genugtuung einbringen wird. Ihr aber, Bürgerinnen, die Ihr gezwungen seid, von Eurer Hände Arbeit zu leben, und die Ihr deswegen nur noch mehr Achtung verdient, schickt Euch ebenfalls an, ohne Unterlaß Kleider für die uns verteidigenden Soldaten – Eure Brüder und Ehemänner – zu nähen. Die Republik sichert Euch eine Entschädigung für Eure Arbeit zu und wird es Euch zu danken wissen“.

Der in Aussicht gestellte Dank fällt, nach Aussage der Arbeiterinnen, allerdings sehr spärlich aus, ihr knapper Lohn liegt noch unter dem der Männer.

Gleicher Lohn für gleiche Arbeit!

Es ist allgemeine Ansicht, daß Frauen, ebenso wie arbeitende Kinder, nicht soviel leisten könnten wie Männer. Dies gilt in den Augen der Zeitgenossen für sämtliche Berufszweige, einschließlich derjenigen, die eine gewisse Bildung erfordern. So klagt zum Beispiel eine Volksschullehrerin aus Périgueux in einem Brief an Grégoire, den Vorsitzenden des Ausschusses für das Schulwesen:

> „Ich bin der Ansicht, daß man den Wetteifer dadurch anregen sollte, daß jede einzelne Fähigkeit extra bezahlt wird; denn wenn, wie ich Dir gesagt habe, ein Mann, nur weil er ein Mann ist, 1200 Livres dafür bekommt, daß er den Schülern lesen, schreiben und rechnen beibringt, während ich, die ich außerdem noch die Regeln der Rechtschreibung beherrsche und weitergeben kann, nur 1000 Livres erhalte, so finde ich das in höchstem Maße ungerecht. (...) Ich meine, daß Frauen, was die Grundfertigung anbelangt, wenn sie dasselbe leisten wie die Männer, auch denselben Lohn erhalten sollen und folglich, wenn sie mehr Fähigkeiten besitzen, auch entsprechend mehr Lohn bekommen.“

Tausend Livres – das entspricht etwa dem Doppelten oder Dreifachen dessen, was eine Spinnereiarbeiterin verdient. Deren Tageslohn liegt bei 2 bis 4 Sous für die jungen Mädchen und bei maximal 30 Sous für Frauen. Zwischen Januar und April 1794 brechen überall Unruhen aus. Die Frauen legen die Arbeit nieder, teilen der Betriebsleitung ihre Forderungen mit und wenden sich an die Debattierklubs um Unterstützung. Sie wollen nicht nur mehr Brot und höhere Löhne, sondern auch bessere Arbeitsbedingungen. Sie fordern die Anbringung von Laternen in den dunklen, nur mit Kerzen erhellten Werkstätten. Außerdem verlangen sie eine bessere Heizung gegen die eisige Winterkälte in den Werkstätten und sie beschweren sich darüber, daß ihr Lohn nicht annähernd zur Dekkung des Existenzminimums ausreiche. Einige Vorsteher begegnen diesen Forderungen mit unnachgiebiger Härte. So entläßt etwa Coquet kurzerhand die mutmaßlichen Rädelsführerinnen; ihre Unterstützerinnen bestraft er mit weniger Arbeit und Lohnkürzung. Da reißt eines Tages der Witwe Fougères die Geduld: Sie sucht Coquet in seinem Büro auf und stellt ihn zur Rede. Glaubt er denn ernsthaft, so fragt sie ihn, daß eine Familienmutter mit dem Lohn auskommen könne, den sie für das Spinnen von sechs Pfund Hanf pro Tag erhalte? Wenn er von so wenig Geld leben müßte, wäre er sicher ebenfalls unzufrieden. Coquet mustert die Witwe mit einem raschen Blick und schon steht sein Urteil fest: Bei der Bürgerin Fougères handelt es sich um eine Anhängerin der Konterrevolution, die Unruhe stiften will. Die erboste Frau erwidert, er selbst sei ein heimlicher Aristokrat. Daraufhin brüllt Coquet sie an, sie solle schleunigst verschwinden, sonst lasse er die Wache rufen. Die mutige Witwe läßt sich jedoch von dieser Drohung nicht beeindrucken und erklärt, sie bringe nötigenfalls die Sache vor den Nationalkonvent und man werde dann sehen, ob die Jakobiner ihr nicht zu ihrem Recht verhelfen. Doch Coquet antwortet nur höhnisch, sie solle dies ruhig tun, sie werde dort genauso wenig ausrichten wie die schriftlichen Eingaben, die von Arbeiterinnen bereits an die Abgeordneten geschickt worden seien. Alle verzweifelten Versuche der Witwe Fougères, eine neue Stelle zu finden, sind fortan zum Scheitern verurteilt. Coquet beharrt auf seinem Standpunkt. Er weiß nur zu gut, daß die Jakobiner den Forderungen der Frauen argwöhnisch gegenüberstehen, weil sie hinter ihnen ultrarevolutionäre Gruppierungen vermuten, die auf diese Weise der Revolutionsregierung zu schaden suchen.

Obwohl die Frauen aus dem einfachen Volk empört sind, daß der Sturz der Monarchie nicht sofort eine spürbare Verbesserung ihrer täglichen Lebensbedingungen bewirkt, obwohl die brutale Unterdrückung ultrarevolutionärer Gruppen wie der Anhänger Héberts und der Mitglieder des „Club des Cordeliers“, die Frauen genauso verunsichert wie die Männer, vertrauen sie alles in allem dennoch weiterhin auf eine Revolution, die schließlich auch ihr Werk ist. In Zusammenarbeit mit den Sanskulotten, ja diese bisweilen zum Handeln treibend, sind die Frauen an der Gründung der Republik beteiligt. Haben sie denn nicht Seite an Seite mit den Männern und von denselben Hoffnungen beflügelt wie diese versucht, der Frau einen neuen Status zu verschaffen? Manifestiert sich zwischen 1789 und dem Jahr III der Revolution nicht eine „aktive und doktrinäre Frauenbewegung“ (ein Ausdruck des Historikers Louis Devance), die es sich zum Ziel gesetzt hat, innerhalb des neuen Staatswesens die Frau dem Manne gleichberechtigt zur Seite zu stellen? Auch wenn diese Bewegung nur von wenigen getragen wird, so schmälert es keineswegs ihre Bedeutung – nimmt sie doch eine ganze Reihe von Schlagwörtern der heutigen Frauenbewegung vorweg.

Werden die Frauen ewig arbeiten, gehorchen und schweigen müssen?

Diese Frage stellt 1789 Frau B. B., eine zweifelsohne aus gehobenen Verhältnissen stammende Bewohnerin des Pays de Caux in ihrem nach dem Vorbild der „cahiers de doléances" verfaßten Beschwerdebrief der Frauen. Eine Frage, die – mit unterschiedlicher Dringlichkeit – in sämtlichen Phasen der Revolution immer wieder aufgegriffen wird. Arbeiten: Wie oben beschrieben, bedeutete gleiche Arbeit keineswegs auch gleichen Lohn. Gehorchen: Im vorrevolutionären Frankreich beruhten Staat und Gesellschaft auf der Grundeinheit der Familie, die der nahezu unumschränkten Macht des Ehemannes unterstand. Im Jahr 1789 gilt die Frau als unbeherrschtes Wesen, dessen Gleichstellung eine Gefahr für die ganze Gesellschaft bedeuten würde. Der Vater und später der Ehemann müssen ihr Herr und Gebieter sein: „Der Ehemann", verkündet Pothier in seiner „Abhandlung über die Macht des Ehemannes", „kann uneingeschränkt über seine Frau und deren Besitz verfügen. Er ist berechtigt, allen Respekt und Gehorsam zu verlangen, der einem Vorgesetzten gebührt." Die juristische Behandlung der ehelichen Untreue verdeutlicht die Vorrangstellung des Ehemannes: Zwar hat der Ehemann nicht das Recht, seine ihm untreu gewordene Frau umzubringen, aber sollte er es dennoch tun, schreibt ein Rechtsgelehrter, „fällt es ihm nicht allzu schwer, seine Begnadigung zu erlangen". Er darf die Schuldige einsperren, und vergibt er ihr nicht binnen zwei Jahren, wird sie kahlgeschoren und bis an ihr Lebensende ins Kloster gesteckt. Legt sich hingegen der Ehemann eine Geliebte zu, hat er keinerlei Sanktionen zu befürchten. Seiner in der gemeinsamen Wohnung völlig zurückgezogen lebenden Frau bleibt nichts anderes übrig, als sich in Schweigen zu hüllen und in Gebeten Zuflucht und Trost zu suchen. Auch die Verwaltung des Familienbesitzes spiegelt 1789 die völlige Abhängigkeit der Frau vom Mann wider. Von der Frau als Mitgift in die Ehe eingebrachte Güter, gelten als unveräußerlich – auch kann die Frau nicht frei darüber verfügen. Ohne die Zustimmung ihres Ehemannes darf sie keinerlei finanzielle Geschäfte tätigen; einen Besitz selbständig zu verwalten traut man ihr nicht zu. Selbst ein von ihr verfaßtes Testament erlangt erst dann seine Gültigkeit, wenn der Ehemann seine Zustimmung erteilt. Stirbt der Mann, kann seine Frau nur unter ganz bestimmten Voraussetzungen eine neue Verbindung eingehen. Ihre Familie ist berechtigt, ihren Lebenswandel zu überwachen. Sämtliche Entscheidungen, betreffs der Erziehung der gemeinsamen Kinder oder deren Verheiratung, werden ausschließlich vom

Ehemann gefällt. Verweigert eine Witwe ihrem Kind die Einwilligung zur Heirat, muß sie dies, im Gegensatz zum Witwer, begründen. Eine verwitwete Frau, die Steuern zahlt, der „corvée" (Frondienst)* unterliegt und sowohl Abgaben an den König als auch an den Grundherrn leistet, hat dennoch keinerlei Anspruch auf Ausübung eines öffentlichen Amtes.

Schweigen: Während einige Frauen durch ihre Angehörigkeit zum Adel oder einer religiösen Gemeinschaft wenigstens indirekt Einfluß auf die Ständeversammlung in den Provinzen oder die Generalstände zu Paris nehmen können, verfügen ihre Geschlechtsgenossinnen aus dem Dritten Stand nicht einmal über die Möglichkeit. Frau B. B. schreibt zu diesem Thema:

> „Man wird vielleicht ins Feld führen, daß man den adligen Frauen allenfalls gestatten könnte, Stellvertreter in die Generalstände zu entsenden, damit dort ihre Interessen wahrgenommen werden. Darauf könnte man erwidern, wie bereits zu Recht dargelegt wurde, daß ein Adliger keinen Mann aus dem einfachen Volk und dieser keinen Adligen vertreten kann, und daß ebenso erst recht ein Mann nicht eine Frau vertreten kann, da die Repräsentanten absolut die gleichen Interessen haben müssen wie die, die sie vertreten: Können also Frauen durch jemand anders vertreten werden als durch Frauen? Es heißt, daß die Neger befreit werden sollen; auch das fast unter demselben Joch der Sklaverei lebende französische Volk soll seine alten Rechte zurückerhalten: Diese Segnungen verdanken wir den neuen Gedanken, die die Nation zum Licht führen; sollte es denn möglich sein, daß diese Philosophie in bezug auf die Frauen schweigt oder aber, daß sich die Männer ihrer Stimme und ihren Erkenntnissen verschließen und uns weiterhin zum Opfer ihres Stolzes und ihrer Ungerechtigkeit machen wollen?"

„Frauen, bleibt bei Euren Spinnrädern"

Jakobiner und Sanskulotten halten derlei feministischen Forderungen Argumente entgegen, die sie teilweise aus den Werken Rousseaus entnommen haben. Hat dieser große Denker denn nicht bewiesen, daß „die Gesetze der Natur es erforderlich machen, daß die Frau dem Mann Gehorsam schulde?" Frauen sind in seinen Augen höchst unvollkommene Wesen, „die in vielerlei Hinsicht stets große Kinder zu bleiben scheinen". Während beim Mann nur vorübergehend seine Männlichkeit im Vordergrund stehe, sei die Frau zeitlebens oder doch zumindest während ihrer Jugendjahre durch ihre weibliche Rolle in Anspruch genommen. Die Frauen, behauptet Jean-Jacques Rousseau, bedürften während ihrer

* Die ursprünglich in bestimmten Arbeitsleistungen bestehenden Frondienste wurden schon bald durch Geld- und Naturalabgaben abgelöst (Anm. d. Üb.).

Schwangerschaften und im Wochenbett der fortwährenden Schonung und Ruhe, und um möglichst viele Kinder bekommen zu können, müßten sie ein geruhsames und seßhaftes Dasein führen. Beeinflußt nicht die biologische Beschaffenheit der Frau ihre Lebensweise und diese wiederum ihren Charakter und ihre Geistesgaben? Laut Rousseau können die Frauen die körperliche Unterlegenheit nebst deren Auswirkungen auf ihre Intelligenz niemals wettmachen. Die dem Mann unterlegene Frau ist dazu bestimmt, sich ihm völlig unterzuordnen und „selbst seine Ungerechtigkeit hinzunehmen". Dies bedeutet jedoch nicht, daß sie wie eine Sklavin gehalten werden solle, komme ihr doch laut Rousseau innerhalb der ausschließlich vom Mann geleiteten ehelichen Gemeinschaft eine wichtige Rolle zu. Diese Verbindung stelle eine Art juristische Person dar, deren Auge die Frau und deren Arme der Mann sei. Innerhalb dieser Verbindung seien beide in starker Abhängigkeit aneinander gebunden: die Frau bekomme vom Mann mitgeteilt, worauf sie zu achten habe, während er von ihr erführe, was er tun solle.

Die Jakobiner übernehmen wortwörtlich den Standpunkt Rousseaus und zitieren ihn häufig. Chaumette, der Syndikus der Pariser Gemeinde, wendet sich mit folgenden Worten an eine aktiv für die Gleichberechtigung eintretende Bürgerin:

> „Es ist entsetzlich, und es widerspricht den Gesetzen der Natur, wenn eine Frau sich die Stellung eines Mannes anmaßt. (...) Seit wann ist es den Frauen gestattet, ihrem Geschlecht abzuschwören und sich zu Männern zu erklären? Seit wann ist es üblich, daß die Frauen die ihnen zugewiesenen Aufgaben in Haushalt und Kindererziehung vernachlässigen, um auf öffentlichen Plätzen die Rednertribüne zu besteigen? Hat uns Männern die Natur etwa einen Busen gegeben, damit wir unsere Kinder stillen können? Die Natur hat den Frauen befohlen: „Seid Frauen!"

Ein Jakobiner aus der Provinz verurteilt mit ähnlichen Argumenten wie Chaumette die anmaßende Haltung der Frauen von Besançon, die sich in die Politik einmischen wollen:

> „Nun kommt schon, ihr Frauen, setzt Euch nicht in den Kopf, an unserer Arbeit teilhaben zu wollen; unsere Kinder brauchen dringend ihre Mütter. (...) Bleibt bei Euren Spinnrädern – mögen sie Euch dazu dienen, Euer Glück zu spinnen; blickt nicht länger neidisch auf Federkiel und Schwert, mit deren Hilfe wir regieren; ähnlich wie Könige, deren Verfügungen nichts anderes als die Umsetzung der Ratschläge ihrer Minister sind, sind wir wie Sklaven Eurer Macht ausgeliefert, und wenn wir Gebieter über den Staat sind, so seid Ihr dafür die Gebieterinnen über Haus und Heim."

Hinter solchen jakobinischen Reden verbirgt sich eine doppelte Angst: Zum einen befürchten die Jakobiner, daß die Frauen, sobald sie die politische Arena betreten, zum Spielball der Konterrevolutionäre werden könnten. Zum anderen quält die nur unzulänglich über die demographische Situation ihres Landes informierten Politiker die beunruhigende Vorstellung eines zu geringen Bevölkerungswachstums. Würden sich die Frauen nicht mehr ausschließlich ihrer traditionellen Rolle als Hausfrau und Mutter widmen, hätte das zur Folge, daß sie dem Vaterland weniger Kinder schenken würden, die es doch so dringend benötigte.

Der Feminismus während der Revolution

Einige Frauen kämpfen mit Wort und Tat gegen die antifeministische Haltung. Sie berufen sich in ihren Schriften häufig auf den Mathematiker und Philosophen Condorcet. Bereits in seinen 1787 erschienenen „Briefe eines Bürgers aus New Haven an einen Bürger aus Virginia" beklagt der liberal denkende Adlige die ungleiche Behandlung der Geschlechter und die Gesetze, mit deren Hilfe die Männer die Frauen unterdrücken. 1788 verkündet er in seiner „Abhandlung über Zustandekommen und Arbeitsweise der Provinzversammlungen", daß es einen schweren Verstoß gegen die Gerechtigkeit darstelle, wenn man den Frauen jegliches Recht der politischen Betätigung vorenthalte. „Das Recht, sich direkt oder mittels Repräsentanten mit den Angelegenheiten ihres Landes zu befassen, ist ein Recht, das die Menschen nicht aufgrund ihres Geschlechtes besitzen, sondern aufgrund der Tatsache, daß sie vernunftbegabte Wesen sind" –, eine Eigenschaft, die laut Condorcet nicht auf Männer beschränkt ist; daß die Frau als dem Manne unterlegen gelte und sich ihm unterzuordnen habe, sei nicht etwa das Werk der Natur, sondern die Folge der gesellschaftlichen Entwicklung. Wenn die Frau auf einer niedrigeren Stufe stünde als der Mann, dann nur deshalb, weil dieser es so wolle und von jeher dafür gesorgt habe, ihr durch eine einseitige Erziehung den Einblick in die Probleme des Gemeinwesens zu verwehren. In seinem „Tagebuch der Gesellschaft von '89" vertritt Condorcet die Auffassung, die Frauen besäßen genausoviel Vernunft wie die Männer und seien ebenso berechtigt, sich mit öffentlichen Angelegenheiten zu befassen. Sind die aktiv für ihre Rechte eintretenden Frauen tatsächlich „fous héroïques", heldenmütige Verrückte? Allein der Umstand, daß die Brüder Goncourt im 19. Jahrhundert in diesem Zusammenhang das Maskulinum „fou" statt der zu erwartenden weiblichen Form „folles" verwenden, spricht Bände. Oder sind es nicht vielmehr, wie heutzutage manche Historiker meinen, innovatorische Persönlichkeiten vom Format einer Théroigne de Méricourt, einer Olympe de Gouges oder einer Etta Palm, die während der Französischen Revolution für die Gleichstellung von Mann und Frau eintraten?

Théroigne de Méricourt, die Tochter eines begüterten Bauern aus dem belgischen Marcourt, weilt 1789 in Versailles. Die erfolglose Sängerin zeigt sich überaus begierig, alles über die Revolution zu erfahren und zu verstehen. Sie hört ganze Tage lang den vielen Rednern zu; in Reitkleidung mischt sie sich unter die Erstürmer der Bastille. Sie gründet einen Frauenklub, in dem die Beschlüsse der Gesetzgeber erklärt, kommentiert und kritisiert werden.

Etta Palm, eine von ihrem Ehemann im Stich gelassene Holländerin, lebt 1790 in Paris, wo sie die „Patriotische und wohltätige Gesellschaft der Wahrheit" gründet. In einer dort gehaltenen Rede wendet sie sich mit folgenden Worten an die Männer:

> „Die Natur hat uns dazu bestimmt, an Eurer Arbeit und an Eurem Ruhm teilzuhaben. Wenn sie Euch mehr Muskelkraft verliehen hat, so machte sie uns dafür in bezug auf die in uns wohnenden sittlichen Kräfte Euch durchaus ebenbürtig, ja sie verschaffte uns durch die lebhafte Phantasie, die große Feinfühligkeit, die Gelassenheit, mit welcher wir uns in Schicksalsschläge zu fügen wissen, durch die Ausdauer, mit der wir Schmerzen ertragen, durch die Fähigkeit, schwere Leiden geduldig hinzunehmen, und schließlich durch unseren Großmut und patriotischen Eifer vielleicht sogar eine gewisse Überlegenheit über Euch."

Olympe de Gouges, die uneheliche Tochter eines Marquis, verfaßt im September 1791 eine „Erklärung der Frauen- und Bürgerinnenrechte" und charakterisiert darin den Mann folgendermaßen:

> „Seltsam, blind, vor lauter Wissenschaften förmlich aufgedunsen und degeneriert in diesem Jahrhundert der Aufklärung und der Weisheit. (...) Er möchte wie ein Despot über ein Geschlecht herrschen, das über alle Geistesgaben verfügt. Er möchte von der Revolution profitieren und ist ausschließlich auf seine rechtliche Gleichstellung bedacht. Alles andere ist ihm egal."

Sie fordert für die Frauen das Recht, aktiv an der Politik teilhaben zu dürfen:

> „Das Gesetz soll den Gemeinwillen zum Ausdruck bringen; alle Bürgerinnen und Bürger müssen entweder persönlich oder mittels Repräsentanten zu seiner Entstehung beitragen; das Gesetz muß für alle gleich sein; da alle Bürgerinnen und Bürger vor dem Gesetz gleich sind, müssen sie, je nach ihren Fähigkeiten, auch gleichen Zugang zu sämtlichen Ämtern und Würden, öffentlichen Einrichtungen und Stellen haben, wobei es außer ihrer Tugendhaftigkeit und ihren Begabungen kein anderes Auswahlkriterium geben darf."

Im Stil der Erklärung der Grund- und Menschenrechte von 1789 fordert Olympe de Gouges für die Frauen das Recht der freien Meinungsäußerung. Außerdem solle die Frau ebenso wie der Mann die Möglichkeit erhalten, das Band der Ehe zu lösen. Im Sommer 1793 wird Olympe, nachdem sie Robespierre heftig attackiert und als „Amphibientier" beschimpft und Marat als „Mißgeburt der Menschheit" tituliert hat, des Föderalismus bezichtigt, ergriffen und guillotiniert. Die Ironie des Schicksals wollte, daß ihre Gegner gerade hiermit eine ihrer Forderungen erfüllt haben. Sie hatte nämlich in ihrer „Frauenrechtserklärung" verkündet, daß die Frauen sowohl die Rednertribüne als auch das Schafott mit demselben Recht besteigen dürfen sollten wie die Männer.

Bürgerin „Va-de-bon-cœur"

Von 1792 an wandte sich die Frauenbewegung von der Theorie zur Praxis. Zu Hunderten widerlegen jetzt die Frauen die Behauptung der Männer, daß sie weder Muskelkraft noch Mut besäßen. Am 6. März geht der Legislative eine mit 304 Unterschriften versehene Petition zu, in der die unterzeichnenden Frauen erklären, daß sie im Falle einer Kriegserklärung in der französischen Armee zu kämpfen gedächten. Sie bitten daher, man möge ihnen die erforderlichen Waffen aushändigen, damit sie sich im Umgang üben könnten. Die Abgeordneten begrüßen dieses Ansinnen, gehen jedoch sofort zum nächsten Punkt der Tagesordnung über. Dann bricht der Krieg aus; und da es nicht zur Aufstellung eines von den Frauen geforderten rein weiblichen Bataillons kommt, mischen sie sich unter die männlichen Soldaten. Manche begeben sich zur Armee, um in der Nähe ihres Geliebten sein zu können, andere wagen diesen Schritt aus Verzweiflung über die miserable Versorgungslage. Dem Beispiel ihrer Männer folgend, reihen sie sich in Freiwilligentrupps ein. Wieder andere handeln – wie etwa Félicité Duquet – aus patriotischen Motiven. Die gebürtige Versaillerin begibt sich an die Front, weil ihr „die heilige Liebe, welche sie für ihr Vaterland empfindet, ihr nicht gestattet, tatenlos und ruhigen Blutes den ihm drohenden Gefahren zuzusehen". Sie verkleidet sich als Mann und kämpft bis Juli 1794 in den Reihen des Ersten Bataillons des Départements Nièvre. Von ihren Waffenbrüdern erhält sie wegen ihres mutigen Verhaltens den Beinamen „Va-de-bon-cœur" (Mutig voran).

Die Marketenderin „Marie-Tête-de-bois" (Marie Holzkopf) gehört ebenfalls zu jenen Frauen, die auf dem Schlachtfeld mehr Mut beweisen als so mancher Mann. Mit ihrer Stupsnase, ihren wulstigen Lippen und ihren winzigen Schweinsäuglein findet sie trotz ihres häßlichen Äußeren einen Soldaten, der sie heiratet. Sie nimmt an sämtlichen Schlachten in Italien teil, bringt bei Marengo ein Kind zur Welt und zieht mit der französischen Armee kreuz und quer durch Europa, wobei sie ebensogut mit dem Gewehr die Feinde abzuwehren wie mit der Schnapsflasche Verwundete zu trösten weiß. Auch beim Rußlandfeldzug und an den Schlachten in Deutschland und in Frankreich ist sie beteiligt. Bei Waterloo findet sie schließlich den Tod: Sie gehört zu jenem berühmten „Karree der Tapferen", das lieber tot auf dem Schlachtfeld zurückbleibt, als sich dem Feind zu ergeben.

„Alle Männerklubs in den Schatten stellen"

Mit welchem Recht der Welt kann man den Frauen, die doch tagtäglich beweisen, daß sie zum Kriegshandwerk taugen, verbieten, sich politisch zu betätigen? In Lyon, Dijon, Besançon und überall im östlichen Frankreich kommen 1793 unter dem Vorwand, Werkstätten zur Herstellung von Soldatenkleidung gründen zu wollen, regelmäßig größere Versammlungen von Frauen zustande: Ehefrauen von Abgeordneten und Beamten, Volksschullehrerinnen, aber auch einfache Strickerinnen, Weberinnen und Näherinnen. Frauen, die bislang allenfalls Liebeslieder sangen, applaudieren nun in den Versammlungsräumen ihren Geschlechtsgenossinnen, die die Kühnheit besitzen, für die bisher unterdrückten Frauen

Patriotischer Frauenclub
(Gouache der Brüder Lesueur; Paris, Musée Carnavalet).

das Wahlrecht zu fordern. Mutter Duchesne ruft in der „Frauenzeitung" dazu auf, den Männerklubs den Rang abzulaufen, über die Einhaltung der Verfassung und der Rechte der Frau zu wachen und entsprechende Verstöße öffentlich anzuprangern. Die Männer sollen lernen, daß allein im Finger einer Frau mehr Verstand und Tatkraft steckt, als „so mancher schwerfällige Tölpel in seinem ganzen Körper vorweisen kann".

Man gestattet den Frauen zwar, den Sitzungen der Debattierklubs beizuwohnen. Ein Sanskulotte aus der Sektion Champs-Elysées stellt jedoch klar, daß die Frauen diese Gelegenheit nicht etwa dazu nutzen sollten, sich in die Politik einzumischen, sondern vielmehr das rhetorische Talent oder die Überzeugungskraft ihrer Männer zu bewundern. Die Töchter, die sie mit zu den Versammlungen bringen, würden dort Ehemänner finden, die sich ihrer Wahl als würdig erweisen. Immerhin wird in Paris ein gemischter Debattierklub ins Leben gerufen, in dem die Frauen an den Diskussionen und an den Abstimmungen teilnehmen. Dieser Klub sieht sich jedoch von Anfang an heftigen Anfeindungen ausgesetzt. Die Sanskulotten verfechten weiterhin den Standpunkt, daß die Frauen zu Hause bleiben und sich der Küche und den Kindern widmen sollen.

Die „Gesellschaft der republikanischen und revolutionären Bürgerinnen"

1793 fassen Claire Lacombe und Pauline Léon den Beschluß, einen Debattierklub für die Pariser Frauen zu gründen, die „Gesellschaft der republikanischen und revolutionären Bürgerinnen". Claire Lacombe ist Schauspielerin und ihre Freundin Pauline Léon die Tochter eines Schokoladefabrikanten. Beide sind knapp dreißig Jahre alt und laut Aussage von Zeitgenossen ebenso klug wie hübsch. Auch wenn sie sich beide nacheinander in den „Enragé" Leclerc verlieben – ohne daß dies im übrigen ihre Freundschaft beeinträchtigt hätte –, übernehmen sie deshalb keineswegs blindlings dessen politische Vorstellungen.

Ihr Klub steht allen Frauen über achtzehn offen. Die meisten Mitglieder stammen aus der Welt des Kleinhandels und können lesen und schreiben. Sie schließen sich zusammen, um „sich gegenseitig Respekt zu verschaffen, einander beizustehen und sich in republikanischer Tugend zu üben". Die Sitzungen des Klubs verlaufen nach demselben Muster wie die der Männervereinigungen. Beim Betreten des Versammlungsraumes fällt der Blick auf das Podium, an dessen Tisch die Präsidentin des Klubs nebst den übrigen gewählten Vorstandsmitgliedern gewöhnlich sitzen. Zum Auftakt der Sitzungen werden die Protokolle der vorangegangenen Zusammenkünfte verlesen. Dann werden wichtige Passagen aus den Schreiben, die aus der Provinz eingetroffen sind, wiedergegeben. Die neuesten Meldungen aus dem In- und Ausland werden diskutiert und immer wieder taucht das Thema der Gleichberechtigung auf, die fortan zwischen Mann und Frau herrschen soll.

Allein der Entschluß, ohne Mitwirkung von Männern einen selbständigen Frauenklub zu gründen, ist ein erstes Indiz für eine feministische Bewegung. Aus den dort gehaltenen Reden geht deutlich hervor, daß die Frauen in der Politik keineswegs eine untergeordnete Rolle zu spielen gedenken, sondern als gleichberechtigte Partner der Männer über die sie betreffenden Angelegenheiten entscheiden wollen. In ihren wirtschaftlichen und sozialen Forderungen stimmen diese revolutionär gesinnten Republikanerinnen mit dem äußersten Flügel der Sanskulotten überein und mißbilligen gelegentlich öffentlich das Verhalten der Mandatsträger, etwa der Girondisten oder der reichen Kaufleute. Sobald es um die Reglementierung der Marktgesetze und das Maximum geht, treten sie stets entschieden für diese wirtschaftlichen Steuerungsmaßnahmen ein. Kein Wunder, daß die Jakobiner fürchten, von den „Enragés" überrollt zu werden, denen sie vorwerfen, das französische Volk gezielt zu entzweien. Auch die aktiv für die Ziele der Revolution eintretenden Republikanerinnen betreiben in ihren Augen gefährliche Agitation. Hat man es nicht beim Kokardenkrieg gesehen?

Der Kokardenkrieg

Den Anlaß dieser Auseinandersetzung bildet eine Verfügung des Nationalkonvents vom 3. April 1793, die besagt, daß künftig alle Franzosen in der Öffentlichkeit die Kokarde zu tragen haben – täten sie das nicht, seien sie unter Arrest zu stellen und der städtischen Polizei vorzuführen. Gilt dieses Dekret auch für Frauen? Die Bürgerinnen der Sektion Unité sprechen sich am 12. September in diesem Sinne aus: „Nichts ist nützlicher als die Verbreitung des revolutionären Abzeichens." Andere wiederum weisen das Ansinnen empört zurück und begründen ihre ablehnende Haltung damit, daß dieser Schritt einer Einmischung der Frauen in die Politik gleichkäme. Frauen, die Kokarden tragen, gelten vielfach als Flittchen. Schließlich wittert man hinter der Verteilung der Kokarden die Absicht, die Frauen den Männern anzugleichen, um sie leichter in den Krieg schicken zu können.

Es kommt zu Handgreiflichkeiten. Ein Polizeibeobachter meldet am 18. September, daß unweit der Markthallen eine siebzigjährige Frau von militanten Patriotinnen übel zugerichtet worden sei, weil sie sich hartnäkkig geweigert habe, das demokratische Abzeichen anzustecken. Sie erhielt Peitschenhiebe, ihre Haube wurde zerrissen und ihre Kleidung völlig zerfetzt. Als die Unruhen immer stärker um sich greifen, beschließt der Rat von Paris am 20. September entgegen aller vorgebrachten Einwände, daß das Tragen der Kokarde für alle obligatorisch sei. Am darauffolgenden Tag nimmt der Nationalkonvent die Angelegenheit als außerordentlichen Punkt in die Tagesordnung und verfügt, daß ein einmaliger Verstoß gegen die Vorschrift des Kokardentragens mit einem achttägigen Arrest zu ahnden sei. Falls eine Frau ein zweites Mal ohne Kokarde angetroffen werde, sei sie als mutmaßliche Anhängerin der Konterrevolution ins Gefängnis zu stecken. Doch damit ist das Problem noch nicht gelöst: Soll die Kokarde an den rechten oder linken Seite, vorne oder hinten am Kopf befestigt werden? Eine offizielle Stellungnahme zu diesem Problem ist nicht überliefert, dafür jedoch die Klagen überzeugter Patriotinnen, die widerwillige Kokardenträgerinnen beschuldigen, diese unter Tüchern oder Bändern zu verstecken. Andere hingegen betonen das Abzeichen, indem sie es mit Eicheln und Laubwerk zieren oder an einem Federbusch befestigen. Ist dies Provokation? Beleidigt das nicht die ärmeren Bürgerinnen, die sich keinen solchen Kopfputz leisten können? Verstößt das nicht gegen das Ideal der Gleichheit und der Brüderlichkeit?

Bald kommt das Gerücht auf, die Konterrevolutionäre bedienten sich der Kokarde, um das französische Volk zu entzweien. Wollen nicht manche Zeitgenossen den Frauen durch das Tragen der Kokarde signalisieren, daß sie sich mit derselben Berechtigung wie die Männer in die Politik einmischen dürfen? Angeblich fordern sie die Frauen auf, das Rederecht innerhalb der Versammlungen zu beanspruchen; sie verbreiten die These, daß in einem Staat, in dem die Gleichheit gesetzlich garantiert ist, den Frauen jegliche Position in Verwaltung und Heer zugänglich sein müsse und daß es um Frankreich viel besser bestellt wäre, wenn gute Republikanerinnen über das Geschick des Gemeinwesens zu entscheiden hätten. Sind das nicht geradezu subversive Äußerungen, hinter denen man unschwer Ultrarevolutionäre und Konterrevolutionäre als treibende Kräfte erkennen kann? Von Fabre d'Eglantine ist in diesem Zusammehang folgende warnende Äußerung belegt: „Nachdem sie die Phrygiermütze erhalten haben, werden die Frauen bald Gürtel und Pistolen verlangen und reihenweise zum Brotholen ausrücken, als ob es an die Front ginge!"

Die Klubs der durch den Kokardenkrieg endgültig in Verruf geratenen revolutionären Republikanerinnen, die darüber hinaus als blutrünstige Frauen vom Typ einer Charlotte Corday beschimpft werden, werden gewaltsam aufgelöst, ihre führenden Mitglieder verfolgt und verhaftet.

Das Ende der Frauenbewegung

Am 9. Brumaire (30. Oktober 1793) legt Amar dem Nationalkonvent einen Bericht vor, in welchem er verschiedene Argumente aufzählt, die über die Unfähigkeit der politischen Mitwirkung von Frauen gemeinhin vertreten werden:

„Der Mann ist stark, robust und besitzt von Natur aus große Energie, Kühnheit und Mut; seine körperliche Verfassung erlaubt es ihm, allen Gefahren und Unbilden des Wetters zu trotzen; er wird mit sämtlichen Elementen fertig und kann ebenso gut feine künstlerische wie schwere körperliche Arbeiten verrichten; und so, wie Landwirtschaft, Handel, Seefahrt, Reisen und Kriegshandwerk, kurz gesagt, alles, was Kraft, Intelligenz und gewisse Fähigkeiten voraussetzt, fast ausschließlich dem Mann vorbehalten ist, scheint auch nur er in der Lage zu sein, tiefschürfende politische Betrachtungen anzustellen, die hohe geistige Konzentration sowie langwierige Studien erfordern, zu denen die Frau nicht imstande ist.
Läßt es der gute Ruf einer ehrbaren Frau denn zu, daß sie in der Öffentlichkeit Reden hält, sich mit Männern herumstreitet und vor dem versammelten Volk über Fragen diskutiert, von denen das Wohl der Republik abhängt? Im allgemeinen sind die Frauen schwerlich dazu in der Lage, große geistige Leistungen zu erbringen oder ernsthafte Überlegungen anzustellen; und wenn bei den Völkern der Antike ihre natürliche Schüchternheit oder ihr Schamgefühl die Frauen davon abhielt, sich außerhalb der Familie zu zeigen, warum sollten sie dann in der französischen Republik plötzlich wie die Männer das Richteramt bekleiden, Reden halten und an sämtlichen politischen Versammlungen teilnehmen und dabei nicht nur ihre Zurückhaltung – die Quelle all ihrer Tugenden – ablegen, sondern auch noch ihre Familie vernachlässigen?
Sie haben ganz andere Möglichkeiten, dem Vaterland einen Dienst zu erweisen; sie können ihre Ehemänner beraten, ihnen wertvolle Gedanken mitteilen, denen sie aufgrund ihres beschaulichen Daseins nachhängen können; sie haben die Möglichkeit, ihre häusliche Macht einzusetzen, um in ihren Ehemännern die Vaterlandsliebe zu fördern; und die Männer werden, angeregt durch die im vertrauten Ton und im Schoß der Familie geführten Gespräche, all die nützlichen Gedanken, die ihnen ihre ehrbaren Frauen vermittelt haben, in die Politik einbringen.
Wir glauben daher, daß die Frauen sich nicht in die Politik einmischen, sondern sich ausschließlich ihrer Familie widmen sollen."

Mit der Annahme dieser Vorlage durch den Nationalkonvent ist das erste Kapitel der Frauenbewegung abgeschlossen. Doch auch hier hat die Französische Revolution – wie in so vielen Bereichen – den Grundstein zu einer nicht aufzuhaltenden Entwicklung gelegt.

Das Schulwesen der Republik

Vielen Kindern des Jahres II wird die Revolution als die Zeit der allgemeinen Schulpflicht in Erinnerung bleiben. Jetzt genügt es nicht mehr, in sporadischen Abständen den Priester aufzusuchen, der anhand des Katechismus das Lesen beibringt; auch mit dem Schuleschwänzen ist es jetzt vorbei. Die Republik versucht, den Forderungen der Eltern nach einer Schule für alle so weit wie möglich Rechnung zu tragen. Im Ancien Régime hatten sich die Untertanen in ihren Beschwerdeschriften mehrfach über die skandalöse Situation des Schulwesens beklagt. So heißt es in einem Beschwerdeheft aus dem Pariser Umland: „Überall fehlt es an Schulen, auf dem Land bleibt die Unterrichtung der Kinder ausschließlich uns Eltern überlassen. Wir wollen seit langem einen Schulmeister haben, damit unsere Kinder und Jugendlichen nicht länger in völliger Unwissenheit dahinvegetieren." Neuere Forschungen haben ergeben, daß diese Äußerungen stark übertreiben. Der Anteil der Lese- und Schreibkundigen an der Gesamtbevölkerung erhöht sich zwischen 1688 und 1788 von 21 auf 37 Prozent, wobei allerdings die Männer deutlich vor den Frauen liegen und es in Nordfrankreich vergleichsweise viel weniger Analphabeten gibt als im Süden.

Als im Jahr 1793 die Jakobiner in der Präambel zur neuen Verfassung das Recht auf Schulbildung gesetzlich verankern, erfüllen sie damit eine zentrale Forderung der Sanskulotten. Künftig müssen die Kinder ab dem fünften oder sechsten Lebensjahr die Schule besuchen. Die Familienväter haben es versprochen und werden von Überwachungskomitees an ihre Pflicht erinnert. Doch wenn die Feldarbeit den Einsatz aller verfügbaren Arbeitskräfte erfordert, werden solche Versprechen leicht gebrochen. Zwischen Allerheiligen und Ostern schicken die Eltern ihre Kinder zwar pflichtgetreu zur Schule, ab Anfang April jedoch steht der Schulmeister dann plötzlich vor einem leeren Klassenzimmer! Die Kinder müssen sich um das Vieh kümmern und gelegentlich den Erwachsenen bei der Feldarbeit zur Hand gehen. Doch auch in der Zeit zwischen Januar und April, in der die Feldarbeit ruht, lassen sich genügend Ausreden finden, um dem Unterricht fernbleiben zu können. Häufig liegen die Schulhäuser weit von den Bauernhöfen entfernt – wie sollen die armen Kinder den langen Weg bewältigen, wenn er vom Schnee verweht oder durch ein plötzliches Hochwasser total überschwemmt ist?

In den meisten Dörfern ist die Schule im früheren Pfarrhaus eingerichtet und gleicht den umliegenden Häusern. In der Champagne befinden sich die Unterrichtsräume in strohgedeckten Holzhäusern. Durch die kleinen Fensteröffnungen fällt nur spärlich Licht. Der Fußboden besteht aus blanker Erde; und wenn die Gemeinde sich einen Bretterboden leisten kann, so ist dieser rasch so morsch, daß man jeden Augenblick einzubrechen droht. Eine Schule – wie etwa in Ambert – besteht aus rund drei bis vier, äußerst sparsam möblierten Räumen. Die spartanische Einrichtung setzt sich aus vier oder fünf wackligen Tischen, zehn bis zwölf Bänken und einem Stuhl für den Lehrer zusammen. Besonders üppig ausgerüstete Schulen besitzen ein Wandregal, das den aus rund zehn Büchern bestehenden Schatz der Schule birgt. In diesen dunklen Räumlichkeiten drängen sich von sechs bis zehn Uhr vormittags und von zwei Uhr bis sechs Uhr abends Scharen von Schülern – von den Kleinsten bis hin zu jungen Burschen, die vielleicht morgen oder übermorgen schon an die Front müssen. Auch sie dürfen noch die Schulbank drücken, denn man hält es, um einen Schulmeister der damaligen Zeit zu zitieren, „für durchaus angebracht, auch die älteren Schüler nicht zu vernachlässigen." Zahlreiche Schulen haben völlig überfüllte Klassen. Die im Departement Puy-de-Dôme gelegene Gemeinde Artonne verfügt im Jahr II über eine Klasse von 77 Schülern im Alter zwischen sieben und vierzehn Jahren.

Und dennoch können die Schüler, die in diesen überfüllten Klassen sitzen, sich glücklich schätzen. Häufig fehlt es nämlich ganz an geeigneten Räumlichkeiten oder Lehrern. In Clermont etwa können bei 20000 Einwohnern nur 128 Schüler eine Schule besuchen, und in Saumur stehen den 12500 Einwohnern nur 11 Schulen zur Verfügung, in denen insgesamt ganze 413 Schüler unterkommen können. Der elsässische Distrikt Weißenburg besitzt im Jahr II erst fünf der vorgesehenen 220 Schulen.

„Das arme Dorfschulmeisterlein"

Die führenden Politiker der Republik sind sich sehr wohl darüber im klaren, daß nicht nur das allgemeine Niveau der Lehrer, sondern zunächst einmal ihre soziale Situation verbessert werden muß. In einer ersten Vorlage des Schulausschusses des Nationalkonvents schildert der Abgeordnete Lanthenas die Situation der Lehrer im Ancien Régime: „Den sogenannten Schulmeistern pflegte man nur mit Spott und Verachtung zu begegnen. Da sie lediglich die Kinder der Armen unterrichteten und keinerlei Unterstützung von einer Regierung erfuhren, da diese dem Volk und allem, was ihm zu mehr Wissen verhelfen konnte, feindlich gegenüberstand, wurden sie allerorts in einem Zustand tiefster Erniedrigung gehalten, vor dem es die Lehrer zu bewahren gilt, die ihre Nachfolge antreten."

Bereits vor dem Jahr II sehen einige Abgeordnete die dringende Notwendigkeit, den Lehrern ein anständiges Gehalt zukommen zu lassen. So plädiert etwa der Girondist Ducos dafür, den Volksschullehrern wenigstens dasselbe Gehalt wie den Lehrern an weiterführenden Schulen zu gewähren:

„Welches sind die Grundlagen, anhand derer die Löhne und Gehälter für sämtliche öffentliche Ämter berechnet werden sollen? Doch wohl die Nützlichkeit des jeweiligen Amtes sowie die mit seiner Ausübung verbundenen Anforderungen und Schwierigkeiten. Wenn es aber ein Amt gibt, das jedem freiheitsliebenden Menschen aufgrund eines großen Nutzens für die Allgemeinheit besonders ans Herz gewachsen sein muß, so ist es das der Volksschullehrer, denen das ihnen vertrauende Volk die ehrenvolle Aufgabe übertragen hat, die heranwachsenden Generationen auf den Weg der Weisheit und des Glücks zu führen und diesen Hoffnungsträgern der Republik gewissermaßen eine neuartige Existenz zu ermöglichen. Während die an höheren Schulen und Universitäten unterrichtenden Lehrer Wissenschaftler und Künstler ausbilden, werden die Volksschullehrer ihre Schüler zuallererst zu mündigen Bürgern und Menschen heranziehen."

Um die Tätigkeit der Volksschullehrer aufzuwerten, genügt es jedoch nicht, diesen „Missionaren der Aufklärung" ein anständiges Gehalt zu zahlen. Lakanal macht den Vorschlag, ihnen ein äußeres Abzeichen der mit ihrem Amt verbundenen Würde zu verleihen, eine „eiserne Medaille als Symbol der republikanischen Sittenstrenge", die sie stets während des Unterrichts tragen sollen.

Doch die meisten dieser hochfliegenden Pläne der Abgeordneten werden niemals verwirklicht. Die Republik befindet sich im Krieg, und so können weder mehr Schulen eingerichtet noch eine bessere Bezahlung und eine sorgfältigere Auswahl der Lehrer durchgesetzt werden. Gegen Ende des Jahres 1793 beziehen die Volksschullehrer immer noch ein kümmerliches Gehalt: die männlichen Lehrkräfte bekommen 20 und die weiblichen ganze 15 Livres pro Schüler und Jahr. Im November 1794 wird die allgemeine Schulpflicht gesetzlich aufgehoben und den Volksschullehrern ein Jahresgehalt von 1200 und den Lehrerinnen von 1000 Livres zugestanden. Während das ohnehin knappe Gehalt im Jahr II wenigstens noch einigermaßen pünktlich ausbezahlt wird, kommt es im darauffolgenden Jahr von dem Hintergrund der galoppierenden Inflation zunehmend zu Verzögerungen. Ein Lehrerehepaar aus dem Departement Puy-de-Dôme beklagt sich darüber, daß es seit einem halben Jahr nur ein Viertel der ihm zustehenden Bezüge erhalten habe und sich gerade ein Viertelpfund Brot pro Tag leisten könne. Im Oktober 1795 können die beiden nur durch Spenden großzügiger Schülereltern vor dem Verhungern bewahrt werden und müssen nebenbei mit Diensten wie dem täglichen Aufziehen und der Wartung der Rathausuhr ihr Gehalt aufbessern. Zwar können Lehrer Anspruch auf eine kostenlose Dienstwohnung erheben, doch sind die Räume meist derart heruntergekommen, daß die Lehrer sie nur dann beziehen, wenn sie sich wirklich keine andere Unterbringungen leisten können. Dabei sind ihre Ansprüche alles andere als übertrieben; so erhofft sich etwa der Volksschullehrer Dudos aus dem

Departement Puy-de-Dôme „eine Küche, in der gleichzeitig eine Bedienstete nächtigen kann, eine Schlafkammer, ein Arbeitszimmer und einen Abstellraum". Sein Kollege Combette aus Ris schildert die Wohnsituation der Lehrer mit den Worten: „Die einzige Möglichkeit überhaupt unterzukommen besteht darin, das Herz eines gutmütigen Bürgers zu erweichen. Ein patriotisch gesinnter und großzügiger Bürger war so freundlich, sich einzuschränken, um mir eine Wohnung anbieten zu können. Doch ist meine Unterkunft so winzig, daß ich vollkommen außerstande bin, meinen beruflichen Verpflichtungen nachzukommen." Dabei hat Combette noch das Glück, Junggeselle zu sein – für Ehemänner und Familienväter wird die Wohnungssuche vollends zum Alptraum. Einige Gemeindeverwaltungen ermuntern die Kollegen, sich gegenseitig zu heiraten; dabei dürften allerdings eher moralische Erwägungen als Bequemlichkeit den Ausschlag geben. So führt etwa ein gewisser Michau aus Riom aus:

> „In kleinen Gemeinden, in denen nur ein einziges Pfarrhaus zur Verfügung steht, soll nach Möglichkeit nur ein Ehepaar mit der Ausbildung der Jungen und Mädchen betraut werden; sonst stünde nämlich zu befürchten, daß es zwischen den beiden unter ein und demselben Dach lebenden Fremden zu Streitereien, beruflich bedingten Rivalitäten oder aber zu einem unheilvollen Verhältnis kommen könnte, daß sich zwischen den beiden Personen eine Leidenschaft entfesselt, die zwangsläufig verheerende Folgen für ihre Vorbildfunktion und für die guten Sitten hätte; als Beweis hierfür mag das Verhältnis gelten, das früher die meisten Dorfpriester mit ihren Haushälterinnen verband."

Im Jahr 1793 beschließt man angesichts der allgemeinen Lehrerknappheit, die Laufbahn all jenen Bewerbern zu öffnen, die ein Mindestmaß an Fähigkeiten sowie eine Bescheinigung ihrer staatsbürgerlichen Gesinnung vorweisen können. Ihre Ernennung erfolgt einmal durch die Distriktverwaltungen unter der Oberaufsicht der Überwachungsausschüsse und einmal durch die einzelnen Gemeindeverwaltungen, deren Beschlüsse ihrerseits gelegentlich von Bürgerversammlungen genehmigt werden, die sich ausschließlich aus Familienvätern zusammensetzen. In der Gemeinde Brain-sur-l'Authion im Anjou tritt in der mittlerweile zum Tempel der Vernunft geweihten früheren Kirche die Einwohnerschaft zusammen, um aus ihrer Mitte einen Schulmeister zu bestimmen. Die Wahl fällt auf den Bürger Pavis, der versprechen muß, das ihm anvertraute Amt „als guter und treuer Republikaner auszuüben, der er stets gewesen sei". Genau so wählt in Becon die Mehrheit der Bürger das Gemeindemitglied Jolivet zum Lehrer. Dieser rechtfertigt seine Kandidatur damit, daß er „im Lesen, Schreiben sowie in den vier Grundrechenarten Addieren, Subtrahieren, Multiplizieren und Dividieren unterrichten könne". Im November 1794 wird vielerorts eine Jury aus den ortsansässigen Notabeln gebildet und mit der Auswahl der Lehrer betraut. „Da die Kandidaten wissen, welchen Wert die Gemeindeverwaltungen auf patriotisch gesinnte Lehrkräfte legen, überbieten sie sich gegenseitig förmlich in ihrem revolutionären Eifer. So malt etwa Hélène Charnet als Beweis ihrer Schreibkunst mit Hingabe den Satz „Es lebe die Freiheit, es lebe die Gleichheit und die geeinte, unteilbare Republik“ auf ihr Blatt. Dann läßt sie sich jedoch unvorsichtigerweise dazu hinreißen, einen Absatz hinzuzufügen, der berechtigte Zweifel an ihren Rechtschreibkenntnissen aufkommen läßt: „Ich hoffe, das die Auschusmitglider mich für geeignet halten; ich werde alles thun, was mann mir auftragen wird“. Die Jurymitglieder müssen voller Verzweiflung feststellen, daß die Kandidaten völlig unfähig sind. Im Ventôse des Jahres III (Februar 1795) wird ein gewisser Charles Mélard mit der Begründung abgelehnt, er beherrsche keine einzige Rechtschreibregel, nicht dividieren könne und besitze keine blasse Ahnung von Geographie oder Landvermessung. Jacqueline Nardereau kann zwar ganz ordentlich lesen, dafür aber keine Addition durchführen. Die Jury entscheidet sich schließlich für Bernard Lemercier, bedauert aber gleichzeitig, daß er stottert und von Zeit zu Zeit unter krampfhaften Zuckungen leidet. Man nimmt schließlich den Erstbesten, der sich vorstellt: einen Greis, dessen Hände so stark zittern, daß er unmöglich schreiben kann, Schneiderinnen, die zwar nicht lesen, dafür aber wenigstens den kleinen Mädchen Nähen beibringen können und in Not geratene Veteranen, über deren mangelnde Eignung man ihrer Verdienste um das Vaterland wegen großzügig hinwegsieht. Es wird ein Musiklehrer eingestellt, der zwar weder das Multiplizieren noch das Dividieren beherrscht, aber immerhin lesen kann. Ein ehemaliger Militärgeistlicher dagegen liest miserabel und hat nicht die geringste Ahnung vom Rechnen – doch was macht das schon! Er wird übernommen, weil er sich als einziger Kandidat gemeldet hat und außerdem seine mehr als lückenhaften Kenntnisse aufzufrischen verspricht. Die Jury kann nur hoffen, daß er Wort hält – schließlich ist er schon zweiundsechzig. Eine Volksschullehrerin mit über zwanzigjähriger Berufserfahrung kann zwar recht ordentlich lesen und schreiben, aber nach wie vor nicht rechnen.

Angesichts des Lehrermangels werden alle Kandidaten übernommen: In Clermont-Ferrand etwa kommen auf siebzig offene Stellen ganze vierunddreißig Bewerber – achtundzwanzig Männer und sechs Frauen.

Eine Schule des Vaterlandes

Der Nationalkonvent verfolgt mit seiner Schulpolitik große Ziele:

> „Wenn in eine Bevölkerung von 25 Millionen ein Kind hineingeboren wird, so ist zunächst mit großer Wahrscheinlichkeit damit zu rechnen, daß es sich zu einem ganz normalen Durchschnittsmenschen entwik-

kelt; es besteht jedoch auch die Möglichkeit, daß die Natur dieses Kind mit einigen außerordentlichen Begabungen ausgestattet hat. Wenn nun die Nation auf ihre wohlverstandenen Interessen bedacht ist und alle in ihr schlummernden Talente nutzen will, so darf sie dieses Kind niemals aus den Augen verlieren, ganz gleich in welchem Teil Frankreichs es geboren ist; sie muß vielmehr gewährleisten, daß das betreffende Kind durch gezielte Förderung in die Lage versetzt wird, die in ihm steckenden Fähigkeiten zu nutzen und dem Vaterland wertvolle Dienste zu erweisen."

Wie viele seiner Zeitgenossen und zahlreiche Naturforscher vertritt Condorcet die Auffassung, daß die Entwicklung der Spezies Mensch den Gesetzmäßigkeiten der Evolution unterliege und daß einmal erworbene Eigenschaften vererbt würden:

> „Wenn Menschen über mehrere Generationen hinweg eine auf ein konstantes Ziel ausgerichtete Erziehung erhalten haben und wenn jeder, der sie unterrichtet, sein Wissen durch entsprechende Studien vervollkommnet hat, dann werden die nachfolgenden Generationen mit einer viel besseren Auffassungsgabe geboren werden und folglich mit mehr Geschick von ihrem Wissen profitieren können.
> (...) Wenn es sich bei dieser unbegrenzten Vervollkommnung der menschlichen Gattung in der Tat, wie ich glaube, um ein allgemein gültiges Naturgesetz handelt, muß sich der Mensch nicht länger als ein Wesen betrachten, das auf ein flüchtiges und einsames Leben beschränkt ist und dazu bestimmt ist, nach einer Abfolge von Phasen des Glücks und des Unglücks für das Wesen selbst sowie von erfreulichen und unerfreulichen Folgen für die zufälligerweise in seiner unmittelbaren Umgebung lebenden Menschen völlig spurlos abzutreten. Er wird vielmehr zu einem aktiven Teil des großen Ganzen und zu einem Mitwirkenden eines universellen Werkes."

Die Revolutionäre sehen im allgemeinen Schulunterricht zunächst vor allem ein hervorragendes Instrument der Demokratisierung, ganz im Sinne Talleyrands:

> „Ist es doch allgemein bekannt, daß selbst in einem Staatswesen mit der allerfreiesten Verfassung, der Ungebildete rettungslos dem Scharlatan ausgeliefert und viel zu sehr auf den Gebildeten angewiesen ist, und daß einzig und allein eine umfassende, allen zugedachte Schulbildung zwar nicht die geistige Überlegenheit einiger Mitmenschen verhindern kann – die dem Gemeinwohl insgesamt sogar förderlich ist –, wohl aber den zu großen Einfluß vermeiden vermag, der dieser Überlegenheit verschafft würde, ließe man irgendeine Gesellschaftsschicht ungebildet."

Auch Verwaltungsbeamte des Distrikts Beauvais betonen im Januar 1792, daß die Schule in erster Linie demokratische Gesinnung und Freiheitsliebe fördern soll:

> „Für unser derzeitiges politisches System ist es wichtig, daß alle Bürger gebildet sind. Sie wählen ihre politischen Stellvertreter und können ihrerseits zu solchen bestimmt werden; es bedarf eines gesunden Urteilsvermögens, um eine gute Wahl treffen zu können, ebenso wie die Führung der Staatsgeschäfte gewisse Kenntnisse erfordert. Beide Voraussetzungen erwirbt man ausschließlich durch eine gute Erziehung und Schulbildung; jeder freie Mensch muß unabdingbar in den Genuß dieser Schulbildung kommen, und die Bewohner des flachen Landes dürfen nicht länger in der Unwissenheit belassen werden, in der sie eine despotische Regierung hielt, um sie nach Gutdünken unterdrükken zu können."

So soll die Schule Bürger heranbilden, die fähig sind, die überall lauernde Gefahr des Despotismus zu erkennen und im Keim zu ersticken. Die Jakobiner, die die direkte Demokratie der Sanskulotten mit wachsender Sorge betrachten, fügen hinzu, daß die Lehrer ihren Schülern nicht nur patriotische Gesinnung beibringen, sondern sie auch zur Unterordnung unter das Gesetz und zum Respekt vor den bestehenden Institutionen erziehen sollen.

Soll man die Dialekte ausrotten?

Aber wie und vor allem in welcher Sprache soll dieser Unterricht erfolgen? Die Devise des Ancien Régime „Ein König, ein Glaube, ein Gesetz" hätte durchaus um den Zusatz „eine Sprache" erweitert werden können. Die Sprachpolitik des Absolutismus hatte auf eine Unterdrückung der Dialekte hingearbeitet. Doch obwohl sie von den Schulverwaltungen der Provinzen unterstützt wurde, gelang es ihr nicht, die regionalen Mundarten völlig auszurotten. Die Revolutionäre, die entweder wirklich nichts von dieser Sprachpolitik wußten oder zumindest so taten, sahen diesen Punkt jedoch anders: Da die Despoten ja bekanntlich das französische Volk zu entzweien suchten, um es besser unterjochen zu können, mußte ihnen am Fortbestand der Dialekte gelegen sein. So ist es möglich, daß die Revolution in der Durchsetzung des Französischen als Hochsprache in ganz Frankreich das beste Mittel sehen, um die letzten Reste des verhaßten Feudalwesens zu beseitigen.

Doch wird diese Sprachpolitik nicht sofort in die Praxis umgesetzt. Zunächst gibt es Dringenderes zu regeln, und darüber hinaus möchte man Patrioten, die an ihrer regionalen Mundart hängen, nicht vor den Kopf stoßen. Abbé Grégoire macht darauf aufmerksam, daß man auf die

Dialekte noch angewiesen sei, um sämtlichen Franzosen die Beschlüsse der Nationalversammlung verständlich zu machen; denn seien die neuen Gesetze den Bürgern nicht vertraut, müsse man ständig mit Revolten rechnen. Aus dieser Überlegung heraus wird am 14. Januar 1790 beschlossen, die Dekrete der Nationalversammlung schriftlich in die Mundarten und Regionalsprachen zu übertragen. Selbst in Regionalsprachen erscheinende Zeitungen werden anfangs noch toleriert: In Dunkerque wird eine flämische Zeitung herausgegeben, in Toulouse erscheint der „L'Homé franc" (Der freie Mensch), dessen Artikel in provenzalischer Sprache verfaßt sind, in Straßburg wird nicht nur eine deutsche Zeitung herausgegeben, sondern die dortige „Gesellschaft der Verfassungsfreunde" setzt sich darüber hinaus auch lange Zeit für die Beibehaltung des Elsässerdeutschen ein.

Aber werden sich diese Sprachbarrieren über kurz oder lang nicht als Hindernis auf dem Weg zur nationalen Einigung erweisen? Abbé Grégoire, der sowohl der Nationalversammlung als auch dem Nationalkonvent als Abgeordneter angehörte, ist wie viele seiner Zeitgenossen davon überzeugt, daß die sprachliche Einigung notwendig sei, um die Franzosen enger an ihr Vaterland binden zu können. Im August 1790 schickt er ein Rundschreiben an Briefpartner aus der Provinz, das von den „Dialekten und den Sitten der Landbewohner" handelt; er stellt darin die Frage: „Welche religiöse und politische Bedeutung würden Sie einer völligen Ausrottung der Dialekte beimessen?" Die Verfasser der Antwortbriefe, bescheidene Notabeln aus der Provinz, sprechen sich fast ausnahmslos gegen eine Beibehaltung der Dialekte aus. Der früher an der Militärschule zu Tournon lehrenden Rochejean schreibt zu diesem Thema:

> „Die Ausrottung der Dialekte würde von den meisten Menschen wohltuend empfunden, sie einander näherbringen und ihnen wichtige Erkenntnisse vermitteln; die Dialekte stiften nämlich Unfrieden, indem sie Arm und Reich deutlich voneinander trennen und erstere geringer achten als letztere, da sie auf dem flachen Land zu krasser Unwissenheit führen, welche die dort lebenden Menschen zu hilflosen Opfern von Irrtümern und Schwindeleien macht; ferner hindern sie die Menschen daran, einander ihre Empfindungen und Gedanken mitzuteilen sowie mühelos ihre Interessen vertreten zu können; die Dialekte machen die einzelnen Departements, Distrikte und Gemeinden geradezu zu selbständigen, einander fremden Völkern, und ihre Vernichtung würde daher einen großen Schritt auf dem Weg zur Gleichheit bedeuten. Außerdem würde er den Aufbau eines völlig einheitlichen allgemeinen Schulwesens fördern und schließlich alle Franzosen zu einem einzigen Volk vereinen".

Und so empfiehlt Rochejean, nur solche Schulmeister zu bestellen, die das Französische perfekt beherrschen.

Auch die Sprache muß revolutioniert werden!

Vor dem Hintergrund des Krieges, des Aufstandes in der Vendée und der Erhebung der Föderalisten ändern die Revolutionäre ihre Einstellung gegenüber den Dialekten grundlegend. Am 24. Januar 1794 heißt es: „Föderalismus und Aberglaube sprechen Bretonisch, Emigration und Haß auf die Republik Deutsch, die Konterrevolution Italienisch und der Fanatismus Baskisch. Laßt uns diese Werkzeuge des Verderbens und der Irrlehre vernichten." Die bis Juli 1793 vom Wohlfahrtsausschuß beibehaltene Praxis, sämtliche Dekrete schriftlich in die verschiedenen Dialekte übertragen zu lassen, wird nun eingestellt. Statt dessen wird angeordnet, allen Gemeinden der Departements Morbihan, Finistère, Côtes-du-Nord, Haut-Rhin, Bas-Rhin und Korsikas sowie einzelne Gemeinden der Departements Nord, Mont-Terrible, Alpes-Maritimes und Basses-Pyrénées, in denen teilweise ebenfalls Dialekt gesprochen wird, einen Französischlehrer zuzuteilen. Die Aufgabe dieser eigens entsandten Lehrer beschränkt sich nicht allein darauf, den Schulkindern ordentliches Französisch beizubringen. Sie müssen darüber hinaus am Dekadi der versammelten Einwohnerschaft die Gesetze der Republik vorlesen und mündlich übersetzen. Die ortsansässigen Debattierklubs unterstützen sie in ihrem Vorhaben, „die französische Sprache unter Aufbietung aller erdenklichen Mittel selbst in den abgelegensten Landstrichen heimisch zu machen".

Auch die Sprache muß „revolutioniert" werden, wenn sie der nationalen Einigung dienen soll. Abbé Grégoire stellt 1794 fest, daß die französische Sprache von den absolutistischen Herrschern als Herrschaftsinstrument geschaffen worden sei. Am 16. Prairial des Jahres II – dem 4. Juni 1794 – verkündet er: „In unserer Sprache, so sagte ein Royalist, gibt es eine ganze Hierarchie verschiedener Stile, weil die Wörter genau wie die Untertanen in einer Monarchie in verschiedene Stände eingeteilt sind. Diese Aussage muß für jeden denkenden Menschen höchst aufschlußreich sein. Wenn man die Verschiedenheit der Stile zu den bestehenden politischen und sozialen Verhältnissen in Beziehung setzt, so lassen sich daraus Schlüsse ziehen, die belegen, welche Bedeutung meinem Vorhaben innerhalb einer Demokratie zukommt." Grégoire wirft der Aristokratie vor, die französische Sprache durch den bewußten Gebrauch stark unter- oder übertreibender, in keinem Fall der Wahrheit entsprechender Ausdrücke verfälscht zu haben. So sei etwa die Unsitte aufgekommen, von betrübten oder heiteren Menschen nur noch als verzweifelten und entzückten Menschen zu sprechen; bald hätte es in der freien Natur nichts Häßliches oder Schönes mehr, sondern nur noch Scheußliches beziehungsweise Göttliches gegeben. Mit derlei irreführenden Formulierungen solle jetzt ein für allemal Schluß sein und sich statt dessen überall jene „aufrichtige, stolze und gedrängte Redeweise, wie sie den Republikanern vorbehalten ist", durchsetzen. Wortschatz und Syntax sollen überarbeitet werden, all jene unlogischen Gebilde wie „unregelmäßige und unvollständige Verben“ sollen abgeschafft werden.

Doch zur Durchführung dieses Projekts fehlt es an Fachleuten. Die Volksschullehrer leisten zwar einen gewissen Beitrag zur Verbreitung eines leicht „revolutionierten“ Französisch, bedienen sich aber weiterhin der Dialekte. Einige Lehrer lassen sich neue Methoden einfallen; der junge Lehrer von Montel-de-Gelat im Departement Puy-de-Dôme geht dazu über, „den Schülern zunächst die hinter einem Begriff stehende Idee zu schildern und dann erst das ihrer Bezeichnung übliche Wort zu präsentieren, wodurch er sich der Aufmerksamkeit der neugierig auf ihn blickenden Kinder versichert“. Sein Kollege aus Pontgibaud setzt bewegliche Lettern ein, um seinen Schülern einzelne Buchstaben und ganze Wörter beizubringen. Meistens siegt jedoch die Routine, und die Schüler werden eher zu sturem Auswendiglernen als zum Nachdenken angehalten.

„Hoch lebe die Republik!“

Die Volksschullehrer sollen die ihnen anvertrauten Kinder vor allem zu aufrichtigen Patrioten zu erziehen, empfiehlt der Nationalkonvent. In ihrem Bemühen, den Fanatismus zu bekämpfen, schießen sie manchmal etwas über das Ziel hinaus und verfallen ihrerseits in blinden Fanatismus. Die Bürgerin Roget leitet in der Pariser Sektion Montreuil in der Rue de la porte Saint-Antoine Nummer 2 eine Mädchenschule. Am 10. Dezember 1793 schreibt sie über ihre Schwierigkeiten einen Brief an den Nationalkonvent:

> „Das Gesetz verbietet es, den Kindern fanatische Gedanken einzuflößen. Ich habe meine Schüler alle Katechismen und Bibeln abliefern lassen sowie aus allen Unterrichtsräumen die Wahrzeichen des Fanatismus entfernt und durch die Verfassung, die Erklärung der Menschenrechte sowie die rote Phrygiermütze ersetzt. Viele Eltern haben auf diese Änderung hin ihre Kinder nicht mehr in meine Schule geschickt. Manche von ihnen machten plausible Vorwände geltend, andere gaben überhaupt keine Begründung und wiederum andere erklärten mir, daß man in den übrigen Schulen den Kindern die Katechismen noch nicht abgenommen habe, daß ich übereilt vorgegangen sei und sie ihr Kind von der Schule nähmen, weil es dort nichts mehr lerne. Innerhalb von vier oder fünf Tagen verlor ich auf diese Weise sieben Schülerinnen. Am 12. Brumaire begannen erstmals Kinder dem Unterricht fernzubleiben, und seither habe ich weitere sechs Schülerinnen verloren, die angeblich krank sind, in Wahrheit jedoch durch die Straßen eilen, um im Auftrag ihrer Eltern Besorgungen zu machen. Das bedeutet, daß ich seit Einführung der Dekaden insgesamt zwölf Schülerinnen verloren

habe ... Ihr Erneuerer ganz Frankreichs, ich ersuche Euch, mittels strenger Gesetze gegen alle fanatischen Schulen vorzugehen, falls es in der Tat noch welche geben sollte. Ich habe ein Freudenfeuer aus Stichen des Königs, der Königin und der beiden Verräter Lafayette sowie Bailly angezündet, und meine Schüler haben lauthals „Hoch lebe die Republik!" gerufen. Ich lasse sie täglich die französischen und republikanischen Hymnen samt dem Refrain „Vive la République" singen."

Etwa gleichzeitig richtet der Bürger Huet d'Epernon folgendes Schreiben an den Vorsitzenden des Nationalkonvents:

„Ich möchte Dir schreiben, wie ich mit meiner Klasse umgehe und wie ich sie leite; alle fünfzehn Tage werden ein Präsident sowie Sekretäre bestellt. Der Unterricht beginnt jeden Morgen mit einem republikanischen Gebet und endet abends mit dem Absingen von Freiheitshymnen; die Bücher aus dem Ancien Régime habe ich eingezogen, der Leseunterricht erfolgt jetzt ausschließlich anhand der Erklärung der Menschenrechte, der Verfassung, der Dekrete des Nationalkonvents sowie einiger Ausgaben des ‚Père Duchesne'. Ich halte meine Schüler dazu an, den Dekadi feierlich zu begehen. All diese Schritte gefallen zwar nicht jedermann, aber wenn es erst einmal nur noch echte Republikaner geben wird, denen der Unterricht überaus wichtig ist, wenn erst einmal all unsere Widersacher aufgehört haben werden, die Republik durch ihre Gegenwart zu vergiften, wird vollkommene Ruhe einkehren und nur noch Republikanismus in Reinform herrschen.

Da uns eine ehemalige Kirche als Unterrichtsraum zugewiesen wurde, haben wir diese in ‚Saal der Freunde von Freiheit und Verfassung' umbenannt. Doch werden all die nun in diesem Raum zu vernehmenden Wahrheiten nie an die Zahl der in ihm verkündeten Lügen herankommen. Es war mir eine große Freude und Genugtuung, all die verhaßten Symbole aus den Nischen zu entfernen, ebenso wie jene schwülstigen Holzfiguren, die man als Engel bezeichnete, die jedoch eher an Fledermäuse erinnern; so mancher Mitbürger hätte sich darüber gefreut, wenn ich mir dabei das Genick gebrochen hätte; doch von der festen Überzeugung geleitet, daß einem wahren Republikaner nichts zu widerstehen vermag, habe ich all die Figuren beherzt herabgestürzt und zwar so kräftig, daß sie innerhalb weniger Augenblicke tollere Purzelbäume und Kniebeugen vollführten, als ihre Anbeter dies jemals getan hatten. Diesen ganzen Mummenschanz haben wir durch die Namen unseres Freundes Marat, Lepeletier und anderer bedeutender Männer ersetzt."

Die republikanischen Schulbücher

Die Schulbücher der Ersten Republik zeugen von dem Bestreben, den Kindern die republikanischen Tugenden beizubringen. In Beauvais arbeitet man beispielsweise mit einer Fibel, deren Titelblatt eine rote Phrygiermütze und eine Pike zeigt; auf den nächsten Seiten wird zügig das Alphabet durchgenommen und anhand folgender Sprüche eingeübt: „Freiheit, Gleichheit oder Tod, Menschenrechte, Verfassung, Republik, Brüderlichkeit, Bergpartei sind die kostbarsten Worte der französischen Nation, Bastille, Könige, Tyrannen, Fürsten, Priester, Aristokraten und Feudalwesen dagegen sind Begriffe, die jeder wahre Republikaner zutiefst verabscheut." Dann folgen Lieder, denn „bei der Unterweisung der Kinder müssen Ernst und Frohsinn Hand in Hand gehen". Auf diese Weise sucht man, wie der Historiker Dommanget darlegt, die Kinder mit der neuen politischen Ordnung vertraut zu machen, Einfluß auf ihre kindliche Vorstellungskraft zu nehmen, sich ihre ersten Eindrücke zunutze zu machen und sie durch das entsprechender Prinzipien an die revolutionären Errungenschaften zu binden. Sie lernen die Marseillaise und Kriegslieder, in denen der furchtsame Feind von den Soldaten der Republik besiegt wird, die für Glück und Frieden kämpfen. Weitere Lieder erinnern an die Ereignisse des 14. Juli, des 4. August, des 10. August, an die Kanonade von Valmy und den Sturz der Girondisten. Den Schluß der Liedsammlung bildet die Weise „Wacht über das Wohl Frankreichs".

Manchmal übernehmen die Schulbücher Form und Titel der althergebrachten Katechismen, wie etwa das im Jahr II von Bürger Serane herausgegebene Werk, in dem folgendes Gespräch zwischen Aemilius und Scaevola abgedruckt ist:

„Aemilius: – Scaevola! Wir sind gleich und doch ungleich! wie erklärst Du Dir diesen Widerspruch?
Scaevola: – Wir sind ungleich, weil die Natur ihre Gaben ungleich verteilt hat: Wir sind gleich vor dem Gesetz, das keinerlei Unterschied zwischen den Bürgern macht, sondern alle völlig gleich behandelt, sowohl was ihren Schutz als auch ihre Bestrafung angeht.
Wir sind in gewisser Weise ungleich vor der Gesellschaft, weil wir ganz verschiedenen Berufen nachgehen und folglich der Gesellschaft unterschiedliche Dienste erweisen; und wir sind gleich vor der Republik, unserem Souverän, weil diese jeden Menschen für wichtig, bedeutend und wesentlich hält, der seinen Beruf gewissenhaft versieht. (...)
Aemilius: – Das heißt, daß es auch in der Republik stets höher und niedriger gestellte Menschen geben wird, genau wie zur Zeit des Ancien Régime!
Scaevola: – In jedem gut geführten Staatswesen wird es immer höher und niedriger gestellte Bürger geben, aber anders als zur Zeit des Ancien Régime. Damals stellte diese Unterscheidung eine schreckliche

Tyrannei, eine niederträchtige Sklaverei dar; künftig wird es sich hingegen bei dieser Einteilung um eine legitime Gesellschaftsordnung handeln, um eine freiwillige und vernunftgemäße Unterordnung. Im Ancien Régime hatte das Volk widerspruchslos irgendwelchen Anführern zu gehorchen, die ihm völlig fremd und von dem Tyrannen, der uns damals unterdrückte, aufgezwungen worden waren. In unserem neuen System dagegen erkennt das Volk nur jene Individuen als übergeordnet an, denen es eigenhändig eine Führungsrolle übertragen hat".

Andere Bücher geben Dialoge zwischen einer republikanisch gesinnten Mutter und ihrem wißbegierigen Sprößling wieder. Das „Unentbehrliche Lehrbuch für die Kinder der Freiheit" enthält eine kommentierte Darstellung der republikanischen Symbole, die den Kindern das Verständnis der republikanischen Feiern erleichtern sollen. In einem historischen Abriß werden Handeln und Denken der Republikgründer beschrieben und die Heldentaten der Freiheitsmärtyrer erzählt. In Form eines Frage- und Antwortspiels zwischen Mutter und Sohn wird schließlich die Notwendigkeit streng republikanischer Sitten betont. Sämtliche Unterrichtswerke lehren darüber hinaus, daß ein wahrer Republikaner sich ohne mit der Wimper zu zucken für das Gemeinwesen opfere. So heißt es im von Chemin dem Jüngeren verfaßten „Republikanischen Alphabet" aus dem Jahr II:

> „Es ist besser, wenn ein Mann umkommt, als wenn er mit ansehen muß, wie das Vaterland samt seinen Bewohnern in Feindeshand fällt. Sobald das Vaterland angegriffen wird, sind wir daher alle Soldaten und müssen zu den Waffen eilen; sei es, um jene zu bezwingen, die sich nicht dem Gesetz beugen wollen, sei es, um äußere Feinde abzuwehren, die es auf unsere Person und auf unseren Besitz abgesehen haben und uns zu unterjochen beabsichtigen".

Milieustudien

Weil der Unterricht vor allem auf die Erziehung zu pflichtbewußten Bürgern abzielt, darf sich die Schule nicht der Außenwelt verschließen, sondern muß sie so weit wie möglich einbeziehen. Die während der Vierten Republik fest im Lehrplan der französischen Gymnasien verankerten Milieustudien sind nichts anderes als die Neuauflage eines bereits während

Idealbild einer republikanischen Schule:
im Hintergrund die Menschenrechte und die Verfassung,
eingerahmt von den Büsten der Freiheitskämpfer Marat und Lepeletier
(Titelbild einer anonymen Schrift).

Droits de l'homme.
Actes Constitutionnels

der Ersten Republik begonnenen Unterfangens. Damals mußten die Schulkinder unter der fachkundigen Anleitung ihres Lehrers durch die Straßen ihrer Heimatgemeinde wandern, um die Erwachsenen bei der Arbeit zu beobachten. Der krönende Abschluß dieser Lerngänge bestand in einem Besuch des Debattierklubs, wo die Schüler den Debatten der Väter zuhören. So gewähren zum Beispiel die Jakobiner von Compiègne am 8. Februar 1794 einer Schülerschar Zutritt zu ihrer Sitzung. Die Kinder stehen in Reih und Glied im hinteren Teil des Versammlungsraumes und lauschen den Wortmeldungen; eines von ihnen – ein gewisser Bertrand – fiebert dem Augenblick entgegen, da er vor allen Anwesenden die Gebote der Republik aufsagen soll, während seine Schulkameraden immer wieder leise die Erklärung der Menschen- und Bürgerrechte vor sich hin sagen, die sie später im Chor vortragen werden. Die Erlaubnis, den Sitzungen der Debattierklubs beiwohnen zu dürfen, gilt bald als eine Auszeichnung, als Belohnung für besonderes gute Schüler. Sie erhalten sogenannte „Lobkärtchen für Fleiß und gute Leistungen", die ihnen Zutritt zu den Debattierklubs und den Tempeln der Vernunft verschaffen. Die allerhöchste Auszeichnung besteht darin, als Ehrenmitglied in einen Debattierklub aufgenommen zu werden.

Umgekehrt begeben sich Sanskulotten und Jakobiner ihrerseits in die Schulhäuser. In Compiègne beispielsweise geben einige besonders fachkundige Bürger Unterricht in Mathematik oder Geographie. Auch der praktische Unterricht kommt nicht zu kurz: Maurer, Steinmetze und Zimmerleute erscheinen auf Ersuchen des Schulmeisters mit Papier und Bleistift bewaffnet in der Schule, um den Kindern – manchmal recht unbeholfen – einen Einblick in ihre Handwerkskunst zu vermitteln.

Am Ende des Schuljahres erfolgt die feierliche Preisverleihung. Mitglieder des Debattierklubs überreichen den Preisträgern Bücher wie „Die römischen Revolutionen" von Bürger Vertus, „Die Verbrechen der Könige von Frankreich" von Lavicomterie oder Mablys „Die Rechte und Pflichten des Menschen". Statt der früher üblichen Lorbeerkränze erhalten die Träger des Ersten Preises eine Phrygiermütze als Symbol der Freiheit aufgesetzt, und der Präsident des Debattierklubs regt die jungen Zuhörer an, sich die Artikel der Erklärung der Menschen- und Bürgerrechte – die Grundlage des Glücks – für immer einzuprägen.

Die Kinder und Jugendlichen als zentrale Mitwirkende bei den Bürgerfesten

Die Feste im Jahr II sind Anschauungsunterricht in Sachen republikanische Tugenden – nicht nur für die Erwachsenen, sondern auch für die Kinder, denen im Rahmen der Veranstaltungen eine besondere Stellung eingeräumt wird. Die Gemeindeverwaltungen organisieren unter anderem Zeremonien zum Andenken der gefallenen Soldaten. Auf dieser

Feier umringen die Schüler ihren Lehrer, der die Ansprache hält. Versetzen wir uns für einen Augenblick in die mit blauweißroten Fahnen ausgeschmückten Kirche von La Ferté: Während die letzten Festteilnehmer eintreffen, verstummt allmählich das erwartungsvolle Gemurmel, Lehrer Briais hält einen Nachruf auf einen an der Front gefallenen Bürger der Gemeinde. Früher – so führt Briais aus – habe das Begräbnis von Soldaten als Vorwand für eine Lobrede auf den General gedient; heute dagegen habe ein jeder Anspruch auf den Dank des Vaterlandes und es „würde gegen das Gleichheitsprinzip verstoßen, nur von den Generälen zu sprechen und die Verdienste der Soldaten unerwähnt zu lassen, die alles für die Verteidigung des Vaterlandes aufgaben“. Die Grabrede endet mit einem beschwörenden Appell – der tote Kamerad erwarte, daß seine Brüder sich ebenfalls aktiv am Kampf beteiligen: „Schlagt die ausländischen Kohorten in die Flucht, die das Land der Freiheit rücksichtslos überrennen, oder vernichtet jene Rebellen, die auf den Ruin ihres eigenen Vaterlandes hinarbeiten!“

In Granville findet am 23. Juni 1794 zur Feier der erfolgreichen Verteidigung des westfranzösischen Städtchens eines Zeremonie statt, an der die Kinder gleichzeitig als Mitwirkende und als Zuschauer teilnehmen. Berittene Soldaten, die die Ausrottung aller Feinde der Republik symbolisieren, führen den Festzug der Bürger an: An der Spitze marschieren die Greise, dann folgen die Jugendlichen und schließlich deren Eltern. Alles schart sich um einen von sechs Rössern gezogenen Prunkwagen, auf dem eine mit Eichenlaub geschmückte Urne thront. An ihrem Fuß hat man ein Gewehr, einen Säbel, eine Pike und einen Anker zu einem Bündel zusammengestellt, um die Einheit von Soldaten, Matrosen und der Zivilbevölkerung vor Augen zu führen. Das Bündel wird von der rot gefärbten Schärpe des Freiheitsmärtyrers Clément des Maisons zusammengehalten und von blauweißroten Bändern geschmückt, ihre Enden halten mitmarschierende Kinder in Händen. Hinten am Wagen hat man die Symbole des alten Feudalwesens angebracht, so daß sie durch den Schmutz gezogen werden. Inmitten des Festzugs kann man die von unzähligen Fahnen umwehten Büsten Lepeletiers und Marats erblicken. Der Volksvertreter, die Mitglieder der Stadtverwaltung, die Generäle, Offiziere und Soldaten reichen sich die Hand und umringen die Kriegswaisen. In der Vorstadt hält der Festzug von einer Pyramide, deren Inschriften an das große Ereignis erinnern: „Im Jahr II der Republik haben am 24. und 25. Brumaire die Bewohner der Stadt Granville, und die dortige Garnison einen Sieg errungen; ein Volksvertreter teilte mit ihnen den Augenblick der Gefahr und des Ruhmes.“ „Der Nationalkonvent hat befunden, daß sich die Stadt Granville und ihre Garnison große Verdienste um das Vaterland erworben haben.“ Um diese Pyramide versammeln sich die Einwohner und geloben feierlich, den Kampf fortzusetzen. Die Schulkinder sind bei diesen Festen einerseits aktiv als „Erzieher“ und andererseits passiv als „Zöglinge“ beteiligt. Auf und Tritt begegnen sie den Symbolen, die sie bereits aus dem Unterricht kennen; die Inschriften der Monumente und Spruchbänder und die Festreden führen ihnen auf eindrucksvolle Weise die Tragweite des von der französischen Nation geführten Kampfes vor Augen. In der Schule liest ihnen der Lehrer packende Berichte über den Heldentod eines Bara oder Viala vor, hier dagegen scheinen sie ihn beinahe mitzuerleben.

Die anwesenden Kinderscharen sind aber auch ein unverzichtbarer Bestandteil des jakobinischen Festrituals; um die Einheit der Nation zu unterstreichen, werden die Teilnehmer nämlich nicht mehr nach ihrem Beruf, sondern nach ihrem Alter zu Gruppen zusammengefaßt. Die aktiv am Kampf beteiligten Erwachsenen dienen den Jugendlichen als leuchtendes Vorbild, die Jugendlichen dagegen sind die Hoffnung der Zukunft: Eines Tages – diese Überzeugung äußert so mancher der um den Freiheitsbaum versammelten Bürger – werden die Kinder von heute Erwachsene sein und ihrerseits die Republik verteidigen, falls ihr Gefahr drohen sollte.

Schulsport zur Zeit der Revolution

Jean-Jacques Rousseau betont in seinem Werk „Emil oder Über die Erziehung" die Notwendigkeit, die Körperkräfte des Kindes systematisch zu fördern, um sich anschließend mit umso größerem Erfolg der Entwicklung seiner Geistesgaben widmen zu können: „Übt ständig seinen Körper, macht ihn stark und gesund, um ihn weise und vernünftig zu machen. Laßt ihn arbeiten, sich betätigen, laufen, schreien und immer bewegen! Ist er der Kraft nach ein Mann, so wird er es auch bald der Vernunft nach sein".* Die Revolutionäre befolgen die Ratschläge Rousseaus, des vor der zunehmenden Degenerierung der Menschheit warnenden Buffons und der damaligen Orthopäden und suchen die jungen Bürger zu regelrechten Athleten heranzuziehen. Im Brumaire des Jahres II (Oktober 1793) schreibt Marie-Joseph Chénier, daß „eine Rasse von Republikanern kräftig und robust sein muß, weil die Seelenstärke von der Körperstärke abhängt".

In den ersten Jahren der Revolution veranstaltet man daher sportliche Wettkämpfe. Im Jahr 1790 wird im Rahmen des Föderationsfestes auf dem Marsfeld ein Wettlauf organisiert. In einem improvisierten Stadion treten mit weißen Hemden, Kniehosen und Strümpfen derselben Farbe bekleidete, eine blaue Schärpe um die Taille sowie eine Mütze mit rotem Federbusch tragende Läufer an. Laut Augenzeugenbericht „war es ein

* Siehe J. J. Rousseau, Emil oder über die Erziehung. Vollständige Ausgabe in neuer deutscher Fassung besorgt von Ludwig Schmidts, Schöningh Verlag Paderborn 1972, S. 102 (Anm. d. Üb.).

einzigartiger Anblick, über sechzig junge Männer zuerst gleichzeitig zu starten und dann eine lange Strecke so schnell zurücklegen zu sehen, daß ihre Füße kaum noch den Boden zu berühren schienen".

Diese Spiele sind nicht etwa einer Elite vorbehalten. Alle Kinder und Jugendlichen werden aufgerufen, ihren Körper zu trainieren. Der frühere Arzt und jetzige Volksschullehrer Jean Verdier entwickelt neue Methoden und empfiehlt fünf Grunddisziplinen: Haltungsübungen, Gehen, Springen, Werfen und Laufen. Um den Jugendlichen zu einem muskulösen und geschmeidigen Körper zu verhelfen, läßt man sie ähnliche Übungen wie die Soldaten in den Feldlagern machen. Die Schüler müssen Anlauf nehmen, um über eine vier Fuß (1,30 Meter) hohe Latte zu springen. Auch Weitsprung gehört zum Programm: Entlang einer eigens zu diesem Zweck ausgehobenen Grube sind Längenmarkierungen angebracht. Manche Schüler springen bis zu fünf Meter weit. Auf einem zwei Morgen (10 000 qm) großen, eingezäunten Gelände hat man zwei Bahnen angelegt. Auf ein Zeichen des Lehrers starten zwei Schüler zu einem Wettrennen. Sieger und Besiegter gelangen schließlich auf einen von zahlreichen Bäumen gesäumten Weg. An den Bäumen hängen in einer Höhe von 60 Fuß (20 Meter) drei kupferne Ringe verschiedenen Durchmessers übereinander, die kleinsten zuunterst. Durch diese Ringe versuchen die Läufer zwei Bälle zu werfen. Darüber hinaus werden noch andere Sportarten empfohlen: Fechten, das die Glieder lockert, Reiten, Tanzen – „sofern es sich nicht um weibische Tänze handelt" –, Klettern – zur Stärkung von Muskeln und Nervenkraft – und schließlich Schwimmen. Philippe de la Madeleine schreibt in den „Patriotische Ansichten über die Erziehung sowohl der städtischen als auch der ländlichen Bevölkerung", die Kinder sollten unbedingt schwimmen lernen, womöglich sogar so gut, daß sie nur einen Arm benötigen und den anderen frei haben, um ihre Kleider aus dem Wasser zu halten. Saint-Just schlägt vor, die Kinder anläßlich des alljährlichen Jugendfestes einen Fluß schwimmend überqueren zu lassen. Am 5. Brumaire des Jahres II (26. Oktober 1793) ordnet der Nationalkonvent an, daß „die Kinder zur Förderung ihrer Beweglichkeit, Gewandtheit und Körperkraft wandern, exerzieren und schwimmen sollen". Die Formulierung „exerzieren" ist aufschlußreich: Wenn diese Übungen auch langfristig dazu dienen sollen, junge, geistig und körperlich kerngesunde Bürger heranzuziehen, so geht es dem Nationalkonvent kurzfristig doch vor allem darum, junge Soldaten zur Verteidigung des Vaterlandes zu gewinnen. Das belegt auch ein Dekret vom 27. Brumaire des Jahres II (17. November 1793), in welchem die Revolutionsregierung den militärischen Übungen innerhalb des Schulsports eine Vorrangstellung einräumt.

Kinderbataillone

Neben den frisch ausgehobenen Bataillonen, deren Mitglieder sich im Umgang mit der Waffe üben, werden manchenorts Jugendbataillone aufgestellt. So melden beispielsweise Bataillonskommandeure Girardin, der stellvertretende Bataillonskommandeur Milan sowie Leutnant Noël aus ihren im Departement Marne gelegenen Standorten Avize und Oger die Einrichtung eines Kinderbataillons, das täglich in den Grundlagen der Kriegsführung unterwiesen werde. Nach dem Vorbild der Bürgersoldaten müsse es „sich per Eid verpflichten, die persönliche Sicherheit zu gewährleisten sowie die bestehenden Besitzverhältnisse zu respektieren; es hat Tyrannen und falschen Patrioten ewigen Haß, dem einfachen Volk dagegen Ruhe und Frieden geschworen". Dem Beispiel Baras nacheifernd sind diese Jugendlichen bereit, dem Vaterland alles zu opfern. Ein in die Provinz entsandter Abgeordneter des Nationalkonvents berichtet ebenfalls: „Kinder haben mir in einfachen, gleichzeitig naiven und durch und durch aufrichtig gemeinten Worten in die Hand geschworen, es ihren Vätern gleichzutun und dem Vaterland zu dienen. Alle bekundeten ihre Freude darüber, zu einem Bataillon zusammengefaßt zu werden und künftig als Bestandteil der Nationalgarde zu den Verteidigungstruppen der Republik zu gehören."

Am 13. Prairial des Jahres II (1. Juni 1794) ruft der Nationalkonvent auf Betreiben des Wohlfahrtsausschusses und Robespierres eine nach dem Kriegsgott Mars benannte Schule ins Leben, die der französischen Armee der Zukunft ein Offizierkorps aus meisterhaften Strategen und überzeugten Patrioten verschaffen soll. Alle französischen Distrikte werden dazu verpflichtet, jährlich sechs junge Burschen aus Sanskulottenfamilien nach Paris zu entsenden. Dort sollen die betreffenden Kinder dann eine „revolutionäre Ausbildung und alle Kenntnisse und Lebensgewohnheiten eines republikanischen Soldaten" vermittelt bekommen.

Es ist fünf Uhr morgens: Die riesige Kalksteinfläche zwischen Neuilly und les Ternes, die sogenannte Plaine des Sablons, ist rundherum eingezäunt und mit unzähligen Zelten übersät; mittendrin die Zelte des die Schule leitenden Generals und der zur Überwachung der Schüler abgestellten Volksvertreter. In einiger Entfernung sind Zelte aufgebaut, die die Lebensmittelvorräte, die Kleiderkammer und das Lazarett beherbergen. In einem der Zelte, die den Schülern als Unterkunft dienen, schläft Jean-Baptiste Cailleau, ein Junge aus dem Anjou und Sohn des Bürgermeisters von Saumur. Die Briefe Jean-Baptistes an seine Familie schildern den Tagesablauf in der Militärschule. Jean-Baptiste schläft auf einem notdürftig aufgeschütteten Lager, das er sich am Vorabend bei seiner Ankunft nach einem mehrtägigen Fußmarsch zurechtgemacht hat. Wovon er wohl träumen mag? Von der Abschiedszeremonie? Von den im Wind flatternden Bannern und Fahnen? Von der mit Blumensträußen winkenden Menge? Oder träumt der knapp Sechzehnjährige etwa von seiner

Mutter, die ihn jeden Morgen mit liebevollen Worten weckte und ihm eine Tasse gezuckerte Milch brachte? Da ertönten plötzlich Kanonenschüsse, Trommelwirbel und Trompetenstöße: Es ist Zeit zum Aufstehen. Gemeinsam mit den Kameraden, deren auf Bretonisch oder Elsässisch ausgestoßene Flüche er nicht versteht, muß Jean-Baptiste in Reih und Glied antreten und mit noch vom Schlaf verquollenen Augen am Appell teilzunehmen. Dann geht es im Gänsemarsch zum Zelt des Barbiers, der den Knaben die Haare bis auf eine Länge von einer Fingerbreite oder gar noch kürzer abschneidet. Ein Junge aus der Touraine kauert schluchzend in einer Ecke: Er hatte am Vortag extra in Neuilly Halt gemacht, um sein Haar in Locken zu legen und Pomade und Puder auftragen lassen, bis er schließlich aussah wie ein junger Bräutigam. Jetzt ist seine braune Lockenpracht dahin, und er schleudert das Floretband, das seine Schwester ihm geschenkt hatte, damit er seine Haare im Nakken zu einem Zopf binden könne, weit von sich.

Die Jungen begeben sich zur Kleiderkammer, wo sie eine Schildmütze aus Tuch, ein Hemd aus grobem weißem Drillich, eine Jacke mit Gürtel, eine Weste aus Tuch und eine Hose mit Hornknöpfen in Empfang nehmen. Es handelt sich dabei noch nicht um die endgültige Ausstattung, denn der Maler David – so erzählt man sich – entwirft gerade die eigentliche Uniform. Doch bleibt den Knaben keine Zeit, sich die Schönheit ihrer zukünftigen Uniform auszumalen, denn ein erneuter Trommelwirbel kündigt den Beginn des Vormittagsunterrichts an. Alle sind peinlich darauf bedacht, pünktlich zur Stelle zu sein; der Unteroffizier mit seiner von Wind und Wetter gegerbten Haut und seinen vielen, auf preußische Säbelhiebe zurückgehenden Narben im Gesicht ist unerbittlich: Wer zu spät kommt, muß vor das Gericht und dann ins Gefängnis. Um neun Uhr wird eine kurze Pause eingelegt und ein kleiner Imbiß verzehrt, danach geht es wieder ans Exerzieren: Die Knaben lernen, mit der Pike umzugehen, Gewehre zu reinigen und zu laden, Pulver herzustellen und Kanonen zu bestücken und abzufeuern. Zur Mittagsstunde gibt es eine weitere Mahlzeit: Als „Spartiatenbrühe" bezeichnen sie die besonders gelehrten Jungen. Ganze anderthalb Pfund Brot und ein halbes Kilo Hülsenfrüchte sollen ausreichen, um die hungrigen Mägen bis zum Abend satt zu machen. Die Jungen sehnen den Dekadi oder den Quintidi herbei, an denen es anstelle der knappen Tagesration Schweinefleisch ein Kilo Rindfleisch gibt. Manchmal findet sich im Eßgeschirr Kohl, Reis oder sogar Kartoffeln, die wie ein Schatz gehütet und im Hemd aufbewahrt werden, um sie nachmittags in einem unbeobachteten Augenblick an einem eilends angezündeten Feuer zu braten und damit den ärgsten Hunger zu stillen. Wer Durst verspürt, kann sich an einem der im Lager aufgestellten Bottiche mit Wasser bedienen, dem ein klein wenig Essig oder Lakritze beigefügt ist: Es gilt als das geeigneteste Getränk für angehende Soldaten. Wein oder Schnaps gibt es allenfalls an Festtagen. Wohl trifft man in nächster Nähe des Lagers auf fliegende Händlerinnen, die verlockende Leckereien feilbieten, doch womit bezahlen? Ein paar schlaue Füchse bewahren heimlich ein paar mitgebrachte Assignaten auf, aber sie müssen vorsichtig sein, denn die Patrouille hat ein wachsames Auge auf die Randzone des Lagers und verjagt potentielle Käufer.

Um ein Uhr nachmittags ertönt wieder Trommelwirbel: Es ist Zeit, die sogenannte „große Baracke" aufzusuchen, ein etwa dreißig Meter langes und ebenso breites wie hohes Gebäude, dessen leicht konstruiertes Dachgebälk eine graugrundige, in den Nationalfarben gestreifte Leinwand trägt. Der Innenraum wird durch ein großes Oberlicht beleuchtet. Zwischen den beiden Eingängen befindet sich eine Tribüne, auf der die Abgesandten des Nationalkonvents, die Schulleiter und die Militärrichter Platz nehmen. Im Hintergrund der Tribüne steht eine Freiheitsstatue, die in der rechten Hand eine Keule hält und mit der linken ein zerbrochenes Joch an einer Kette hinter sich herzieht. Sie wird von den riesigen Büsten Baras und Vialas – den beiden Schutzpatronen des Lagers – flankiert. Direkt vor der Tribüne hat man einen Tisch aufgestellt, der den Vortragenden als Pult dient. Als der Redner erscheint, verstummt die Schülerschar. Er vergewissert sich, ob alle Zuhörer eine im voraus verteilte Übersicht erhalten haben und beginnt dann mit dem Unterricht. Heute geht es um Probleme der Militärverwaltung: Die Schüler lernen, wie man Bataillons- oder Regimentsregister führt, wie man einen Bericht über den Zustand der Truppe verfaßt und welchen Regelungen die Stabsversammlungen der verschiedenen Einheiten unterliegen. Über dreitausend Jugendliche schreiben mit und rascheln mit Papier. Die konzentrierte Arbeitsatmosphäre wird gelegentlich durch Beifall unterbrochen, wenn der Redner sich zu glühenden patriotischen Äußerungen hinreißen läßt. Dann erklingen revolutionäre Parolen und patriotische Lieder.

Die Zeit zwischen zwei und vier Uhr nachmittags steht zur freien Verfügung. Manche Schüler halten Mittagsschlaf, manche flanieren umher, andere singen Lieder aus ihrer Heimat, studieren Tänze ein oder nehmen ein Bad in der Seine. Um fünf oder sechs Uhr beginnt dann der Abendunterricht: Die Jungen treten in Hundert- oder Tausendschaften vor den Zelten an und marschieren von dort zum Exerzierplatz. Um halb acht Uhr kündigen Kanonenschüsse das Ende der Übungen an. Nach Ausgabe der Parole und dem Ende des Appells treten die Jugendlichen den Rückzug an, um sich schlafen zu legen ... oder sich heimlich aus dem Lager zu stehlen und eine der in unmittelbarer Umgebung gelegenen Schankwirtschaften aufzusuchen.

Die Frage, ob diese militärische Schulung einer Einziehung der Jugendlichen zum Militär gleichkommt, ist unter den Historikern umstritten. Lassen sich nicht Parallelen zwischen der Erziehungspolitik der Revolutionsregierung und der eines totalitären Staates des 20. Jahrhunderts ziehen? Fordert Collot d'Herbois denn nicht, man solle die „tiefsten Winkel der Herzen ergründen und durchforsten, um daraus alles zu entfernen, was auch nur eine Spur von Zuneigung für den einstigen

Royalismus nähren könnte"? Sieht ein am 13. Juli 1793 von Robespierre vorgelegter Plan Lepeletiers nicht vor, die fünf- bis zwölfjährigen Kinder gemeinsam erziehen zu lassen, ihnen dieselbe Kleidung, Nahrung, Fürsorge und denselben Unterricht zukommen zu lassen? Betont nicht der Historiker Dommanget, den man gewiß nicht der Jakobinerfeindlichkeit bezichtigen kann, daß die schulische Erziehung darauf abziele, sich die ersten Eindrücke der Kinder zunutze zu machen, um ihnen die Prinzipien der Jakobiner einzuprägen? Dagegen halten andere Historiker daß man den geschichtlichen Hintergrund stärker berücksichtigen müsse, vor dem diese Ideen entstanden seien: Die junge Republik habe sich gegen die unerbitterlichen Angriffe ihrer Gegner zur Wehr setzen müssen. Dieser Krieg sei nicht nur auf materieller, sondern auch auf ideologischer Ebene geführt worden und habe daher eine entsprechende staatsbürgerliche Erziehung der Franzosen erfordert. Hegten die Jakobiner außerdem nicht die großzügige Absicht, allen Franzosen das zeitgenössische Wissen zugänglich zu machen, damit „es nicht länger einem kleinen Kreise vorbehalten bleibt"? Es ließen sich genügend jakobinische Äußerungen anführen, aus denen klar hervorgeht, daß man nicht etwa ein Volk von widerspruchslos und blind gehorchenden Menschen heranziehen, sondern vielmehr kritisches Denken fördern wollte. Ferner sei an dieser Stelle betont, daß zu keiner Zeit Kinder gewaltsam dem Schoß der Familie entrissen wurden und daß die mancherorts anzutreffenden Jugendbataillone keineswegs Prototypen einer kaltblütig geplanten und systematischen in Angriff genommenen Einziehung zum Militär darstellten.

Die Revolutionsregierung legte den Grundstein zum höheren und Hochschulwesen, das dann unter dem Direktorium ausgestaltet wurde. Der Nationalkonvent rief eine Vielzahl von Einrichtungen ins Leben, die noch heute innerhalb des französischen Bildungswesens eine große Rolle spielen: das „Collège de France", das Naturwissenschaftliche Museum, das Konservatorium für Musik, die „Ecole centrale des travaux publics", als Vorläufer der „Ecole polytechnique", das Konservatorium für Kunst und Gewerbe, die „Ecole normale d'administration" sowie Sanitätsschulen. Doch das ist noch nicht alles: Auch der Louvre, das als Bollwerk gegen den „Vandalismus" konzipierte „Musée des Monuments français", die „Bibliothèque Nationale" sowie die „Archives Nationales" stammen aus dieser Zeit. Den krönenden Abschluß bildete schließlich die Gründung des „Institut de France" mit den drei Zweigen Physik und Mathematikwissenschaften, Gesellschafts- und Politikwissenschaften sowie Kunst und Literatur.

Die Zeit der Schreckensherrschaft

Republikanisches Plakat,
das die Einheit und Unteilbarkeit der Republik
und die Parolen Freiheit, Gleichheit,
Brüderlichkeit beschwört.

„Jeder ist Soldat ...“

„Zu den Waffen, Bürger!“

Châtelleraut, den 8. September 1793, es ist fünf Uhr nachmittags. Die ersten Gesellen kommen von der Arbeit und setzen sich zu einem Glas kühlen Wein und einer Runde Karten zusammen. Die Spielkarten sehen neuerdings ganz anders aus als früher: Sie zeigen keine Könige, Königinnen oder Buben mehr. Der Karobube hat sich in einen schwarzen Bewohner der Antillen verwandelt und symbolisiert die Gleichheit aller Rassen; die Herzdame wurde zur „Religionsfreiheit“ und der Pikkönig zum „Genius der Künste.“ Eine der wichtigsten Karten, der ehemalige Herzkönig, ist fortan dem „Genius des Krieges“ gewidmet. Im Departement Vienne drehen sich wie überall in Frankreich sämtliche Gespräche um den Krieg. Man gedenkt der Kameraden an der Front, die seit 1791 dem Ersten Bataillon des Departements Vienne angehören und der Nordarmee zugeteilt wurden. Es heißt, daß ein gewisser Hauptmann Seuilly, ein in der Ersten Kompanie des Bataillons dienender Bursche aus Châtellerault, wahre Heldentaten vollbringe. In seinem letzten Brief schreibt Hauptmann Seuilly, daß er gerade mit seinen Männern in Richtung Hondschoote marschiere, wo dem Vernehmen nach starke feindliche Truppen zusammengezogen würden. Frankreich wird an allen Grenzen von den Söldnerheeren der europäischen Könige bedroht – die Feinde nähern sich von England, von Preußen, von Piemont und von Spanien her, während im Landesinneren die Aufstände der Föderalisten und der Royalisten wüten. Nachdem ein Reiter bei der Stadtverwaltung eingetroffen ist, herrscht von sechs bis neun Uhr ein geschäftiges Hin und Her zwischen dem Rathaus und den Häusern der Notabeln. Bürgermeister, Ratsschreiber, die Beamten der Distriktverwaltung und die Mitglieder der Debattierklubs eilen zum Rathaus, an dessen Tür kurz darauf ein Plakat angeschlagen wird, das die Aufmerksamkeit der Passanten erregt und Scharen Neugieriger anlockt. Auf ihm ist zu lesen:

> „Ab sofort bis zu dem Zeitpunkt, an dem die Feinde vom Territorium der Republik verjagt sein werden, unterliegen alle Franzosen der ständigen Einberufung zum Heeresdienst. Die jungen Männer gehen an die Front, die verheirateten schmieden Waffen und übernehmen den Verpflegungstransport; die Frauen nähen Zelte, Uniformen und leisten in den Hospitälern Dienst; die Kinder zupfen aus altem Leinenzeug Scharpie, die Greise lassen sich auf öffentliche Plätze tragen, um den Soldaten Mut und Haß gegen die Könige zu predigen und ihnen die Einheit der Republik einzuschärfen!“

Es wird in aller Eile ein „Verteidigungs- und Sicherheitsausschuß“ gebildet, der zunächst alle umliegenden Gemeinden anschreiben und ihnen mitteilen soll, daß sämtliche Junggesellen zwischen achtzehn und fünfundzwanzig Jahren der Einberufung unterliegen. Am 23. August 1793 hat der Nationalkonvent endlich eine Entscheidung getroffen, nachdem die Sanskulotten schon seit Monaten für eine allgemeine Mobilmachung eintreten. Sie sind der Überzeugung, daß die im Rahmen dieser „levée en masse“ ausgehobenen und mit Piken, Äxten, Sensen und Fußangeln bewaffneten Männer in kürzester Frist den Feind in die Flucht schlagen werden. Eine strategische oder taktische Kriegsführung brauche man nicht, zumal sie ohnehin nur eine Hinterlassenschaft aus der Zeit der Könige sei. „Den Krieg revolutionieren“ lautet das Schlagwort der Stunde: Wenn sich das ganze Volk erhebt, wird der Feind in die Knie gezwungen, vernichtend geschlagen und muß in einen Friedensschluß einwilligen. In Zukunft soll es keine Freiwilligen, keine von den Gemeindeverwaltungen per Los bestimmten oder gekauften Soldaten mehr geben. Seit Wochen liegen die Sanskulotten den Behörden ständig mit dem Satz aus der Marseillaise in den Ohren: „Alles ist Soldat, um Euch zu bekämpfen“.

Von Freiwilligentrupps zu Bürgersoldaten

Am 9. September 1793 ruft die Sturmglocke alle Wehrpflichtigen zusammen. Das Glockengeläut läßt überall die Erinnerung an die ersten Aushebungen wach werden. 1791 hatten die Departementversammlungen unmittelbar nach dem Fluchtversuch des Königs aus Angst vor einer feindlichen Invasion Abgesandte in sämtliche Provinzen geschickt, mit dem Auftrag, aus den Reihen der Nationalgardisten pflichtbewußte Männer zur Verstärkung der Linientruppen auszusuchen. Manche Ortschaften waren diesem Appell bereits zuvorgekommen, indem sie Freiwillige angeworben hatten. 1793 erinnert man sich noch genau an das damalige Novum: Die Anführer der neu zusammengestellten Truppen waren nach dem Vorbild der Nationalgarde per Wahl bestimmt worden. Doch hatte es sich bei diesen Abstimmungen manchmal um eine reine Formsache gehandelt, da viele wohlhabende Bürger und Notabeln allen Schwierigkeiten zum Trotz darauf sahen, die Aristokraten gegenüber den Freiwilligen, die häufig in einem Abhängigkeitsverhältnis zu ihnen standen, zu bevorzugen. Die Kompanie- und Bataillonsführer entstammten deshalb überwiegend dem Bürgertum und dem Adel. Darüber hinaus mag der Umstand eine Rolle gespielt haben, daß die adligen Freiwilligen meist als einzige über militärische Erfahrung verfügten. Ein gewisser Moustier de la Fond zum Beispiel, ein ehemaliger Adliger, dessen Vater den Amtsbezirk von Loudon geleitet hatte, war Leibgardist des Königs gewesen und hatte seine militärische Laufbahn als Oberst beendet. In derselben Einheit – dem Ersten Bataillon des Departements Vienne –

Die fröhliche Abreise der freiwilligen Rekruten (Gouache der Brüder Lesueur; Paris, Musée Carnavalet).

diente auch ein gewisser Babert de Juillé, ein ehemaliger Leutnant der königlichen Grenadiere zu Orléans, der aufgrund seiner großen Verdienste mit dem Kreuz des Heiligen Ludwig ausgezeichnet worden war.

Als man im Jahre 1792 den Kriegszustand ausgerufen hatte, waren auf den öffentlichen Plätzen mit Trikoloren geschmückte Tribünen errichtet, auf denen einfache Tische standen, an denen die Bürgermeister saßen. Sie nahmen die Freiwilligenmeldungen entgegen, die nicht nur halbwegs begüterte Männer, die sogenannten „Passivbürger", sondern auch Flickschuster, Schuhmacher, Handwerksgesellen, Studenten und Söhne wohlhabender Bürger abgaben. Eine Welle der Begeisterung hatte das Volk erfaßt, alles drängte danach, dem Vaterland zu Hilfe zu eilen. Auch die Sanskulottenbataillone hatten ihre Anführer per Wahl bestimmt, ohne daß diesmal jedoch die Notabeln die Abstimmung nachhaltig zu beeinflussen vermochten. Man entschied sich daher nicht für ehemalige Adlige, sondern wählte der Kriegsführung unkundige Männer aus dem einfachen Volk, die ihre Befehle in den Einheiten diskutieren ließen. So hatte nach dem Vorbild der Städte nun auch in den neu aufgestellten Truppen eine Art direkte Demokratie Einzug gehalten.

Im Lauf des Jahres 1793 waren weitere Truppen ausgehoben und die Linienarmeen um 300000 Mann verstärkt worden: Man benötigte Soldaten, um den Aufstand in der Vendée und die Rebellion in Lyon niederzuwerfen, und man brauchte dringend 30000 Kavalleristen für den Einsatz an der Front. Auch bei diesen Aushebungen hatte man zunächst auf freiwillige Meldungen gesetzt. Nur manchmal, wenn sich nicht genügend Freiwillige fanden, wurden die jungen Männer per Los oder Wahl bestimmt. Für so manchen war das ein willkommener Vorwand, Rache zu nehmen: Während in einigen Orten aus purer Bosheit militante Sanskulotten an die Front geschickt wurden, benutzte man die Gelegenheit andernorts dazu, Verfechter eines gemäßigten Kurses oder mutmaßliche Konterrevolutionäre loszuwerden. Überall besaßen jedenfalls die Reichen, falls das Los oder die Wahl auf sie traf und sie eingezogen werden sollten, die Möglichkeit, sich von dieser mehr oder weniger freiwilligen Form des Kriegsdienstes freizukaufen. Arme Teufel hatten sich diesen Umstand zunutze gemacht und einen schwunghaften Handel aufgezogen; sie ließen sich mehrmals gegen bare Münze als Stellvertreter anwerben, ohne jedoch ihr Versprechen jemals einzulösen. Mit der Zeit hatte sich zunehmend Protest gegen diese dem Gleichheitsprinzip zuwiderlaufende Form der Truppenaushebung geregt, bei der das Blut der Armen weniger kostbar zu sein schien als das der Reichen. Einige Departements, wie etwa die Vendée, die bisher relativ wenig Soldaten gestellt hatten, sollten plötzlich eine beträchtliche Anzahl von Freiwilligen aufbringen, was jedoch schlichtweg unmöglich war, da die Kleinbauern zur Bestellung ihrer Felder auf die Arbeitskraft ihrer Söhne angewiesen waren. Diese Bauern führten die Truppenaushebungen dann auch auf das Betreiben des städtischen Besitzbürgertums zurück, das sich beim Verkauf der Nationalgüter als unerbittlicher Konkurrent der Bauern erwiesen hatte. Ihnen verdankte man überdies die neue Verwaltungseinteilung, deren Grenzen bisweilen quer durch die Gemarkungen der ländlichen Gemeinden verliefen. Vor diesem Hintergrund und aus dem Motiv heraus, die eidverweigernden Priester zu schützen, müssen die nicht nur auf Westfrankreich beschränkten Aufstände der Landbevölkerung gesehen werden.

Am 25. März 1793 ging so bei der Distriktverwaltung von Langres im Departement Haute-Marne eine von mehreren Bürgern aus Corgiron verfaßte Bittschrift ein. 27 junge Burschen, so hieß es darin, die zweifelsohne vom früheren Dorfpriester aufgehetzt worden seien, hätten sich in die umliegenden Wälder geflüchtet und von dort aus harte Vergeltungsmaßnahmen für diejenigen angedroht, die es wagen sollten, sich anwerben zu lassen. Die Flüchtigen brächten Hetzplakate an den Freiheitsbäumen an, deren Schmähungen mit der Datumsangabe „im letzten Jahr der Räuberei“ versehen und mit „die Milizsoldaten von Corgiron“ unterzeichnet seien. Die Gemeindeverwaltung mache mit den Rebellen gemeinsame Sache, anstatt gegen sie vorzugehen. Die Distriktverwaltung ließ daraufhin Truppen zusammenziehen, die die Flüchtigen allerdings nie zu fassen bekamen.

Aber dank des neuen Gesetzes kann sich nun niemand mehr seiner Dienstpflicht entziehen, indem er einen Stellvertreter entsendet. Alle Burschen der fraglichen Altersklasse müssen zu den Waffen: Die allgemeine Wehrpflicht betrifft alle gleichermaßen.

Das Land liegt brach

Im Osten Frankreichs schreitet man bereits zur Tat, noch bevor der Nationalkonvent die allgemeine Wehrpflicht einführt. Die Bauern setzen sich manchmal samt Frau und Kindern gegen die einfallenden Feinde zur

Wehr und lauern ihnen im Wald auf. Soldaten berichten in ihren Briefen an die Familie, daß manche Bauern sich voller Wut auf die feindliche Kavallerie stürzen, um mit ihren Sensen und Sicheln den Pferden die Sehnen zu durchtrennen. In Paris ist wie im Jahre 1792 eine Welle der Begeisterung ausgebrochen, so daß innerhalb weniger Tage weitere Bataillone aufgestellt werden können. Vereinzelte Zeitgenossen reagieren noch recht zurückhaltend auf die Einberufung zum Kriegsdienst, von der Sanskulotten und Jakobiner behaupten, daß sie alle gleichermaßen betreffe. In den Augen der Bauern kann man in diesem Zusammenhang keineswegs von Gleichbehandlung sprechen: Wenn ein Handwerker aus der Stadt durch die Einberufung seines Sohnes dessen Arbeitskraft verliere, brauche er seinen Betrieb deshalb noch lange nicht zu schließen, denn es gebe in nächster Nähe genügend beschäftigungslose Gesellen, die ihm bei der Arbeit an der Hobelbank oder am Webstuhl zur Hand gehen könnten; selbst wenn es ihm nicht gelingen sollte, die erforderlichen Arbeitskräfte aufzutreiben, gingen seine Gerätschaften und Maschinen deshalb noch lange nicht kaputt. Wenn in der Landwirtschaft dagegen die Arbeitskräfte zur Bestellung der Felder fehlten, liege der Boden zwangsläufig brach und verkomme.

„Was soll aus mir und meinem ganzen Vieh werden, wenn ich völlig allein dastehe?", kommentiert ein Bauer aus dem Departement Puy-de-Dôme, „wenn mir lediglich mein jüngster und mein ältester Knecht bleiben, sehe ich mich gezwungen, mein Vieh so schnell wie möglich zu verkaufen, ganz gleich zu welchem Preis, und das Getreide auf dem Halm verfaulen zu lassen!" Nicht nur die Soldaten, sondern auch die Bauern tragen mit ihrer Hände Arbeit zur Verteidigung des Vaterlandes bei. Wann – so fragen die Bauern – werden die Abgeordneten des Nationalkonvents das endlich begreifen?

Im Herbst 1793 läßt der Nationalkonvent durch die in die Provinzen entsandten Vertreter unzählige öffentliche Zusammenkünfte und Bürgerfeste organisieren, bei denen den Bauern immer wieder erklärt wird, daß das Vaterland höchstes Gut aller Franzosen sei, dessen Ruf sich niemand verschließen dürfe. Hat denn die Revolution, so argumentieren die Abgesandten des Nationalkonvents, den Bauern schließlich nicht enorme Vorteile gebracht? Haben sie nicht von der gerechteren Verteilung der Steuerlast, der entschädigungslosen Beseitigung sämtlicher grundherrlicher Ansprüche und vom Verkauf der Nationalgüter profitiert, die man künftig in kleine Parzellen aufzuteilen verspricht, damit sie auch für weniger Begüterte erschwinglich werden? Die Regierung, so versichert man, wird für die Ärmsten der Armen Sorge tragen: Die übrigen Bürger sollen dazu angehalten werden, den Bedürftigen bei der Bewirtschaftung ihres kleinen Besitzes behilflich zu sein. Alte Männer, welche durch die Einberufung ihrer Söhne in wirtschaftliche Not geraten, sollen ebenso wie die Familien der Freiwilligen von der Regierung eine Unterstützung ausbezahlt bekommen.

Die Musterungsausschüsse

Wenn alle Einberufenen versammelt sind, verfassen die Behörden eine Personenbeschreibung in zweifacher Ausfertigung; ein Exemplar verbleibt bei der Stadtverwaltung, das andere wird dem sogenannten „Führer“ anvertraut, der die neuen Rekruten der Armee zuführt und die Unterlagen dem mit ihrer Eingliederung in die bestehenden Bataillone beauftragten Unteroffiziere aushändigt. Die Musterungsausschüsse bestehen aus einem Musterungsoffizier, einem Wundarzt und einem Verwaltungsbeamten und geraten bisweilen massiv unter Druck. So werden beispielsweise zu Pionsat im Departement Puy-de-Dôme die beiden Brüder Jeuge auf Betreiben ihres Vaters, eines Verwaltungsbeamten, von der Wehrpflicht entbunden. In der zum selben Departement gehörenden Gemeinde La Cellette werden zwei mit einem Mitglied des Musterungsausschusses verwandte junge Burschen ebenfalls unter fadenscheinigen Vorwänden wieder nach Hause geschickt. Als die Debattierklubs von derlei betrügerischen Machenschaften Kenntnis erhalten, schreiten sie sofort ein, indem sie die Musterungsausschüsse säubern oder durch Sanskulotten ergänzen, deren Söhne bereits eingezogen sind und die folglich mehr republikanische Strenge an den Tag legen.

Die jungen Rekruten treten barfuß und mit einem Hemd bekleidet vor den Musterungsausschuß; die Schamhaftigkeit des 17. Jahrhunderts überlebt die Revolution, doch mag auch wie der Historiker Corvisier herausstellt – „das ängstliche Bemühen mitgespielt haben, jene Körperteile möglichst bedeckt zu halten, die bei der Körperhygiene meist grob vernachlässigt wurden“. In den Musterungs- und Truppenregistern finden sich jedenfalls so gut wie keine Hinweise auf Narben am Bauch, Rücken oder Unterleib, wohingegen des öfteren Spuren von Verwundungen im Gesicht, an Armen oder Beinen aufgelistet sind. Die Personenbeschreibung soll der Gendarmerie die Verfolgung und Festnahme von Dienstflüchtigen und Deserteuren erleichtern. Sie fällt jedoch während der Revolutionszeit wesentlich knapper aus als unter Ludwig XV. oder noch im Jahre 1792. Damals wurde zum Beispiel der Freiwillige Tardif folgendermaßen beschrieben: „Blonde Haare und Augenbrauen, kleine Äuglein, zierliche Nase, mittelgroßer Mund, wohl geformtes Kinn und niedrige Stirn“. In sämtlichen Personenbeschreibungen wird die Körpergröße vermerkt. Zwar nennt das Gesetz zur Einführung der allgemeinen Wehrpflicht keine erforderliche Mindestgröße, doch wissen die Mitglieder der Musterungsausschüsse sehr wohl, daß zu klein geratene Soldaten nicht imstande sind, die langen und schweren Flinten zu handhaben und stellen daher alle Burschen, die nicht mindestens 4 Fuß 10 Zoll (1,60 Meter) groß sind, kurzerhand frei. Es kommt häufig vor, daß Krankheiten oder Gebrechen vorgetäuscht werden, um der Einziehung zu entgehen. So suchen etwa im Departement Rhône einige Burschen vor der Musterung Hexenmeister auf, die im Besitz von Wundermitteln sind. Wenn man sie richtig dosiert, entstellen sie gesunde Körperpartien derart, daß sie leblos oder gebrochen zu sein scheinen.

Das neue Gesetz erlaubt es den Wehrpflichtigen nicht mehr, sich vertreten zu lassen. Doch ist man in manchen Distrikten zu Ausnahmen bereit. Im Distrikt Montdidier tritt zum Beispiel am 21. Oktober der fünfzigjährige Louis Demancourt vor den Musterungsausschuß und erbietet sich, anstelle seines kränklichen Sohnes in den Krieg zu ziehen. Die übrigen Wehrpflichtigen wollen den erfahrenen Mann nicht missen und unterstützen ihn daher in seinem Anliegen, so daß der Musterungsausschuß schließlich nachgibt. Grundsätzlich unterliegen alle ledigen sowie kinderlos verwitweten Männer im Alter von 18 bis 25 Jahren der Wehrpflicht. Dem Gesetz ist jedoch eine Liste beigefügt, die eine Mindestanzahl der Soldaten aus den einzelnen Departements nennt. Fälschlicherweise wird diese Zahl als Obergrenze ausgelegt, so daß die Musterungsausschüsse in der Regel ihre Tätigkeit einstellen, sobald das genannte Soll erreicht ist. Auch bezüglich der Altersklassen schleicht sich so mancher Irrtum ein: In mehreren Gemeinden werden sämtliche kinderlosen Witwer oder Junggesellen zwischen 18 und 40 oder gar 50 Jahren eingezogen. Einige Abgeordnete, wie Tallien, Ysabeau oder Baudot, vertreten die Ansicht, daß eine Rekrutierung, die sich auf Männer zwischen 18 und 25 Jahren beschränkt, gegenüber der Bevölkerungsschicht untragbar sei, und der Nationalkonvent verfügt, daß Männer bis zum Alter von 35 Jahren vor den Musterungsausschuß treten müssen.

Die Befreiung von der allgemeinen Wehrpflicht

Verheiratete Männer sind von der Wehrpflicht ausgenommen, aber manche Stadtverwaltungen, wie die von Albi, meinen, daß alle Männer einzuziehen seien, sofern man anders nicht genügend Soldaten zusammenbekomme. In Bourgoin im Departement Isère protestiert eine Schar Wehrpflichtiger gegen die Freistellung der verheirateten Männer, da davon die Reichen bevorzugt würden, weil sie eher in der Lage seien, bereits in jungen Jahren eine Familie zu gründen. Einige Verwaltungen suchen diesen Vorwurf zu entkräftigen, indem sie – wie im Departement Finistère – betonen, „daß auch die verheirateten Männer der allgemeinen Wehrpflicht unterliegen und daß sie, auch wenn sie vorerst noch zu Hause bleiben dürfen, eingezogen werden, sobald das Wohl des Vaterlandes dies erforderlich macht". Außer in Fällen fortgeschrittenen Alters oder sichtbarer Gebrechen wollen die Behörden keine Ausnahmen dulden. Einige Wehrpflichtige setzen alle Hebel in Bewegung, um ihre Freistellung zu erreichen. In den Departements Seine und Pas-de-Calais verkünden einige Familien, die mit der Unterstützung ihrer Umgebung rechnen können, daß sie bestimmte, seit jeher als „Wundertäter" bekannte Angehörige niemals in den Krieg ziehen lassen würden. In manchen Fällen scheint eine Befreiung unumgänglich: So sind etwa Verwaltungsbeamte kaum zu ersetzen, da es nur äußerst wenige Schreiber gibt, denen die umständlichen Formulierungen der Amtssprache geläufig sind. Und wie soll man einen gleichwertigen Ersatz für einen Schmied finden, der im Alter von fünfundzwanzig bereits auf eine Berufserfahrung von fünfzehn Jahren zurückblicken kann? Seeleute sind ebensowenig zu ersetzen. In manchen Departements werden daher reihenweise Wehrpflichtige vom Militärdienst befreit, bis das Gesetz einen Riegel vorschiebt. So werden beispielsweise in Brest von insgesamt 2496 erfaßten Wehrpflichtigen nur ganze 400 eingezogen. Die übrigen fahren entweder zur See, arbeiten in der Eisenherstellung oder gelten aus den verschiedensten Gründen als untauglich.

Reiche Unternehmer lassen nichts unversucht, um für ihre Arbeiter eine Freistellung zu erwirken. In Caen beklagt sich der Musterungsbeamte im April 1794 darüber, daß er von vermögenden Bauern förmlich mit Anträgen auf Freistellung überhäuft werde. Im Departement Pas-de-Calais gelingt es einem Distriktverwalter, dessen Vater eine Steinkohlengrube betreibt, tatsächlich, die Arbeiter des Familienbetriebes von der Wehrpflicht befreien zu lassen, allerdings wird ihnen gleich darauf der Lohn gekürzt. Zu diesen auf unrechtmäßige Weise durchgesetzten Befreiungen kommen noch die von einzelnen Volksvertretern oder Generälen angeordneten hinzu. In Caen werden die Bäckergesellen von der Wehrpflicht ausgenommen, in Lorient befreit man die Schauspieler von der Wehrpflicht mit der Begründung, daß „das Schauspiel, das seit jeher zur Vermittlung von Sitten und Anstand diente, nun die einzige patriotische Schule darstellt, da das staatliche Schulwesen noch nicht ausgebaut ist“. Seit es sich herumgesprochen hat, daß in Neuville im Departement Loiret die Müller vorläufig von der Wehrpflicht ausgenommen sind, findet man dort mit einem Mal auffallend viele Vertreter dieses Berufsstandes.

Das Warten auf den Marschbefehl

Die neuen Rekruten müssen zunächst bewaffnet und eingekleidet werden, doch obwohl die Debattierklubs sich bemühen, fehlt es an allem. Man requiriert Gewehre und verspricht den Besitzern eine Entschädigung, aber die Bauern zeigen sich äußerst mißtrauisch – schließlich deutet alles darauf hin, daß die versprochenen Gelder lange auf sich warten lassen werden. Trotz der unzähligen Appelle an die Bevölkerung werden nur wenige Waffen abgeliefert. Dabei zeigen sich die Behörden keineswegs wählerisch, sie nehmen dankbar sämtliche Arten von Waffen entgegen: „Hakenbüchsen, Musketen, Wallbüchsen und Entenflinten“. Die abgelieferten Waffen müssen zuerst durch die Hände des Schmiedes gehen und von ihm so umgearbeitet werden, daß man ein Bajonett aufpflanzen kann. Das Ergebnis sind unhandliche und nur bedingt brauchbare Gewehre: Zahlreiche Rekruten klagen, daß ihnen beim Exerzieren die jämmerlichen Flinten um die Ohren fliegen. Nur wenige Kontingente befinden sich in der glücklichen Lage der Soldaten von Calais, die „mit ordentlichen Gewehren ausgerüstet sind, um den Aristokraten der ganzen Welt besser die Fresse polieren zu können". Die insgesamt 2600 Mann der drei Bataillone von Saint-Quentin verfügen noch am 30. September nur über ganze 600 Gewehre und über keine einzige Patrone. Angesichts des Mangels an Gewehren fordern die Sanskulotten, die Soldaten mit Mistgabeln, Sensen oder Piken zu bewaffnen. Aber gerade die Pike stößt bei den jungen Burschen auf große Ablehnung: „Sie ist viel zu schwer für lange Märsche und überdies zu unhandlich. Man täte gut daran, sie auf dem Rücken des Patrioten zu zerbrechen, der behauptet hat, daß sie eine wirkungsvolle Waffe sei, denn man könnte ebensogut einen Besenstiel schultern." Sie müssen sie in Ermangelung besserer Waffen dennoch akzeptieren, und der dem Nachschubkomitee der Rheinarmee angehörende Bellefontaine berichtet, daß einige der neu eintreffenden Rekruten tatsächlich Piken mitführen.

Auch Kleidung und Schuhe sind Mangelware, genau wie im vorhergehenden Jahr, als es die Freiwilligen mit Rock, Weste, Kniehose, Hut und Käppi auszustatten galt. Die Kosten für die genannten Kleidungsstücke beliefen sich auf 117 Livres! Zur vollständigen Ausrüstung gehören ferner: ein Leinenhemd, zwei Krägen aus weißem Barchent sowie ein schwarzer Kragen, ein baumwollenes Taschentuch, ein Paar Strümpfe, drei Paar Gamaschen, eine Kokarde, zwei Paar Schuhe mit kupferner Schnalle, ein Knopfzieher, eine Räumnadel, ein kalbslederner Tornister, eine Kragenschließe, ein Schraubenzieher und schließlich ein Leinensack zur Aufbewahrung der zugeteilten Lebensmittel. All dies kostet rund 66 Livres pro Mann, und darin sind die wollene Nachtmütze, das Paar gelbe Lederhandschuhe, die zwei Paar Strumpfbänder, die Quaste und die Ahle noch nicht enthalten! 1793 müssen trotz großzügiger patriotischer Spenden viele Soldaten in ihrer Arbeitskleidung in den Krieg ziehen. Das bereitet ihnen großen Kummer, denn müssen sie nicht befürchten, daß der Feind, wenn er sie erwischt, sie für Heckenschützen hält und sie als solche sofort erschossen werden?

Ein weiteres Problem kommt hinzu: Was soll man in den Distrikthauptstädten bis zum Abmarschbefehl mit all diesen Burschen anfangen? Sie bummeln durch die Straßen, lassen sich in den Schankwirtschaften vollaufen, pöbeln friedliche Bürger an und suchen Streit. In manchen Gegenden richtet man Lager ein, um die angehenden Rekruten dem „lasterhaften Müßiggang" zu entreißen, man beschäftigt sie und versucht ihnen gleichzeitig einen gewissen Schliff beizubringen. Jakobiner und Sanskulotten achten sorgfältig darauf, daß es die frisch ausgehobenen Soldaten beim Exerzieren nicht an der notwendigen Ernsthaftigkeit und Exaktheit fehlen lassen. Man erklärt ihnen, daß es keineswegs ausreiche, wenn einige von ihnen bereits ein Gewehr zu laden und anzulegen verstünden, denn „im Krieg muß jede einzelne Bewegung gleichmäßig und im Takt ausgeführt werden“. Holten die Soldaten zu weit aus, seien sie nämlich ihren Kameraden im Weg, und erfolgten die Bewegungen nicht rasch genug, sei dies der Schlagkraft der Truppe sehr abträglich. Hin und wieder entsenden die Generäle Unteroffiziere, damit sie die Ausbildung der Wehrpflichtigen übernehmen; andernorts greifen die Stadtverwaltungen auf ehemalige Soldaten zurück, die für ihre Dienste einen Monatslohn von 100 bis 150 Livres verlangen. Zweimal täglich wird exerziert, die übrige Zeit ist das Lager ringsum von Wachen umstellt, um ehrvergessene Bürger am Fliehen zu hindern.

Dienstflüchtige

Die Revolutionsregierung betont immer wieder, daß Dienstflüchtige ebenso wie Deserteure als Aufständische zu betrachten seien, die man verfolgen, ergreifen und ihrer gerechten Strafe zuführen müsse. Am 2. September 1792 heißt es bereits in einem Dekret der Legislative, daß „all jene, die sich weigern sollten, in der französischen Armee zu dienen, als ehrlose Vaterlandsverräter zu behandeln sind und deshalb die Todesstrafe verdienen“. Der Nationalkonvent verkündet im April 1793, daß „die Bürger, die ihren Wohnsitz aufgeben, sobald sie von der Einführung der allgemeinen Wehrpflicht erfahren, um sich der Einberufung zu entziehen, als feige Deserteure gelten und gewaltsam zur Erfüllung ihrer Pflicht gezwungen werden“. Artikel 18 des am 2. Frimaire des Jahres II (22. November 1793) erlassenen Gesetzes verfügt, daß „alle jene, die sich versteckt oder ihren Wohnsitz verlassen haben, um sich der Einberufung zu entziehen, und die sich nicht binnen einer Dekade melden, um den vorgeschriebenen Kriegsdienst anzutreten“, wie Emigranten zu behandeln sind, so daß sie samt ihren Familien denselben gesetzlichen Bestimmungen wie die ins Ausland Geflüchteten unterliegen. Meistens verstekken sich die Konskriptionsflüchtigen – des Schutzes der Ihrigen und der Nachbarn sicher – im eigenen Haus. Sobald ihre Ergreifung droht, fliehen sie in die umliegenden Wälder und ziehen dort zusammen mit anderen Außenseitern der Gesellschaft, unter denen sich häufig Deserteure befinden, umher. An den Rathäusern wird eine Liste mit den Namen dieser Vaterlandsverräter angeschlagen und ihren Angehörigen mit der Beschlagnahmung des Familienbesitzes gedroht, falls die Dienst- oder Fahnenflüchtigen sich nicht stellen sollten. Bei den betreffenden Familien werden auf unbestimmte Zeit Nationalgardisten und Soldaten einquartiert, die in regelmäßigen Abständen zu Stoßtrupps zusammengezogen werden, um ganze Landstriche auf der Suche nach Rebellen zu durchkämmen. Wiederholt erinnern die Volksvertreter die Stadtverwaltungen: „Die Republik ist allgegenwärtig, und alle tun ihre Pflicht außer Euch.

Eure Bataillone müssen vollständig sein. Wenn Ihr nicht innerhalb von acht Tagen die Auflagen des Gesetzes erfüllt, werdet Ihr von der Republik zur Rechenschaft gezogen werden, in deren Namen wir zu Euch sprechen." Allmählich wird der Widerstand gebrochen, und das Massenaufgebot erweist sich als ein Erfolg: Die aus Freiwilligenbataillonen und Regimentern der früheren königlichen Armee bestehenden französischen Truppen verzeichnen einen Zuwachs von 300 000 bis 400 000 Mann, so daß schließlich mit knapp einer Million Soldaten eine Truppenstärke zur Verfügung steht, die bislang in Europa nie erreicht worden ist.

Der lange Marsch an die Front

Schließlich trifft der Befehl zum Abmarsch ein, und die Wehrpflichtigen brechen auf. Das Kommando haben die von ihnen gewählten Offiziere und die sogenannten „conducteurs" (Führer), ehemalige Soldaten, die ihnen unterwegs die Grundlagen der Kriegführung beibringen. Ab und zu ziehen auch einige Jakobiner mit, um den patriotischen Eifer der Eingezogenen zu schüren. Einige von ihnen, wie Barbé, ein „conducteur" der Pyrenäenarmee, treten schließlich in die Armee ein. Unter diesen „tugendhaften Republikanern" gibt es natürlich auch einige schwarze Schafe, die in ihrer Tätigkeit in erster Linie eine gute Möglichkeit sehen, sich zu bereichern, indem sie Teile der Nahrungsmittelrationen und des Soldes in die eigene Tasche abzweigen.

Alle „conducteurs" sind mit einem zentralen Problem konfrontiert: Sie müssen verhindern, daß die ihnen anvertrauten Rekruten vom Heimweh übermannt werden. In einigen Gegenden hält man bis zum Direktorium an dem Brauch fest, die jungen Burschen, wenn sie ins Feld ziehen, unter Aufsagen des Totengebetes bis an die Gemarkungsgrenze zu begleiten. Manche Wehrpflichtige schneiden sich unmittelbar vor dem Abmarsch das Haar und werfen es in einen offenen Sarg: „Jeder Abschied ist wie ein kleiner Tod", und die Melancholie marschiert von Anfang an mit. Nach der Rast weigern sich viele Wehrpflichtige, wieder aufzustehen und weiter zu gehen. Sie bleiben einfach am Straßenrand liegen und reagieren weder auf die Befehle der Anführer noch auf die inständigen Bitten ihrer Kameraden. Manchmal werden sie mehr tot als lebendig einfach mitgeschleift.

Um „die während des langen Marsches aufkommende Langeweile zu bekämpfen und den völlig unerfahrenen Burschen, die noch nie zuvor über ihr Heimatdorf hinausgekommen sind, von düsteren, auf irgendwelchen Vorurteilen fußenden Gedanken abzubringen", mieten die Anführer unterwegs Musiker an, damit die Soldaten durch ihr Dudelsack- oder Oboenspiel aufgeheitert werden. „Der Klang solcher Instrumente läßt die Männer ihr Heimweh vergessen und entreißt sie dem gefährlichen Trübsinn, der sie oft innerhalb kurzer Zeit ins Grab bringt. Wenn sie des Abends tanzen, vergessen sie die Anstrengungen des Tages und fühlen sich plötzlich den heimatlichen Gefilden nahe."

Die Tagesmärsche hängen von der Beschaffenheit des Geländes ab, betragen jedoch im Durchschnitt nie mehr als 30 Kilometer. Alle zwei Wochen wird ein Ruhetag eingeschoben, weil die häufig barfuß marschierenden Soldaten nur schleppend vorankommen und weil man, um sie vom Desertieren abzuhalten, von Zeit zu Zeit einen Trupp Gendarmen zum Einsammeln der Nachzügler ausschicken muß. Absichtlich werden die Wehrpflichtigen möglichst weit von ihrem Geburtsort in ihnen völlig unbekannte Gegenden geführt. Die meisten legen Hunderte von Kilometern bis ins Feldlager zurück. Die langen Märsche dienen der Abhärtung, und über den erfreulichen Erlebnissen und zahlreichen neuen Eindrükken sind die Strapazen des Marsches rasch wieder vergessen. Manche sehen – wie zum Beispiel die Wehrpflichtigen aus Clermont-Ferrand – zum ersten Mal das Meer und berichten in ihren Briefen an die Daheimgebliebenen, daß sie stundenlang die riesigen Schiffe beobachten, die türkisches Korn herbeischaffen, aus dem ein köstliches Brot hergestellt wird, „das förmlich auf der Zunge zergeht". Der Marsch ins Feldlager bietet den Rekruten Gelegenheit, das eigene Land und seine Bewohner besser kennenzulernen und bereitet sie so auf ihre bevorstehende Eingliederung in die Truppen vor. Dort finden sie sich nämlich innerhalb ihrer Einheit Seite an Seite mit Soldaten aus völlig anderen Landstrichen wieder.

Die Eingliederung der Wehrpflichtigen in die Armee

Als die Wehrpflichtigen im Feldlager eintreffen, ist man seit einiger Zeit gerade dabei, die neuen Soldaten in die bestehenden Einheiten einzugliedern. Dieses „embrigadement" erfolgt bewußt so, daß alte Regimenter und neu ausgehobene Truppenteile miteinander vermischt werden. Die Republik unterscheidet nämlich nicht mehr zwischen Berufssoldaten, Freiwilligen und Wehrpflichtigen, sondern kennt fortan nur noch Bürgersoldaten, die alle die gleiche Uniform tragen, den gleichen Sold erhalten und auch der gleichen Disziplin unterliegen; auch ihre Anführer werden nach ein und demselben Verfahren bestimmt. Während zuerst die Zahl der abgegebenen Stimmen und das Dienstalter der Kandidaten entscheidend waren, werden sie später vom Nationalkonvent ausgewählt. Dieser ordnet auch die Vermischung der Truppenteile an, um den Korpsgeist zu brechen, der gar zu häufig zu handgreiflichen Auseinandersetzungen zwischen den sogenannten „Weißhosen" der ehemals königlichen Armee auf der einen und den neu hinzugestoßenen republikanischen „Blauen" auf der anderen Seite führt, die von den altgedienten Soldaten mit dem Spottvers „Die Blauen, die nicht feuerfest sind und sich nichts trauen" – bedacht werden. Außerdem verspricht man sich davon einen weiteren Vorteil: Die altgedienten „Weißen" werden – so hofft man

Die französische Mosel-Armee pflanzt in Zweibrücken einen Freiheitsbaum (Aquarell von Pitz; Zweibrücken, Heimatmuseum).

zumindest – die vor kurzem eingezogenen „Blauen" an ihrer mehrjährigen Erfahrung teilhaben lassen und umgekehrt die Freiwilligen die alten Berufssoldaten mit ihrer revolutionären Begeisterung anstecken. Jeweils zwei Freiwilligenbataillone werden mit einem Bataillon Berufssoldaten zu einem neuen Regiment vereinigt. In einigen Fällen erweist sich diese Taktik als durchaus erfolgreich und bringt Soldaten von ganz unterschiedlichem Werdegang und Herkommen zusammen. In anderen Fällen dagegen stehen sich die einzelnen Bataillone innerhalb der neu gebildeten Einheit weiterhin ablehnend gegenüber. Zusätzlich stellt sich das Problem der Wehrpflichtigen und ihrer Eingliederung. Man schlägt vor, sie in die bestehenden Bataillone einzureihen, ganz gleich, ob es sich bei diesen um „Blaue" oder „Weiße" handelt; doch setzt das die Auflösung der jeweils im Heimatdepartement der Wehrpflichtigen gebildeten Bataillone voraus, was auf erbitterten Widerstand stößt. In den Protestschreiben der Rekruten mischen sich gesellschaftliche, politische und militärische Argumente: „Wir wollen lieber Seite an Seite dienen" schreibt Bataillonsführer Couture, ein Jakobiner aus Amiens, „denn wenn man einander gut kennt und schätzt, sind eventuelle Schicksalsschläge leichter zu ertragen und die errungenen Erfolge umso angenehmer". Da die einzelnen Bataillone gewissermaßen ein Abbild der Heimatgemeinde darstellen, können die militanten Patrioten innerhalb dieser Einheiten am leichtesten die politische Bildung ihrer Freunde fortsetzen und abschließen. Das 16. Bataillon aus dem Departement Haute-Saône protestiert daher gegen seine bevorstehende Auflösung: „Unser Bataillon ist ein wandelnder Klub, in dem jeder einzelne über seine Pflichten belehrt wird. Unsere Anführer genießen unser volles Vertrauen; ihr Patriotismus steht ihrem Fachwissen in keiner Weise nach". Wie soll man außerdem an der Seite von Männern kämpfen, deren Sprache man nicht einmal versteht? Erweist man der Republik nicht einen größeren Dienst, wenn man die Bürger an der Seite ihrer Freunde und Verwandten kämpfen läßt? Und wem gebührt das Lob für einen errungenen Erfolg, wenn die Soldaten der betreffenden Einheit aus völlig verschiedenen Gegenden stammen? Die um ihre Stellung fürchtenden Musterungsoffiziere stacheln die Kameraden manchmal gezielt zur offenen Rebellion an. Eine Kompanie des Bataillons von Beauvais erfährt beispielsweise kurz vor dem Abmarsch nach Reims von ihrer bevorstehenden Auflösung: Es kommt zum Aufstand. Die Rebellen werden von Gendarmen umstellt und sollen standrechtlich erschossen werden. Gerade noch rechtzeitig schalten Mitglieder der Heimatverwaltungen den zuständigen Abgesandten des Nationalkonvents ein, und die Wehrpflichtigen kommen mit heiler Haut davon. Sie werden allerdings vorübergehend in die Kirche von Dammartin eingesperrt. Als sie endlich zur Armee stoßen, werden sie dort von den Soldaten mit Spottversen wie „Ah! Sieh mal an, da kommen ja unsere Jauchekübel!" – empfangen. Andere junge Soldaten sind dagegen mit der Truppenvermischung einverstanden: Sie haben keinerlei Felderfahrung und hoffen, dieses Manko dank der Hilfe erfahrener Kameraden rasch wettmachen zu können.

Staatsbürgermessen

Um die republikanische Gesinnung zu fördern, empfiehlt die Revolutionsregierung, anläßlich der Eingliederung neuer Truppenteile quasi-religiöse Zeremonien abzuhalten. Versetzen wir uns für einen Augenblick in die Armee von Côtes-de-Brest. Es ist Juli und das ganze Lager schon am frühen Morgen auf den Beinen. Trommelschläge haben die Soldaten geweckt, sie begeben sich zu den Wasserbottichen, tauchen den Kopf in das kühle Naß, einige verwenden sogar Seife, die neuerdings in großen Mengen bereitgestellt wird und angeblich vor der Krätze bewahren soll – jener schrecklichen Krankheit, die in sämtlichen Lagern umgeht und zusammen mit den Geschlechtskrankheiten manchen Soldaten auf das Krankenlager wirft. An der Feuerstelle wird neue Glut entfacht, um darauf Kartoffeln oder Reis zu kochen. „Reis-Brot-Salz" lautet denn auch bald der Spitzname für die Soldaten der Republik, den sie bis in die Zeit des Direktorium behalten. Für betuchtere Soldaten gibt es einen Becher dünnen Kaffee, die anderen müssen sich mit Wasser begnügen, dem ein Schuß Essig beigefügt ist. Alles schlüpft in seine Uniform oder zumindest in die Uniformteile, die man zu ergattern vermochte: Die Bataillone geben ein derart buntes Bild ab, daß man meinen könnte, eine Karnevalsgesellschaft vor sich zu haben. Jeder Soldat hat eine andere Kopfbedekkung, die Hosen sind aus den verschiedensten Stoffen geschneidert; häufig stellt der an einer Öse der Carmagnole befestigte Löffel das einzige bei allen gleich aussehende, „uniforme" Stück der gesamten Ausrüstung dar.

Die Soldaten treten in Reih und Glied an und werfen verstohlene Blicke auf die Bürger und Bürgerinnen, die samt ihrem Bürgermeister zum Lager gekommen sind, um mit den Verteidigern der Republik eine Art Kommunion zu zelebrieren. Bei den Klängen der Marseillaise kniet alles nieder, beim Erscheinen des Volksvertreters Dubois-Crancé stehen alle wieder auf. Dieser schreitet die Truppenfront ab, verbeugt sich kurz vor den Fahnen und hält dann eine Ansprache: Er beschreibt die zurückliegende Zeit der Sklaverei und stellt die Vorteile heraus, die das Leben in einer Gesellschaft freier und gleichberechtigter Bürger bietet. Dann treten die Soldaten ab, und der Abgeordnete des Nationalkonvents umarmt als Zeichen der Brüderlichkeit die sich um ihn drängenden Soldaten und Offiziere. Alles folgt seinem Beispiel und bricht in die Jubelrufe „Es lebe die Republik! Es lebe die Einigkeit der Franzosen!" aus. Auf den unvermittelt einsetzenden Trommelwirbel hin stellen sich die Soldaten erneut in Reih und Glied auf, und Dubois-Crancé schreitet vor aller Augen zur Ernennung der Offiziere. Er händigt jedem Bataillon seine Fahne aus und fragt die versammelten Soldaten in feierlichem Ton: „Schwört Ihr, für die Aufrechterhaltung von Freiheit, Gleichheit und der einen und unteilbaren französischen Republik einzutreten? Schwört Ihr, Euch dem Gesetz zu beugen, die Eigentumsverhältnisse zu respektieren und die militärische Disziplin beizubehalten? Schwört Ihr schließlich den Tyrannen und allen ihren Helfershelfern ewigen Haß?". „Wir schwören es", rufen die Soldaten und mit einer Parade beendet man die Zeremonie. Abends wird in der nahegelegenen Stadt noch lange gefeiert und rund um den Freiheitsbaum getanzt.

Zeremonien dieser Art hinterlassen bei den Teilnehmern einen wesentlich tieferen Eindruck als der Inhalt der patriotischen Zeitungen, aus denen in den Lagern regelmäßig vorgelesen wird. Als Jahrzehnte später einige Augenzeugen ihre Memoiren schreiben, betonen sie fast ausnahmslos die enorme psychologische Wirkung, die von diesen Staatsbürgermessen, den „communions civiques", ausging.

Die gesellschaftlichen Randgruppen der Republik

Hunderte, ja Tausende von Franzosen kümmern sich nicht im geringsten um das republikanische Tugendideal. Den armen Schluckern, die aus Verzweiflung über ihre aussichtslose Lage dazu übergehen, ihren Lebensunterhalt durch Diebstahl, Prostitution oder Zuhälterei zu verdienen, und die auch gelegentlich mit den Aristokraten oder deren Verbündeten zusammenarbeiten, sind die Aufrufe zur republikanischen Tugend völlig fremd. Die Revolutionsregierung versucht zwar, diese Außenseiter durch finanzielle Unterstützung auf den rechten Weg zurückzuführen, doch wenn die Betroffenen die ausgestreckte Hand nicht ergreifen, werden sie gnadenlos verfolgt.

Die „Gläubiger der Nation"

Die Revolutionsregierung nimmt sich vor allem der unzähligen vor Kirchenportalen ausgesetzten Findelkinder an. Ein völlig zerknitterter, an den Windeln des Kindes befestigter Fetzen Papier trägt meist einige ungelenke Schriftzüge der verzweifelten Mutter, die gleichzeitig um Verzeihung für ihre Tat und um Mitleid für das unschuldige kleine Wesen bittet. Es ist schwer zu sagen, wie viele Kinder dieses traurige Schicksal ereilt – die Republik spricht in diesem Zusammenhang von einer nationalen Schuld und bezeichnet die ausgesetzten Kinder als die „Gläubiger der Nation". Ein Zeitgenosse namens La Millière behauptet im Mai 1790 in einem Schreiben an den Bettelausschuß, daß es in ganz Frankreich 22 410 Findelkinder gebe. Tenon beweist anhand von Statistiken aus der Revolutionszeit, daß ihre Zahl vor allem in Paris konstant ansteige: Im Jahr 1700 seien 1738 Findelkinder registriert worden, 1730 bereits 2041 und für 1750 seien 3785 Fälle belegt. Seit 1750 würden alljährlich zwischen 5000 und 7000 ausgesetzte Kinder aufgefunden.

Woher stammen all diese Kinder? Nicht nur in der Stadt, sondern auch auf dem Land werden regelmäßig Kinder ausgesetzt. In der Stadt geschieht es jedoch deutlich häufiger, da viele Bäuerinnen aus Angst vor dem Gerede der Leute ihre ungewollten Kinder entweder in der Stadt zur Welt bringen oder die „Frucht einer Sünde" nach einer sorgsam vor allen Dorfbewohnern verheimlichten Schwangerschaft und Entbindung in die Stadt bringen lassen. Es sind ausnahmslos Kinder des Elends, wie etwa das Kind einer Magd, die die Zudringlichkeit ihres Dienstherrn nicht zurückweisen konnte oder wollte; oder das Kind eines Arbeiters und seiner Konkubine, die gemeinsam nicht genügend Geld aufbringen, um ihr

Kind behalten zu können. Die Priester setzen sich oft für sie ein – zum Beispiel fordert noch im Jahr II ein Priester die Einwohner von Custine im Departement Haute-Vienne auf, einer bettelarmen Magd in Kindesnöten zu helfen.

Während der Republik steigt die Zahl der Findelkinder vor dem Hintergrund der hohen Inflation, der nach wie vor enorm hohen Lebenshaltungskosten und der schlechten Beschäftigungslage weiter stetig an.

Sowohl der Krieg als auch die im Inneren Frankreichs tobenden Aufstände lassen die Zahl der völlig sich selbst überlassenen Kinder in die Höhe klettern. Aus der Normandie ist der Fall des zwölfjährigen Jungen Louis Plessis überliefert, der wegen des Krieges beide Eltern verloren hat. Der mutterseelenallein zurückbleibende Junge zieht einem Trupp Soldaten hinterher, von dem er sich Nahrung erbettelt. Eines Tages wird er krank und sitzt buchstäblich auf der Straße. Auf das Mitleid der Passanten angewiesen, befindet er sich in derselben verzweifelten Lage wie jene Kriegswaisen, die – bevor die Regierung sich ihrer annimmt – sich entweder mit Betteln durchschlagen oder die Abfallhaufen auf der Suche nach etwas Eßbarem durchwühlen.

Manche der in Frankreich registrierten Findelkinder stammen aus dem benachbarten Ausland. Schon vor 1789 haben, vom Hunger getrieben, immer wieder ganze Familien die französische Grenze überquert und aus Verzweiflung darüber, daß hier auch keine besseren Verhältnisse herrschten, ihre Kinder ausgesetzt. Es spricht für die französische Republik, daß sie redlich bemüht ist, für all diese Bedürftigen zu sorgen – eine Hilfeleistung, zu der sie sich aus moralischen und politischen Gründen verpflichtet fühlt. Schließlich werden dereinst die Kinder des Jahres II den künftigen Generationen die Errungenschaften der Revolution weitergeben und als Erwachsene Frankreichs Grenzen gegen die Könige der Nachbarländer verteidigen. Bei Festzügen sieht man Frauen Spruchbänder tragen, deren Aufschriften von dem Stolz ihrer Trägerinnen zeugen, dem Vaterland eine ganze Reihe von Verteidigern geschenkt zu haben. Die Kinder, die unehelichen wie die ehelichen, machen Frankreichs wahren Reichtum aus und müssen daher die entsprechende Zuwendung und Fürsorge erhalten. Um die Findelkinder unterhalten zu können, werden mit Hilfe von staatlichen Geldern eine Vielzahl von Spitälern, Werkstätten und Manufakturen eingerichtet. Man läßt die Jugendlichen arbeiten, um sie vor den Folgen des Müßiggangs zu bewahren. Die Manufakturbesitzer beschweren sich alsbald über die Konkurrenz, die diese billigen Arbeitskräfte für die privaten Unternehmen darstellen. Von 1789 bis zur Schlacht von Austerlitz im Jahre 1805 können die Unternehmer bei der Regierung elternlose Kinder, Jugendliche und Kriegswaisen anfordern, die sie gegen einen mehr als bescheidenen Lohn in ihren Betrieben einsetzen.

Ammen für die jungen Republikaner

Findelkinder im Säuglingsalter werden in die Obhut von Ammen gegeben, die von der Revolutionsregierung eine Bezahlung versprochen bekommen. Doch auf die müssen sie in der Regel so lange warten, daß sich immer weniger Ammen zur Aufnahme von Findelkindern bereit finden.

Daraufhin läßt die Regierung die Findelkinder in den ohnehin schon überfüllten Spitälern unterbringen. Die Krankensäle sind bis auf den letzten Winkel mit verwundeten Soldaten belegt, deren Zahl nach jeder Schlacht so drastisch zunimmt, daß man nicht mehr weiß, wo man sie unterbringen soll, und jeden verfügbaren Winkel nutzen muß. In dieser engen und übelriechenden Umgebung sollen nun auch noch die Findelkinder unterkommen. In seltenen Ausnahmen, wie in Toulouse zum Beispiel, gelingt es, ausschließlich für Findelkinder bestimmte Beobachtungs- und Untersuchungsräume einzurichten. Das Personal dieser Spitäler klagt über die beengten Raumverhältnisse und die Epidemien, die unter den Säuglingen grassieren und einen so großen Teil von ihnen dahinraffen, daß die Spitäler Sterbehäusern für Kinder gleichen. In Limoges stirbt jeder fünfte Säugling im ersten Lebensjahr, und im dritten Lebensjahr ereilt gar drei Fünftel der Kleinkinder ein vorzeitiger Tod. Wer überlebt, wird in Werkstätten geschickt und macht dort die Bekanntschaft von Jugendlichen, die aufgrund der äußeren Umstände bereits zu gewieften Verbrechern geworden sind. Die Stadtverwaltung von Straßburg klagt 1793 über „jene halbwüchsigen Burschen, deren Sitten und Lebenswandel einen denkbar schlechten Einfluß auf die übrigen Insassen des Spitals zeitigt und die alle übrigen Kinder zu verderben drohen". Die Jugendlichen unterliegen einer strengen, nicht unbedingt „aufgeklärt" zu nennenden Disziplin, gegen die sie sich wiederholt auflehnen. In Marseille kommt es im Jahr III zu einem Aufstand der „eingesperrten" Jugendlichen, die sich auf die Erklärung der Menschen- und Bürgerrechte berufen und auch für sich ein Leben in Freiheit und Gleichheit fordern. Sosehr sich die Jakobiner auch bemühen, die Findelkinder bleiben stets Außenseiter, die bei der erstbesten Gelegenheit aus den Werkstätten fliehen, weil sie ihnen eher wie Gefängnisse vorkommen. Teils schließen sie sich den Soldaten an, teils werden sie Mitglied von Räuberbanden oder vergrößern das Heer derjenigen, die sich bereits im Alter von zwölf Jahren der Prostitution hingeben und deren Zahl nach dem Sturz Robespierres noch weiter zunimmt.

Prostitution und republikanisches Tugendideal

Schon geraume Zeit vor der Revolution gibt es in Paris und allen größeren Städten Frankreichs eine Unmenge Prostituierter, die sich häufig Beinamen wie zum Beispiel „Marie die Niedliche" zulegen. Allein die

Hauptstadt zählt rund 20000 Dirnen. Im Jahrhundert der Aufklärung hatte man sich ausgiebig mit dem Problem der Prostitution befaßt und darüber diskutiert, ob man die Dirnen als solche kennzeichnen und frei herumlaufen lassen oder besser einsperren solle, um sie dem Zugriff der Zuhälter und Kupplerinnen zu entziehen und sie gleichzeitig besser ärztlich kontrollieren zu können und damit die Ausbreitung der Geschlechtskrankheiten in den Griff zu bekommen. Die „Eros-Center" sind also keineswegs eine Erfindung des 20. Jahrhunderts; schon im 18. Jahrhundert zog man die Einrichtung solcher Etablissements in Erwägung: Man schlug vor, außerhalb der Städte spezielle Gebäude für die Prostituierten zu errichten. Die Freier würden auf eine Galerie geführt werden, wo sie von Wandtafeln Namen, Vornamen und Tarife der einzelnen „Kostgängerinnen" entnehmen könnten. Dann könnte der Freier von der Galerie aus die im tiefer gelegenen Saal versammelten Damen in aller Ruhe betrachten und eine Auswahl treffen. Er begäbe sich danach in den Saal hinunter, um an einem üppigen Gelage teilzunehmen und anschließend mit der Dame seiner Wahl unauffällig in eines der angrenzenden Gemächer zu verschwinden. Ein hauseigener Arzt würde die Prostituierten allwöchentlich auf ihren Gesundheitszustand hin untersuchen, um eventuelle Geschlechtskrankheiten möglichst frühzeitig festzustellen. An ihrem freien Tag könnten die Mädchen vollkommen unbehelligt und ohne jegliche Erkennungszeichen in der Stadt umherspazieren, sofern sie diese Gelegenheit nicht dazu nutzten, Freier anzuwerben.

Keine Bordelle mehr! heißt es dagegen in den Beschwerdeheften: „Diesem Laster muß ein Ende bereitet werden! Zuwiderhandlungen sind unterschiedslos zu bestrafen!" Der Polizei wird nämlich vorgeworfen, Prostituierten, die zu Spitzeldiensten bereit sind, milder zu behandeln. Zu Beginn der Revolution verfolgt man gegen die Prostituierten noch keinen sehr strengen Kurs. Wer sich eines Sittlichkeitsvergehens schuldig macht, muß wie früher mit Strafverfolgung rechnen. Doch wird in der Praxis meist ein Auge zugedrückt, auch gegen Zuhälter wird nur hin und wieder vorgegangen. Während der Schreckensherrschaft, am 4. Oktober 1793, verfügt die Pariser Stadtverwaltung, daß alle bei der Ausübung ihres Gewerbes angetroffenen Dirnen einzusperren seien. Am 21. Nivôse des Jahres II (10. Januar 1794) wird die Prostitution unter Androhung der Verbannung erneut gesetzlich verboten. Als die Militärschule auf der Plaine des Sablons eröffnet wird, fürchtet man, daß die jungen Rekruten von leichten Mädchen verdorben und mit Geschlechtskrankheiten infiziert werden könnten. Man ordnet daher nächtliche Hausdurchsuchungen und die Ergreifung der Frauen an, die einen liederlichen Lebenswandel haben oder ihre Einkommensquelle nicht offenlegen können. Die Sektionskomitees bewachen ab sofort alle Häuser, in denen man Zimmer mieten kann. Zahlreiche Frauen wandern ins Gefängnis, Frauen, unter denen sich auch junge Arbeiterinnen befinden, die keine feste Anstellung vorweisen können und nur deswegen wie Prostituierte behandelt werden.

Seit dem Frühjahr 1793 werden spöttische Stellungnahmen zu dieser strengen Sittenpolitik laut. Unter anderem kursiert ein Pamphlet mit dem Titel „Eingabe der Bürgerinnen vom Palais de l'Égalité an den Nationalkonvent", in dem es heißt: „Arme Franzosen! Ihr wollt strenge und republikanische Sitten einführen; damit beraubt Ihr Euch der Vergnügungen, die wir Euch verschaffen können! Wird Euch Eure Politik-Manie denn jemals einen Ersatz für die F ....-Manie bieten können? Wir begehren, wir verlangen alle die Männer, die Ihr mittels Eurer Dekrete von uns fernzuhalten sucht; wir versprechen ihnen Vergnügen, Glück und Frieden. Sind dies nicht genau die Genüsse, welche die beste aller Regierungen ausmachen? Gebt uns unsere Männer zurück, wir brauchen sie (...). Der nahende Frühling läßt völlig vergeblich neuen Eifer, neue Hingabe und Gefälligkeit in uns erwachen."

Die Prostituierten oder eine Welt des Elends

Wer sind diese Frauen, die „mit tiefem Ausschnitt, hoch erhobenem Kopf, gerötetem Gesicht, herausfordernder Miene und rasch zupackenden Armen durch die Straßen gehen und selbst in von Läden und Straßenlaternen hell erleuchteten Gegenden mit ihren Seidenstrümpfen durch den tiefsten Schmutz waten, um Passanten hinterherzujagen"? Den Zuchthausregistern und Polizeiberichten kann man entnehmen, daß es sich um junge Frauen, ja manchmal sogar um blutjunge Mädchen handelt. Die überwiegende Mehrheit ist zwischen 14 und 24 Jahren alt; 20 Prozent der Prostituierten geben ihr Alter mit 25 bis 29 Jahren, 13 Prozent mit 30 bis 34 Jahren an, und einige wenige sind 40, 50 oder älter. Die unterste Kategorie findet man in den abgelegensten Straßen der Vorstädte, wo sie an den Hauswänden stehen und – so heißt es in der „Sammlung der Gesetze und Vorschriften die Prostitution in der Stadt Paris betreffend" von 1775 – auf dreiste Art und Weise ihrem schändlichen Gewerbe nachgehen. Manche schlagen in Beichtstühlen ihr Nachtlager auf, wie in Saint-Jacques-de-la-Boucherie. Diese Prostituierten locken die Arbeiter in öffentliche Parkanlagen oder zu den Seinekais, um sich ihnen im Schutz der dort lagernden Holzstapel hinzugeben. Werden sie dabei von einer Polizeistreife ertappt, wird der Tatbestand im Protokoll mit den Worten „in der Stellung eines schändlichen Gewerbes" umschrieben. Zu dieser untersten Kategorie gehören auch die ständig betrunkenen „fleckigen, grell geschminkten, aufgedunsenen und dicken Frauenzimmer mit auffallend stierem Blick", die in den Markthallen, inmitten der Krämer und Flickerinnen, teilnahmslos auf einem Stein hocken und ihre Dienste um ein oder zwei Sous den Lastenträgern anbieten.

Die nächsthöhere Kategorie umfaßt jene Dirnen, die sich zu mehreren ein Zimmer mieten, das ihnen sowohl als „Arbeitsraum" als auch als Unterkunft dient. Andere wohnen bei Kupplerinnen, werben aber oft auf eigene Faust Kunden an. Manche von ihnen werden gar in eine der einschlägigen Pariser Listen aufgenommen, wie sie in allen schlüpfrigen Heften enthalten sind: Wer ein Heft wie „Die Puppen des Boulevards" oder „Nützliche Adressen für demokratische Bordellbesucher" ersteht, kann darin die „Liste der schönsten und der gesündesten Dirnen aus ganz Paris" konsultieren. Neben Namen, Preis und Anschrift der Schönen werden ihre besonderen Vorlieben und Launen, ihre Aufmachung und ihre Gepflogenheiten aufgeführt – selbst ihr Körper wird bis ins kleinste Detail geschildert. Jede einzelne wird in ein paar Worten charakterisiert, was sich folgendermaßen liest: „Die Pontchartrain ist nur für Geistliche zu haben", „Die Deversy ist schon über die besten Jahre hinaus, gibt sich aber viel Mühe"; von einer Prostituierten namens Delaroche heißt es: „Sie besitzt alle Reize und Qualitäten, um einen Sohn aus gutem Hause zu ruinieren."

So manche dieser Prostituierten ist – wie es der Schriftsteller Restif de la Bretonne beschrieben hat – in ganz anderer Absicht nach Paris gekommen und dort den Verlockungen der Großstadt erlegen. So werden die in der Jakobinerwerkstatt beschäftigten Mädchen von der Werkstattleiterin Marie Anne Aury an Kupplerinnen weitergereicht. Eine gewisse Marguerite Cousin holt laufend Mädchen aus der Provinz nach Paris, beschäftigt sie in ihrem Haushalt, bis sie ihnen eines Tages umfassendere Dienste abverlangt. So eröffnet sie etwa am 14. August 1790 einer der von ihr engagierten Vollwaisen, Agathe Viton, daß „sie sich gegenüber den im Haus ihrer Herrin verkehrenden Männern gefälliger zu zeigen habe, indem sie sich an den Busen und unter den Rock greifen lassen und den Männern jederzeit zur Verfügung stehen soll". Nicht nur von ihren Arbeitgebern, auch von ihren eigenen Eltern werden die Mädchen bisweilen zur Prostitution angehalten, wenn die Väter und Mütter in ihrer Verzweiflung nicht mehr wissen, wie sie die hungrigen Mäuler der Kinder stopfen sollen. Nicht immer ist es der Einfluß der Großstadt, der die unbescholtenen Frauen verdirbt. Viele haben bereits zu Hause auf dem Lande schlechte Erfahrungen mit flatterhaften Liebhabern oder aufdringlichen Dienstherren gemacht und sich in ihrer Verzweiflung in die Großstadt begeben, wo ihnen aber auch nur die Wahl zwischen quälendem Hunger und Prostitution blieb.

Die Mehrheit der Zeitgenossen ist der Ansicht, daß die Prostituierten sich aus freien Stücken für dieses Gewerbe entschieden haben. Mercier oder Bachelier dagegen, denen die Verhältnisse vertraut sind, betonen, daß den betreffenden Frauen kein anderer Ausweg geblieben sei: „Der Hunger der Dirnen ist oft größer als ihre Lasterhaftigkeit." Ein Blick in die Polizeiprotokolle genügt, um dies zu bestätigen. Eine aufgegriffene Frau gibt im Verlauf des Verhörs zu, der Prostitution nachgegangen zu sein, entschuldigt das jedoch sofort damit, daß sie keine andere Wahl gehabt habe: „um nicht Hungers sterben zu müssen, sieht sie sich zu allen nur erdenklichen Arten des Geldverdienens gezwungen". Eine andere der Prostitution bezichtigte Frau ist Näherin von Beruf. Da sie jedoch keine Aufträge erhält und von irgend etwas leben muß, „geht sie wie so viele andere nahe des Palais-Royal spazieren", wo sich die Prostituierten ein Stelldichein geben. Diese bemitleidenswerten Kreaturen träumen davon, eines Tages das Leben der Frauen führen zu können, die von Adligen oder reichen Bürgern ausgehalten werden. Sie wollen eine zweite „Venus" werden, von der man sich erzählt, daß sie nicht einmal gegen Bezahlung von 200 bis 300 Livres bereit gewesen sei, den Grafen von Artois für eine Nacht zu empfangen. Vorläufig müssen sich die gewöhnlichen Prostituierten jedoch mit Tarifen zwischen drei Sous und drei Livres zufriedengeben; eine gewisse Antoinette Pouly etwa verlangt 25 Sous und gibt zu Protokoll, „zwei Kunden gleichzeitig bedienen zu können". Hin und wieder kehren einige Prostituierte der Hauptstadt den Rücken zu und schließen sich den Räuberbanden an, die das ganze Land unsicher machen.

Die Jakobiner und das Bettlerproblem

Was soll mit denen geschehen, die auch in der Republik den Passanten bettelnd die Hände entgegenstrecken und ihre Wunden oder verstümmelten Glieder zur Schau stellen, um das Mitleid der Passanten zu erregen? Abends geben sich die Bettler ein Stelldichein in den Wirtshäusern, wo sie Fleisch-, Fisch- oder Brotreste, die sie im Lauf des Tages zu erhaschen vermochten, auspacken und miteinander teilen. Während sie sich darüber hermachen und kräftig dem vom Schankwirt herbeigebrachten Wein zusprechen, wird auf den Tischen die restliche, aus Geld und meist völlig abgetragenen Kleidungsstücken bestehende Beute ausgebreitet. Vor dem sogenannten „Garderobenmeister" häufen sich Strümpfe, Schuhe, Hosen, Jacken und Röcke, die bei einem Trödler zu Geld gemacht werden. Der ausgeschenkte Schnaps steigt den Bettlern zu Kopf und löst Streitigkeiten und Schlägereien aus. Nach einiger Zeit kehrt jedoch wieder Ruhe ein, alles begibt sich in schönster Eintracht in die gemeinsame Unterkunft, um dort Seite an Seite den Rausch auszuschlafen.

Was soll man mit diesem Gesindel nur anfangen? Die einzige Beschäftigung dieser Menschen besteht darin, nichts zu tun und auf Kosten der übrigen zu leben. Eine Arbeit oder einen festen Wohnsitz haben sie schon lange nicht mehr. Diese furchterregenden Burschen respektieren kein Gesetz und wissen sich notfalls Gehorsam zu verschaffen. „Sie suchen in so großer Zahl die Bauernhöfe heim, daß schließlich das Gerücht von einem Komplott der Aristokraten gegen die Bauern aufkommt. Diese Bettler werden – häufig zu Unrecht – bezichtigt, an den Aufständen in der Bretagne, der Vendée und der Provence beteiligt zu sein, und stehen überdies im Verdacht, zu den berüchtigten „Kompagnons von Jéhu"* oder zu jenen Mord- und Spießgesellen zu gehören, die die Umgebung von Nizza plündernd und sengend durchziehen. Für die Bevölkerung sind sie durch und durch verdorbene Menschen, „denen das Betteln im Blut liegt" und derer man nur durch Gewaltanwendung Herr werden kann. „Die Bettelei", so lautet eine weitverbreitete Auffassung, „bildet die Vorstufe zum Verbrechen; die Bettler lernen zunächst den Müßiggang zu lieben, der stets das größte moralische und politische Übel sein wird; anschließend vermögen sie nicht mehr lange der Versuchung des Diebstahls zu widerstehen. Bald wird nur noch die Angst vor der zu erwartenden Strafe sie zurückhalten; wenn sie dann durch längeres Üben so viel Geschick erworben haben, daß sie sämtlichen Nachstellungen der Justiz entgehen zu können glauben, werden sie zumindest zum Gelegenheitsdieb, wenn nicht gar zum Gewohnheitsverbrecher." Zur Bekämpfung dieses Übels wird im allgemeinen empfohlen, die Bettler einzusperren und sie gleichzeitig zu Zwangsarbeit zu verpflichten.

Einige Sanskulotten protestieren gegen diese Haltung. Wenn es auch einige Bettler geben möge, welche an ihrem Stand durchaus Gefallen finden, so dürfe man deshalb noch lange nicht alle über einen Kamm scheren. Schließlich handele es sich häufig um Gesellen, die trotz aller Bemühungen keine Arbeit fänden und daher auf das Betteln angewiesen seien. Bereits am 8. Mai 1793 fordert die Sektion les Invalides die Einführung einer Rente für Witwen, Waisen und Versehrte, die keiner Arbeit nachgehen können und damit zwangsläufig das Heer der Bettler vergrößerten. In den Augen der Jakobiner ist die Bettelei ein Übel, das unbedingt abgestellt werden muß und dank der staatlichen Unterstützungen bald im Aussterben begriffen sein wird. In Anlehnung an das „Verzeichnis der Staatsschulden" zur Heranziehung der reichen Bürger führt der Nationalkonvent im Jahr II das sogenannte „Verzeichnis der staatlichen Wohltätigkeit" ein, das zunächst eine Unterstützung von insgesamt zwölf Millionen Livres für die Ärmsten der Armen vorsieht. Allerdings müsse gewährleistet werden, daß die Empfänger endgültig vom Betteln Abstand nähmen. Ein im Oktober 1793 erlassenes Gesetz besagt, daß „jegliche Person, die überführt wird, auf öffentlichen Plätzen und Straßen um Geld oder Brot gebeten zu haben, als Bettler gilt und folglich dem Friedensrichter vorgeführt und der Hauptstadt verwiesen wird".

Ein solch umfassendes Unterstützungsprogramm läßt sich natürlich nicht von heute auf morgen verwirklichen, und was sind schon zwölf Millionen Livres angesichts des ungeheueren Ausmaßes an Elend? Kriegswitwen und -waisen erhalten eine knappe Unterstützung, in Paris

* „Compagnons de Jéhu" = Bezeichnung für Banden aus untergetauchten Girondisten und Royalisten, welche nach dem 9. Thermidor in Südostfrankreich eine Welle „weißen Terrors" auslösten und meist von den ortsansässigen Behörden gedeckt wurden. (Anm. d. Üb.)

erhalten sämtliche arbeitsunfähigen Bettler vom Nationalkonvent 15 bis 25 Sous pro Tag. Damit ist aber auch der letzte finanzielle Spielraum ausgeschöpft, denn allein der Krieg verschlingt schon 400 Millionen Sous pro Monat. Sammlungen werden organisiert, deren Erlös den Armen der Hauptstadt zugute kommt. Der Historiker Y. Woloch sieht darin zu Recht eine der bemerkenswertesten Anstrengungen der Republik, das Ideal der Brüderlichkeit im Alltag zu verwirklichen. Die Sammlungen werden nicht etwa von irgendwelchen staatlichen Instanzen angeregt, sondern gehen auf die Initiative von Bürgern zurück, die in der glücklichen Lage sind, eine feste Arbeit zu haben. In sämtlichen Sektionen fertigt ein von der jeweiligen Bürgerversammlung bestellter Wohltätigkeitsausschuß ein Verzeichnis aller Bedürftiger an, wandert durch die Straßen, sammelt Geld und kauft davon Nahrungsmittel, die an die Armen verteilt werden. Bürger, die ihr Auskommen haben, haben fortan nicht mehr „ihren" persönlichen Armen, dem sie in einer großmütigen Geste der Überlegenheit ein Almosen zukommen lassen. Sie bilden jetzt vielmehr eine solidarische Gruppe zur Unterstützung anderer, gleichberechtigter Bürger. In der Provinz bemüht man sich, den Bedürftigen Arbeit zu beschaffen. Das ist jedoch nur im Rahmen von herkömmlichen Wohltätigkeitswerkstätten möglich, in denen die Männer Tätigkeiten ausüben, die nicht den geringsten Bezug zu ihrem früheren Beruf haben.

Nach dem Sturz Robespierres spitzt sich die Lage der Bettler weiter zu. Am 19. Germinal des Jahres III (dem 8. April 1795) werden die privaten Hilfsorganisationen per Gesetz abgeschafft, so daß vielen Bedürftigen nichts anderes übrigbleibt, als sich einer Räuberbande anzuschließen.

Die Welt der Bettler

Die miserable Wirtschaftslage und die revolutionären Wirren haben dazu geführt, daß die Bettler auf ihrer Wanderschaft noch weitere Strecken zurücklegen als früher. Jener Bande, welche die weitere Umgebung von Orléans heimsucht, gehören nicht nur Männer und Frauen aus den benachbarten Departements, sondern auch aus der Champagne, aus Lothringen, aus der Picardie oder der Bretagne an. Ein Teil dieser Bettler kommt nicht etwa vom Land, sondern aus Städten wie Paris, Versailles, Orléans oder Chartres. Ihre soziale Herkunft und ihren ursprünglichen Beruf haben viele nach einem jahrzehntelangen Bettlerdasein oftmals vergessen und fühlen sich nur noch dem Stand der Bettler zugehörig. Die anderen sind zu über einen Drittel ländliche Lohnarbeiter wie dem unter dem Spitznamen „Der Normanne von Rambouillet" bekannten Gervais Morel. Mit siebzehn hat er sein im Departement Orne gelegenes Heimatdorf verlassen und die Gegend zwischen Arpajon und Palaiseau durchzogen, sich bald zur Salpetergewinnung, bald zur Heu- oder Getreideernte verdingt und hin und wieder das Loiretal aufgesucht, um dort bei der

Weinlese zu helfen, bis er schließlich dazu überging, andere Landarbeiter – Knechte, Drescher oder Erntehelfer – anzubetteln. Die zwischen Paris, Chartres und Orléans umherziehende Bettlerbande von Orgères setzt sich etwa zur Hälfte aus ehemaligen Handwerkern und Textilarbeitern zusammen. Michel Paris, genannt „Gevatter Paris", ist bei seiner Festnahme 60 Jahre alt. Er stammt aus dem Departement Manche und hat bereits im zarten Alter von 10 Jahren sein Bündel geschnürt, um sich auf die Arbeitssuche zu machen oder, wenn es keine Arbeit gab, um Brot zu betteln. In Paris angekommen, verdingt er sich als Hilfsarbeiter im Dachdekker- und Maurerhandwerk. Wenn sich die Gelegenheit dazu bietet oder die Not dies erforderlich macht, arbeitet er auch als Wasserträger. Bei Ausbruch der Revolution verläßt er die Stadt, um sich in der Landwirtschaft zu verdingen. Als er keine Anstellung findet, wird er zum Bettler und gesellt sich zu den Bäckern, Schuhmachern, Schneidern, Perückenmachern, Schlossern, Hufschmieden oder Küfern, deren verzweifelte Arbeitssuche ebensowenig von Erfolg gekrönt ist. Die meisten von ihnen vollziehen den endgültigen Schritt ins Lager der Bettler eher im Jahr III als im Jahr II, und in den Polizeiakten dieses Jahres, in das der Sturz Robespierres fällt, findet sich auffallend oft der Vermerk „Hat seinen Wohnsitz zu der Zeit aufgegeben, als das Korn so teuer war".

Bevor jemand zum Bettler wird, unternimmt er alle erdenklichen Anstrengungen, um Arbeit und Wohnung behalten zu können. Gerät eine Familie zunehmend in Not, gehen zunächst Frau und Kinder betteln; verliert der Mann seine Arbeit, beginnt auch er zu betteln, anfangs nur gelegentlich, dann vor allem im Winter. Am Ende leben sie nur noch von Almosen. Die umherziehenden Bettler tauschen untereinander Informationen aus, welche Bauern recht bereitwillig Essen abgeben, ohne daß man lauthals droht „Oh Bauer! Gib mir Brot, oder Haus und Hof gehen in Flammen auf!" Die Bauern nehmen diese Worte ernst. Sie fügen sich in ihr Schicksal und finden es schließlich normal, Bettler zu verköstigen und ihnen ein einfaches Nachtlager zu bieten, wenn sie damit verhindern können, daß die mühsam eingebrachte Ernte in Flammen aufgeht. Große Bauernhöfe verfügen gar über ein eigenes Nebengebäude, das ausschließlich zur Unterbringung durchziehender Bettler dient. Diese Gastfreundschaft wird ihnen aber hin und wieder schlecht gedankt. Unter den Bettlern befindet sich gelegentlich ein Späher, der im Auftrag unweit lagernder Räuberhorden die örtlichen Begebenheiten erkundet und die Bewohner aushorcht.

Diebe und Räuber

Diebe und Räuber bedienen sich einer eigenen Sprache, einer Art Argot, die von den anderen Leuten nicht verstanden wird. Da ist zum Beispiel der Typ des Einzelgängers, der sich in die Städte begibt, um dort die Taschen der Schaulustigen zu leeren, zu „klemmen". Andere haben sich auf Einbrüche spezialisiert und klettern über die Umfassungsmauern der bürgerlichen Anwesen – ein gefährliches Unterfangen, bei dem sich schon so mancher Räuber das Genick gebrochen hat. Wenn alles gutgeht, wird die Haustür „mit der Bombe bearbeitet", also mit Hilfe eines hölzernen Sturmbocks eingerannt, ein äußerst riskantes Vorgehen, das nicht selten zur Festnahme der Einbrecher führt. Besser ist es daher, der Haustüre mit Brechstangen, Dietrichen oder Nachschlüsseln zu Leibe zu rükken. In den gewaltsam geöffneten Möbeln finden sich häufig „Kröten" (Goldstücke), „Kartoffeln" (Taschenuhren) oder „Drahtkommoden" (Brieftaschen). Falls man hier nicht fündig werden sollte, lohnt es sich, Bettzeug und Matratzen einer eingehenden Prüfung zu unterziehen.

Sollte wider Erwarten der Hausherr plötzlich mit einer brennenden Lampe in der Hand vor dem Einbrecher stehen, ist „das Ding nicht gelaufen." Dann gilt es entweder schleunigst das Weite zu suchen oder aber sich zu stellen und nötigenfalls den Hausbesitzer „um die Ecke zu bringen". Wer eine solche Tat verübt, wird zum „Musikmeister", zum polizeilich gesuchten Mörder, und sieht sich gezwungen, so rasch wie möglich sein Bündel zu schnüren und sich dünne zu machen oder sich in einem von zuverlässigen Freunden bereitgestellten Unterschlupf zu verbergen. Wer das Weite sucht, stößt unterwegs früher oder später auf eine Räuberbande, der er sich anschließen kann.

Die Räuberbanden

Es ist alles andere als einfach, Aufnahme in eine Räuberbande zu finden, und allein die Tatsache, daß man die Gaunersprache beherrscht, genügt keineswegs, um als Mitglied der „Elite des Verbrechens" anerkannt zu werden. Die Banditen unterziehen den um Aufnahme ersuchenden „charles" (Räuber) einer eingehenden Prüfung und verlangen von ihm, daß er Belege und Bürgen für seine früheren Taten beibringt. Der Anführer der Räuberbande zieht gelegentlich Erkundigungen bei der Hehlerin ein, bei der der Neuling sein Diebesgut versetzt haben will. Mit diesen Vorsichtsmaßnahmen hofft man, in letzter Zeit häufiger auftretende Spione („Musiker") zu entlarven. Wer einer Räuberbande angehört, darf nicht „ singen", sonst wird er von den zum Gericht zusammengetretenen Bandenmitgliedern scharf bestraft. Im Dezember 1792 liegt beispielsweise der Räuber Tranche-Montagne mit zwei Kameraden im Wald von Chambon auf der Lauer. Da kommt ein einzelner Reiter des Weges, der angesichts der nach seiner prall gefüllten Börse trachtenden Räuber blitzschnell eine Pistole zückt und zwei von ihnen niederschießt. Statt seinen beiden Kameraden beizustehen, flieht Tranche-Montagne über alle Berge. Der Fall kommt vor das Räubergericht, das den Flüchtigen zum Tode verurteilt und für vogelfrei erklärt – wer immer ihm begegnet, darf ihn ohne Vorwarnung töten. Eines Tages ist es dann so weit, und ein Exempel wird statuiert: Man trennt Tranche-Montagne den Penis ab und stopft ihm die blutenden Teile in den Mund.

Nach seiner Aufnahme in die Räuberbande erhält der neu hinzugestoßene Dieb oder Mörder einen Spitznamen. So gibt es etwa einen „Dicken Normannen", einen „Schönen aus dem Berry", einen „Daumenlosen" und ein weibliches Mitglied, die „Pockennarbige".

Das neue Bandenmitglied muß bei der erstbesten Gelegenheit unter Beweis stellen, daß es ein mit allen Wassern gewaschener Räuber ist. Es muß seinen Mut beweisen, indem es den Überfall auf ein lohnendes Objekt zielstrebig ausführt und sich auch nicht durch eine plötzlich gezückte Pistole oder einen blanken Säbel von seinem Vorhaben abbringen läßt. Für solche Fälle hat der Wegelagerer sein Schießgewehr. Im Schutz der hereinbrechenden Abenddämmerung überfallen die Räuber einsam gelegene Bauernhöfe, die ihnen der Drescharbeiter als reich bezeichnet hat. Sie dringen in das Wohnhaus ein, vergewaltigen Frauen und Mädchen und mißhandeln die Männer und Alten: Man hält ihre bloßen Füße so lange ins offene Herdfeuer, bis sie das Versteck preisgeben, in dem sich die Ersparnisse befinden. In den Wald zurückgekehrt, wird ein üppiges Gelage veranstaltet und die Beute zu gleichen Teilen an die Bandenmitglieder verteilt. Dabei ausbrechende Streitigkeiten werden vom Anführer durch ein lautes „Ich will es so" entschieden, dem sich alle widerspruchslos fügen.

Eine Räuberhochzeit

Gelegentlich verliebt sich ein neues Mitglied der Räuberbande in eine der mitziehenden Frauen. Hat sie bereits einen Ehemann, gilt es sich mit ihm zu einigen. Unter den Mördern, Räubern und Dieben, deren Gemeinschaft in gewisser Weise einen Negativabzug der ehrlichen Gesellschaft darstellt, werden Ehen geschlossen und – seit der Revolution – auch wieder geschieden. Die Hochzeit findet in der Regel im Wald, gelegentlich aber auch auf einem soeben überfallenen Bauernhof statt; die Räuber machen sich einen Spaß daraus, die Bewohner des Hofes zu erschrecken, indem sie nach den üblichen Zechgelagen nackt um sie herumtanzen.

Im Wald von la Muette, einem jener Distrikte, in dem sich die Bande von „Schlehenblüte", die ihr Revier nach dem Beispiel der Staatsverwaltung in Bezirke eingeteilt hat, besonders gern aufhält, geben sich die Mitglieder der Bande anläßlich einer Hochzeit ein Stelldichein. Das Brautpaar sucht in der mit Laub ausgeschmückten Räuberhöhle den Anführer auf, um seine Erlaubnis einzuholen. Sobald sie diese erhalten haben, begeben sie sich zu einem in schwarze Lumpen gehüllten, einen Stab in der Hand haltenden Banditen, der als Priester fungiert. Er läßt zwei mit ihren Knüppeln bewaffnete Räuber so Aufstellung nehmen, daß sie sich geradewegs in die Augen blicken und jeder den Knüppel seines Gegenübers am Ende faßt, so daß die beiden Schlagstöcke eine etwa zwei Fuß hohe waagrechte Barriere bilden. Braut und Bräutigam erhalten Anweisung, sich jeweils auf eine Seite dieser Abschrankung zu stellen. Dann wird der Bräutigam gefragt „Räuber, begehrst Du diese Räuberin zur Frau?" und antwortet mit „Ja, Räuber". Nachdem mit der Braut dasselbe Ritual vollzogen worden ist, springen zuerst der Bräutigam und dann die Braut mit einem großen Satz über die beiden Knüppel hinweg. Nun geben die beiden Männer den Weg frei, und das Brautpaar fällt sich unter dem Jubel der anwesenden Räuber in die Arme. Ein Gelage schließt sich an, bei dem Unmengen von Weißbrot, Hühnern und Gänsen vertilgt und natürlich kräftig mit Wein begossen werden. Die Kinder aus den Ehen werden vom „Lehrer" in die Grundlagen des Räuberhandwerks eingeführt und nehmen bereits in jungen Jahren an den Überfällen und an den darauf folgenden Festen teil.

Räuberbanden vor und während der Revolution

Solche Räuberbanden kommen keineswegs erst mit der Revolution auf. Im Pariser Becken ist die Gendarmerie seit 1750 verzweifelt bemüht, den zur regelrechten Landplage gewordenen Räubern das Handwerk zu legen. Um 1760 kommen erste Meldungen über eine Räuberbande, die sich im Wald von Orléans zusammenrottet und zunächst von Renard, dann von Robillard und schließlich von „Schlehenblüte" angeführt wird und in Richtung Dourdan weiterzieht. Unter ihrem Anführer „Schlehenblüte" kehren sie in den Wald von Orléans zurück, wo er kurz darauf ergriffen und ins Gefängnis von Versailles gesteckt wird, gerade als die Sanskulotten die Gefängnisse stürmen. „Schlehenblüte" fällt zusammen mit anderen des Royalismus bezichtigten Gefangenen dem Septembermassaker des Jahres 1792 zum Opfer. Sein unter dem Decknamen „Der schöne Franz" bekannter Vertreter, ein gewisser Jean Anger, übernimmt die Rolle des Räuberhauptmanns.

Der gegen diese Bande ermittelnde öffentliche Ankläger stellt fest:

„Die Beauce und das Gâtinais wurden eben in jener Zeit von den Mitgliedern dieser kriminellen Horden geradezu überflutet, da in allen Städten und in sämtlichen Landstrichen das Brot äußerst knapp war. In dieser Zeit sind viele unerfahrene Kinder und gefallene Mädchen zu der bereits bestehenden Räuberbande gestoßen. Ebenfalls zu dieser Zeit ist die Zahl der Diebstähle und der Morde um ein Vielfaches gestiegen, und den Missetätern war es ein Leichtes, die Beute ihrer Raubzüge zu veräußern."

Wegen der herrschenden Tauschwirtschaft, bei der jedermann nach Herzenslust Bettzeug, Wäsche, Möbel, Silberzeug oder Schmuckstücke auf den Markt bringen oder gegen andere Waren eintauschen konnte, waren für die Diebe goldene Zeiten angebrochen: unauffällig konnten sie sich unter die Stadtbewohner mischen und fast unbemerkt ihre Beutestücke an den Mann bringen.

Die Bande des „schönen Franz“ setzt ihre Missetaten noch bis zum Konsulat fort und trägt mit dazu bei, daß Besitzbürgertum und Bauernstand in der Folgezeit Napoleons Militärdiktatur unterstützen. Kurze Zeit vor dem Staatsstreich Bonapartes wird François Boulanger, genannt „Der Kriegerische“, guillotiniert. Seine „Heldentaten“ machen in ganz Paris die Runde. Gemeinsam mit einer Schar Räuber hatte er Bauernhöfe ausgekundschaftet und nachts überfallen. Von sämtlichen Gendarmen des Departements Oise verfolgt, verlegt sich Boulanger auf das Plündern von Postkutschen. In einer Nacht hält er eine Kutsche an, von dessen Insassen kein einziger mit dem Leben davonkommt.

In den Jahren zwischen 1793 und dem Konsulat macht aber so mancher dieser Räuber und Wegelagerer zusammen mit den Aristokraten auch Bekanntschaft mit dem Fallbeil der Guillotine.

Im Anblick der Guillotine

Ein Verdächtiger wird verhaftet

Der Februar 1794 beschert der im Bourbonnais gelegenen Ortschaft Billy ein paar strahlend schöne Wintertage. Die Mienen der Einwohner, die lange unter Rauhreif und Eis gelitten haben, heitern sich zusehends auf. Auch Pierre-Antoine Meilheurat, der vor seinem Haus steht, freut sich darüber, daß das Ende des Winters naht. Er schreibt es in seinen Memoiren, die überliefert worden sind. Der etwas über 40 Jahre alte Meilheurat gehört einer jener gutbürgerlichen Juristenfamilien an, welche in einer Provinzstadt einen ansehnlichen Grundbesitz angesammelt und durch den Kauf von Nationalgütern abgerundet haben. Pierre-Antoine besitzt in Billy ein landwirtschaftliches Anwesen, dem er fortan seine ganze Aufmerksamkeit widmen möchte. Bald wird die Feldarbeit beginnen, und Meilheurat geht hinaus, um sich ein Bild von den erforderlichen Arbeiten und vom Zustand des Ackerbodens zu machen. Er beugt sich zur Erde, nimmt einen Klumpen in die Hand und läßt die Krümel prüfend durch die Finger gleiten, um festzustellen, ob sie die richtige Schwere haben. Er inspiziert die Wirtschaftsgebäude im Hinblick auf eventuell notwendige Reparaturen und überschlägt den dafür nötigen Zeitaufwand und die Kosten. Während der vorangegangenen Tage hat er Seite an Seite mit Knechten und Gesellen Zimmermanns- und Sägearbeiten verrichtet. Über der Arbeit gerät vieles ins Vergessen. Und Pierre-Antoine möchte vergessen – er, der er sich während der Anfangsphase der Revolution mit Haut und Haaren der Politik verschrieben hatte.

Seine Eltern haben ihm eine solide Ausbildung angedeihen lassen, und er kennt die Werke der Aufklärung in- und auswendig, so daß er aus der Überzeugung heraus, die monarchische Regierungsform komme „aufgrund ihrer unglaublichen Korruption“ nicht mehr in Frage, von Anfang an auf der Seite der Revolution steht. Er sieht ein, daß Frankreich der Reformen bedarf, und er ist auch bereit, diese zu unterstützen. Als die zweite Provinzversammlung zusammentritt, ist Pierre Antoine Meilheurat Syndikus von Billy; als die Nationalgarde ins Leben gerufen wird, ist er als Hauptmann dabei, und zwei Jahre lang übt er die Funktion eines städtischen Verwaltungsbeamten und Bürgermeisters von Cusset aus. Im September 1791 wird er von seinen Mitbürgern in die Distriktversammlung gewählt. Am 31. Oktober muß er aufgrund einer von radikalen Sanskulotten angezettelten Intrige vorzeitig aus dem Amt scheiden. Er besitzt in Cusset nämlich zwei erbitterte Widersacher: einen gewissen Forestier sowie dessen Neffen Givois. Der im Jahr 1739 als Sohn eines königlichen Prokurators für den Marktflecken Vichy geborene Forestier ist ein allenfalls mäßig talentierter Rechtsanwalt. Als aktiver Jakobiner wird Forestier zum Syndikus des Distrikts gewählt und zieht später als Abgeordneter in den Nationalkonvent ein. Selbst von Paris aus behält der Kontakt zu seinem Heimatdistrikt, den er mittels seines Neffen Givois nach wie vor beherrscht. Givois läßt die eidverweigernden Priester verfolgen, die Kornvorräte der Reichen zu willkürlich festgesetzten Preisen verkaufen und unterstützt nach Kräften die Entchristlichungskampagne. Meilheurat hält beide – den Onkel wie den Neffen – für gefährliche Demagogen und widersetzt sich einigen ihrer Vorhaben, wie der Herstellung von Gamaschen für die Soldaten zu überzogenen Preisen oder der Entsendung eines Trupps Freiwilliger nach Lyon ohne Vorlage eines entsprechenden Befehls. Es kommt zu hitzigen Debatten, in deren Verlauf harte Worte und gegenseitige Beleidigungen fallen und beinahe eine Schlägerei ausbricht. Meilheurat schließt sich wie so viele andere gemäßigte Bürger dem von der Bergpartei beherrschten Nationalkonvent an, akzeptiert aber nur widerwillig den revolutionären Terror, dessen Notwendigkeit er zwar einsieht, dessen Exzesse er jedoch zutiefst bedauert. Meilheurat wird daraufhin systematisch als „übertrieben Gemäßigter" und schließlich gar als Konterrevolutionär hingestellt. Es ist nicht ratsam, während einer Revolution auf halbem Wege stehenzubleiben und – eh man sich versieht – zwischen zwei Barrikaden zu geraten: Die Angelegenheit kommt vor den Debattierklub, und Meilheurat wird seines Amtes enthoben.

Doch Meilheurat sucht vergeblich, das Geschehene zu vergessen, indem er sich auf das Land zurückzieht und sich ausschließlich seinem Grundbesitz widmet – seine Feinde lassen ihm keine Ruhe. An einem Februartag des Jahres 1794 kommt im Morgengrauen ein Arbeiter völlig außer Atem auf seinen Hof gerannt, um ihn zu warnen: „Er soll sich verstecken, denn man hat Ihn zum Verdächtigen erklärt und wird Ihn noch am Abend desselben, allerspätestens jedoch am nächsten Tag holen kommen." Meilheurat aber beschließt zu bleiben, da er sich nicht das Geringste vorzuwerfen hat. Er wird festgenommen und dem revolutionären Überwachungsausschuß vorgeführt.

Das wachsame Auge der Revolution

Der Überwachungsausschuß stellt auf lokaler Ebene sozusagen den verlängerten Arm der Revolutionsregierung, das wachsame Auge der Revolution dar. Die ersten dieser Ausschüsse sind im August 1792 spontan entstanden. Im Sommer 1793 schießen sie vor dem Hintergrund der äußeren Bedrohung Frankreichs, der Revolte in der Vendée und des Föderalistenaufstandes im ganzen Land auf Gemeinde-, Distrikt- und Departementebene wie die Pilze aus dem Boden. Am 21. März 1793 werden sie per Gesetz zur offiziellen Einrichtung erklärt und mit der Überwachung von Ausländern und Verdächtigen betraut. Im September erhalten sie Anweisung, diese nötigenfalls festnehmen zu lassen.

Wer waren diese „Verdächtigen"? Das Gesetz vom 17. September 1793 ist vage formuliert, so daß es von den einzelnen Institutionen recht unterschiedlich ausgelegt werden kann. Befürworter von Monarchie oder Föderalismus, Feinde der Freiheit, solche, denen der Bürgerausweis verweigert worden ist, von ihren Ämtern suspendierte oder abgesetzte Staatsbeamte ebenso wie die Angehörigen von Emigranten gelten als verdächtig. Im Departement Gironde, einer Hochburg der Föderalisten, werden 5000 „Verdächtige" gezählt. In Gegenden, in denen die Bewohner der Politik nicht so viel Bedeutung beimessen, könnten ohne weiteres ebenso viele registriert werden, wenn die zuständigen Verwaltungen nicht so lasch wären. In dem Pyrenäenstädtchen Aspet kommt auf immerhin 3000 Einwohner gerade ein Verdächtiger und in der 2500 Seelen zählenden Ortschaft Montesquieu-Volvestre gibt es nicht einen einzigen „suspect". In ganz Frankreich mit seinen rund 28 bis 29 Millionen Einwohnern gibt es zwischen 300 000 und – wenn man die hinzurechnet, die einen festen Aufenthaltsort angewiesen bekommen – höchstens 800 000 Verdächtige. Die Verhältnisse erinnern demzufolge nicht im entfernte-

Revolutionsausschuß während der Schreckensherrschaft; der hereintretende Mann legt seinen Bürgerausweis vor.

sten an jenen „Archipel Gulag", dem das Frankreich des Jahres II laut unseren „modernen Philosophen" geglichen haben soll.

Während in föderalistisch gesinnten Gegenden vor allem reiche Händler und Großkaufleute des Eintretens für die Konterrevolution verdächtigt werden, sind in Westfrankreich breitere Bevölkerungsschichten betroffen. In Montauban gehören die meisten „Verdächtigen" den Kreisen an, die maßgeblich an dem antiprotestantischen Aufstand vom 10. Mai 1790 beteiligt gewesen waren, was in den Augen der übrigen Bevölkerung einem Verbrechen gleichkam.

Bei den in Toulouse registrierten Personen handelt es sich um ehemalige Adlige, um Angehörige von Emigranten, um Deserteure und Dienstflüchtige. Der Revolutionsausschuß beschränkt sich jedoch nicht darauf, Verdächtige ausfindig zu machen und festnehmen zu lassen. Er bekämpft gleichzeitig die Kriminalität, wirkt im Rahmen von Tanzveranstaltungen als Ordnungshüter, beaufsichtigt Cafés und Spielhäuser und ist außerdem für Schul- und Gesundheitswesen zuständig. Auch die Bürgerausweise werden vom Ausschuß ausgestellt; in Paris muß jeder Bürger einen solchen besitzen, wenn er in den Augen der Behörden nicht als Konterrevolutionär gelten will; andernorts sind es in erster Linie Beamten und eine Beförderung anstrebende Armeemitglieder, die einen solchen Ausweis beantragen.

Verzichten die Überwachungsausschüsse, wenn sie Jagd auf Verdächtige machen, in der Tat auf Beweise und verlassen sich statt dessen ausschließlich auf Denunziationen? Hat man sich ihre Tätigkeit wirklich so vorzustellen, wie sie Thermidorianer oder Royalisten auf Stichen und in Pamphleten in den düstersten Farben beschrieben haben? Die typische Szene zeigt einen vollkommen verqualmten, mit republikanischen Symbolen überfrachteten Raum, in dem inmitten von Unmengen leerer Flaschen eine Handvoll betrunkener Bestien über das weitere Schicksal von Bürgern entscheiden, die sie in demütiger Haltung um Mitleid anflehen. Die Entscheidung darüber, wer dem Ankläger überantwortet wird und wer nicht, wird entweder völlig willkürlich oder aber nach Maßgabe der erhaltenen Bestechungsgelder getroffen. Im Hintergrund sieht man einen lüstern dreinblickenden Volksvertreter stehen, der unter den erschienenen Frauen nach Opfern Ausschau hält. Robespierre wußte sehr wohl um die Korruption so mancher Agenten des Terrors und unternahm daher hin und wieder Vorstöße, sie für ihr unbotmäßiges Verhalten zu bestrafen. Doch berechtigt das noch lange nicht dazu, von einem allgemein verbreiteten Phänomen zu sprechen. Untersuchungen über die Verhältnisse in der Provinz – wie die von dem Historiker Lyons für Toulouse – zeigen deutlich, daß durchaus eine Reihe von Ausschüssen, in denen nicht mehr Notabeln, sondern Trödler, Getränkeverkäufer, Perückenmacher oder Metzger sitzen, ihre Aufgabe sehr ernstnehmen und aus den ihnen vorliegenden Denunziationen die auszusondern suchen, die ausschließlich auf persönliche Beweggründe wie Eifersucht oder den

Wunsch nach Rache zurückzuführen sind. So manche Ausschüsse denken sehr lokalpatriotisch. Die Revolutionäre von Toulouse zum Beispiel ziehen es häufig vor, sich selbst um die „Aristokraten" zu kümmern und diese lästigen Pariser, die ohnehin nichts von den Feinheiten der Lokalpolitik verstehen, möglichst aus der ganzen Angelegenheit herauszuhalten. Sie fangen daher die Karren ab, auf denen die Verdächtigen zum Revolutionstribunal nach Paris transportiert werden sollen, und lassen die darauf befindlichen Männer und Frauen herabsteigen, um sie an Ort und Stelle für ihr Verhalten zu bestrafen, ohne ihnen jedoch das Leben zu nehmen.

Die Odyssee eines Verdächtigen

Auch Meilheurats Schicksal ist bezeichnend dafür, wie wenig sich die örtlichen Institutionen gelegentlich um Anordnungen der Pariser Regierung kümmern. Nach seiner ersten Festnahme wird Meilheurat von einem Abgesandten des Nationalkonvents, der hinter der ganzen Angelegenheit den Haß von Givois wittert, rasch wieder auf freien Fuß gesetzt. Bald darauf fällt er jedoch erneut seinen Feinden in die Hände, die in einer Überweisung an das Revolutionstribunal und dessen Ankläger Fouquier-Tinville das beste Mittel sehen, sich seiner endgültig zu entledigen. Für Meilheurat beginnt eine lange und beschwerliche Reise nach Paris, die außer ihm noch Tausende von Frauen und Männern antreten müssen.

Den Verdächtigen werden wie Verbrechern die Hände mit Stricken oder Handschellen auf dem Rücken zusammengebunden, und sie werden auf klapprige, von einer Schar Gendarmen oder Nationalgardisten eskortierten Karren zusammengepfercht. Nach langen und anstrengenden Tagesetappen bezieht der Konvoi abends in einer an der Strecke gelegenen Stadt sein Nachtquartier. Bei der Ankunft werden die Karren sofort von Einwohnern umringt und ihre Insassen mit den Rufen „Ihr Verbrecher! Ihr Bösewichte! Auf die Guillotine mit Euch!" empfangen. Die anwesenden Vertreter der Stadtverwaltung sehen sich nicht immer zum Eingreifen veranlaßt – ja sie lachen sogar über die Beschimpfungen und die tätlichen Angriffe, denen die Gefangenen auf dem Weg zum städtischen Gefängnis ausgesetzt sind. Diese Provinzgefängnisse sind ganz unterschiedlich. In denen, die Meilheurat auf seiner langen Reise kennenlernt, müssen die Gefangenen dicht an dicht auf einem völlig morschen, mit fauligem und stinkendem Stroh bedeckten Bretterboden schlafen. Das Gefängnis von Toulouse ist dagegen wesentlich besser eingerichtet: Dort erhalten die Gefangenen eine ordentliche Verpflegung, haben es winters warm und werden regelmäßig von einem Arzt untersucht. Zwölf Tage lang zieht Meilheurat auf diese Weise von Gefängnis zu Gefängnis und wird überall von einer johlenden Menge empfangen. Zusammen mit seinen Leidensgenossen wird er schließlich in das Gefängnis von Le Plessis eingeliefert, wo er sieben Stunden lang im „Arrestzimmer“, einem engen, dunklen, feuchten und schmutzigen Loch, ausharren muß, in das nur durch die Dachluke eines angrenzenden Raumes Licht fällt. Von Zeit zu Zeit geht die Tür auf und wird ein Gefangener abgeführt – er kehrt nicht zurück. Die Angst ergreift die übrigen Verdächtigten. Schließlich ist auch Meilheurat an der Reihe, und ein Wächter führt ihn in einen Raum, in dem man die Gefangenen durchsucht. Schnallen, Messer, Rasierklingen und Schmuckstücke – alles nimmt man ihnen ab, und am Ende stehen sie manchmal splitterfasernackt da. Eine Beschlagnahme wird jedoch nicht überall durchgeführt, und bis in den Januar 1794 hinein dürfen die Gefangenen ihre persönlichen Dinge und die mitgeführten Assignaten behalten.

Danach wird Meilheurat in den Gefängnishof gebracht, in dem bereits Personen unterschiedlichster Herkunft auf und ab gehen: die Herzogin von Durfort und die Marquise de la Fayette ebenso wie kleine Ladeninhaber oder Lastenträger. Die einen duften angenehm nach Moschus oder Puder, die anderen sind „übelriechend, voller Ungeziefer und streitsüchtig“. Gegen Abend ißt Meilheurat etwas Brot und legt sich schlafen. Er versucht verzweifelt, sich von den Anstrengungen der vergangenen Tage zu erholen, doch wie soll ihm das gelingen, wenn um ihn herum rund vierzig Stubengenossen schnarchen und von den Abortkübeln im Raum ein entsetzlicher Gestank ausgeht? Und dennoch darf sich Meilheurat glücklich schätzen, denn Robespierre ist bereits gestürzt und die Chance der Freilassung folglich zum Greifen nahe.

Letzte Inseln der Ungleichheit

Das Leben der Gefangenen während der Schreckensherrschaft ändert sich einmal einschneidend: Bis zum Winter 1793/94 beziehungsweise Frühjahr 1794 beruht der revolutionäre Terror auf spontanen Angstreaktionen der Bevölkerung. In den Gefängnissen herrscht noch keine qualvolle Enge, und es hängt von den jeweiligen Wärtern ab, wie streng oder wie milde die Gefangenen behandelt werden. Im Frühjahr und vor allem im Prairial (Juni) 1794 überlastet die Schreckensherrschaft die Gefängnisse, die Lebensbedingungen verschlechtern sich merklich.

Anfangs stellen die Gefängnisse letzte Inseln der Ungleichheit dar. Im Palais du Luxembourg, in Port-Libre und Les Madelonnettes wird noch Rücksicht auf Herkunft und gesellschaftliches Ansehen der Häftlinge genommen, Adlige und wohlhabende Bürger müssen sich nicht unter das einfache Volk mischen. Für besonders vermögende Gefangene gibt es Doppelzimmer mit Betten, Matratzen, Decken und Bettzeug. Man verkauft ihnen außerdem zu maßlos überzogenen Preisen Wasserkrüge, Waschschüsseln und Rasierbecken. Bei Tisch gibt es drei Klassen: Jene, die ihr Essen aus eigener Tasche bestreiten können, jene, die dazu nicht in der Lage sind, und schließlich jene, die nicht nur für die eigene Verpflegung, sondern darüber hinaus auch noch für die Ernährung anderer Insassen aufkommen. Ein im Palais du Luxembourg inhaftierter ehemaliger Adliger, der seinen Reichtum früher durch die Zahl seiner Pferde, seiner Mätressen oder seiner Bediensteten zum Ausdruck brachte, tut dies neuerdings, indem er möglichst viele Bedürftige unterstützt. Ein Schatzmeister zieht das Geld von den reichen Gefangenen ein und bestreitet davon nicht nur Ausgaben für Lebensmittel, sondern bezahlt auch das frische Trinkwasser sowie Öfen, Brennholz und Holzregale oder Stühle, mit deren Hilfe die Zellen etwas wohnlicher gestaltet werden sollen. All dies geschieht auf Kosten der Reichen, die selbst für die eigene Bewachung aufkommen müssen und bis zu 150 Livres pro Tag ausgeben.

In Les Madelonnettes wird morgens in dem gleichzeitig als Wärmstube dienenden Gang Kaffee getrunken. Man sitzt auf Strohsäcken oder Holzklötzen. Danach machen die Gefangenen ihre Betten, fegen den Boden und entleeren die Abortkübel. In aller Ruhe widmet man sich der Morgentoilette. In Le Plessis sucht eigens ein Barbier das Gefängnis auf, um die dort einsitzenden Herren zu rasieren und ihre Locken zu frisieren und einzupudern. Doch stören sich die hohen Herren daran, daß der Barbier alle Insassen – die an Krätze, Grind oder Flechten leidenden ebenso wie die gesunden – mit ein und derselben Klinge rasiert. Sie ziehen es daher vor, sich einem ebenfalls inhaftierten Perückenmacher anzuvertrauen, der seine Instrumente behalten durfte und nur Kundschaft von Stand bedient. Nach Beendigung der Morgentoilette sieht man dann einen früheren Polizeileutnant mit blank polierten Stiefeln und seinen Hut in der Hand tragend sich zu seinen ehemaligen Herren begeben, um ihnen seine Aufwartung zu machen. Man hält an den Titeln und an der Etikette fest, und so kommt es hin und wieder zu kleinen Streitereien darüber, wer den Vortritt hat oder wer wem seine Aufwartung zu machen hat. Doch wenn der beste Platz innerhalb einer Zelle neu zu vergeben ist, geschieht dies nicht etwa nach dem Rang, den die betreffenden Gefangenen früher in der Gesellschaft bekleidet haben, sondern aufgrund ihrer „Verdienste“, das heißt nach Maßgabe der von ihnen bereits im Gefängnis zugebrachten Zeit.

Im ersten Stock von Port-Libre befindet sich ganz am Ende des Ganges ein großer, als Salon bezeichneter Versammlungsraum, an dessen Tischen die Männer lesen oder schreiben. Die in einem anderen Gebäude untergebrachten Frauen haben ebenfalls Zutritt und leisten strickend oder stickend den Männern Gesellschaft. Zwischendurch legt jedoch alles seine Arbeit nieder, um einem der Zeitungsleser zuzuhören, der mit lauter Stimmer die Namen der am Vortag Hingerichteten bekanntgibt.

Versuche, dem grauen Gefängnisalltag zu entfliehen

Um neun Uhr abends ruft eine Glocke die Gefangenen zum letzten Appell vor dem Schlafengehen. Ein paar Gefangene verfügen über eine Ausgangsgenehmigung und dürfen im Gefängnisgarten spazierengehen. Drei Möglichkeiten stehen ihnen offen: der alte Kreuzgang, der Palisadenhof und der Akazienhof. Dort haben einige Gefangene unter dem Baum direkt auf dem Rasen Platz genommen und eine „fröhliche Runde" gegründet, in deren Kreis eine ausgesucht höfliche, galante und heitere Konversation gepflegt wird. Baron Wirbach organisiert musikalische Darbietungen; der Poet Vigée, der Schauspieler Coittant sowie eine Reihe weiterer, der Dichtkunst frönenden Herren geben gelegentlich Kostproben ihrer Werke. Gedichte aus vorgegebenen Endreimen erfreuen sich einer ganz besonderen Beliebtheit, ja auch Ludwig XVI. soll, während er als Gefangener im Temple weilte, solche Endreimverse verfaßt haben.

Unter der Akazie werden auch so manche zarte Bande geknüpft, die nicht ohne Folgen bleiben: In den Gefängnissen kommen immer wieder Kinder zur Welt. Im übrigen dürfen die Inhaftierten anfangs den Besuch ihrer Ehefrauen oder Lebensgefährtinnen empfangen, die Stubengenossen benehmen sich dann sehr diskret. Selbst käufliche Liebe gibt es in den Gefängnissen: Dem Vernehmen nach schleichen sich junge Burschen in die Zellen, um dort erlauchte Damen von ihren Qualen zu erlösen. Man erzählt sich sogar, daß eines Tages ein solches Paar bei seinem Schäferstündchen von der Wache überrascht worden sei, worauf der fast nackte Jüngling sein Heil in der Flucht gesucht habe und seine Gespielin erst in lautes Schreien ausgebrochen sei, um eine Vergewaltigung vorzutäuschen, und anschließend das Bewußtsein verloren habe. Frühere Adlige werden zu Prostituierten, und das nicht nur des Geldes wegen. Im Palais du Luxembourg erzählt man sich noch lange die „Großtaten" einer Adligen aus dem Hause Orm, die ihren Gefängnisaufenthalt dazu nutzte, um sich „für die ihr jahrelang aufgezwungene Enthaltsamkeit überaus reichlich zu entschädigen". Viele Frauen sehen in ihrer Todesangst in der körperlichen Liebe das sicherste Mittel, um ihre Hinrichtung hinauszuzögern, da laut Gesetz keine schwangere Frau guillotiniert werden darf. Daneben gibt man sich in der „fröhlichen Runde" auch völlig harmlosen Vergnügungen hin. Ihre Mitglieder hecken lustige Streiche aus, wie dem, dessen Opfer ein vor kurzem eingetroffener Soldat ist. Dieser löste bei seiner Ankunft eine Welle allgemeiner Heiterkeit aus, indem er sich in seiner makellosen Uniform, seinem bestickten Kragen sowie seinem mit Tressen besetzten und von Federn geschmückten Hut groß in Szene setzte. Allein schon seine bescheidene Körpergröße deutete jedoch darauf hin, daß er kaum der große Held sein konnte, für den er sich ausgab, und tatsächlich stellte sich rasch heraus, daß es sich um einen ehemaligen Jahrmarktschreier von Saint Germain handelte. Eines Tages geht ein

Mitgefangener auf ihn zu und verkündet laut und deutlich, so daß es alle hören:

> „Da kommt er ja, da kommt er ja, unser großer Held, der mit in der Vendée war, dieses furchterregende Tier aus Afrika mit Stoßzähnen und das Steine frißt; kommen Sie meine Herren, kommen Sie sich ihn anzuschauen! Das Vergnügen kostet ganze zwei Sous! Sehen Sie sich den großen General an, der direkt aus der arabischen Wüste mit einem Fesselballon zu uns gekommen ist, und jetzt schön in der Tinte sitzt; schauen Sie nur alle her, dieser hier ist es, mit seiner weißen Hose und seiner schwarzen Weste. Schauen Sie sich ihn gut an!"

Die Ankunft neuer Gefangener ist eine stets willkommene Ablenkung. Alles drängt sich, um Madame de Vigny samt ihrem impotenten Sohn, Monsieur und Madame de Lavalette sowie die Prinzen aus dem Haus Rohan-Rochefort und Broglie zu sehen und mit ihnen zu sprechen. Die Einlieferung der Schauspielerin Momoro, die immer die Göttin Vernunft spielte, erregt großes Aufsehen. Während die Männer sie hübsch finden, wird sie von den Frauen einhellig als ordinär abgetan. Auch die Ankunft persönlicher Feinde, unter denen sich häufig die befinden, wegen derer man im Gefängnis sitzt, wird mit großem Interesse verfolgt. Die Gefangenen gründen in Les Madelonnettes Straftrupps, die sich die ehemaligen Spitzel vornehmen, um ihnen die Lust am Denunzieren ein für allemal auszutreiben. Ein Häftling faßt die Situation in seinem Gefängnis mit den folgenden Worten zusammen: „Eine erlesene Gesellschaft, in der man sich ausgesucht höflich und zuvorkommend begegnete und den Frauen die ihnen gebührende Aufmerksamkeit schenkte; man hätte geradezu meinen können, man weile wie eine große Familie auf einem riesigen Schloß." Doch die Idylle trügt. Überall in den Gefängnissen geht der Tod um. Sobald die Gefangenen sich an die Fenster begeben, um mit den davor stehenden Angehörigen zu sprechen, fällt ihr Blick unweigerlich auf Sanskulotten, die sie mit eindeutigen Gesten an das ihnen bevorstehende Schicksal erinnern. In Port-Libre terrorisiert der Gefängnisverwalter die Insassen, indem er nach Einbruch der Nacht an die Zellentüren klopft, um den Gefangenen ihre baldige Hinrichtung vorauszusagen. Auch die Wärter erlauben sich gelegentlich grobe Scherze: Einer in ihrer Not nach ihrer Mutter verlangenden Schwangeren flößen sie gewaltsam Wein und Katzenkot ein. Alle Gefangenen sehen voller Angst dem allabendlich um fünf Uhr einsetzenden Trommelwirbel entgegen, der das Eintreffen der Todeskarossen ankündigt. Alles stürzt zu den Fenstern, um dem Pförtner beim Öffnen der dreifachen Schlösser zuzuschauen. Kaum ist dies geschehen, kommt in scharfem Tempo eine Kutsche in den Hof gefahren, deren Lenker die Carmagnole trägt und deren Schläge von roten Phrygiermützen geziert werden. Sie hält direkt vor der Gefängnisverwaltung. Jetzt beginnt für die Insassen eine schreckliche Zeit des Wartens. Warten darauf, wen es diesmal trifft, wen der Gerichtsdiener diesmal im Hof antreten läßt, um ihm zum Revolutionstribunal zu bringen. Wenn der Wagen abfährt, entfernen sich die Gefangenen wieder von den Fenstern und stoßen einen tiefen Seufzer der Erleichterung aus – Erleichterung darüber, daß sie wenigstens für diesen Tag noch einmal mit heiler Haut davongekommen sind. Ein winzig kleiner Hoffnungsschimmer bleibt vermögenden Häftlingen noch erhalten: Mit ein wenig Glück und vor allem viel Geld könnte es ihnen vielleicht gelingen, sich in eine jener Krankenanstalten – etwa in die des Doktor Belhomme – verlegen zu lassen, in denen man vor der Guillotine sicher ist.

Die gemeinsamen Mahlzeiten

Allmählich tritt ein Wandel ein. Die Zahl der Verdächtigen steigt unaufhörlich, und die Gefangenen müssen nicht nur in den Zellen, sondern auch auf den Gängen immer enger zusammenrücken. Fortan werden keine Besuche mehr geduldet, und auch die Speisewirte bleiben aus, die die Gefangenen bisher mit Gerichten versorgt haben. Jetzt setzen sich alle miteinander – ehemalige Adlige und ganz einfache Leute – an einen Tisch. In Saint-Lazare wird mitten im Hof ein langer, roh gezimmerter Tisch aufgebaut, an dem über hundert Personen Platz finden. Das auf schlecht gespülten Tellern servierte Essen besteht aus ein paar von Fett triefenden Bohnen, einem undefinierbaren Stück Fleisch sowie einem Kanten Schwarzbrot.

Die Revolutionsregierung und die Sanskulotten fürchten, daß in den Gefängnissen eine ähnliche Revolte ausbrechen könnte wie 1792, und fördern daher systematisch das Denunziantentum. Man hofft, so eventuelle Rädelsführer dingfest zu machen und den von ihnen geplanten Aufstand im Keim zu ersticken. Die Gefangenen tun sich zusammen und verstecken die Assignaten, die man ihnen abzunehmen sucht, in den Sohlen ihrer Schuhe oder im eigenen Körper. Sie versuchen, die Wache zu bestechen, damit sie Kräutertees und Arzneimittel für die Kranken besorgen. Da sie so gut wie keine Zeitungen mehr in die Hände bekommen, bilden sie „Klubs", um sich auf dem laufenden zu halten. Ein solcher Klub tritt in Pélagie jeden Abend um acht Uhr zusammen. Wer in ihn aufgenommen werden will, muß seinen Namen, seine Adresse, seinen Beruf sowie den Grund zu seiner Verhaftung angeben. Wenn die Mitglieder dann befinden, daß seiner Aufnahme nichts mehr im Wege steht, wird ihm derselbe Auftrag wie allen anderen erteilt, nämlich im Gespräch mit den Wachen und durch die Befragung der Neuankömmlinge möglichst viel Neuigkeiten in Erfahrung zu bringen. Wenn die Nacht hereinbricht und die Gefangenen in ihren Zellen sitzen, ruft man sich gegenseitig die erhaltenen Informationen zu, wobei man vorsichtigerweise die Mitteilungen nicht mit „Ich habe in Erfahrung gebracht ...", sondern mit den

Worten „Heute Nacht habe ich geträumt ...“ beginnen läßt. Täglich holt die Todeskarosse Gefangene ab und auch die noch einmal Davongekommenen „haben beim Schlafengehen stets die Guillotine und den Tod vor Augen“, wie ein Insasse schreibt.

Vor dem Revolutionstribunal

Eines Tages ist es soweit: Der Gefangene hört seinen Namen und muß aus der Reihe heraustreten, es geht zum Revolutionstribunal. Diesem Augenblick hat man voller Angst und Spannung entgegengesehen. Die lange Wartezeit wird von manchem Häftling dazu benutzt, um mit Hilfe eines befreundeten Juristen die eigene Verteidigung vorzubereiten. Das gegen Ende des Winters 1792/93 eingerichtete Revolutionstribunal tagt im Justizpalast zu Paris. Am 10. März 1793 hat der Nationalkonvent diesen Sondergerichtshof zur Aburteilung von Verschwörern geschaffen, gegen dessen Urteil es keine Berufung und keine Revision gibt. Fünf Richter, ein öffentlicher Ankläger, zwei stellvertretende Staatsanwälte und zwölf Geschworene bilden das Gericht. Das Urteil ist nach der Geschworenenberatung und der Urteilsverkündigung innerhalb von 24 Stunden zu vollziehen. Am 27. März 1793 erhalten sämtliche ordentlichen Gerichtshöfe vom Nationalkonvent die Weisung, alle Fälle, die in die Zuständigkeit des Revolutionstribunals fallen, nach Paris zu überweisen. Am 5. April wird der öffentliche Ankläger des Revolutionstribunals ermächtigt, Verdächtige verhaften zu lassen und sie abzuurteilen. Angesichts der ungeheuren Flut von Prozessen wird im September die Zusammensetzung des Sondergerichtshofes geändert. Er besteht fortan aus 16 Richtern, 60 Geschworenen und 5 stellvertretenden Staatsanwälten, so daß das Gericht in vier getrennten Kammern tagen kann. Das Verfahren wird beschleunigt, die Verhandlungen dauern höchstens noch drei Tage. Das Gesetz vom 27. Germinal (16. April 1794) verfügt, daß alle der Konspiration verdächtigen Franzosen, ganz gleich aus welchem Teil der Republik sie stammen, nach Paris vor das Revolutionstribunal zu bringen sind, und am 8. Mai werden sämtliche Gerichte und Revolutionsausschüsse in den Departements offiziell aufgehoben. Einige von ihnen treten dennoch weiterhin zusammen.

Bis in den Prairial (Juni 1794) hinein wird der verhaftete „suspect“ zum Pariser Justizpalast gebracht, wo er in Gegenwart eines Richters oder des öffentlichen Anklägers und eines Gerichtsschreibers einem ersten Verhör unterzogen wird. Wenn der Richter zu dem Schluß gelangt, daß es keiner Verhandlung bedarf, verfaßt er einen Bericht an die Beratungskammer, und der Häftling wird freigelassen. In den Gefängnissen werden Sammlungen veranstaltet, um den Freigelassenen die Heimreise zu ermöglichen. Muß der Verdächtige weiterhin in Haft bleiben, wird eine Anklageschrift aufgesetzt, die dem Angeklagten gemeinsam mit einer

Zusammenstellung der Geschworenen und der Belastungszeugen ausgehändigt wird. Ein paar Tage vor dem Prozeß wird der Angeklagte in den Justizpalast verlegt. Die dortigen Gefängnisse – die Paillerie, die Morgue, die Chambre des Mouchards und die Petite Anglaise – sind klein und völlig überfüllt. Den mit Abstand schlechtesten Ruf hat Bonbes, „dessen einzige Belüftung in einem ewig langen Gang besteht, der die Gefängnispforte von der Außenwelt und vom Tageslicht abschneidet". Die Gefangenen schlafen in Betten, die wie Särge geformt und im Kreis aufgestellt sind, so daß alle Fußenden zum Mittelpunkt des Raumes zeigen.

Das Revolutionstribunal verfügt über vier Räume – zwei für die Voruntersuchungen und zwei für die Verhandlungen. Einer von ihnen ist der Freiheit geweiht. In diesem Raum, dessen Wände Büsten von Brutus, Marat und Lepeletier zieren, wird unter anderem Königin Marie-Antoinette der Prozeß gemacht. Zwei Wandleuchter rahmen die Erklärung der Bürger- und Menschenrechte ein. Die Richter nehmen auf einem rund einen halben Meter hohen Podium Platz, in der Mitte des langen Tisches sitzt der Vorsitzende Richter, rechts und links von ihm seine Assessoren. Sie tragen eine schwarze Robe, eine weiße Halsbinde, einen Federhut und Amtsketten um den Hals. Direkt vor dem Gerichtspräsidenten befindet sich der Tisch des öffentlichen Anklägers; links von ihm nehmen die Geschworenen und rechts der oder die Verteidiger Platz. Hinter diesen erhebt sich die Anklagebank mit ihren stufenförmig ansteigenden Sitzreihen. Der eigentliche Gerichtssaal wird durch eine Balustrade vom Zuschauerraum getrennt, der fast immer zum Brechen voll ist. Alle zeitgenössischen Schilderungen betonen, daß sich unter den Zuschauern auffallend viele Frauen befinden. Ein Polizeispitzel namens Pourvoyeur meint, es wäre besser, wenn man die Frauen aufforderte, zu Hause zu bleiben, anstatt im Zuschauerraum des Revolutionstribunals ihre Zeit zu vertrödeln und durch ihr lautes Geschwätz und das Geschrei der mitgebrachten Kinder den Fortgang der Verhandlungen zu stören. Die Frauen wollen jedoch weiterhin den Sitzungen beiwohnen, denn für sie sei es eine willkommene Abwechslung und sie fänden ohnehin keine andere Arbeit.

Der ohne Handschellen hereingeführte Angeklagte wird vom Präsidenten aufgefordert, Angaben zu seiner Person zu machen. Anschließend erfolgt die Verlesung der Anklageschrift durch den Gerichtsschreiber und die Vernehmung der Zeugen. Dann ergreift der Ankläger das Wort, um die einzelnen Punkte der Anklage zusammenzufassen. Nach dem Plädoyer des Verteidigers faßt der Präsident ein letztes Mal den Fall zusammen und präsentiert den Geschworenen eine Reihe von Fragen. Während die Geschworenen sich zur Beratung zurückziehen, wird der Angeklagte von der Wache abgeführt. Das Läuten einer Glocke kündigt die Rückkehr der Geschworenen an, die einzeln und mit lauter Stimme das Ergebnis ihrer Beratungen vortragen. Nachdem der Gerichtspräsident den inzwischen wieder hereingeführten Angeklagten davon in Kenntnis gesetzt hat, stellt der öffentliche Ankläger seine Schlußanträge und bittet um eine Urteilsfindung. Nun geben die Richter ihre Stellungnahmen ab, wobei der Jüngste anfängt – der Präsident verkündet danach entweder den Freispruch oder das Todesurteil. In diesem Fall wird der Verurteilte wieder ins Gefängnis gebracht, wo er mit bereits rasiertem Genick auf seine Abholung durch die Todeskarosse wartet.

Das Gesetz vom 22. Prairial (10. Juni 1794) bringt entscheidende Verfahrensänderungen und die Abschaffung der üblichen Absicherungen:

> „Der Zweck der Einsetzung des Revolutionstribunals ist es, die Feinde des Volkes zu bestrafen. – Feinde des Volkes sind all diejenigen, die die öffentliche Freiheit durch Gewalt oder List vernichten wollen. – Die Strafe für alle Delikte, deren Aburteilung dem Revolutionstribunal vorbehalten ist, ist der Tod. – Liegen unabhängig von der Zeugenaussage materielle oder moralische Beweise vor, so erübrigt sich die Zeugenvernehmung. – Das Gesetz gibt den verleumdeten Patrioten patriotisch gesinnte Geschworene als Verteidiger bei; die Verschwörer erhalten keine Verteidiger."

Es gibt fortan keine Voruntersuchung mehr, da der Angeklagte ja bereits durch einen Überwachungsausschuß vernommen worden ist. Auch die Verteidiger werden abgeschafft, und so scheint alles vom öffentlichen Ankläger, von Fouquier-Tinville abzuhängen. Wer eigentlich ist dieser Federfuchser, der unzählige Menschen auf die Guillotine schickt? Fouquier-Tinville, 47 Jahre alt, groß und kräftig gebaut, hat ein volles Gesicht, eine schmale und hohe Stirn, runde, glitzernde Äuglein, pechschwarzes Haar und dicke, buschige Augenbrauen. Er gilt als aufbrausend und rachsüchtig, und wenn er sich aufrichtet, um den Angeklagten anzuherrschen und mit dem Zeigefinger auf ihn zu deuten, hält der ganze Saal unwillkürlich den Atem an. Fouquier-Tinville ist die Inkarnation des revolutionären Terrors. Dieser Nachkomme einer Bauernfamilie aus den fruchtbaren Ebenen des Artois hat seine Ausbildung zur Zeit des Ancien Régime absolviert und war lange Zeit Staatsanwalt am Châtelet, einem anderen Pariser Gericht. Sein Beruf hat offenbar so sehr seine Persönlichkeit geprägt, daß er zur Zeit der Revolution um jeden Preis Geständnisse zu erzwingen und sämtliche Prozesse zu gewinnen sucht. Dieser zum Rechtsverdreher gewordene Bauer glaubt zweifellos, daß er das Gesetz verkörpere, in dessen Namen er „das revolutionäre Fallbeil niedersausen läßt". Kommt es ihm gelegentlich in den Sinn, wie grausam und schrecklich er ist? Der Ausruf „Ich wäre viel lieber Bauer", mit dem er die Pächterin eines Ausschanks bedenkt, deutet darauf hin. Dieser Mann, der bis heute von ganzen Historikergenerationen in Grund und Boden verdammt wurde, war wie Robespierre absolut unbestechlich. Bei seinem Tod steht seine Familie vollkommen mittellos da. Einen Tag vor seiner Enthauptung richtet er folgende Zeilen an seine Frau: „Geliebtes Weib, was soll nur aus Dir und unseren armen Kindern werden?“ – genau dieselbe Klage, wie sie sich auch in den Briefen jener findet, die er auf die Guillotine geschickt hat.

Der Weg zur Guillotine

Die Maschine des Doktors Guillotin wird zunächst an mehreren Leichen erprobt, bevor sie am 25. April 1792 auf der Place de Grève erstmals öffentlich eingesetzt wird, um an einem gewöhnlichen Verbrecher namens Nicolas-Jacques Pelletier das Todesurteil zu vollstrecken. Diese neue Art der Hinrichtung gilt unter den Zeitgenossen als äußerst human, weil sie den Tod rasch herbeiführt, ohne daß der Betroffene lange leiden muß. „Es gibt wohl kein Tötungsinstrument“, schreibt Prudhon, „welches die Forderungen der Menschlichkeit besser mit jenen des Gesetzes in Einklang bringt.“ Die Guillotine, das „Messer der Nation“, wandert fortan kreuz und quer durch Paris: Vom 21. August 1792 bis zum 10. Mai 1793 steht sie auf der Place du Carrousel, von der sie nur ein einziges Mal abtransportiert wird. Am 21. Januar befindet sie sich nämlich anläßlich der Hinrichtung des Königs auf der Place de la Révolution, der ehemaligen Place Louis XV und späteren Place de la Concorde. Vom 10. Mai bis zum 8. Juni 1794 wird die Guillotine auf die Champs-Elysées verlagert, wo ihr die Girondisten, Marie-Antoinette, Hébert und Danton zum Opfer fallen. Vom 21. bis zum 25. Prairial (9.–13. Juni) verrichtet sie ihr blutiges Werk auf der Place Antoine, unweit der Stelle, wo sich einst die Bastille befand, und anschließend in der Nähe der Barrière du Trône renversé (Stadttor zum umgestürzten Thron). Im Thermidor kommt sie dann wieder auf die Place de la Révolution, wo ihr Fallbeil Robespierre und seine Freunde hinrichtet, und schließlich kehrt sie auf die Place de Grève zurück.

Wenn der gefürchtete Tag gekommen ist, besteigen die Verurteilten, die Hände auf den Rücken zusammengebunden, im Gefängnishof in einen Leiterwagen, der von der Pariser Bevölkerung wegen seines Aussehens „Die Kutsche mit Dutzenden von Wagenschlägen“ oder nach dem Scharfrichter Sanson „Die Kutsche des Herrn Sanson“ genannt wird. Kaum hat der Leiterwagen den Gefängnishof verlassen, umringt ihn eine johlende Menge. Einige der zum Tode Verurteilten weinen, andere rufen laut um Hilfe und suchen das Mitleid der Bevölkerung zu erregen. Manche dagegen provozieren die Menge, tanzen ausgelassen, schneiden Grimassen und beleidigen die Sanskulotten. Die Königin und der König beeindrucken die Umstehenden durch ihre große Gelassenheit, und von Danton weiß man, daß er mit dem Henker gescherzt hat. Andere scheinen angesichts ihrer unmittelbar bevorstehenden Hinrichtung alles um sich herum zu vergessen und völlig im Gebet zu versinken.

Der Weg der Gefangenenwagen zu der Place de la Révolution oder den Champs-Elysées führt nicht immer durch dieselben Straßen, was die Polizeibeobachter sehr erzürnt. Sie halten es für sinnvoller, daß die Karren eine feste, den Kutschern wohlvertraute Strecke fahren, da man andernfalls mit Unfällen und Verzögerungen rechnen müsse, die von den zum Tode Verurteilten dazu benutzt werden könnten, Reden an das Volk zu halten. Es kommt tatsächlich vor, daß Gefangene die Sanskulotten am Weg vor dem Unheil der fortwährenden Hinrichtungen warnen: Ihre Kinder würden zur Grausamkeit erzogen und Frauen, die während ihrer Schwangerschaft zu oft die Guillotine bei ihrer blutigen Arbeit gesehen hätten, würden nur noch „Kinder mit einem Todesmal am Hals" zur Welt bringen oder „solche, die aufgrund der furchtbaren Eindrücke, die sie bereits im Mutterleib erfahren haben, vollkommen gelähmt sind".

In der Regel fährt der Gefangenentransport den Quai de la Mégisserie entlang, um von dort aus über die Rue de la Monnaie, die Rue du Roule, die Rue Honoré oder die am Louvre entlang führende Uferstraße in die Rue Nationale und zur Place de la Révolution zu gelangen.

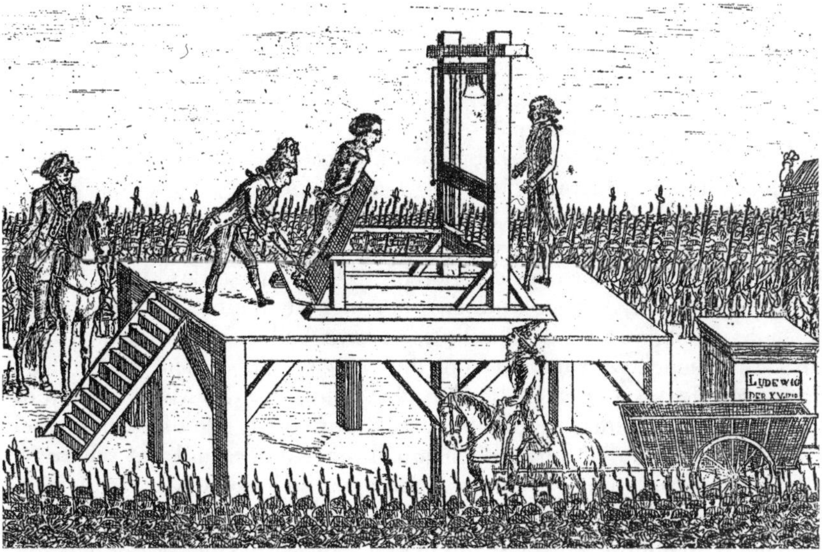

Bei dieser zeitgenössischen Darstellung einer Hinrichtungsszene ist der Mechanismus der Guillotine deutlich erkennbar.

Die Rasierklinge der Nation

Sobald der Wagen in die Rue Honoré einbiegt, können die Verurteilten die Guillotine sehen. Diese besteht aus zwei senkrechten, etwas mehr als drei Meter hohen Eichenbalken, die oben durch ein Querholz miteinander verbunden und unten mittels seitlich und hinten angebrachter Gegenlager fest in der Holzschwelle verankert sind. Das acht Zoll starke Fallbeil wird von einem Seil gehalten, dessen Enden der Scharfrichter in Händen hält. Sobald der Verurteilte niederkniet und seinen Kopf auf den Richtblock legt, läßt der Henker das Seil los, und das Beil saust herunter.

Die rund um die Guillotine versammelten Schaulustigen werden von Polizeikordons in Schach gehalten. In unmittelbarer Nähe des Schafotts halten sich die sogenannten „Strickweiber" oder „Furien der Guillotine" auf, die häufig dem Jakobinerklub angehören. Auf zierlichen Bänken sitzend, warten sie plaudernd und scherzend auf die Hinrichtungen. Im Jahr III wird einer Frau Lance, die sich den täglichen Anblick der Opfer auf keinen Fall entgehen lassen wollte, ihre gar zu große Schaulust vorgeworfen. Da sie zu hoch wohnte, um die Opfer aus nächster Nähe sehen zu können, stieg sie in die zweite Etage hinab, wo sie sich mit einem Zwicker bewaffnet aus dem Fenster beugte. Eines Tages hatte sie sich bitter darüber beklagt, daß nur sechzig Menschen hingerichtet worden seien; „nächste Woche", so soll sie gesagt haben, „werden mindestens zweihundert pro Tag dranglauben müssen". Wenn an einem Tag besonders viele Hinrichtungen stattfanden, begrüßte sie dies hocherfreut mit den Worten „Ah, ein schönes Ragout heute." Wenn das Gegenteil der Fall war, sagte sie angesichts der wenigen vorbeifahrenden Verurteilten mit unzufriedener Miene: „Wegen der paar Leute lohnt es sich nicht einmal, das Haus zu verlassen."

Für die Guillotine gibt es unzählige Spitznamen: „Das Rasiermesser der Nation", „Die kleine Louison", „Die Assignatenpresse", „Die patriotische Kürzmaschine", oder „Die kleine Katzenfalle". Guillotiniert werden heißt im Volksmund: „Mit einer heißen Hand spielen", „Am Klappfenster nach der Uhrzeit fragen", „Den Kopf in das kleine Fenster stecken" oder „In den Sack niesen", nachdem man eine „rote Messe" gefeiert hat. Abbildungen der Guillotine zieren Teller, Tabakdosen, Tassen und Briefsiegel. Zusammen mit der Devise „Tod den Spitzbuben" schmückt sie das Siegel des für den Nachschub für das Militär zuständigen Komitees. Miniaturmodelle der Guillotine werden als Kinderspielzeug verkauft, und Eltern gehen mit ihren Kindern auf die schattigen Champs-Elysées, um dort ein Kasperltheater zu besuchen, in dem bei der üblichen Hinrichtungsszene nicht mehr der Galgen, sondern die Guillotine im Mittelpunkt steht. Überall in den Straßen werden Listen feilgeboten, denen man Namen, Vornamen, Alter und Stand der Exekutierten entnehmen kann. Sogar Stoff für Lieder gibt sie her.

„O bezaubernde Guillotine,
Du kürzt Könige und Königinnen.
Du halfst uns, göttliche Maschine
Unsere Rechte zurückgewinnen.
Bitte steh dem Vaterland bei,
Dein wunderbares Instrument
Werde ständig und bleibe bei uns,
Die Verräterbrut haue entzwei!"

Den Polizeiakten kann man hin und wieder entnehmen, daß manche Zeitgenossen angesichts des in Strömen fließenden Blutes ungeheuren Ekel empfinden. So belegt ein Bericht vom 7. Ventôse (25. Februar 1794), daß die Menge ein erregtes Gemurmel anstimmte, als sie sah „mit welcher Roheit sich der Scharfrichter an sein Werk machte. Er hat mehrere Verbrecher auf so grausame Weise hingerichtet, daß viele Zuschauer hell empört waren". Doch zur selben Zeit stellt ein Polizeispitzel fest, daß nach wie vor eine stattliche Anzahl Frauen bei den Hinrichtungen zugegen sind, die begeistert aufschreien, sobald die Köpfe rollen. Diese Schreie beschäftigen uns, geben uns Rätsel auf.

Spontaner Terror und staatlich organisierter Terror

Man kann dieses Verhalten dadurch erklären, daß man, wie manche Historiker, die „Strickweiber" als soziale Randfiguren betrachtet, die zum Abschaum einer Gesellschaft gehören, der unter dem Einfluß „von so blutrünstigen Monstern wie Robespierre" völlig außer Rand und Band geraten ist. Diese Erklärung vermag jedoch nicht zu überzeugen, da es sich bei diesen Menschen, die angesichts des Todes in Begeisterungsschreie ausbrechen, um kleine Ladenbesitzer, Handwerksgesellen und Arbeiter handelt. Wie läßt sich diese Gewalttätigkeit erklären? Historiker, wie Arlette Farge und André Zysberg, sind anhand von Polizeiakten aus dem 18. Jahrhundert zu der Überzeugung gelangt, daß „die Gewalt ein fester Bestandteil des beruflichen und des privaten Alltags jener Menschen ist, die in Paris die Schicht der Lohnarbeiter und der kleinen Handwerker stellen. Paris ist nicht etwa eine besonders gefährliche Wiege der Gewalt. In der Hauptstadt bietet sich der Bevölkerung lediglich tagtäglich der Anblick von Vierteln, in denen das Leben nur aus schwerer Arbeit, enttäuschten Hoffnungen, Elend und Not, Gewalt, Bettelei und Kleinkriminalität zu bestehen scheint, die sich als ebenso hartnäckig erweisen wie ansteckende Krankheiten". Die Gewalttätigkeit, zu der sich die Sanskulotten im täglichen Leben hinreißen lassen und die uns heute so sehr befremdet, entspränge demnach „den ungeheuren Frustrationen, denen ihr Gefühls- und Sexualleben ausgesetzt ist, sowie ihren äußerst harten und unsicheren Existenzbedingungen". In den revolutionären

Versammlungen sitzen, wie Albert Soboul in seinem Werk über die Sanskulotten ausführt, häufig frustrierte Männer und Frauen ohne jegliche Schulbildung, die aufgrund der bitteren Armut, die ihr tägliches Los ist, leicht aufbrausen.

Ein gewisser Arbulot, ein Tuchscherer aus der Sektion Gardes-Françaises, gilt als gefährlicher Ehemann und Nachbar. Der für seine ausgesprochen rohe und wilde Wesensart bekannte Mann gibt offen zu, daß ihm die Massaker großes Vergnügen gemacht haben. Der aus der Sektion Champs-Elysées stammende und im Prairial verhaftete Bunou soll im Jahr II für seine Sektion eine Guillotine gefordert und gleichzeitig erklärt haben, daß „falls sich kein Henker finden sollte, er selbst zur Übernahme dieses Amtes bereit sei". Ein gewisser Lesur aus der Sektion Luxembourg läßt verlauten, daß die Guillotine nicht rasch genug arbeite, daß man auch in den Gefängnissen Todesurteile vollstrecken müsse und daß, falls der Henker müde sei, er ihm persönlich mit einer vier Zoll breiten Klinge zur Hand gehen werde. Ein militantes Mitglied der Sektion Gardes-Françaises namens Jayet fordert, das Blut solle in Strömen fließen, und am 2. Pluviôse des Jahres II, dem Jahrestag der Hinrichtung Ludwigs XVI., bekunden nach einem Fest auf der Place de la Révolution einige Frauen in einem nahegelegenen Wirtshaus ihre Zufriedenheit: „Man hätte den Sanskulotten gar keine größere Freude bereiten können als diejenige, die sie empfinden, wenn an einem solchen Tag wie heute die Guillotine ihre Arbeit verrichtet, denn wenn die Guillotine stillgestanden hätte, wäre das Fest lange nicht so schön gewesen."

Diese Gewalt, die durchaus biologische Ursachen hat, kommt nicht von ungefähr. Es sei an dieser Stelle noch einmal auf ihre politische Zielsetzung hingewiesen. Seit dem Manifest von Braunschweig, in dem emigrierte französische Adlige eine Strafexpedition nach Paris in Aussicht stellen, fühlen sich die Revolutionäre bedroht, und die Schreie des Hasses vor dem täglichen Schauspiel der Hinrichtungen entspringen einer tiefen Angst, die sich mit dem Wunsch nach Bestrafung zu betäuben sucht.

In den Polizeiberichten des Jahres II findet sich neben den vielen Bezeichnungen, die der Volksmund für die Guillotine kennt, auch häufig der Ausdruck „die heilige Guillotine". Wie die Pike, so ist auch die Guillotine ein Symbol für die Volkssouveränität, sie ist die Waffe, mit der man die Feinde der Sanskulotten vernichtet oder ihnen zumindest Angst einjagt. Die Limonadenverkäuferin Baudray verkündet im Jahr II, daß „sie am liebsten das Herz jener verspeisen würde, die gegen die Sanskulotten sind". Am 18. Nivôse (7. Januar) wird in den Straßen von Paris wiederholt die Forderung nach einer Säuberung der Kaufmannschaft laut. „Man muß alle Reichen umbringen und erwürgen", verlangt die Bürgerin Saunier, und eine andere Bürgerin namens Guillet ergänzt, daß man die Herzen sämtlicher „Stutzer" verzehren müsse. Noch im Jahr III verkündet eine Frau Chalandon, daß sich erst dann alles zum Besten kehren werde, wenn an sämtlichen Kreuzungen eine fest installierte Guillotine stehe und daß „alle Pfaffenknechte", alle Aristokraten und alle Kaufleute einen Kopf kürzer gemacht werden müßten.

Bis zum Sommer desselben Jahres wächst die Gefahr einer Neuauflage der Septembermorde von 1793, da die Bevölkerung Komplotte aus den überfüllten Gefängnissen befürchtet. Am 3. Januar 1794 unterhalten sich unweit des Nationalkonvents einige Männer und Frauen über das Revolutionstribunal und es fallen Äußerungen wie: „Seit einiger Zeit sprechen die Geschworenen, die allesamt dem Kaufmannsstand angehören, die Wucherer frei. Falls der Nationalkonvent diesen Mißstand nicht beseitigt, werden die Sanskulotten entsprechende Schritte zu unternehmen wissen." Drei Tage später hören ein paar Arbeiter, die sich über die Guillotine unterhalten, eine Frau sagen: „Alles geht viel zu langsam vonstatten. Gestern hieß es im Faubourg Saint-Antoine, daß es in Kürze zu einem Aufstand kommen werde, und Ihr werdet sehen, daß das so nicht weitergeht". Am 10. Januar ergreift in einer Gruppe, die sich gerade über die Kaufleute unterhält, die das Maximum brechen, plötzlich eine Frau das Wort und sagt: „In den Gefängnissen wimmelt es von Verbrechern, derer man sich sehr wohl ohne Guillotine entledigen könnte".

Mit den Septembermorden von 1793 hat sich die Bergpartei diese Forderung des Volkes nach Terror zunutze gemacht, um den Regierungskurs zu radikalisieren. Sie lenken den spontanen Volksterror, der das Besitzbürgertum und die wohlhabenden Bauern sehr bedroht, in legale Bahnen. Erläßt eben diese Regierung das Gesetz vom 22. Prairial (10. Juni 1794), das die Gerichtsverfahren beschleunigt und so zum Höhepunkt der Schreckensherrschaft führt, etwa aus Angst vor der Bevölkerung? Muß dieses Gesetz nicht – wie der Historiker Mathiez vorschlug – im Zusammenhang mit den Ventôsedekreten vom Februar und März 1794 gesehen werden, mit deren Hilfe man den Besitz der abgeurteilten Verdächtigen beschlagnahmen und an mittellose Patrioten verteilen kann? Der Allgemeine Sicherheitsausschuß, der zu dem Prairialgesetz nicht angehört worden war und in dem außerdem viele Anhänger des von Robespierre verfolgten Club des Cordeliers sitzen, soll dieses Gesetz bewußt verfälscht haben, indem er die Angeklagten scharenweise zu völlig heterogenen Gruppen zusammenfaßte – einzig und allein in der Absicht, Robespierre als einen Diktator hinzustellen, der die Menschen nach seinem Belieben auf die Guillotine schickte.

Der Historiker Georges Lefebvre betont dagegen die äußeren Umstände dieses Gesetzes, das die Möglichkeiten staatlicher Gewaltanwendung ganz entscheidend erweiterte. Am 3. Prairial war ein Mordanschlag auf Collot d'Herbois verübt worden, und nur einen Tag später entging Robespierre mit knapper Not einem Attentat. Von da an fühlten sich die Parteigänger Robespierres wie die Sanskulotten von Feinden umgeben, die es um der Republik willen zu vernichten galt.

Zieht man eine Bilanz der Schreckensherrschaft, so gelangt man zu dem Ergebnis, daß sie 17000 Menschen das Leben kostete, wovon 3,5 Prozent vor September 1793, 70 Prozent während der Monate Oktober 1793 bis Mai 1794 und 14 Prozent in der kurzen Zeit zwischen Mai und Juni 1794 hingerichtet wurden. Diese Zahlen sind jedoch insofern unvollständig, als noch jene rund 12000 Personen hinzugerechnet werden müssen, die ohne Urteilsspruch hingerichtet wurden oder in den Gefängnissen starben. Dies ergibt eine traurige Gesamtsumme von rund 35000 bis 40000 Todesopfern. Diese Zahl, die einen erschauern lassen kann, bleibt dennoch weit hinter den unglaubwürdig hohen Zahlenangaben zurück, die in neuester Zeit in den Raum gestellt werden. Auch wenn die Gründer der Republik die „Tyrannei der Freiheit" als Ergebnis einer Notwehrsituation darstellen, ist damit noch lange nicht alles gerechtfertigt. Oder um mit Romain Gary zu sprechen: „Indem man bestimmte Prinzipien zu verteidigen, andere dagegen mit Stumpf und Stiel auszurotten versucht, tötet man auch Menschen."

Revolutionärer Terror und „weißer" Terror

Statt von dem Terror schlechthin müßte man strenggenommen von den verschiedenen Spielarten des Terrors sprechen. In den Geschichtsbüchern wird für gewöhnlich ausführlich auf die Greueltaten eingegangen, die während der Schreckensherrschaft von Sanskulotten und Jakobinern begangen wurden; die Urheber des „weißen", konterrevolutionären Terrors werden jedoch meist verschwiegen. Neben den Truppen der katholisch und royalistisch gesinnten Aufständischen und den Föderalisten gibt es in ganz Frankreich erbitterte Gegner des neuen Systems. Nach dem Sturz Robespierres erhalten sie Zustrom aus dem Lager der freigelassenen politischen Gefangenen und der Emigranten, die wieder heimkehren dürfen. Nicht selten verbergen sich hinter den Rufen „Es lebe der König!" und „ Es lebe die Religion!" persönliche Rachegelüste; die Befürworter des weißen Terrors tarnen sich hinter mehr oder weniger straff gegliederten, für die Widereinführung der Monarchie eintretenden Organisationen. Zu diesen Vereinigungen gehört unter anderem diejenige der „Kompagnons von Jéhu", deren Mitglieder von der noch harmlosen Zerstörung der Büsten der Freiheitsmärtyrer bald zur Jagd auf die Patrioten des Jahres II übergehen. Bei Lyon befördern Saône und Rhône tagtäglich die Leichen unzähliger sogenannter „Bluttrinker" flußabwärts – jener Menschen, welche für die vielen Hinrichtungen des Jahres II verantwortlich gemacht und von mehr oder weniger unter dem Einfluß des englischen Geheimagenten Wickham stehenden Personen umgebracht wurden. Listen mit den Namen Denunzierter gehen von Hand zu Hand und sollen den „Kompagnons von Jéhu" das Aufstöbern der einstigen Terroragenten des Jahres II erleichtern. Im Jahre 1795 werden im Departement Ain die auf Befehl des Abgesandten des Nationalkonvents Boisset

Eine „republikanische Hochzeit": die massenhafte Ertränkung politischer Gegner in der Loire auf Befehl des Generals Carrier (6. und 7. Dezember 1793).

festgenommenen Terroragenten beim Verlassen der Stadt Bourg-en-Bresse überfallen und getötet. Auch in den Gefängnissen von Lons-le-Saunier kommt es zwischen dem 25. Mai und dem 1. Juni wiederholt zu Massakern. In der Provence operiert die sogenannte „Compagnie du Soleil", deren Mitglieder in Nîmes, Toulon, Aix-en-Provence, Tarascon und in Marseille Lynchjustiz üben.

In Paris versammeln sich zur Zeit der Thermidorianerreaktion „Stutzer" im Palais-Royal, im Café de Chartres oder im Café des Canonniers, um Pläne gegen ihre Feinde zu schmieden. In den Straßen der Hauptstadt machen sie Jagd auf Sanskulotten. In der Zeit zwischen der Schließung des Jakobinerklubs (November 1794) und der Niederwerfung des Prairailaufstandes im Jahr III (Mai 1795) stößt man immer wieder auf die 2000 bis 3000 Mitglieder der sogenannten „jeunesse dorée". Die Herkunft dieser jungen Männer ist ganz unterschiedlich: Neben den Söhnen Adliger und wohlhabender Bürger gehören der „jeunesse dorée" auch Literaten, Juristen, Schauspieler, Kaufleute, Bankangestellte, einfache Verwaltungsbeamte, Hausangestellte und arbeitslose Lehrlinge an. Bei vielen dieser jungen Burschen handelt es sich um Drückeberger, das heißt um Dienstflüchtige oder Deserteure. Diese heterogene Gruppe findet einzig und allein in der völligen Ablehnung der Revolution einen gemeinsamen Nenner. Dem typischen Erscheinungsbild der Sanskulotten setzen sie das der „Stutzer" entgegen: ein möglichst enganliegender, flaschengrüner oder brauner Rock, den – in Erinnerung an den verwaisten Thronfolger im Temple – siebzehn Perlmuttknöpfe zieren, sowie Perücken, die angeblich aus dem Haar von Guillotinierten hergestellt sind. Sie schmücken sich mit riesigen, in unzählige Falten gelegten Halstüchern aus Mousseline und tragen als Zeichen ihrer Trauer um Ludwig XVI. Kragen aus schwarzem Samt. Ferner „haben sie breite, spitz zulaufende Revers, schwalbenschwanzförmige Rockschöße, enganliegende Hosen, die unterhalb des Knies von einer solchen Flut von Bändern zusammengehalten werden, daß die Beine leicht krumm wirken, bunt gewirkte Strümpfe und leichte, von keinerlei Gamaschen bedeckte Schuhe". Zur weiteren Ausstattung gehört ein unverschämt großes Monokel und ein mit Blei beschwerter Knüppel, den sie als „ihre Exekutive" bezeichnen und mit Vorliebe auf den Rücken von Sanskulotten niedersausen lassen. In eine Duftwolke von Moschusparfum gehüllt, an der man sie aus einem Abstand von zwanzig Metern erkennt, spazieren sie mit stolzgeschwellter Brust einher und suchen bei ihren Unterhaltungen die Konsonanten möglichst zu meiden: „Ihre Lippen", so berichtet ein Journalist voller Hohn, „scheinen sich beim Sprechen kaum zu bewegen, und das undeutliche Summen, welches durch das leichte Aneinanderreiben der Lippen entsteht, erinnert sehr an jenes ‚ps, ps', mit dem man ein Schoßhündchen lockt. Die einzigen Worte, die man dieser Aneinanderreihung von Vokalen zu entnehmen vermag sind ‚mein Ehrenwort', ‚unglaublich' sowie ‚entsetzlich' und andere, ähnlich verunglimpfte Ausdrücke." Sie führen die sogenannten „Modedamen" aus, deren enganliegende Kleider aus Gaze sämtliche Rundungen des Körpers erkennen lassen und deren blonde Perücken zu kunstvollen Zöpfen geflochten sind. „Blonde Perükken und schwarze Kragen" lautet denn auch der Titel einer Oper von Picard und Devienne, in der die „ Helden" dieser neuen Zeit dargestellt werden, die Michelet folgendermaßen charakterisiert: „Wenige Tage nach den Ereignissen von Thermidor durfte ein noch heute unter uns weilender Mann, der damals gerade zehn Jahre alt war, seine Eltern ins Theater begleiten. Als die Vorstellung vorbei ist, bewundert der Junge beim Hinausgehen die lange Schlange der prächtigen Wagen, die vor dem Theater warten und die er heute zum ersten Mal sieht. Barhäuptige Männer in kurzen Jacken sprechen die das Theater verlassenden Zuschauer an und fragen ‚Wünschen Sie einen Wagen, mein Herr?' Auf seine Frage nach der Bedeutung dieser ihm völlig unbekannten Worte erhält der Knabe die lakonische Antwort, daß sich seit dem Sturz Robespierres vieles geändert habe".

Die Revolution auf dem Lande

Ein Dorf im Dornröschenschlaf?

Mitten im Pays de Thelle und nur wenige Meilen von Paris entfernt liegt das Dorf Le Mesnil-Théribes, eine Ansammlung einiger dicht um die Kirche gescharter Häuser. Ein Reisender, der dieses Dorf im Jahre 1789 besucht hätte und sich im Jahre 1795 erneut dorthin begeben würde, könnte wohl kaum größere Veränderungen im Alltagsleben der Dorfbevölkerung feststellen. Die Gemarkungsgrenzen sind weitgehend dieselben geblieben, und wie eh und je ziehen sich an einem kleinen Flüßchen naturbelassene Wiesen, mit Viehmist gedüngte Gärten, in unzählige länglich geformte Parzellen unterteilte Äcker und Waldstücke entlang. Das Leben der rund 400 Dorfbewohner verläuft zur Zeit des Nationalkonvents in denselben Bahnen wie unter Ludwig XVI. Im März erwacht das Dorf aus seinem Winterschlaf. Mit denselben Geräten, wie sie auch die vorhergehenden Generationen schon verwendeten, wird der Ackerboden zur Aufnahme der Frühjahrssaat vorbereitet und Gerste oder Hafer ausgesät. Dann beginnt die Heumahd, und zu Johannis stellen sich überall auf den Höfen arbeitssuchende Tagelöhner ein. Während der Getreideernte im Sommer gibt es Schlemmereien und üppige Zechgelage, die nicht selten mit handfesten Auseinandersetzungen enden. Im Herbst werden dann die Felder für die Winterfrucht – Weizen und Roggen – bestellt und die Gemeindeherden – meist Schafe – auf das brachliegende Land gelassen. Der mit unzureichenden Methoden bearbeitete, schlecht gedüngte und zu dicht besäte Ackerboden wirft nur etwa die vier- bis fünffache Menge des Saatgutes ab, der erwirtschaftete Ertrag übersteigt nur selten acht Zentner pro Hektar.

Das Dorf besitzt im Jahr 1795 noch dieselbe Sozialstruktur wie 1789: An der Spitze der Hierarchie stehen drei Großbauernfamilien, von denen jener der Familie Famin de Beaufresne insofern eine Sonderstellung zukommt, als sie das meiste Ackerland sowie ein Dutzend Gespanne und Pflüge besitzt. Dann folgen die Familien Duchesne, Charpentier, Lebesgue, Languedoc und Tinet, die ebenfalls über – wenn auch deutlich weniger – eigenes Land und eigene Zugtiere verfügen. Ihre Wohnverhältnisse und ihre Kleidung sind zwar kaum besser als die der übrigen Dorfbewohner, doch gelten sie dennoch als wohlhabend, weil sie ohne allzu große Schwierigkeiten alle ihre Kinder ernähren können. Diese dörfliche Ober- und Mittelschicht beschäftigt Landarbeiter, die entweder aufs Jahr oder tageweise um 20 Sous pro Arbeitstag eingestellt werden. Wenn diese nicht seit jeher das Recht hätten, nach Abschluß der Ernte die auf den

Feldern liegengebliebenen Ähren aufzulesen, und ihre Frauen nicht durch Heimarbeit das Familieneinkommen aufbessern würden, indem sie für städtische Händler Garn spinnen, wären diese Taglöhner fortwährend vom Hungertod bedroht. Neben den Bauern gibt es in Le Mesnil-Théribes auch einige ländliche Handwerker wie Schuhmacher, Flickschuster, Holzschuhmacher, Bauarbeiter, Ziegelbrenner, Küfer, Hufschmiede, Wagner und Sattler, die mit ihrer Hände Arbeit rund zwanzig Familien ernähren. Dorfpriester Potiquet, der 1789 schon seit 24 Jahren im Amt ist, hat den Eid auf die Zivilverfassung des Klerus geschworen und ist zum ersten Bürgermeister der Gemeinde bestellt worden. Jean d'Ivery, der frühere Grundherr von Le Mesnil-Théribes, hat die Zeit der Schreckensherrschaft im Gefängnis überlebt und kehrt nun auf seine Ländereien zurück.

Man wird in den Registern der Gemeindeverwaltung vergeblich nach Einträgen über die zentralen Ereignisse der Revolution suchen – weder der Sturm auf die Bastille, noch der auf die Tulierien, weder die Hinrichtung des Königs noch die „Große Angst", die im Sommer 1789 das ganze umliegende Land erfaßt hatte, haben darin Niederschlag gefunden. Und dennoch ist die Revolution nur scheinbar spurlos an dem Dorf vorbeigegangen. Auch wenn sich Kleidung, Wohnung, Möbel und Haushaltsgeräte der Dorfbewohner ebensowenig geändert haben wie die tagtägliche Arbeit, sind die Auswirkungen der Revolution dennoch deutlich zu spüren. Dem Fremden fallen sie vielleicht gar nicht auf, den Dorfbewohnern jedoch sind sie durchaus bewußt.

Die Freiheit von Grund und Boden

So spielen gewisse Personen im Dorfleben plötzlich keine Rolle mehr, und die Dorfbewohner haben dafür mehr Freiheiten erhalten: vor allem die Freiheit des Bodens, denn es gibt fortan weder Grundherrn noch Zehntherrn. Künftig ist nach der Ernte nicht mehr ein Teil des Ertrages an die Grundherrschaft und an die Kirche abzuliefern. Ferner sind die Bauern nicht mehr wie früher dazu verpflichtet, ihr Korn ausschließlich in die Mühle des Grundherrn zu bringen, so daß auch die Abgaben für das Getreidemahlen wegfallen. Die Wegegebühr, die die Grundherren einst auf den Transport des Getreides zu den nahegelegenen Märkten erhoben, müssen die Bauern jetzt nicht mehr entrichten, und es gibt keine Angestellten des Grundherrn mehr, die über die Dorfbewohner zu Gericht sitzen. Es kommt auch kein Zehnteintreiber mehr ins Dorf, um im Auftrag des Klerus von allen Feldern den zwölften Teil des Ernteertrags einzuziehen. All diese Abgaben sind entfallen, ein Umstand, der nicht nur einen Sieg der französischen Bauernschaft, sondern auch einen entscheidenden Erfolg für die Gemeinde von Le Mesnil darstellt. Zwar haben die Bauern dieses Dorfes zur Zeit der „Großen Angst" nicht – wie dies andernorts mehrfach geschah – das Schloß erstürmt, um die dort aufbewahrten Urkunden über die Herrschaftsrechte zu verbrennen, aber sie haben, ungeachtet der Anordnungen der Nationalversammlung, sehr früh keine Abgaben mehr abgeführt, weder an den Grund- noch an den Zehntherrn. Die Befreiung von diesen Naturalabgaben bedeutet, daß den Bauern von ihrem Ernteertrag mehr zum eigenen Verbrauch verbleibt. Auch die Ablösung der königlichen Taille durch die neue Grundsteuer wirkt sich zum Vorteil der Bauern aus, die nun weniger Getreide an die Dorfgemeinschaft abführen müssen. Beinahe drei Jahre lang werden überhaupt keine Abgaben gezahlt, und die Entrichtung der neuen Steuer wird so lange wie irgend möglich hinausgezögert. Die von der Nationalversammlung neu eingeführte Grundsteuer löste in Le Mesnil einen Aufstand aus, der noch allen Dorfbewohnern deutlich in Erinnerung ist.

Die Armen ergreifen das Wort

Am 19. Februar 1792 hatte der Bürgermeister von Le Mesnil am Kirchenportal eine Mitteilung anschlagen lassen, der die Höhe der aufzubringenden Grundsteuer nebst einer Schätzung der zur Gemeinde gehörenden Äcker, Wälder und Wiesen zu entnehmen war. Das Ergebnis dieser Schätzung erscheint den armen Bauern, die nur ein kleines Stück Land besitzen, sehr ungerecht. Sie beschweren sich darüber, daß die mit dieser Arbeit betraute Kommission ganz offensichtlich die Reichen begünstigt habe. Die empörten Kleinbauern tun sich zusammen, beschimpfen den stellvertretenden Bürgermeister als „Menschenschinder und Mörder" und belagern den zur Beratung zusammengetretenen Gemeinderat. Ein Protokoll vom 26. Februar, das die Unterschrift Charpentiers, Duponts und von Lebesgue trägt, gibt die Ereignisse folgendermaßen wieder:

> „Der Bürgermeister und die Gemeinderäte. In der Menge erkannte man Louis Lecreux, genannt *artus palin,* sowie eine Menge weiterer Burschen, welche die Papiere samt der darauf verzeichneten Anordnungen entfernten. Dabei hatte die Gemeindeverwaltung die Öffentlichkeit vorsichtshalber mehrmals durch Plakate darauf hingewiesen, daß die Papiere der Nationalversammlung auf gar keinen Fall entfernt werden dürfen. Eine Stunde nach dem Abendläuten haben diese Burschen sich nicht im geringsten um dieses Verbot gekümmert.
>
> Da der Gemeinderat es satt hatte, an seinem üblichen Versammlungsort, der Schule, fortwährend belästigt zu werden, brach er von dort auf, um sich in den neuen Sitzungssaal zu begeben. Auf dem Weg dorthin wurden die Gemeinderatsmitglieder erneut belästigt, obwohl sie ihre Schärpen trugen. Louis *palin* schrie ihnen lauthals seine Forderungen zu und wollte keine Ruhe geben. Als ihm der Bürgermeister daraufhin mit einer gerichtlichen Anzeige drohte, erhielt er von dem

genannten *palin* die Antwort, daß er weiterhin schreien werde, weil er ein Esel sei. Der Gemeinderat begab sich daraufhin in den neuen Sitzungssaal, um über diese Vorfälle zu beraten und das oben Geschilderte festzuhalten."

Die Gemeindeverwaltung versuchte zwar gegen die Unruhestifter vorzugehen, doch diese reagierten auf die ihnen überbrachten Anzeigen lediglich insofern, als sie den Gemeindeboten windelweich prügelten. Anläßlich dieser Auseinandersetzung um die neue Steuer begann man sich leidenschaftlich für die Gemeinderatswahlen zu engagieren, die bisher nur wenige Aktivbürger interessiert hatten. Die Bauern verbündeten sich gegen den Grundherrn Jean d'Ivery, der für das Amt des Bürgermeisters kandidierte und von seinem Verwalter Famin sowie von dem Priester unterstützt wurde. Als sich ein Sieg der Bauern abzeichnete, zog Jean d'Ivery seine Kandidatur zurück. In Le Mesnil vermochte sich zwar in den Jahren 1792/93 die Demokratie nicht ganz so weit durchzusetzen wie in anderen Dörfern, in denen arme Einwohner und somit ehemalige Passivbürger in den Gemeinderat einzogen; aber dafür hatten sich hier zum ersten Mal die Armen der Gemeinde öffentlich zu Wort gemeldet.

Die Gemeindeangelegenheiten wurden in Le Mesnil wie andernorts über das Jahr II hinaus von den Notabeln geregelt. Ob die Bevölkerung weiterhin Diskussionen zu entfachen suchte, läßt sich nicht sagen, da entsprechende Quellen fehlen. Von anderen Dörfern, etwa in der Provence, deren politisches Leben von Maurice Agulhon erforscht wurde, wissen wir, daß vor allem die ländlichen Handwerker über die Zeit der Revolution und des napoleonischen Kaiserreiches hinaus weiterhin die Politik der Pariser Regierung oder der jeweiligen Gemeindeverwaltung in aller Öffentlichkeit kritisierten. So stellt beispielsweise im Jahr 1811 der Präfekt des Departements Aisne fest, daß „die ganzen subversiven Praktiken des politischen Lebens, wie sie während der Revolution aufkamen, nicht von jetzt auf nachher abgestellt werden können". Ein systematisches Durchforsten der Berichte der übrigen Präfekten würde belegen, wie hartnäckig man während des Kaiserreichs in Stadt und Land an den demokratischen Prinzipien festhielt.

Die Reichen konsolidieren ihre Macht

Diese „raisonneurs" (Klugschwätzer), wie sie 1815 von einem Präfekten genannt werden, stammen zwar aus den unterschiedlichsten Verhältnissen, doch in Le Mesnil wie anderswo sind es ausschließlich die Reichen, die ihre Machtposition zu konsolidieren vermögen. Sie übernehmen nicht nur die politische Macht innerhalb des Gemeinwesens, sondern nutzen gleichzeitig den Verkauf der Nationalgüter dazu, ihren Besitz zu vergrößern. Dieser Umstand bildet auf dem flachen Land jahrelang einen wichtigen Gesprächsstoff und manchmal Anlaß zu erbitterten Auseinandersetzungen. Die Armen hatten gehofft, einen Teil der verstaatlichten Kirchengüter zu erhalten. In einem Dorf unweit von Etampes suchen arme Bauern in der festen Überzeugung, daß sie nun ebenfalls zu einem Stück Land kommen werden, den mit dem Verkauf der Nationalgüter beauftragten Notar auf:

„Der Notar – Was führt Euch her, meine Kinder?
Die Bauern – Wir kommen wegen der Teilung, Ihr wißt doch.
Der Notar – Welche Teilung?
Die Bauern – Wegen der Aufteilung der Nationalgüter,
wir kommen, damit Ihr diese unter uns verteilen könnt."

Die Bauern mußten einsehen, daß ihre Hoffnung sie getrogen hatte: Die ehemaligen Kirchengüter wurden versteigert und erzielten so hohe Preise, daß die Armen in den seltensten Fällen mithalten konnten. Auf diese Weise kam der Verkauf der Nationalgüter fast ausschließlich dem Besitzbürgertum und den wohlhabenden Bauern zugute. In Le Mesnil sicherten sich die vermögenden Bauern den Löwenanteil, indem sie zwei Drittel der Nationalgüter aufkauften, während nur ganze sieben Prozent des zum Verkauf stehenden Ackerlandes in den Besitz von Tagelöhnern übergingen und der Rest von Handwerkern oder Schulmeistern erstanden wurde. Die Käufer hielten lange Zeit der Revolution die Treue und widersetzten sich der Rückkehr zum Ancien Régime.

Das Dorf öffnet sich der Außenwelt

Nicht nur die Neuordnung der Gemeindeverwaltung, des Steuer- und Gerichtswesens, sondern auch die Einführung der allgemeinen Wehrpflicht bewirkte zweifellos einen tiefgreifenden Wandel im Leben der Dorfbewohner. Welche Kontakte hatten bisher die Bewohner von Dörfern, die wie Le Mesnil abseits großer Straßen und Städte lagen, denn schon zur Außenwelt? Sie bezogen ihre ganzen Informationen von durchreisenden Händlern, von den Bauern, die ihr Korn auf weitentfernten Märkten verkauften, oder von Familienoberhäuptern, die ihre Frauen nach Paris begleiteten, um ein Kleinkind abzuholen, das sie dort in die Obhut einer Amme gegeben hatten. Die allgemeine Wehrpflicht und die Eroberungskriege, die die jungen Dorfburschen kreuz und quer durch Europa führen, bewirken eine stärkere Öffnung der bäuerlichen Dorfgemeinschaft gegenüber der Außenwelt. 1792 verließen 12 junge Burschen Le Mesnil, um in die Armee einzutreten, 1793 waren es gar 22 – eine beachtliche Zahl, wenn man bedenkt, daß das gesamte Dorf gerade 400 Einwohner zählte. Man kann wohl davon ausgehen, daß diese Burschen wie die übrigen Soldaten eine Fülle neuer Eindrücke aus einer ihnen bislang unbekannten Welt und eine neue Lebensweise mit nach Hause brachten: neue Ernährungsgewohnheiten – sie essen mehr Fleisch und häufiger Reis –, neue Praktiken in der Körperpflege – sie gehen zunehmend dazu über, Seife zu verwenden – und ein neues Sexualverhalten, die Empfängnisverhütung. Diese jungen Burschen, die durch die Armee des Jahres II geschult worden sind, in der das Gleichheitsideal lange Zeit hochgehalten wurde, entwickelten sich im reifen Mannesalter, wenn sie ihren Kriegsdienst absolviert hatten und in ihr Dorf zurückgekehrt waren, zu Pädagogen der Republik. Abends in den Spinnstuben oder tagsüber in den Schulen, an denen sie bisweilen als Lehrer eingesetzt wurden, sorgten sie dafür, daß die siegreiche Revolution, welche die Gleichheit aller gebracht hatte, nicht in Vergessenheit geriet.

Literaturhinweise

Allgemein darstellende Werke:

Lefebvre, George, La Révolution francaise, Paris 1951 (1963).
Soboul, Albert, Französische Revolution und Volksbewegung: Die Sanskulotten, Frankfurt/M. 1978.
Vovelle, Michel, Die Französische Revolution – soziale Bewegung und Umbruch der Mentalitäten, hg. von Schöttler, Peter, München 1982.
Furet, François / Richet, Denis, Die Französische Revolution, München 1980.
Reichardt, Rolf (Hg.), Ploetz – Die Französische Revolution, Freiburg/Würzburg 1988 (mit weiterer Literatur).
Schmitt, Eberhardt (Hg.), Die Französische Revolution. Anlässe und langfristige Ursachen, Darmstadt 1973 (mit weiterer Literatur).
Ders., Einführung in die Geschichte der Französischen Revolution, München 1980 (mit weiterer Literatur).

Quellensammlungen:

Grab, Walter (Hg.), Die Französische Revolution. Eine Dokumentation (Nymphenburger Texte zur Wissenschaft) München 1973.
Markov, Walter (Vf. u. Hg.), Revolution im Zeugenstand. Frankreich 1789–1799, Bd. 1/2, Leipzig 1982 (westdeutsche Lizenzausgabe Stuttgart 1986).
Pernoud, Georges / Flaissier, Sabine (Hgg.), Die Französische Revolution in Augenzeugenberichten, München 1978.